# SuSE Linux 10 für Dummies – Schummelseite

## Vergleich von Befehlen zwischen Linux und DOS

| Beschreibung | Linux | DOS |
|---|---|---|
| Pfad-Trennzeichen | / | \ |
| Ein-Ausgabe-Umlenkung | < und > | < und > |
| Pipe-Symbol | \| | \| |
| Groß/Kleinschreibung | relevant | egal |
| Verzeichnis-Inhalt anzeigen lassen | ls –l | dir |
| Verzeichnis wechseln | cd | cd |
| Ein Verzeichnis nach oben wechseln | cd .. (Das Leerzeichen zwischen den »..« und dem cd-Kommando sind wichtig) | cd.. |
| Ins Hauptverzeichnis (root directory) wechseln | cd / | cd \ |
| Datei ausgeben lassen | cat | type |
| Datei kopieren | cp | copy |
| Datei umbenenen | mv | ren |
| Datei löschen | rm | del |
| Ansprechen verschiedener Laufwerke | sind als Unterverzeichnisse in den Verzeichnisbaum eingeblendet | Laufwerksbuchstaben von A:\ bis Z:\ |
| Länge von Dateinamen | 256 Zeichen | 8.3 bzw. 256 (Windows9x) |
| Links auf Dateien | ln –s | nicht vorhanden |
| Ausführbare Dateien | Atribute eXecute gesetzt | Endungen: .BAT, .COM, .EXE |
| Dateiattribute | r : lesbar<br>w : schreibbar<br>x: ausführbar<br>dies jeweils für den »owner«, die »group« und die »others« | A: Archiv<br>H: Hidden (versteckt)<br>R: Read-onlx (nur lesbar)<br>S: Systemdatei |
| Multi User Synchronisation | Lock Files in /var/lock | Programm SHARE |
| Hilfe-System aufrufen | man, susehelpcenter | help |
| Texteditoren | textbasiert: vi, joe, emacs<br>grafisch: emacs, kedit | primitiv: edlin<br>komfortabel: edit |
| Datei-System | ext2fs (second extended file system), ext3, reiserfs | FAT / VFAT / VFAT32 |
| Computer ausschalten | shutdown –h now | einfach ausschalten |
| Dateiattribute ändern | chmod | attrib |
| Dateieigentümer ändern | chown und chgrp | nicht vorhanden |
| Passwort ändern | passwd | nicht vorhanden |
| Benutzer abmelden | logout | nicht vorhanden |
| Umgebungsvariablen setzen | export und set | set |
| Prozessinformationen anzeigen | ps –aux | Windows Taskleiste |
| Backup | tar, arkeia | backup und restore |
| Prozess abbrechen | kill –9 PID | Über Taskmanager |

# SuSE Linux 10 für Dummies - Schummelseite

## Linux-Verzeichnisbaum

| Pfad | Beschreibung |
|---|---|
| / | Das »root«-Verzeichnis, oder das Toplevel-Verzeichnis. |
| /home | Benutzerverzeichnis |
| /dev | Gerätedateien (Devices) |
| /bin | Systemkommandos, die schon beim Booten benötigt werden. |
| /sbin | Systemkommandos, die schon beim Booten benötigt werden, aber dem System Administrator vorbehalten sind. |
| /var | Arbeitsverzeichnis für variable Daten (Lock Files, Spool Files, Logs) |
| /usr | Programm-Verzeichnis |
| /etc | Konfigurationsdateien |
| /mnt | Standard-Verzeichnis zum temporären Mounten von Datenträgern. |
| /cdrom | Verzeichnis, in dem die CD-ROM eingehängt wird. |
| /tmp | Verzeichnis für temporäre Dateien |
| /proc | Pseudo-Dateisystem, in dem alle Prozesse und Statusinformationen angezeigt werden. |
| /usr/bin | Ausführbare, allgemeine Programme / Kommandos |
| /usr/sbin | Kommandos, die nur für den System-Administrator bestimmt sind. |
| /usr/lib | Verzeichnis für die notwendigen Libraries (.DLL unter Windows), die von mehreren Programmen verwendet werden (shared libs). |
| /usr/src | Quellcodes |
| /usr/share/doc | Dokumentation zu den installierten Paketen |
| /usr/share/man | manpages zu den Paketen |
| /boot | Verzeichnis Ihres Kernels |
| /opt | Verzeichnis vieler kommerzieller Applikationen, welche eine eigene Verzeichnisstruktur mitbringen (Netscape, Staroffice, etc) |
| /usr/X11R6/bin | Ausführbare Kommandos und Programme des X Window-Systems. |
| /lib/modules | Verzeichnis der Kernelmodule |

**SuSE Linux 10**
**für Dummies**

Hatt'n Fragen,
must Du lesen!

Erst hier im Buch,
später dann im
Internet.

Viel Spaß mit OpenSuse 10.2

Guido und Ela

*Craig Witherspoon, Coletta Witherspoon,*
*Jon »Maddog« Hall und Michael Burghart*

# SuSE Linux 10 für Dummies

*Übersetzung aus dem Amerikanischen und Bearbeitung von Michael Burghart*

WILEY-VCH

WILEY-VCH Verlag GmbH & Co. KGaA

**Bibliografische Information Der Deutschen Bibliothek**
Die Deutsche Bibliothek verzeichnet diese Publikation in der Deutschen Nationalbibliografie; detaillierte bibliografische Daten sind im Internet über http://dnb.ddb.de abrufbar.

1. Auflage 2006



Printed in Germany

Gedruckt auf säurefreiem Papier

Korrektur Petra Heubach-Erdmann, Jürgen Erdmann, Düsseldorf
Satz Conrad und Lieselotte Neumann, München
Druck und Bindung Ebner & Spiegel GmbH, Ulm

ISBN-13: 978-3-527-70205-3
ISBN-10: 3-527-70205-9

# Cartoons im Überblick

*von Rich Tennant*

Seite 167

»Eine Story über eine Software-Firma, die fehlerfreie Programme pünktlich mit gebührenfreiem Telefon-Support in die Läden bringt und kostenlose Aufrüstung anbietet? Also, das glaubt uns kein Mensch.«

Seite 25

»Ja, normalerweise bin ich größer und beeindruckender, aber das hier ist nur ein 386er System.«

Seite 363

»Korrekt, Herr Finanzminister. Er verlangt von der ganzen Welt Lizenzgebühr und wir können nichts dagegen tun.«

Seite 385

»Das erinnert mich an meine Windows 95-Installation auf dem 386er letzte Woche!«

Seite 311

**Fax:** 001-978-546-7747
**Internet:** www.the5thwave.com
**E-Mail:** richtennant@the5thwave.com

# Inhaltsverzeichnis

# Einführung

Linux ist nun mittlerweile seit 1991 verfügbar und damit längst dem Stadium eines kleinen, nicht ernst zu nehmenden Betriebssystems entwachsen. Gerade rund um Linux tummeln sich bereits viele Bücher auf dem Markt. Die wenigsten davon behandeln die Installation bzw. kümmern sich um die einfachsten Fragen, die ein Linux-Neuling hat. Bei den meisten handelt es sich um richtige Fachbücher.

Wenn Sie dann ein erfahrener Linux-Benutzer sind, werden Sie diese Vielfalt zu schätzen wissen. Genau dahin, also ein erfahrener Benutzer zu werden, will ich Sie mit diesem Buch in einem ersten Schritt leiten.

Ich denke, es war ein guter Entschluss, sich für *SuSE Linux für Dummies* zu entscheiden! Die Befehle in diesem Buch sind klar strukturiert, und in der angegebenen Reihenfolge ausgeführt, funktionieren sie sogar. Viele Bücher behandeln Linux im Allgemeinen, nur wenige kümmern sich um eine bestimmte Distribution.

### Was ist nun wieder eine Distribution?

Linux an sich ist ein freies System, das Sie sich jederzeit aus dem Netz laden können. Allerdings werden nur die wenigsten damit etwas anfangen können. Hier setzen die *Distributoren* an. Sie sind dafür zuständig, aus dem Wust an Linux-Software eine Distribution zu machen, also eine Software-Zusammenstellung, die Sie ohne Probleme auf Ihrem Rechner installieren können.

Linux ist nicht unbedingt gleich Linux. Es existieren kleine, aber feine Unterschiede zwischen den verschiedenen Distributionen.

Es geht in diesem Buch nicht darum, Ihnen einen technisch tiefen Einblick in Linux zu verschaffen, vielmehr geht es darum, dass Sie sich spielend mit dem neuen System auseinander setzen und nach und nach vertrauter damit werden.

# Über dieses Buch

Natürlich können Sie dieses Buch gerne von vorne bis hinten lesen. Sie können es aber auch jederzeit als Referenz benutzen, sollte Ihnen etwas entfallen sein oder wenn Sie sich partout nicht merken können, wie das denn nun wieder war mit den Oktalzahlen beim `chmod`-Kommando. Lesen Sie es nach.

Nutzen Sie dieses Buch als unterhaltsame Einführung in Linux und seine bunte Welt. Wenn Ihnen das nicht zusagt, können Sie auch einen wackeligen Hocker damit abstützen. Wenn Sie sich dadurch den Einkauf eines neuen Hockers sparen können und Sie zufrieden sind, sind wir's auch. Sie können auch einen ganzen Stapel davon erwerben zum Blumenpressen (eine auch für uns sehr angenehme Lösung), oder aber Sie nehmen es zur Hand, um über gewisse Stichpunkte in Sachen Linux informiert zu werden.

Diesem Buch liegt eine DVD bei, auf der Sie alles finden, was Sie brauchen, um mit SuSE zu arbeiten: OpenSuSE 10.0, KDE 3 und OpenOffice.org 2.0. Tolle Sache

## Konventionen in diesem Buch

Verschiedene Schrifttypen, die Sie in diesem Buch finden, sind nicht willkürlich, sondern haben die folgende Bedeutung:

| Schrifttyp | Verwendung |
|---|---|
| `Befehl Dateien` | Wird bei Dateien und Befehlen (Linux-Kommandos) eingesetzt, sowie bei URL- und FTP-Adressen und Rechnernamen. |
| Ein *Neuer Begriff* | Wird etwas neu vorgestellt, wird es kursiv gesetzt. Wird auch dann eingesetzt, wenn man etwas besonders beachten sollte. |
| KDE\|EDITOR\|KEDIT | Dieses Format deutet darauf hin, dass etwas anklickbar ist, wie z.B. in »Klicken Sie nun auf WEITER.« |
| Drücken Sie [↵] | Bedeutet »Drücken Sie die Return-Taste.« |

*Tabelle E.1: Die verschiedenen Schrifttypen in diesem Buch*

## Törichte Annahmen über den Leser

Brauchen Sie dieses Buch? Eine zugegeben schwierige Frage. Ein paar Anhaltspunkte zeichnen Sie aber als einen Leser aus, der dieses Buch durchaus nützlich finden könnte.

- ✔ Sie haben Linux.
- ✔ Sie besitzen mindestens einen Computer und interessieren sich für »was Neues«.
- ✔ Sie wollen beides kombinieren (das ist dann der Hauptgrund, dieses Buch zu kaufen!).
- ✔ Sie haben bereits ein Betriebssystem (meistens Windows XP) und möchten nebenbei Linux kennen lernen, ohne Windows löschen zu müssen.

# Wie dieses Buch aufgebaut ist

Wie alle guten *für Dummies*-Bücher ist auch dieses in verschiedene eigenständige Teile untergliedert. Diese Teile behandeln völlig unterschiedliche Aspekte von Linux. Sehen Sie selbst, was sich dahinter verbirgt.

## Teil I: Los geht's

Wir beginnen ganz am Anfang und installieren gemeinsam Linux auf Ihrem Rechner. Anschließend lernen Sie die Basiskommandos für den »first contact« und die wichtigsten Grundregeln für das X-Window-System kennen. Lernen Sie dazu, wie Sie Ihr Linux-System mit YaST (SuSEs Installer) konfigurieren, verändern und einrichten.

## Teil II: Linux im echten Einsatz

Installiert wäre es dann schon mal und wir können anfangen, uns in die bunte Applikationsvielfalt zu stürzen. Sie lernen, was Windowmanager sind, entdecken verschiedenste Editoren und Shells und dazu noch ein paar »advanced commands« für Linux. Natürlich gehört hier auch Multimedia und die schöne neue Technologie des Internets (ISDN, DSL etc.) dazu. Auch Linux bietet mittlerweile eine echte Open-Source-Alternative zu herkömmlichen Office-Paketen. Erfahren Sie hier, wie man sie nutzt.

## Teil III: System und Administration

Hier geht's ans Eingemachte. Passen Sie Linux an, finden Sie heraus, wie Linux aufgebaut ist, und, ganz wichtig, verschaffen Sie sich einen kleinen Einblick in das Thema Sicherheit im Netz.

## Teil IV: Keine Panik! Hilfe und Informationen

Sie ist ein bisschen schwer zugänglich, aber wenn Sie sie geknackt haben, werden Sie in der Hilfe eine Fülle an Informationen zu Linux finden. Hier lernen Sie, wie Sie das tun. Was sind *Manpages* und *Infofiles* und wo findet man sie?

## Teil V: Der Top-Ten-Teil

Der Top-Ten-Teil ist eine alte Dummies-Tradition. Die zehn Tops und Flops werden hier nochmals kurz beleuchtet. Sehr nützlich und fürs schnelle Nachschauen wirklich zu empfehlen.

## Symbole, die in diesem Buch verwendet werden

Sie finden in diesem Buch einige Symbole am Rand, die Ihnen helfen, sich schnell zurechtzufinden:

Hier geht's um Technik. Die Nicht-Technikinteressierten mögen ruhig weiterblättern.

Hier können Sie Zeit sparen oder etwas vereinfachen.

Hier kann was passieren!

Es wäre sinnvoll, sich dies zu merken.

# Teil I

# Los geht's

**The 5th Wave** By Rich Tennant

*»Eine Story über eine Software-Firma, die fehlerfreie Programme pünktlich mit gebührenfreiem Telefon-Support in die Läden bringt und kostenlose Aufrüstung anbietet? Also, das glaubt uns kein Mensch.«*

## In diesem Teil ...

Mittlerweile dürfte es sich herumgesprochen haben, dass es eine ernst zu nehmende Alternative zu MS-Betriebssystemen gibt. Offensichtlich sind auch Sie neugierig geworden, was es denn nun mit diesem Linux so auf sich hat, denn sonst hätten Sie ja wohl kaum dieses Buch erworben. Sie sind nun gespannt und bereit, dieses für Sie neue Betriebssystem zu erkunden?

Teil I erklärt Ihnen anhand von vielen Screenshots und ausführlichen Beschreibungen, wie Sie Ihr neues SuSE Linux 10.0 installieren und einrichten. Lernen Sie hier YaST kennen, das SuSE-Installationstool.

Sie erfahren in diesem Teil, was Linux ist und wodurch es sich von anderen Systemen unterscheidet. Sie werden einen ersten Einblick in die völlig andere Philosophie von Linux gewinnen und sehen, wieso sich der Dinosaurier unter den Betriebssystemen, UNIX, in Form von Linux wieder einer so breiten Beliebtheit erfreut.

# Was ist dieses Linux eigentlich?

1

### In diesem Kapitel

- Was ist Linux?
- Wo kann man es verwenden?
- Welche »Distri«?
- Welche Vorteile hat Linux?

1991 kaufte sich der damals noch völlig unbekannte Student der Informatik, *Linus Torvalds*, einen brandneuen IBM 386er PC. Das mitgelieferte Betriebssystem überzeugte den damals 21-Jährigen nicht besonders, so beschloss er, UNIX einzusetzen. Nun hatte das den gewaltigen Nachteil, dass UNIX teuer, da kommerziell war. Ihm blieb also nichts anderes übrig, als sein eigenes Betriebssystem zu entwickeln. Die Basis für Torvalds' Idee war das frei zur Verfügung stehende UNIX-ähnliche System Minix. Minix wurde an den Universitäten als Übungsbeispiel für UNIX-Systeme verwendet. Linus erstellte die ersten Gehversuche und suchte dann über das Internet weitere Helfer.

Es war überwältigend, wie viele Leute sich ihm anschlossen, und es bildete sich eine kleine Gemeinde, die an der Verbreitung und Entwicklung von Linux mitarbeitete. Die Kommunikation fand hauptsächlich über das Internet statt und so braucht man sich nicht zu wundern, dass die Internet-Fähigkeiten von Linux zu den ausgereiftesten Teilen des Systems gehören. Diese Entwickler, denen heute unser Dank gebührt, schufen das Herz des Systems, das nach seinem Entwickler liebevoll *Linux* getauft wurde.

## Linux ist frei – Die Free Software Foundation

Torvalds vertrat die Idee, dass der Programmcode frei sein sollte. Eine der wichtigsten damaligen Entscheidungen war, Linux unter die *GPL* zu stellen.

Die GPL ist in einer deutschen Übersetzung im Anhang abgedruckt. Sie gibt es schon deutlich länger als Linux. Ins Leben gerufen wurde sie unter anderem von Richard Stallmann.

Der Programmcode von Linux war frei verfügbar! Nur dadurch wurde es den anderen Programmierern ermöglicht, an der Entwicklung teilzuhaben und eigene Änderungen einzubringen. Das Copyright für die einzelnen Komponenten blieb zwar beim Entwickler, er musste aber seine Quellen weitergeben, damit andere ihre Änderungen einbinden und weiterarbeiten konnten. Dies war dann das so genannte »Copyleft«.

Dieses System der freien Software wurde von der *Free Software Foundation* ins Leben gerufen, um frei verfügbare Software zu entwickeln und zu verbreiten.

Dies war ein entscheidender Beitrag zur raschen Entwicklung von Linux. Computerfreaks aus aller Welt schlossen sich Linus an und gemeinsam entwickelten sie das System, das heute unter dem Namen Linux bekannt ist. Linux hat bis heute seine Dynamik nicht eingebüßt. Die Tatsache, dass viele Entwickler weltweit an einem gemeinsamen Ziel arbeiten, führte zur außerordentlich schnellen Entwicklung von Linux. Die Free Software Foundation hatte bereits vor Linux viele Programme entwickelt, die nun von den Programmierern an Linux angepasst wurden.

## Distributionen

Ein Distributor ist eine Firma, die ein Bündel an Linux-Applikationen verkauft, meistens mit einem Handbuch und Support versehen.

Musste man anfangs noch alles selber machen, das heißt, alle Programme aus dem Internet holen und selber konfigurieren und anpassen, formten sich Ende 1992 so genannte *Distributoren.*

Eine Distribution bestand natürlich aus Linux selbst plus einer ganzen Menge an bereits verfügbarer Software. Es war das Ziel der Distributoren, Linux zu verbreiten und den technisch Interessierten die Möglichkeit zu bieten, Linux auszuprobieren. Damals war das Internet noch nicht im gängigen Haushalt verbreitet, so dass dies für die meisten die einzige Möglichkeit war, Linux zu sehen. Da Linux frei ist und die Quellen immer mit dabei sein mussten, sind auf allen Distributionen auch sämtliche Quellen (also der Code) der Programme mit enthalten. *Linux ist frei und muss frei bleiben.*

Mit der Zeit vergrößerten sich die Distributionen und es wurde eine Art Schutzgebühr für die CDs erhoben. Linux wird von den Distributoren nicht verkauft! Linux ist frei und darf nicht verkauft werden. Daher sind Sie auch berechtigt, CDs der Distributoren frei zu kopieren und zu verschenken (nicht zu verkaufen!). Die Gebühr wird erhoben für die Zusammenstellung der Programme, für die Entwicklung eines Installationstools (z.B. YaST2), ein Handbuch und den oft enthaltenen Installationssupport. Alleine die Tatsache, dass die SuSE Linux AG Ende 2003 an den Konzern Novell verkauft wurde, beweist, welche Rolle SuSE Linux im weltweiten IT-Business mittlerweile spielt. Auch SuSE Linux 10.0 steht immer mehr im Zeichen der Integration in das Novell-System. Wer weiß, wie lange es SuSE noch als eigenständigen Linux-Distributor gibt? Die Zukunft wird es zeigen.

## Die Gemeinschaft wächst weiter

Nun ja, wozu kann ich Linux verwenden? Mittlerweile für all das, wofür ich einen Computer brauchen kann. Früher war es zugegebenermaßen ein System für Computerfreaks und Spezialisten. Es war schon immer spannend, sich ein Programm aus dem Internet zu »saugen« und zu versuchen, es ans Laufen zu kriegen. Ich kann mich noch sehr gut an diese bewegenden Zeiten erinnern. Es dauerte teilweise Tage, bis ein »neues« Programm lauffähig war; wir hatten damals alle eine unglaubliche Geduld und Motivation.

Damals kamen nur wenige in den Genuss von Linux. Bis zur ersten »offiziellen« Version V1.0 vergingen noch viele Jahre. Es war schließlich schon 1994, als Linus diese erste offizielle Version freigab. Es war schon damals ein erstaunliches Betriebssystem; es benötigte unglaublich wenig Speicher (weniger als zwei Megabyte) und war trotzdem extrem leistungsfähig und kommerziellen Systemen seinerzeit zumindest gleichwertig.

*Multitasking, Multiuser, Virtueller Speicher*. Das alles waren die Schlagworte, die es so reizvoll machten. Die meisten waren in der DOS-Welt gefangen und sahen zum ersten Mal, dass ihnen Möglichkeiten, die sonst nur kommerzielle Systeme und Großrechner boten, umsonst angeboten wurden. Diese Möglichkeiten waren im Vergleich zu DOS überwältigend.

Es ist sehr schwierig zu sagen, wie viele Linux-Benutzer es damals gab. Es musste sich ja keiner registrieren lassen. Geschätzt wurden 125.000. 1997, also nur drei Jahre später, war die Linux-Gemeinde nach Schätzungen bereits auf über drei Millionen angewachsen und sie wächst stetig weiter.

Mittlerweile hat Linux auch im Desktop-Bereich Einzug gehalten. Diese Entwicklung ist hauptsächlich den Distributoren zu verdanken. Sie nahmen den weiten Weg auf sich, ein für jedermann benutzbares Linux zu entwickeln. Zugegeben, von den meisten etablierten Firmen wurden sie damals nicht sehr ernst genommen, ein Zustand, der sich in den letzten Jahren deutlich geändert hat.

## Linux als Server

Die Kommunikation der Linux-Entwickler fand damals (und auch heute noch) hauptsächlich über das Internet statt. Daraus folgt, dass alle Internet-Dienste oder auch Serverdienste (Mail, FTP, WWW, Samba etc.) in Linux von Anfang an implementiert wurden.

Linux ist eigentlich *die* Plattform für Serversysteme. Es ist flexibel und sehr einfach wartbar. Aber der Hauptpunkt ist die freie Zugänglichkeit der Software! Ein Systemadministrator muss nicht erst Wochen auf das nächste Service Pack warten, sondern kann aktiv eingreifen und sich der Mithilfe der Linux-Entwickler (und erst recht des Maintainers (das ist der »Projektmanager« des Software-Paketes) der betroffenen Software) sicher sein. Dadurch sind SysAdmins (SysAdmin ist ein Kürzel für System Administrator) bezüglich potenzieller Sicherheitslücken und deren Abschaffung in Linux ein kleines Stückchen weiter als auf anderen Systemen.

Durch die Verfügbarkeit des Quellcodes wurde Linux auch auf viele andere Plattformen portiert (PowerPC, Alpha, MIPS, Xscale, ARM etc).

Linux ist mittlerweile auf den unterschiedlichsten Rechner-Architekturen verfügbar, wie PowerPC, MIPS und DEC Alpha-Systemen.

Der im Internet sehr weit verbreitete Webserver Apache ist auf allen Distributionen standardmäßig dabei. Viele Internet-Provider nutzen Linux als Webserver.

In vielen Firmen wird Linux mittlerweile als so genanntes »Backend« eingesetzt. Die Benutzer sitzen weiterhin an Windows-Workstations und ahnen gar nicht, dass im Hintergrund Linux ihre Druckaufträge und Dateien verwaltet. Ja, Sie haben richtig gelesen. Linux kann als Windows-Server (über `samba`) verwendet werden. Damit werden die Dateien auf einem Linux-Rechner gespeichert. Linux verwaltet auch mühelos Ihre Druckaufträge und Backups.

Sicherheit ist mittlerweile ein ernst zu nehmendes Thema. Mit der weiten Verbreitung des Internets und dem zunehmenden Zugang entstehen auch neue Sicherheitsprobleme. Linux eignet sich perfekt als *Firewall*. Das ist ein Rechner, der den Zugang Ihres Firmennetzes zum großen (bösen) Internet regelt und bestimmte Zugriffe auf Ihr System verbietet.

## Die Workstation – der private Zugang zur Internet-Welt

Die Vorteile von Linux wollten von jeher viele Leute nutzen. Die damaligen Nachteile des Installierens wollten sie jedoch nicht mit in Kauf nehmen. Nicht jeder hatte die Zeit und Lust, ein quasi autodidaktisches Informatik-Studium nebenbei zu betreiben. Durch die Distributoren hat sich dies in den letzten Jahren deutlich geändert.

Böse Zungen nennen SuSE Linux ja mittlerweile schon liebevoll »SuSE Windows«.

Heutzutage ist es so, dass jeder Linux verwenden kann. Wirklich jeder! Die Ausrede, Linux sei zu kryptisch, zählt nicht mehr. Die modernen Installationsroutinen der gängigen Distributionen sind so gut durchdacht, dass dem User die meiste Arbeit abgenommen wird.

Dies ist übrigens ein Punkt, den eingefleischte Linux-User auch mit einem weinenden Auge sehen. Die Flexibilität und Möglichkeit, überall im System jederzeit eingreifen zu können, wird durch diese »Orientierung für die breite Masse« der meisten Distributoren zumindest erschwert. Es wäre wünschenswert, wenn hier eine Gratwanderung möglich wäre: eine Distribution, mit der sich sowohl der Freak als auch der neugierige User identifizieren könnte. Leider entfernt sich SuSE Linux immer mehr von den Freaks – was schade ist, denn diese begründeten den guten Ruf von SuSE Linux.

Linux daheim als Workstation – kein Problem. Eines der Hauptprobleme ist der Austausch von Daten mit Freunden. Hat der Bekannte nur Windows, ist es natürlich nicht möglich, seine neueste Errungenschaft in Sachen Bildschirmschoner zu testen. Eine `.exe`-Datei läuft nun mal nicht unter Linux. Allerdings existieren bereits einige Emulatoren für Windows-Dateien. Der verbreitetste ist `wine`. `wine` wird im Teil II dieses Buches etwas ausführlicher beschrieben. In Sachen Dokumente bei Office-Paketen ist Linux kooperativer. OpenOffice z.B. ist durchaus in der Lage, `.doc`-Dateien zu lesen und Dateien als `.rtf` bzw. `.doc` für Windows zu exportieren. In naher Zukunft wird dies alles nicht mehr nötig sein, da es mittlerweile mit `xen` eine Lösung gibt, mehrere Betriebssysteme echt parallel zu booten.

Ein weiterer Vorteil: Es gibt keine Viren! Nun ja, das ist nicht ganz richtig, aber fast. Unter Windows ist es aufgrund fehlender Benutzerkennungen und Unterscheidung zwischen Systemkommandos und Userkommands (*Userspace* und *Kernelspace*) sehr leicht möglich, einen Virus zu installieren, da er immer mit den Rechten des Administrators ausgeführt wird. Die SuSE 10.0 wird mit einem Virenscanner `Amavis` ausgeliefert. Diesen können Sie mit YaST unter SICHERHEIT|FIREWALL konfigurieren.

Das macht es auch so verheerend. Unter Linux ist das nicht möglich. Gehen Sie als normaler User ins Netz oder rufen Sie als normaler User ein unbekanntes Programm auf, dann kann dieses maximal Ihre persönlichen Dateien betreffen. Das System kann es nicht angreifen! Es sei denn, Sie sind als `root` im Internet, aber so etwas tut man auch nicht! Wehe, Sie lassen sich dabei erwischen!

### Userspace und Kernelspace

Unter Linux sind Systemkommandos und Userkommandos klar getrennt. Das heißt, dass Anwendungen in einem völlig separierten Speicherbereich laufen. Dies hat den Vorteil, dass, sollte einmal eine Applikation stehen bleiben (ja, auch das kommt unter Linux vor; berühmtestes Beispiel hierzu ist Netscape), dies das Betriebssystem wenig kümmert.

Systeme laufen im so genannten *Kernelspace* und User-Applikationen im *Userspace*.

Mehr noch, Sie haben dadurch die Möglichkeit, eine störende Applikation »abzuschießen«, ohne das System dadurch zu beeinflussen.

## Welche Distribution soll ich nun nehmen?

Diese Frage bekomme ich sehr häufig gestellt. Meine Antwort ist im Regelfall: »Kann ich nicht sagen. Hängt davon ab, wofür Sie sie brauchen.« Sind Sie ein Linux-Anfänger? Dann kann ich Ihnen nur dazu raten, eine Distribution wie SuSE zu verwenden. Sie werden hier Schritt für Schritt hindurchgeführt und haben später, als Linux-Freak, auch noch die Möglichkeit, alles »von Hand« zu machen. Sind Sie ein Linux-Profi, der lieber viel Handarbeit leisten will, würde ich Ihnen Debian empfehlen.

Die allerbeste, wenn auch für den Anfänger eher ungeeignetste Alternative ist es, sich eine Distribution als Basis zu installieren und diese dann so lange zu bearbeiten, bis sie einfach passt. Keine Angst, das müssen Sie natürlich nicht.

Da dieses Buch aber nicht für Profis geschrieben wurde, sondern um Ihnen den Zugang zu Linux zu erleichtern und schmackhaft zu machen, habe ich mich für die SuSE-Linux-10.0-Distribution entschieden. Sie finden Sie auf der DVD, die diesem Buch beiliegt.

Und nun viel Vergnügen beim Eintauchen in die bunte, neue Linux-Welt!

# Die Grundvoraussetzungen für Linux

2

### In diesem Kapitel

- Ist Linux schwierig zu installieren?
- Wird meine Hardware auch unterstützt?
- Äh, welche Hardware habe ich überhaupt?
- Linux installieren, aber wohin?
- Ich habe einen nagelneuen Rechner, wie schwierig ist die Installation?

Ein sich lange haltendes Vorurteil lautete, Linux sei schwieriger zu installieren als Windows. Eine Tatsache, die sich bislang nicht wirklich bestätigen konnte. Nun, wie konnte sich solch ein Vorurteil eine solch lange Zeit halten? Warum denken alle, Windows sei so leicht zu installieren? Es ist nicht so leicht, Windows »from scratch«, also von Anfang an zu installieren und sich mit fehlenden Treibern und »Plug&Pray« auseinander zu setzen. Die Gründe, die zu diesem Vorurteil führen, sind:

- ✔ Windows ist auf den meisten Rechnern schon vorinstalliert. Die wenigsten haben es selber von Grund auf auf einem neuen Rechner installiert.
- ✔ Die meisten Windows-User machen höchstens ein Update des Systems.
- ✔ Diejenigen, die Windows wirklich installieren können, sind Fachleute und haben alle Dokumentationen, die sie benötigen.

## Wie schwer ist Linux zu installieren?

Es gibt mittlerweile auch Firmen, die Rechner mit vorinstalliertem Linux verkaufen. Dann muss der Kunde nur noch den Rechner einschalten und kann loslegen.

Als Linux-Neuling hat man es meistens schwerer. Die wenigsten, die Linux zum ersten Mal einsetzen, installieren es auf einem neuen Rechner. Meistens versuchen sie, es neben Windows laufen zu lassen.

Linux-Neulinge haben meistens:

- ✔ Einen Computer
- ✔ Mindestens eine Festplatte
- ✔ Ein Betriebssystem, das sie in der Regel auch nicht löschen wollen

- Ein Betriebssystem, das sich beharrlich weigert, andere echte Betriebssysteme neben sich zu akzeptieren

Sie stehen also vor einer grundsätzlich anderen Aufgabe. Sie wollen Linux installieren, müssen aber dafür sorgen, dass es sich mit dem bereits installierten Betriebssystem, in der Regel Windows, verträgt. Am Anfang war dies noch schwierig und zu häufig wurde dafür Linux die Schuld in die Schuhe geschoben. Noch heute ist es so, dass Windows meint, es dürfe kein weiteres Betriebssystem außer ihm selbst auf dem Computer geben, und weiterhin gnadenlos den MBR (Master Boot Record) überspielt. Als Linux-User müssen Sie also nach jedem Update Ihres Windows den Bootmanager neu initialisieren. Sie sehen, das ist alles nicht die Schuld von Linux, im Gegenteil. Linux ist äußerst kooperativ, was seine Koexistenz mit anderen Betriebssystemen angeht.

## Habe ich die richtige Hardware?

Auch das war lange Zeit eine schwierige Frage. In den Anfangszeiten von Linux gab es wenige Entwickler. Logisch, dass keiner der Entwickler Treiber (unter Linux heißt das »Module«) für Hardware, die keiner hatte (bzw. die er nicht selber hatte), geschrieben hat. Das führte dazu, dass manche Hardware einfach nicht unterstützt wurde. Wieder andere Hardware-Hersteller lieferten keine Angaben zu ihrer Hardware. Den Linux-Entwicklern war es so schlicht unmöglich, Treiber zu entwickeln.

Mittlerweile hat sich das größtenteils erledigt. Sollten Sie keine ganz spezielle Hardware einsetzen, kann Ihnen nichts passieren. Aber was brauchen Sie nun wirklich?

- Einen Computer (mindestens Intel i386, Alpha, Mac). Dieses Buch basiert auf dem Standard-IBM-PC.
- Eine Festplatte und ein CD-ROM-Laufwerk bzw. ein DVD-Laufwerk
- Eine Grafikkarte – auch hier gilt: 99,9% der Grafikkarten werden unterstützt.
- Optional sind z.B.: Netzwerkkarte, ISDN-Karte, TV-Karte, DVB-Karte
- Und natürlich ein SuSE Linux 10.0

Eine sehr gute Anlaufstelle für Fragen zur Hardware ist die Component Database der SuSE (`http://cdb.suse.de`). Sehen Sie doch hier einfach mal nach. Sie werden erstaunt sein, wie viel mittlerweile unterstützt wird.

Wenn Sie gängige Standardhardware benutzen, können Sie davon ausgehen, dass diese unterstützt wird. Gerade im Bereich Multimedia und DVB (Digital Kabel, Digital Terrestrisch und Digital Satellit) tut sich in letzter Zeit sehr viel, so dass auch diese Karten in der Regel gefunden werden.

# Wohin nun mit dem Linux?

Das ist, zugegebenermaßen, keine leicht zu beantwortende Frage. Die meisten Benutzer haben eben schon ein Betriebssystem installiert. Ist beispielsweise vom Händler Windows vorinstalliert, so sind die wenigsten Händler so weitsichtig, die Festplatte zu partitionieren, also aufzuteilen. Das Ergebnis ist eine mehrere Gigabyte große Festplatte `C:\`.

Linux kann zwar das DOS-Filesystem lesen, aber nicht darauf installiert werden (dies ist nicht ganz korrekt, das geht auch, ist aber auf keinen Fall zu empfehlen und wird hier auch nicht beschrieben). Somit ist es nun die erste Aufgabe eines vernünftigen Installationstools, hier Platz zu schaffen und die Festplatte umzuorganisieren. Dies sind Eingriffe in die tiefsten Ebenen des Rechners und es empfiehlt sich hier immer vorher, ein Backup der Daten zu machen.

Vor allen Eingriffen, die eine Umpartitionierung erfordern, sollte unbedingt vorher eine Datensicherung angefertigt werden.

Das ist natürlich nicht einfach, aber das darf man nicht Linux zuschreiben. Hätten Sie einen ordentlichen, »jungfräulichen« Rechner und würden Sie diesen partitionieren und danach erst Windows und dann Linux installieren, würden Sie sich wundern, welches System incl. aller Treiber etc. schneller stabil und ruhig läuft.

Der SuSE-Installer YaST2 kümmert sich darum, Platz für Ihr Linux zu schaffen. YaST2 kann aber nicht hexen. Einen gewissen Platz müssen Sie schon für Linux opfern. Oder aber Sie schaffen sich eine neue Platte oder gar einen neuen PC an. Das ist zugegebenermaßen die einfachste Alternative.

Eine elegante, einfache und relativ günstige Möglichkeit ist der Erwerb einer zweiten Platte. Linux ist es egal, auf welcher Platte es untergebracht ist. Da eine moderne Festplatte im Riesen-Gigabyte-Bereich mittlerweile kaum noch die Welt kostet, sei der Einsatz einer neuen Platte empfohlen; Sie ersparen sich viele Änderungen!

Aber keine Bange. Gleich geht's los und Sie werden sehen, wie einfach es mittlerweile ist, ein lauffähiges Linux zu installieren. Nur Mut und Geduld!

## Ich habe einen völlig unbelasteten Rechner

Sie sind ein Glückspilz! Das ist bei weitem die einfachste Variante. Sie können zu 99% davon ausgehen, dass die Vorschläge, die YaST2 Ihnen bei der Installation macht, übernommen werden können. Sie können sich mehr oder weniger »durchentern«.

Wenn Sie schon mal Windows »from scratch« installiert haben, werden Sie wirklich überrascht sein.

Legen Sie die dem Buch beiliegende DVD ein und los! Ein neuer Rechner hat noch einen weiteren Vorteil: Wenn etwas schief geht, kann man es einfach wiederholen.

# Los geht's – Die Installation von SuSE Linux

3

### In diesem Kapitel

- Linux-Installation leicht gemacht
- DVD rein und los geht's
- Partitionen, oder wie macht man aus einer Festplatte zwei?
- Automatische Hardwareerkennung mit YaST
- Linux starten und auch sauber wieder beenden

UNIX ist ein älteres Betriebssystem mit »Anzug und Krawatte« für Firmen wie Siemens und Mercedes Benz, Linux dagegen ist mehr die »Jeans und Turnschuh«-Fraktion und nicht ganz so betagt und angestaubt. Mit Linux kann man sein kleines privates Netzwerk laufen lassen, ohne Informatik studiert haben zu müssen. UNIX ist der Großvater und Linux das kleine freche Enkelkind. Nichts an Linux ist statisch. Das macht es so spannend.

Das erzeugt natürlich auch eine Aura des Mystischen und Geheimnisvollen. Das war einmal. Man muss kein hochgradiger Computerfreak oder UNIX-Guru sein, um Linux zu benutzen. Wie das geht, werden Sie jetzt gleich sehen.

Ein UNIX-Guru ist ein weiser, nicht unbedingt alter, jedoch erfahrener UNIX-Administrator und Programmierer. Wer weiß, vielleicht gehören Sie auch bald dazu?!

Dieses Kapitel erklärt Ihnen nun, wie man Linux auf dem Computer installiert und konfiguriert. Wahrscheinlich wissen Sie nichts oder wenig über die Installation eines Betriebssystems. Das ist kein Problem. Linux ist intelligent und ziemlich rücksichtsvoll. Sie können langsam anfangen und nach und nach in kompliziertere Dinge einsteigen. Wie Sie es vielleicht von anderen Betriebssystemen gewöhnt sind, werden Sie auch hier auf angenehme Weise durch den Installationsvorgang geleitet. Lediglich auf die unterhaltsame Musik während der Installation müssen Sie verzichten, aber seien wir mal ehrlich, wer braucht diese »Fahrstuhlmusik« während einer Installation? Die Zeiten, da Linux nur via Kommandozeile installiert werden konnte, sind eindeutig vorbei.

## Platz für Linux machen

SuSE hat Ihnen sehr viel lästige Arbeit abgenommen. Die meisten Punkte sind bereits mit sinnvollen Standard-Einstellungen vorbelegt worden. Später, wenn Sie erst einmal ein Linux-Guru sind, können Sie dann auch manuell alle Änderungen vornehmen. Dies ist aber nicht das Ziel dieses Buches. Sie können sich durch die Installation mehr oder weniger »durchentern«. Haben Sie bereits ein anderes Betriebssystem auf Ihrem Rechner (was die meisten schätzungsweise haben werden), müssen Sie bestimmte Dinge beachten, wenn Sie nach der Installation mit Ihrem alten Betriebssystem noch etwas anfangen wollen. Auch hier erkennt *YaST2* (*Y*et *a*nother *S*etup *T*ool = Der SuSE-Linux-Installer), dass bereits ein weiteres System vorhanden ist, und macht Ihnen Vorschläge, wohin Linux installiert werden könnte. Auf jeden Fall sollten Sie nicht blind drauflos installieren, sondern dieses und das YaST-Kapitel genau durchlesen.

## Bezeichnungen: Was um alles in der Welt ist /dev/hda?

Wichtig ist, wie immer bei Computern, dass Sie sich Notizen machen. Und zwar bitte nicht in einer Textverarbeitung, sondern auf herkömmlichem, ja langweiligem weißem Papier (es darf auch buntes sein). Alles, was Sie über Ihren Computer wissen, sollten Sie aufschreiben. Immer ratsam vor einer Installation ist ein *Backup*. Das ist Neudeutsch für Datensicherung. Schreiben Sie einfach immer genau mit, was Sie gerade tun. Im Zweifelsfall brechen Sie bitte ab! Bis zu dem Zeitpunkt, an dem Sie in dem grauen Fenster JA getippt haben, hat YaST2 noch nichts gemacht. Sie können also bis hierher jederzeit gefahrlos abbrechen. Sehen Sie, schon hat man weniger Angst, etwas falsch zu machen. Danach allerdings lässt sich der Installationsprozess nur noch mit roher Gewalt beenden, aber das wollen Sie ja schließlich nicht. Also: Alles aufschreiben und Daten über Ihren PC sammeln und notieren. Ziehen Sie dazu die Dokumentation (Manuals) Ihrer Hardware zu Rate. Sehr viele Geräte (besonders PCI-Karten) sollten von SuSE Linux automatisch erkannt werden.

### Die Hardware?

- ✔ *Festplatte(n):* Wie viele Festplatten hat der Computer? Wie groß sind sie? Wenn Sie mehr als eine haben, müssen Sie die Reihenfolge beachten. Haben Sie eine EIDE-Festplatte (was die meisten haben dürften) oder SCSI-Festplatte? Die erste EIDE-Festplatte heißt unter Linux `/dev/hda`. Die erste Partition auf der ersten EIDE-Festplatte nennt sich `/dev/hda1`, die zweite `/dev/hda2` etc. SCSI-Platten beginnen mit `/dev/sda`, also bezeichnet `/dev/sda1` die erste Partition auf der ersten SCSI-Platte. Weiteres zu Festplatten und Gerätedateien folgt später. Für die Installation genügt es zu wissen, auf welcher Partition Ihr Linux liegt.

Sie sehen bereits, dass alle Geräte unter Linux einen Eintrag unter `/dev` haben (= Devices, Geräte). Haben Sie eine zweite Festplatte eingebaut, so ist diese nun als `/dev/hdb` zu finden.

- ✔ *CD-ROM-/DVD-Laufwerk*: An welche Schnittstelle ist es angeschlossen? Ist es ein SCSI- oder ein ATAPI-Laufwerk? Ist es keines von beiden, werden Sie u.U. auch den Herstellernamen und die Seriennummer des Laufwerks benötigen.
- ✔ *Arbeitsspeicher (RAM):* Wie viel RAM sind installiert?
- ✔ *SCSI-Karte*: Wenn Sie eine SCSI-Karte installiert haben, benötigen Sie den Herstellernamen und die Modellnummer.
- ✔ *Netzwerkkarte:* Wenn Sie eine Netzwerkkarte haben, brauchen Sie den Herstellernamen und die Modellnummer.
- ✔ *Zeigereinheit (z.B. Maus):* Welcher Maustyp (seriell, Bus- oder PS2-Maus) ist es? Wie viele Tasten hat sie? Wenn Sie eine serielle Maus haben, an welche COM-Schnittstelle ist sie angeschlossen? Auch die COM-Schnittstellen liegen unter Linux unter `/dev`. Die erste serielle Schnittstelle, also COM1, nennt sich unter Linux `/dev/ttyS0` (*terminal type serial 0*).
- ✔ *Monitor*: Wollen Sie das X-Window-System installieren, benötigen Sie die vertikalen und horizontalen Bildfrequenzen oder auch Wiederholungsraten (refresh). Hier sollten Sie sorgsam vorgehen und genau checken, ob Ihr Monitor automatisch gefunden wurde. Wenn Sie auf Nummer sicher gehen wollen, wählen Sie später bei der X-Window-Installation einen VESA-Modus (z.B. 1024 x 768, das sollten die meisten neueren Geräte erkennen). Gehen Sie jedoch davon aus, dass Ihr Monitor gefunden wird. Haben Sie einen TFT-Monitor, beachten Sie bitte unbedingt die maximale Auflösung, mit der Sie diesen Monitor betreiben können.
- ✔ *Grafikkarte*: Wie heißt der Hersteller? Wie lautet die Modellnummer der Grafikkarte oder des Video-Chipsatzes? Wie viel RAM hat die Grafikkarte?
- ✔ *TV-Karte/PCMCIA/DVB und weitere:* Sie sollten sich auch die Daten der anderen Karten aufschreiben, die Sie einzubauen gedenken.

Wenn Sie die Linux-Kiste an ein Netzwerk anschließen wollen, benötigen Sie noch einige Informationen über das Netzwerk. Sollte Ihr Netzwerk DHCP unterstützen (soll heißen, Sie haben irgendwo einen DHCP-Server laufen), benötigen Sie keine weiteren Informationen. Achten Sie darauf, dass Sie die Dinge wissen, die im nächsten Abschnitt beschrieben sind.

### Automatisches Verteilen der IPs im Netz

Da es mit der Zeit ziemlich lästig sein kann, jedes Mal wieder Netzwerkadressen angeben zu müssen, kam man auf die Idee, einen Dienst anzubieten, der IP-Adressen automatisch im Netzwerk vergibt. Dies ist besonders dann praktisch, wenn Sie sichergehen möchten, dass sich nicht jeder auf bestimmte Rechner einloggen kann bzw. dass diese Dateien nur ausgewählten Usern zur Verfügung stehen. Im Kapitel über die Server setzen Sie einen kleinen DHCP-Server auf. Mit SuSE Linux 10.0 ist das überhaupt kein Problem.

## Wichtige Daten Ihres Netzwerks

Was es genau mit Netzwerken, TCP/IP, Nameservern und Internet-Adressen auf sich hat, erfahren Sie im Server- und im TCP/IP-Kapitel.

- ✔ *Internet-Protokoll-(IP-)Adresse*: Das ist diese seltsame Zahl mit den Punkten dazwischen. 192.168.0.1 ist z.B. so eine merkwürdige Adresse.
- ✔ *Netmask*: Eine Netzmaske für ein Standardnetz sieht in etwa so aus: 255.255.255.0 (diese gilt für das oben erwähnte Netz).
- ✔ *Gateway-IP-Adresse*: Das ist der Rechner, der für Ihren Rechner als Schnittstelle zum Internet (oder einem Intranet) dient. Er ist sozusagen verantwortlich dafür, dass mit Ihren E-Mails und WWW-Anfragen das Richtige gemacht wird.
- ✔ *Name-Server-IP-Adresse*: Die Adresse des für Sie zuständigen Namensservers, auch DNS (Domain Name Service) genannt.
- ✔ *Host und Domain Name*: Wie soll Ihr Rechner denn nun heißen? Unter Linux haben alle Rechner einen eindeutigen Namen, eine Domain und eine IP-Adresse. Für ein privates kleines Netzwerk suchen Sie sich einfach einen Domainnamen aus (zum Beispiel: `zuhause.de`).

### Unter Linux gibt es kein Laufwerk C:\

Verwirrenderweise macht Windows keine Unterscheidung zwischen Namen für Partitionen und Namen für komplette Festplatten. `D:\` kann die zweite Festplatte sein (was bei den meisten Windows-Usern auch der Fall sein dürfte), aber auch die zweite Partition auf der ersten Platte.

Das ist unlogisch und macht es den Umsteigern auf Linux schwer. Linux nummeriert Festplatten logisch, angefangen bei `/dev/hda`. Die erste Festplatte (die als Master am ersten EIDE-Controller konfiguriert wurde) bekommt die Bezeichnung `/dev/hda`, die zweite (als Slave konfigurierte) `/dev/hdb`, die erste am zweiten EIDE-Controller `/dev/hdc` und die zweite am zweiten Controller `/dev/hdd`. Die jeweiligen Partitionen werden einfach durchnummeriert, also `/dev/hda1` für die erste Partition auf der ersten Platte. Eigentlich ganz einfach.

Analog heißen die Device-Dateien für Floppy-Laufwerke `/dev/fd0`, `/dev/fd1` etc. Gleiches gilt für Drucker, Mäuse, CD-ROM-Laufwerke usw.

# Die Installation von SuSE Linux

Seit SuSE Linux 6.3 steht ein grafischer Installer, YaST2 zur Verfügung. Er ist der Nachfolger des textbasierten YaST.

Seit der Version 8.0 steht das allseits beliebte YaST1 nicht mehr zur Verfügung. Schade. Eine kurze Gedenkminute für YaST1.

Ab Version SuSE Linux 8.0 gibt es auch weiterhin ein textbasiertes Frontend für YaST2 (`ncurses`). Bei der normalen Installation wird automatisch YaST2 im Grafikmodus gestartet und führt Sie durch die Installation Ihres SuSE Linux. Haben Sie ein älteres System oder weniger als 48 MB RAM, wird die `ncurses`-basierte YaST2-Version gestartet. Ansonsten bleibt alles gleich.

# Jetzt geht's los!

Jetzt haben Sie alle Informationen zusammengetragen, die Sie für die Installation brauchen. Im Kapitel über die Dateiverwaltung gehe ich auch auf die manuelle Partitionierung ein, sollte die Automatik bei Ihnen partout nicht klappen. Nun müssen Sie nur noch sichergehen, dass Ihr Computer auch von CD bzw. DVD booten kann (manche ältere Kisten müssen noch von Floppy gebootet werden. Legen Sie die Bootdiskette Ihres SuSE Linux ein; alle folgenden Schritte sind identisch).

In diesem Buch gehe ich von einer Installation mit DVD aus. Der einzige Unterschied zur CD-ROM ist der, dass Sie bei der CD-ROM des Öfteren Discjockey spielen müssen.

Es kann sein, dass Sie im BIOS Ihres Rechners die Boot-Reihenfolge ändern müssen. Bei den meisten Rechnern dürfte man mit [Entf.] oder [F2] ins BIOS kommen, wenn der Kasten hochfährt. Das muss schnell geschehen, denn das System bietet Ihnen diese Möglichkeit nur ein paar Sekunden. Wenn Sie auf diese Weise ins BIOS des Systems gelangt sind, suchen Sie nach der Boot-Konfiguration bzw. nach »BIOS Features Setup«. Dort schauen Sie nach, ob das CD-ROM-Laufwerk in der Bootreihenfolge vor der Festplatte »HardDrive« steht. Wenn das nicht der Fall ist, sollten Sie den Wert durch mehrmaliges Drücken der Tasten [+] und [-] ändern. Lassen Sie sich dazu ruhig ein wenig Zeit. Wenn Sie fertig sind, verlassen Sie die Maske mit [Esc] und wählen im Menü EXIT&SAVE CHANGES (Beenden und Änderungen speichern) oder drücken die Taste [F10].

Diese Reihen- und Abfolge sowie auch die Tastenkombinationen variieren natürlich (sonst wäre es ja zu einfach) zwischen den verschiedenen BIOS-Versionen.

Die abschließende Nachfrage, ob die Änderungen gespeichert werden sollen, bestätigen Sie, indem Sie YES anwählen bzw. durch Eingabe von [z] (englische Tastatur). Wenn Sie alles richtig gemacht haben, sollte der Computer nun nach dem Neustart von Ihrer SuSE-DVD booten. Tut er dies nicht, müssen Sie wohl oder übel noch einmal ins BIOS und nach dem Grund suchen.

Legen Sie die DVD ein und warten Sie einfach ab. Sie wird nach wenigen Sekunden gestartet und YaST2 präsentiert Ihnen das Bootmenü. Drücken Sie einfach [↵] für die Standardinstallation. Diese wird in einer Auflösung von 800 x 600 gestartet; möchten Sie bereits hier eine höhere Auflösung verwenden, können Sie dies mit [F2] tun. YaST2 wird diese Auflösung auch als Standard für die spätere Konfiguration Ihrer grafischen Benutzeroberfläche (GUI = engl. Graphical User Interface) wählen.

Abhängig von der Leistung des Rechners, auf dem Sie gerade installieren wollen, kann es jetzt etwas dauern, bis Linux so weit hochgefahren ist, dass Sie das erste Installationsdialogfeld sehen. Nutzen Sie die kurze Pause, um sich noch einmal etwas zu trinken zu holen; die nächsten Schritte erfordern wieder etwas mehr Zeit.

## *Sprachauswahl und Tastaturlayout*

Zuerst fragt YaST2 Sie nach der zu verwendenden Sprache. Ich denke, »Deutsch« sollte hier die richtige Antwort sein.

*Abbildung 3.1: Die Sprachauswahl*

Seien Sie vorsichtig beim Wählen der Sprache oder wissen Sie, was auf Catalan »Zurück« heißt?!

Anschließend müssen Sie dem Novell SuSE License Agreement zustimmen (Abbildung 3.2).

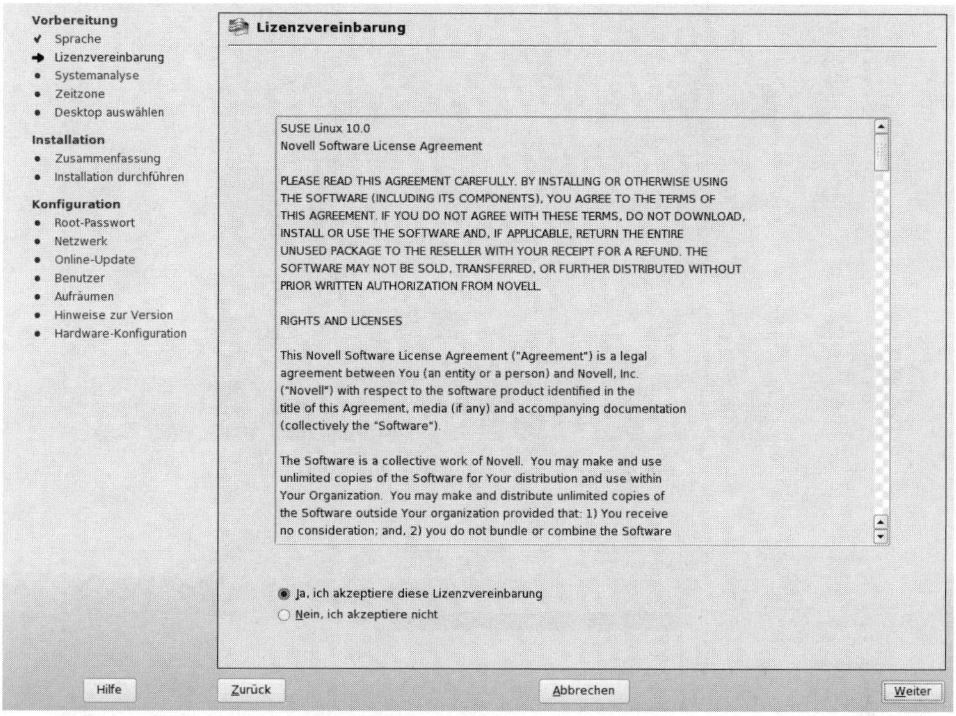


*Abbildung 3.2: Die Lizenzvereinbarung*

## Neuinstallation oder Update

Nun dürfen Sie sich entscheiden, was genau Sie vorhaben. Da Sie vorhaben, eine Linux-Installation von Anfang an durchzugehen, wählen Sie hier natürlich NEUINSTALLATION.

## Wie spät ist es?

Nun werden Sie aufgefordert, Ihre gültige Zeitzone anzugeben. Haben Sie am Anfang Deutsch als Standardsprache gewählt, so sollte YaST hier automatisch Europa/Berlin anzeigen. Das können Sie gefahrlos übernehmen.

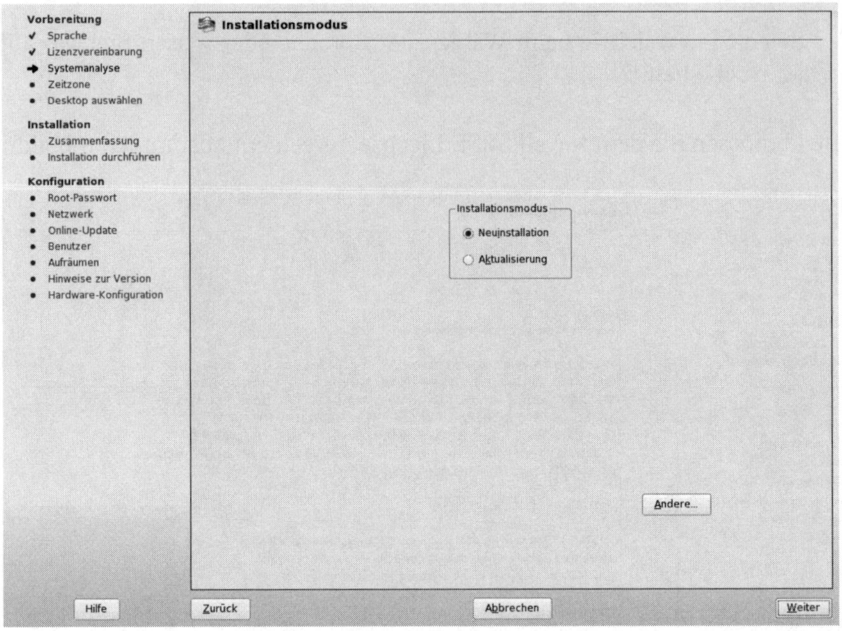


*Abbildung 3.3: Art der Linux-Installation*

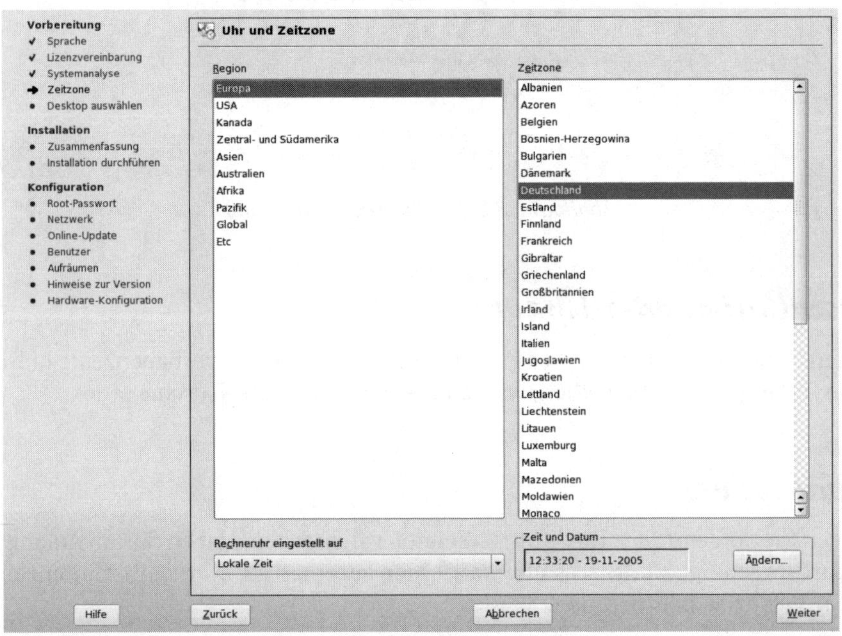


*Abbildung 3.4: Wo genau wohne und lebe ich?*

# System wählen

Ab SuSE 10.0 können Sie zwischen den beiden bekanntesten Desktop-Umgebungen, KDE und Gnome, wählen. Ab 10.0 wird SuSE verstärkt auf Gnome setzen.

Das kommt nun echt nicht überraschend, da sich die Firma Novell neben SuSE auch noch Ximian angeeignet hat. Ximian-Produkte (wie z.B. Evolution, ein Mailer) sind GTK, als Gnome basiert. Daher braucht man sich über diesen radikalen Bruch zu Vorgängerversionen nicht zu wundern. Aber keine Sorge, auch Gnome ist ein sehr ausgereiftes Desktop-System.

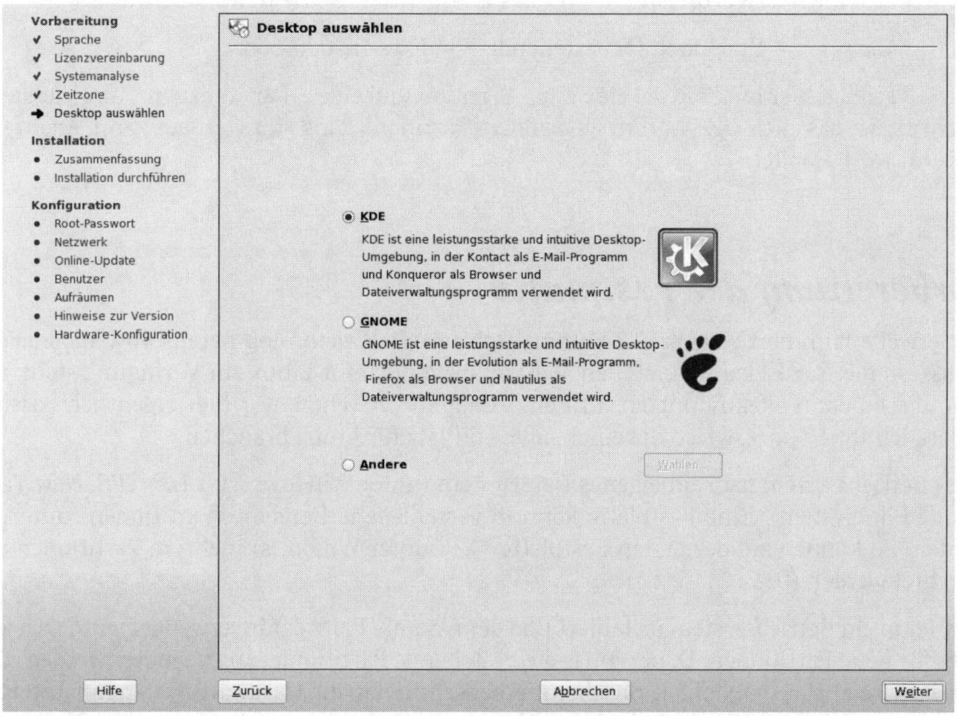


*Abbildung 3.5: Die Qual der Wahl der Desktop-Systeme*

Unter dem Menüpunkt ANDERE verbergen sich Optionen wie: INSTALLIERTES SYSTEM BOOTEN bzw. RETTUNGSSYSTEM BOOTEN. Damit haben Sie später jederzeit die Chance, im Falle eines Festplattenschadens oder ähnlicher Katastrophen Ihr SuSE Linux wieder von DVD zu booten und zu retten. Haben Sie sich entschlossen, die Installation nicht fortzusetzen, können Sie hier auch auf INSTALLATION ABBRECHEN gehen. Aber das wollen Sie ja nicht, oder?! Sie wählen bitte KDE.

Nach einer Weile den YaST2-Startbildschirm sehen. Ein Bild sagt mehr als 1000 Worte, daher werde ich die nun folgende Installation von SuSE Linux mit vielen Screenshots versehen und erläutern, was »hinter den Kulissen« vor sich geht.

### Wie verteile ich die Partitionen?

Eine Linux-typische Partitionierung sieht in etwa so aus:

1. `/usr` – wo sich die meisten Programme verstecken
2. `/opt` – ein Verzeichnis für »optionale« Software (oder Software, die optional auch läuft)
3. `/boot` – die Heimat Ihres Kernels (des eigentlichen Systems)
4. `swap` – die Auslagerungspartition (dies ist eigentlich keine richtige Partition)
5. `/windows/C` – Eine noch (?) bestehende Windows-Installation

YaST2 schlägt hier in der Regel eine `swap`-Partition und eine /-Partition vor. Für die ersten Schritte ist das auch OK. Warum eine andere Partitionierung sinnvoll sein kann, erfahren Sie im YaST-Kapitel.

## Vorbereitung der Festplatte

Mittlerweile kümmert sich YaST2 automatisch um die Erkennung bereits vorhandener Betriebssysteme. YaST2 kann feststellen, wie viel Platz noch für Linux zur Verfügung steht, und kann diesen dann effektiv nutzen. Um ein wenig zu verstehen, was hier eigentlich passiert, erkläre ich Ihnen kurz, wieso Sie einen eigenen Platz für Linux brauchen.

Jedes Betriebssystem hat sein eigenes Dateisystem (unter Windows XP z.B. NTFS, New Technology File System). Eine Festplatte kann in verschiedene Bereiche (Partitionen) unterteilt werden. So können auf der ersten Festplatte (`C:\` unter Windows) mehrere Partitionen eingerichtet werden (`D:\`, `E:\` etc.).

Wenn nun ein Betriebssystem installiert und der gesamte Platz dafür verwendet wurde, ist kein Platz für neue Partitionen. Daher muss die bestehende Partitionierung geändert werden. Dies ist relativ gefahrlos möglich, da Sie aber hierbei sehr tief in die Hardware-Tiefen hinabsteigen, kann es durchaus passieren, dass etwas schief geht. Es ist dringend geraten, ein Backup vor einer solchen Aktion zu machen! OK, die Neuaufteilung erledigt YaST2 für Sie. Sie werden gefragt, wie viel Platz Sie für Linux zur Verfügung stellen wollen, und das war's.

Im Regelfall können Sie sich hier auf die von YaST vorgeschlagenen Partitionierungen bzw. Änderungen verlassen. Überprüfen sollten Sie sie trotzdem!

Machen Sie unbedingt ein Backup *vor* Ihren Installationsversuchen!

Am allereinfachsten, da am gefahrlosesten, wäre die Anschaffung einer zweiten Festplatte (`/dev/hdb` unter Linux). Dort können Sie dann nach Herzenslust Linux installieren, und Ihr zweites Betriebssystem kriegt das wahrscheinlich noch nicht mal mit. Genauso möglich wäre ein komplett anderer oder gar neuer Rechner.

In diesem Kapitel geht es um die SuSE-Standard-Installation. Es besteht selbstverständlich auch die Möglichkeit, die Partitionierung von Hand vorzunehmen. YaST2 ruft zur Umpartitionierung das beigefügte Programm `fips` auf. `fips` finden Sie unter `/dosutils/fips` auf der SuSE-Linux-DVD.

## SuSE Linux präsentiert Ihr System

Nun rattert SuSE Linux los und sammelt fleißig Daten über Ihren Rechner, um Sie Ihnen dann wie in Abbildung 3.6 zu präsentieren.

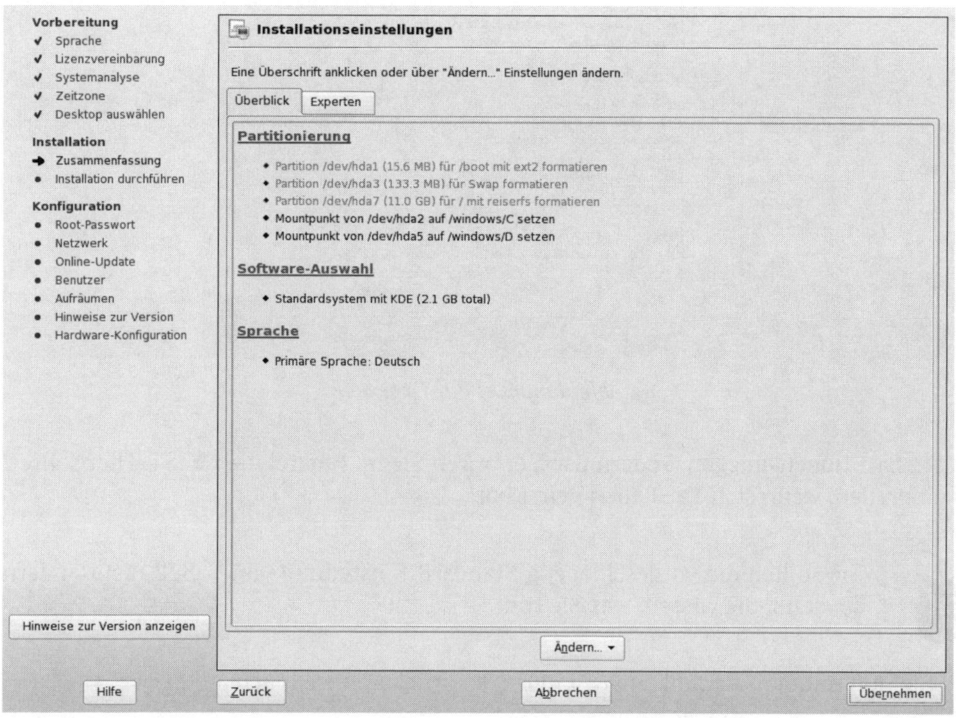


*Abbildung 3.6: Die einfache Übersicht der Installation*

Sollte YaST2 irgendwo kompletten Blödsinn melden, so können Sie jetzt noch jederzeit eingreifen und dies hier ändern. In unserem Fall hat er sich nicht getäuscht. Sie sollten an dieser Stelle den Vorschlag übernehmen, den YaST Ihnen bietet.

Wenn Sie schon einmal eine SuSE installiert haben, wird Ihnen dieses Layout neu vorkommen. Die ursprüngliche detailliertere Aufteilung finden Sie unter dem Reiter EXPERTEN, wie in Abbildung 3.7 zu sehen ist.

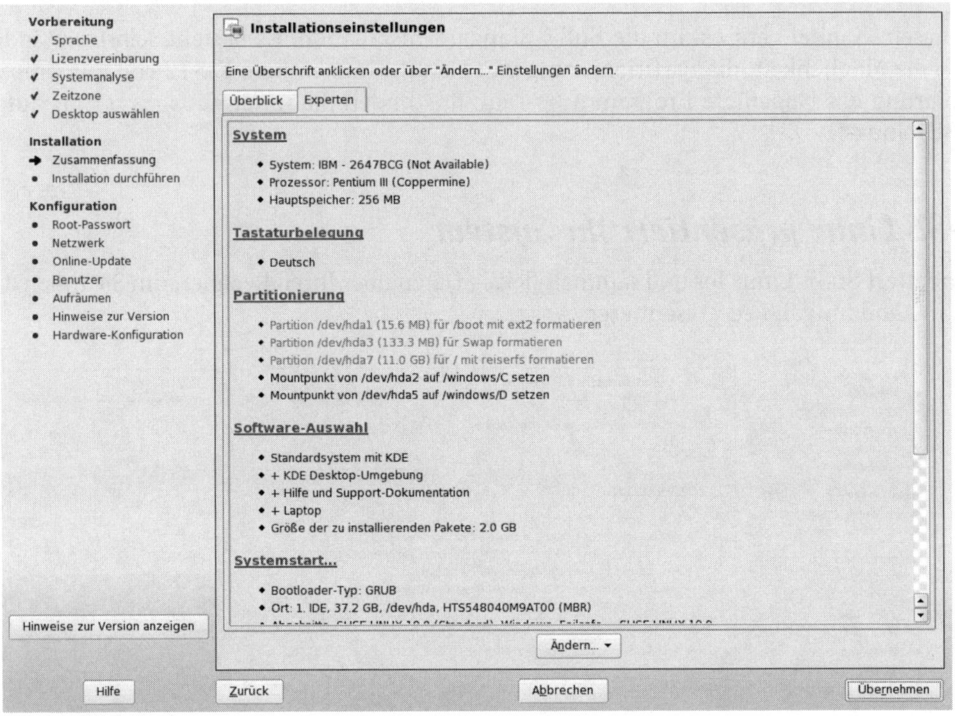


*Abbildung 3.7: Für Experten*

Wie Sie Partitionen anlegen, ändern usw., erfahren Sie im Kapitel über YaST. Hier sollten Sie nur eingreifen, wenn sich YaST total geirrt hat.

Sie sollten die vorgeschlagene Standard-Einstellung von YaST2 nicht ändern, es sei denn, Sie wissen, was Sie tun!

Sind Sie nun mit der Auswahl einverstanden, so drücken Sie einfach auf [↵].

Bevor Sie nun endgültig installieren dürfen, müssen Sie (schon wieder) einer Lizenz zustimmen. Diesmal handelt es sich um den Flashplayer von Macromedia.

Danach folgt die letzte Warnung und wenn Sie diese mit INSTALLIEREN bestätigen, legt SuSE richtig los.

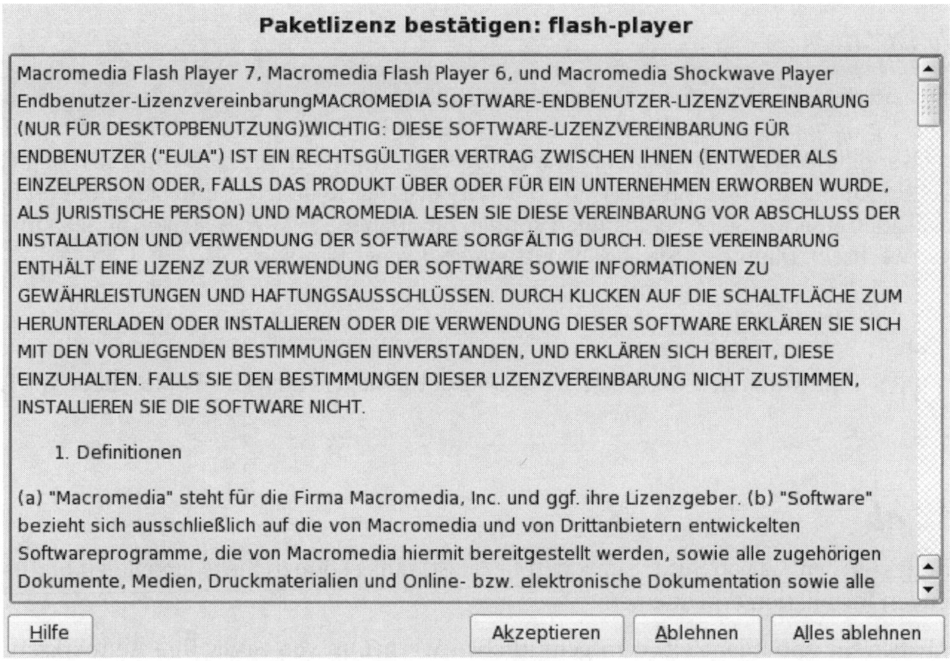


*Abbildung 3.8: Auch Flash will bestätigt werden.*

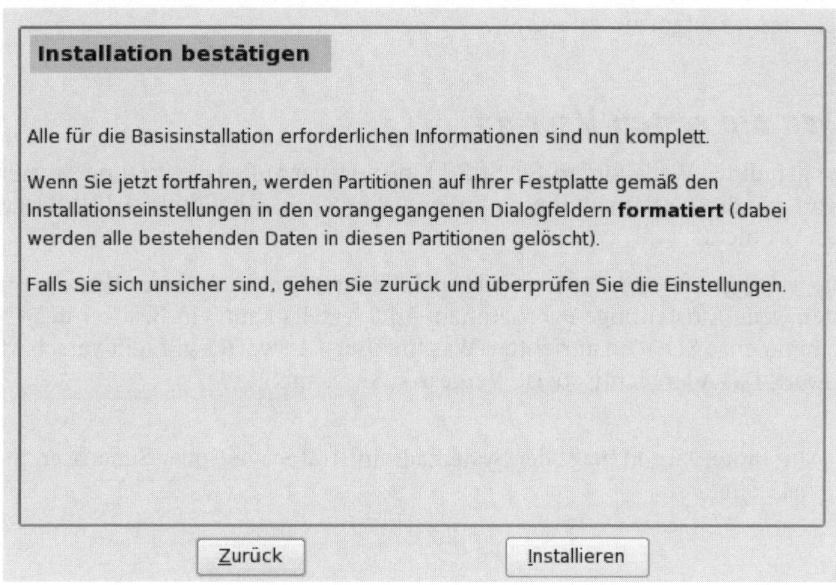


*Abbildung 3.9: Die letzte Chance!*

### Wo ist Lilo?

Seit neuestem ist nicht mehr der frühere Standard-Bootmanager `lilo`, sondern `grub` bei SuSE Linux vorinstalliert. Er bietet dem versierten Benutzer wesentlich mehr Eingriffs- und Konfigurationsmöglichkeiten. Eine Einweisung in `grub` erhalten Sie im YaST-Kapitel. Wichtig für Sie zu wissen ist, dass `grub` bereits installierte andere Betriebssysteme in der Regel auch erkennt. Selbstverständlich können Sie auch später wieder zu dem altbekannten `lilo` wechseln. Dann sind Sie aber bereits ein erfahrener Benutzer.

Eine kurze Beschreibung des `grub`-Bootmanagers steht im Kapitel über YaST.

## MAZ ab

Als Erstes werden Sie von SuSE Linux nett begrüßt. Links können Sie jederzeit den Status der laufenden Installation erkennen.

Nun haben Sie entweder Zeit, dem gemütlichen Werbefilm von SuSE Ihre Aufmerksamkeit zu widmen, oder aber Sie gönnen sich eine leckere Tasse Kaffee. Während dieser Zeit können Sie sich entweder besagten Film ansehen, oder Sie klicken auf DETAILS und sehen die Liste der gerade installierten Pakete. Hier können Sie sich vor allem das eine oder andere Paket merken, um es nachher im System zu testen.

## Wir legen die ersten User an

Nach einer geraumen Weile fordert Sie SuSE Linux wieder auf, etwas zu tun. Sie müssen nun ein Passwort für den Systemadministrator `root` vergeben (Abbildung 3.10). Vergessen Sie dieses Passwort nicht!

Dies ist das »Heiligtum« eines jeden Systemadministrators. Ohne dieses Passwort kann niemand systemweite Einstellungen vornehmen. Andererseits kann ein Besitzer des `root`-Passworts auch immense Schäden anrichten. Was für User-Passwörter gilt, gilt verschärft für das `root`-Passwort. Das Allerwichtigste ist: Vergessen Sie es nicht!

Im Linux-Jargon heißt der Systemadministrator `root` oder Superuser. Sein Login ist `root`.

Sind Sie Experte, haben Sie auf den dazugehörigen Button geklickt? So wissen Sie sicher, was dies bedeutet, und ich weiß nicht, wieso Sie dieses Buch lesen. Es gibt hier zwei Verfahren zum Verschlüsseln von Passwörtern. Im Zweifelsfall lassen Sie es bitte bei DES. Diese Option ist wirklich nur für Experten gedacht.

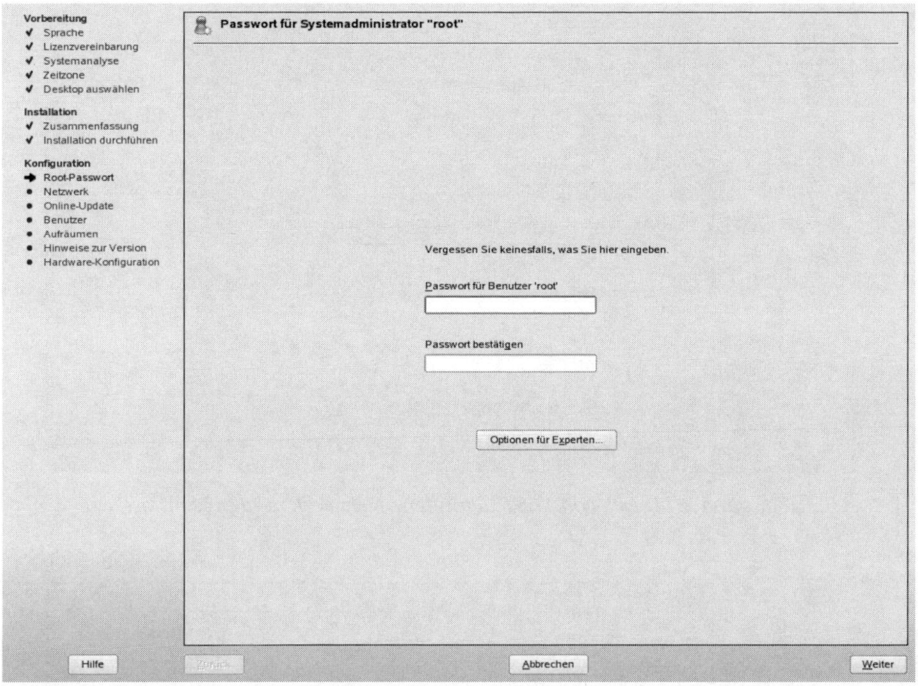


*Abbildung 3.10: Vergabe des heiligen `root`-Passworts*

YaST2 präsentiert Ihnen nun seine erkannte Netzwerkkonfiguration (siehe Abbildung 3.11). Natürlich könnten Sie hier jetzt YaST korrigieren, falls etwas nicht stimmt. Die Details dazu, wie das geht, erfahren Sie im YaST-Kapitel.

YaST bietet Ihnen nun an, die soeben eingerichtete Netzwerkverbindung auch zu testen. Dies kann eine sehr umständliche Prozedur sein, vor allem, wenn Sie Ihre Netzwerkeinstellungen nicht richtig getroffen haben. Ich empfehle Ihnen, hier den Test zu überspringen.

Es gibt verschiedene Möglichkeiten die User am System zu authentifizieren. Standardmäßig ist `Local` und `/etc/passwd` ausgewählt (Abbildung 3.13).

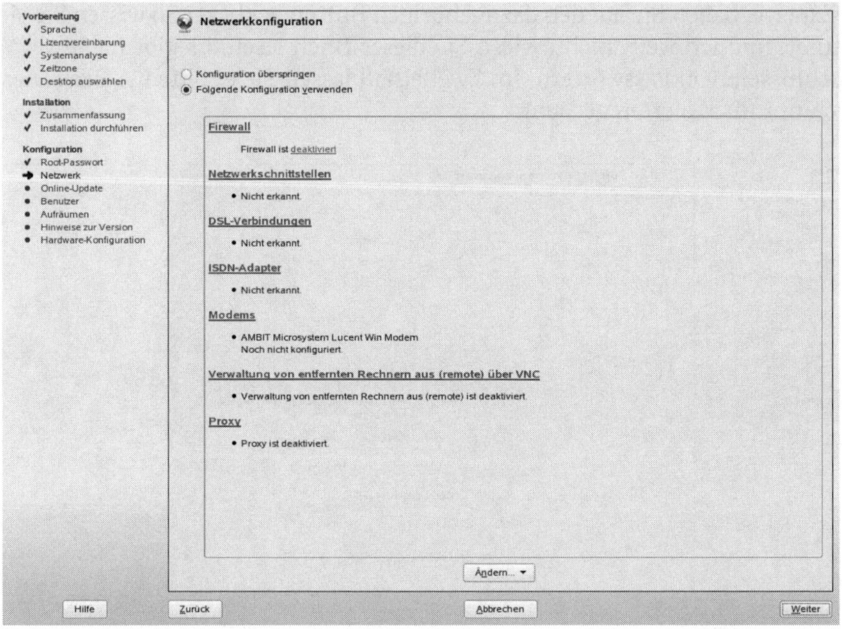


*Abbildung 3.11: Das von YaST gefundene Netzwerk wird präsentiert.*

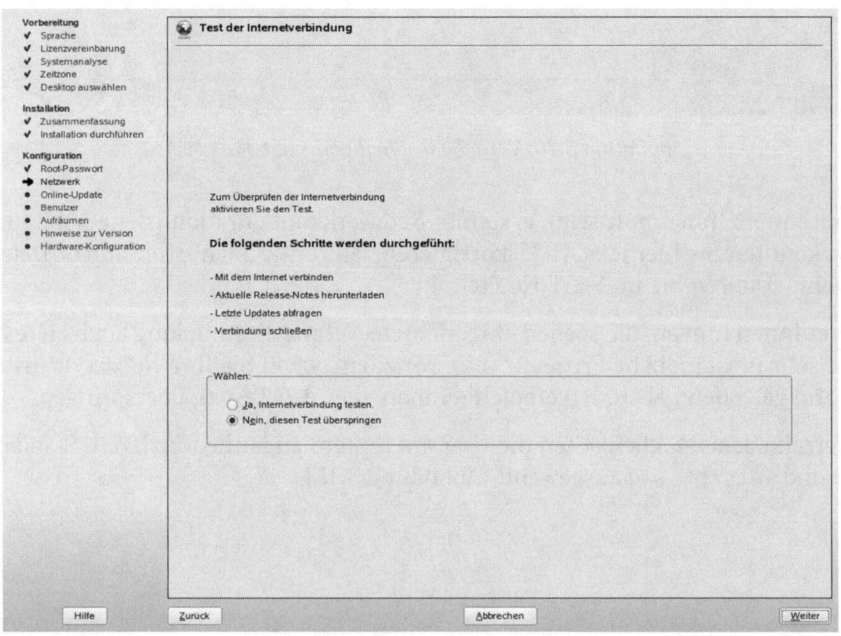


*Abbildung 3.12: Internet-Test*

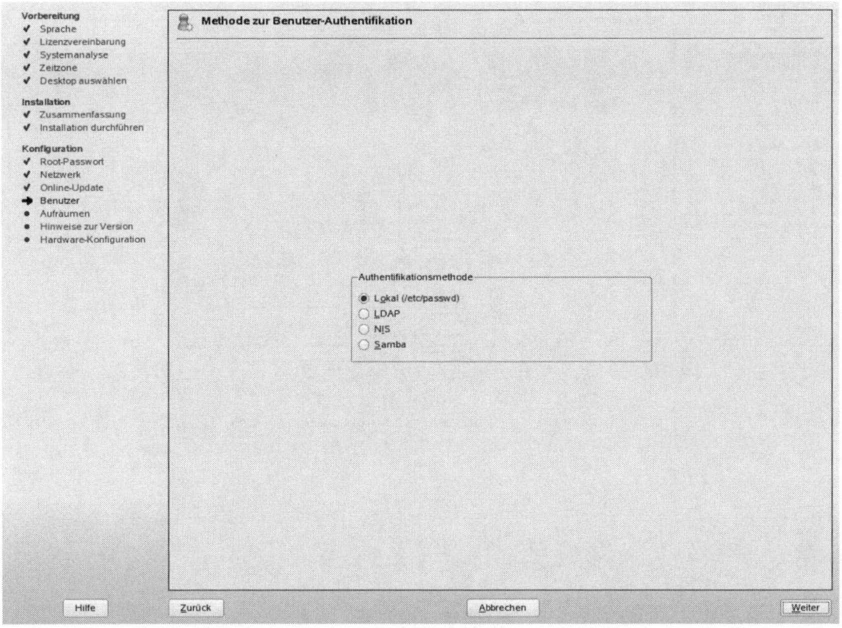


*Abbildung 3.13: Authentifizierung am Gerät*

Belassen Sie es bitte dabei. Die anderen Optionen verwenden Sie nur, wenn Sie Server haben (wie z.B. LDAP), die Useraccounts über das Netzwerk zur Verfügung stellen. Diese haben Sie allerdings nur in größeren Netzwerk-Umgebungen.

Mehr zum Thema Passwörter und Sicherheit im Netz sollten Sie unbedingt im Kapitel über Sicherheit nachlesen.

Bislang weiß das System ja noch gar nicht, wer sein Herr und Meister ist. Das Fenster in Abbildung 3.14 schafft hier Abhilfe. Geben Sie hier Ihren Namen und Ihr Login ein. Dies ist die Kennung, unter der Sie das System später erkennt; die Kennung, unter der Sie sich fortan am System anmelden.

Seit SuSE Linux 10.0 ist die Option »Automatische Anmeldung« standardmäßig aktiviert. Was ist das nun? Kennen Sie Windows? Dann wissen Sie es! Das System fragt Sie beim Starten nicht mehr nach einem Login und Passwort, sondern Sie sind automatisch als der »Standard-User« angemeldet. Ein Zeichen für die »Verwindowsifizierung« von SuSE (von manchen auch scherzhaft »SuSE Windows« genannt). Wollen Sie wirklich Linux erlernen? Dann schalten Sie diesen mehr als lästigen Knopf bitte auf »aus«!

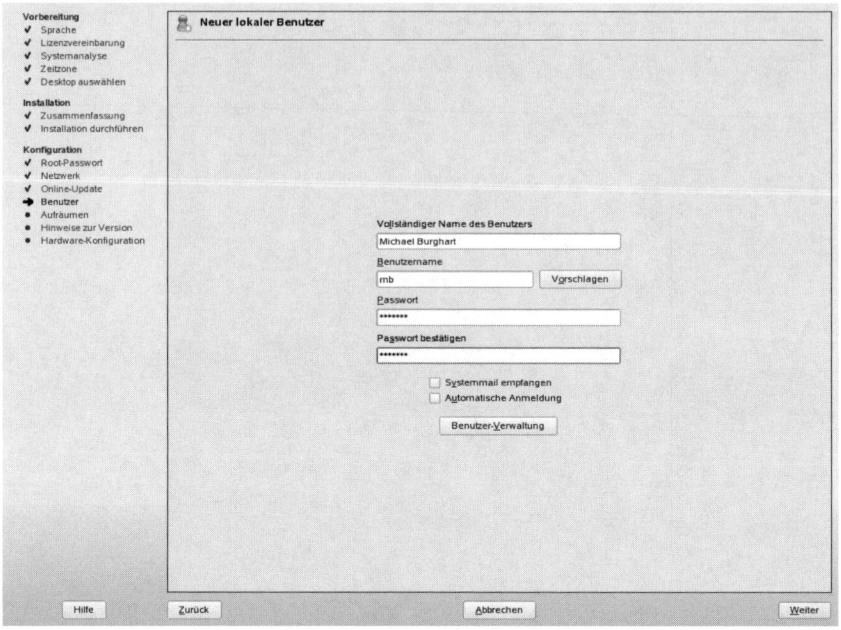


*Abbildung 3.14: Wer oder was bin ich?*

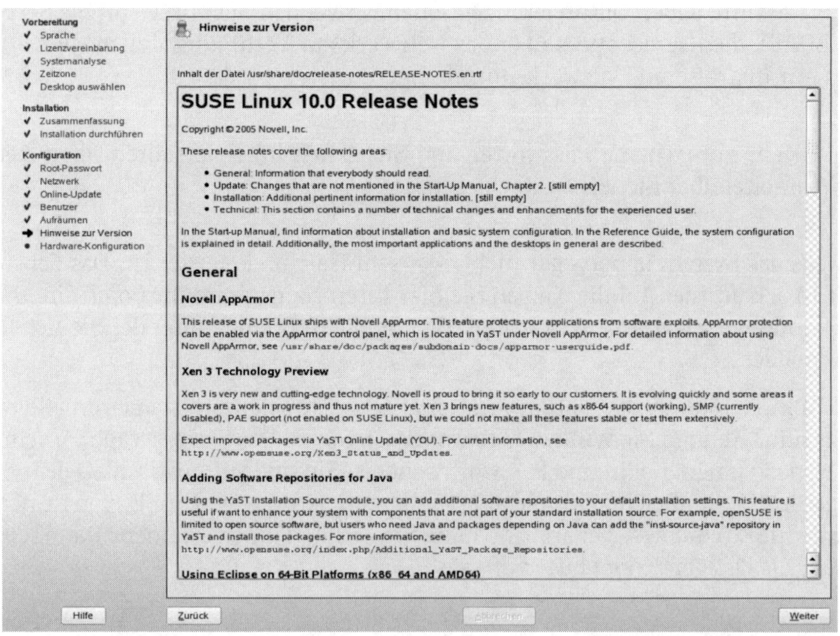


*Abbildung 3.15: Was sind die Unterschiede zur letzten Installation?*

Wählen Sie Ihr Passwort mit Bedacht. Standardpasswörter wie Name des Freundes, der Mutter, des Vaters oder Geburtsdatum etc. sind zu einfach. Bedenken Sie dies auch bitte, wenn Sie vorhaben, sich mit Linux ins Internet einzuwählen, und wer will das nicht?

YaST erkennt mittels eines guten Programms »schlechte« Passwörter und warnt Sie vor deren Verwendung!

Gute Passwörter sind Mischungen aus Zahlen, Buchstaben und Sonderzeichen. Ein gutes Passwort wäre z.B. »290l#k-5«, ein schlechtes hingegen »passwort«.

Nun werden Ihnen Änderungen (so genannte *Release Notes*) präsentiert (Abbildung 3.15). Sie zeigen im Wesentlichen, was sich seit der letzten Version von SuSE Linux geändert hat.

### Gute Passwörter, schlechte Passwörter

Wie erstellt und vor allem merkt man sich »gute Passwörter«? Das Beste ist, Sie suchen sich einen Satz aus, den Sie sich leicht merken können, wie z.B.:

`SuSE Windows ist ein nettes Spielzeug`

Danach setzen Sie diesen Satz in ein Passwort um, indem Sie einfach die ersten Buchstaben nehmen und manche durch ähnlich aussehende Zahlen ersetzen und auch noch die Groß-Kleinschreibung variieren. So würde obiger Satz als Passwort ungefähr heißen können:

`Sw13NS`

Bitte verwenden Sie dieses Passwort nicht, es soll nur als Beispiel dienen! So erhalten Sie ein für Sie einfach zu merkendes, aber sehr schwer zu erratendes Passwort.

Die Datei `/etc/passwd` enthält keine Passwörter mehr. Früher standen dort die DES (Sie erinnern sich?), die verschlüsselten Passwörter. Da nun aber eine ganze Reihe von Programmen Lesezugriff auf `/etc/passwd` benötigten (nicht unbedingt wegen der Passwörter, sondern wegen der User und Gruppen), war es notwendig, eine Lösung zu finden. Es gibt so genannte Crack-Programme, die ziemlich gut sind beim Suchen nach guten Passwörtern und nahezu 100% der schlechten herausfinden!

Deshalb wurde das *Shadow Password System* eingeführt. Hier »verweist« jetzt `/etc/passwd` nur noch auf die nur von `root` lesbare Datei `/etc/shadow`. Damit wurde das System noch ein wenig sicherer. Wieso das bei weitem nicht ausreicht, erfahren Sie im Kapitel über Sicherheit.

## Installation geschafft

Durch das Gröbste sind Sie damit durch. Sie haben ein lauffähiges Linux auf der Platte und können direkt damit arbeiten und sich durch die vielfältigen Möglichkeiten klicken. Experimentierfreude ist gefragt, doch halt! Lesen Sie zunächst weiter, nicht dass Sie jetzt noch an einer Unvorsichtigkeit scheitern.

## Drucker, Sound, Netz und Hardware

Die von YaST im nächsten Fenster angebotenen Konfigurationen müssen Sie nicht jetzt vornehmen; sollten Sie sich nicht sicher sein, so lesen Sie im Kapitel über YaST nach, wie es geht. Es empfiehlt sich allerdings, die gefundene Hardware gleich zu installieren, da man ja »eh grade schon dabei ist«. YaST2 präsentiert Ihnen in Abbildung 3.16 die gefundene Hardware und gibt Ihnen die Möglichkeit, diese zu konfigurieren.

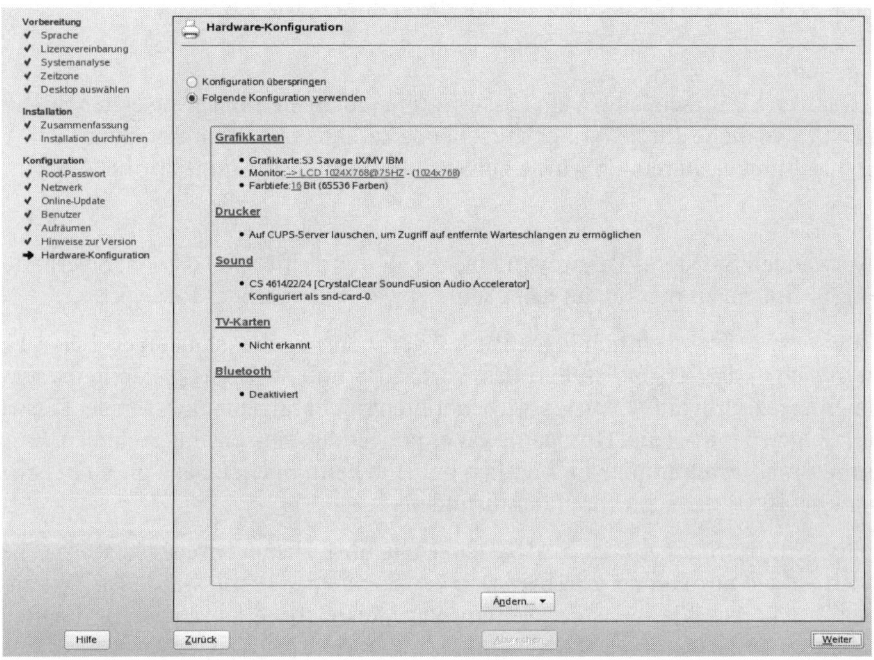


*Abbildung 3.16: Die Hardware des Systems*

Auf die Konfiguration der einzelnen Komponenten gehe ich im Kapitel über YaST näher ein. Probieren Sie auf jeden Fall erst mal die Standard-Einstellungen, die YaST2 Ihnen vorschlägt; Sie können zu 90% davon ausgehen, dass es die richtigen gewählt hat. Verfeinern und Nachinstallieren können Sie später jederzeit. Hier geht es zunächst darum, dass es überhaupt läuft. Schließen Sie hier dann einfach ab, indem Sie auf WEITER klicken.

## Sie haben es geschafft!

Nachdem Sie von SuSE Linux beglückwünscht worden sind, begrüßt Sie Ihr frisch installiertes SuSE Linux 10.0 mit seinem Login-Bildschirm.

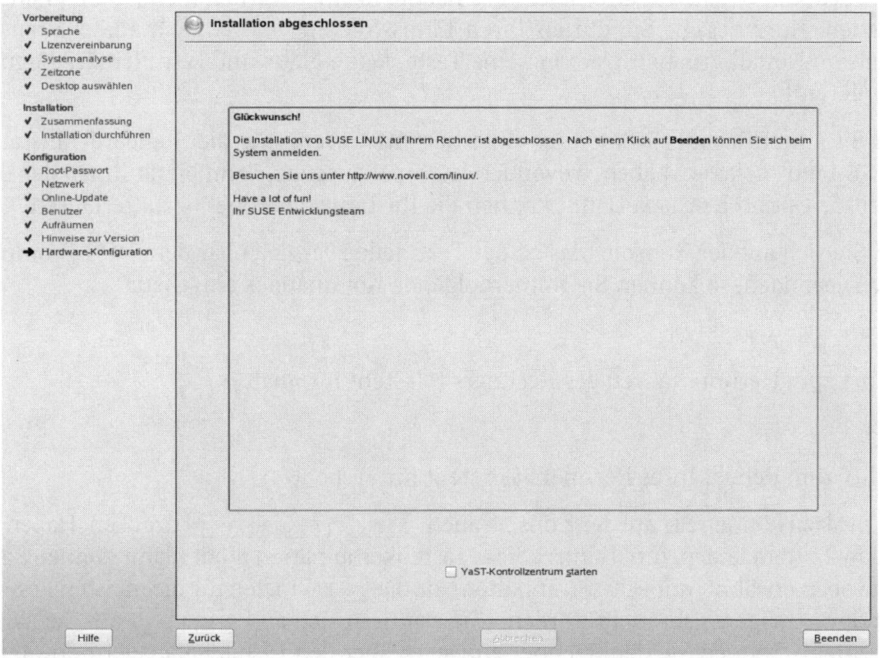


*Abbildung 3.17: Sie haben es geschafft!*

Nun können Sie sich als frisch angelegter User unter Ihrem neuen Login beim System anmelden und gleich auf Erkundungsfahrt gehen. Seien Sie am Anfang jedoch nicht zu forsch, sondern lesen Sie im Zweifelsfall lieber noch mal in diesem Buch nach. Die Philosophie, nach der ein Linux-System aufgebaut ist, unterscheidet sich grundlegend von der eines Windows-Systems.

Sie werden begrüßt von KDM, dem Display-Manager des KDE-Projekts (der im KDE-Kapitel ausführlich beschrieben wird).

## Bevor Sie loslegen

Schalten Sie Ihren Linux-Rechner nicht einfach aus! Fahren Sie ihn geordnet herunter. Wie das geht, sehen Sie hier.

Linux ist ein Multiuser-Multitasking-System. Was heißt das? Nun, unter Linux ist es möglich, dass sich viele User (Multiuser) gleichzeitig einloggen und gleichzeitig die unterschiedlichsten Programme (Multitasking) starten können. Da nicht alle Prozesse und Speichervorgänge sofort auf die Platte geschrieben werden, sondern noch eine Weile im Cache (temporärer Speicher) liegen, würde ein einfaches Ausschalten des Rechners einen Verlust dieser Datenmenge nach sich ziehen. Kurz gesagt: Sie dürfen Ihren Linux-Rechner *nie* einfach ausschalten (außer natürlich im Notfall, das heißt, wenn keine Taste, keine Maus und kein Remote Login mehr funktionieren)!

Fahren Sie Ihren Rechner immer geordnet herunter. Wenn Sie die Standard-Einstellungen von SuSE Linux gelassen haben, wovon ich jetzt mal ausgehe, dann bietet Ihnen der Display-Manager die Option BEENDEN. Damit können Sie Ihr Linux geordnet herunterfahren.

Sollten Sie sich auf der Konsole (das ist der Textmodus vergleichbar dem DOS-Prompt unter Windows) befinden, so können Sie immer folgende Kommandos eingeben:

```
shutdown -h now
```

Dies führt zum Herunterfahren des Rechners (`-h` steht für »halt«).

```
shutdown -r now
```

Dies führt zum Reboot Ihres Rechners (`-r` steht für »reboot«).

Alternativ dazu können Sie auf der Konsole auch [Strg]+[Alt]+[Entf] drücken. Haben Sie das X-Window-System laufen, funktioniert diese Tastenkombination nicht (dafür können Sie Linux hier, wie oben erwähnt, mit BEENDEN anhalten), da die [Alt]-Tasten für die meisten Funktionen des Windowmanagers gebraucht werden. (Sie erinnern sich an [Alt]+[F4] aus der Windows-Welt?) Unter X können Sie den Rechner entweder über den Display-Manager herunterfahren oder aber Sie wechseln mit [Strg]+[Alt]+[F1] auf die erste Konsole und geben dann dort [Strg]+[Alt]+[Entf] ein.

So gewappnet können Sie jetzt loslegen, Ihr neues SuSE Linux zu benutzen. Loggen Sie sich ein und los geht's. Was genau Sie jetzt alles anstellen können, erfahren Sie in den nächsten Kapiteln. Auf jeden Fall erstmal Gratulation! Sie haben die Installation geschafft und können nun in die tiefsten Geheimnisse dieses für Sie noch unbekannten Betriebssystems eintauchen.

# SuSE Linux - Aufzucht und Hege

4

## In diesem Kapitel

- Wie administriere ich mein System?
- So konfiguriere ich meinen Internet-Zugang
- YaST in Details
- Neue Pakete braucht das Land – oder wie installiere ich Software

OK, Linux ist installiert. Wie geht's weiter? Die Arbeit eines Systemadministrators, und das sind Sie jetzt, hört damit nicht auf.

Hier finden Sie alles, um Ihr SuSE Linux zu konfigurieren. Es erklärt jeden Schritt von YaST2 von Anfang bis Ende.

Sie brauchen nun Werkzeuge und Programme, um Ihr Linux zu kontrollieren, zu verwalten und andere unheimlich wichtige Tätigkeiten ausführen zu können. Eines dieser Tools haben Sie ja schon während der Installation kennen gelernt: YaST2.

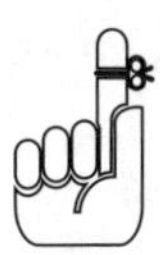

In diesem Kapitel werden Sie durch die einzelnen Punkte und Konfigurationsmöglichkeiten geführt, die YaST2 bietet. YaST ist mittlerweile so umfangreich und bietet Funktionen, die den Umfang dieses Buches bei weitem sprengen würden, so dass ich nicht auf alle Details eingehen kann. Gerade über die verschiedenen Serverkonfigurationen wurden viele dicke und große Bücher geschrieben; ich kann daher bestimmte Bereiche nur anreißen.

Bevor Sie allerdings YaST2 starten können, müssen Sie sich gegenüber dem System noch als `root` ausweisen. Ansonsten haben Sie keine Berechtigung, YaST2 zu starten. Praktisch integriert in das KDE-System, werden Sie nach der Eingabe des `root`-Passwortes gefragt.

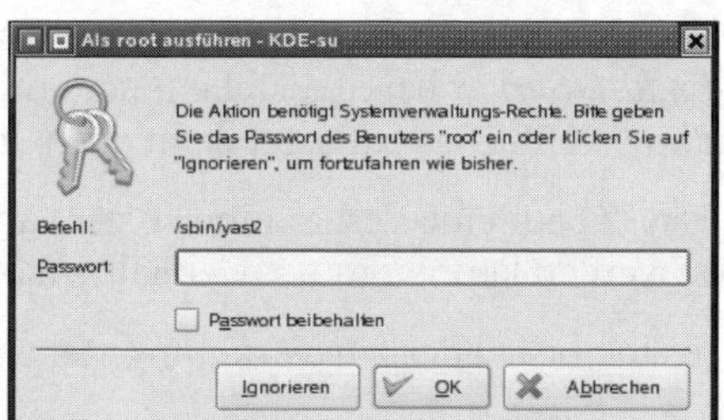


*Abbildung 4.1: Wie war gleich noch mal das `root`-Passwort?*

Alles, was YaST2 für Sie einstellt, können Sie auch manuell mit den Standard-Linux-Tools erledigen. YaST2 bietet Ihnen jedoch eine einfach zu bedienende grafische Oberfläche.

## YaST2 - Der SuSE Installer

Merken Sie sich immer genau, was Sie verstellt haben, und schreiben Sie es gegebenenfalls auf, falls Sie nachher feststellen, dass es doch nicht wie gewünscht klappt.

Nehmen wir mal YaST2 genauer unter die Lupe. Hierbei werden Sie auch ganz nebenbei ein paar grundlegende Sachen über Linux erfahren. *Learning by doing* ist in diesem Fall eine gute Idee, zumal Sie mit diesem Buch so angeleitet werden, dass Sie keine Angst zu haben brauchen, irgendwas kaputtzukonfigurieren.

Wir gehen hier die einzelnen Punkte, die YaST2 anbietet, Schritt für Schritt durch. So können Sie auch später jederzeit nachlesen, wie man beispielsweise einen neuen Drucker installiert.

Auf dem Startbildschirm von YaST2 ist schon der erste Eintrag, Software, vorselektiert. Wir arbeiten uns jetzt ganz langsam nach unten vor.

## Software

Dies wird der Punkt sein, mit dem Sie sich am Anfang sicher am häufigsten beschäftigen werden. Dies ist das Tor zur unendlichen Software-Vielfalt, die Ihnen mitgeliefert wird.

### Online-Update

Eines der wirklich praktischen Features von SuSE Linux ist die Möglichkeit des Online-Updates. Dies ist allerdings wirklich nur bei einer vernünftigen Anbindung an das Internet zu empfehlen. Entscheiden Sie, wie SuSE beim Update verfahren soll. Für die zukünftigen Experten steht auch ein entsprechendes Menü zur Verfügung (siehe Abbildung 4.2).

Hier können Sie beispielsweise alternative FTP-Server (in Ihrer Nähe) wählen. So ist es möglich, einen firmeninternen *Update-Server* bereitzustellen, der automatisch Updates holt und diese dann intern zur Verfügung stellt. Dies entlastet dann doch die Leitungen.

Klicken Sie auf Weiter und YaST2 baut eine Verbindung zu dem angegebenen FTP-Server auf und überprüft, was upgedatet werden könnte, muss oder sollte (siehe Abbildung 4.3).

Anschließend bekommen Sie eine Liste aller zur Verfügung stehenden *Pakete* angeboten.

Gehen Sie hier auf Übernehmen, wird munter installiert.

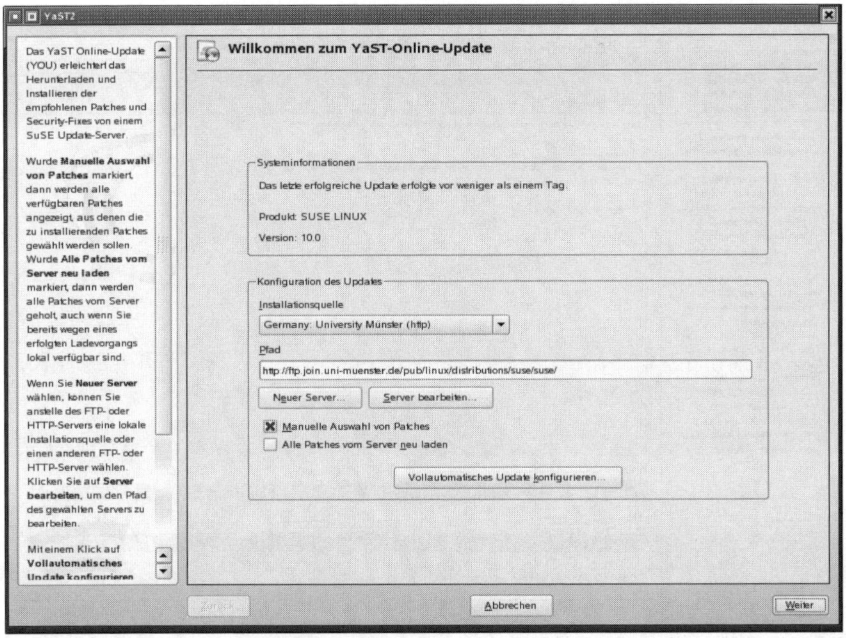


*Abbildung 4.2: Updaten Sie online!*

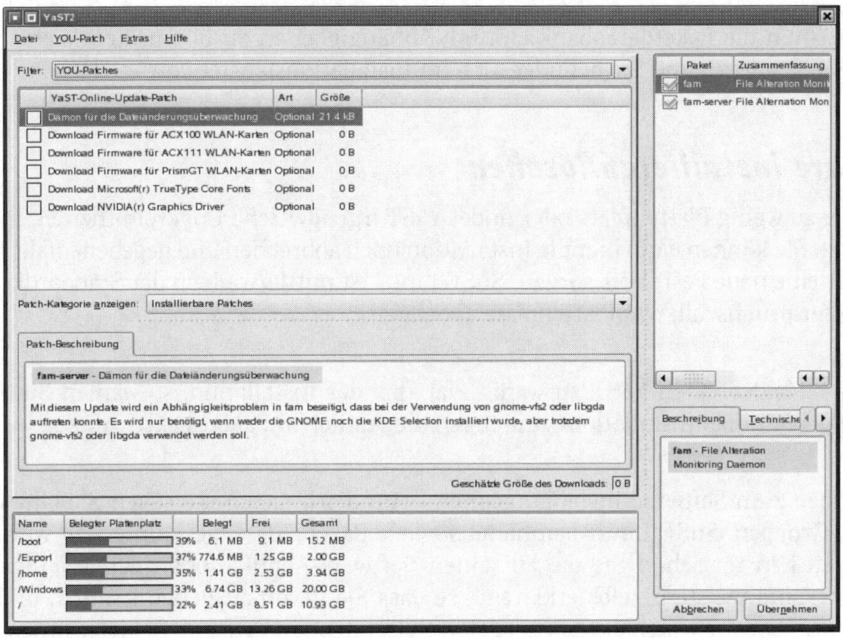


*Abbildung 4.3: Was soll upgedatet werden?*

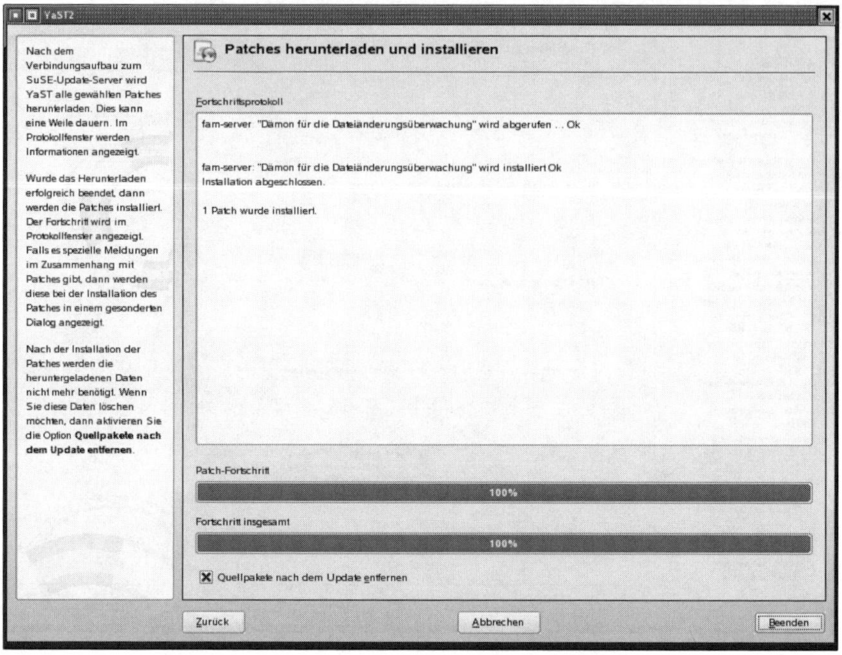


*Abbildung 4.4: Abschließender Update-Bericht*

SuSE liest nun die Paketdatenbank ein, um Abhängigkeiten zu überprüfen (siehe *Software installieren/löschen*), und Sie befinden sich im Installationsfenster von YaST2.

## Software installieren/löschen

Haben Sie zu wenig Plattenplatz oder findet YaST irgendwelche Ungereimtheiten, informiert es Sie jetzt. Sie können dann hier die Installation noch abbrechen und gegebenenfalls für mehr Platz oder eine neue Festplatte sorgen. SuSE Linux ist mittlerweile in der Standardkonfiguration sehr anspruchsvoll, was Plattenplatz anbelangt.

Meldet Ihnen YaST zu wenig Platz bei der Installation, so wählen Sie zunächst »Minimal Installation« und fügen die restlichen Pakete später hinzu.

Willkommen zum Software-Installationsmenü. Auf der linken Seite sehen Sie eine Liste der Software-Gruppen. SuSE Linux beinhaltet so viele Pakete, dass diese unterteilt worden sind. Im rechten Fenster sehen Sie die einzelnen Software-Applikationen der jeweiligen Serie. Die Namen sind meistens selbsterklärend, so dass Sie davon ausgehen können, in der Serie ANWENDUNGEN|EDITOREN auch die gewünschten Editoren zu finden. YaST2 bietet Ihnen auch die Möglichkeit, sich Beschreibungen des jeweiligen Software-Pakets anzeigen zu lassen.

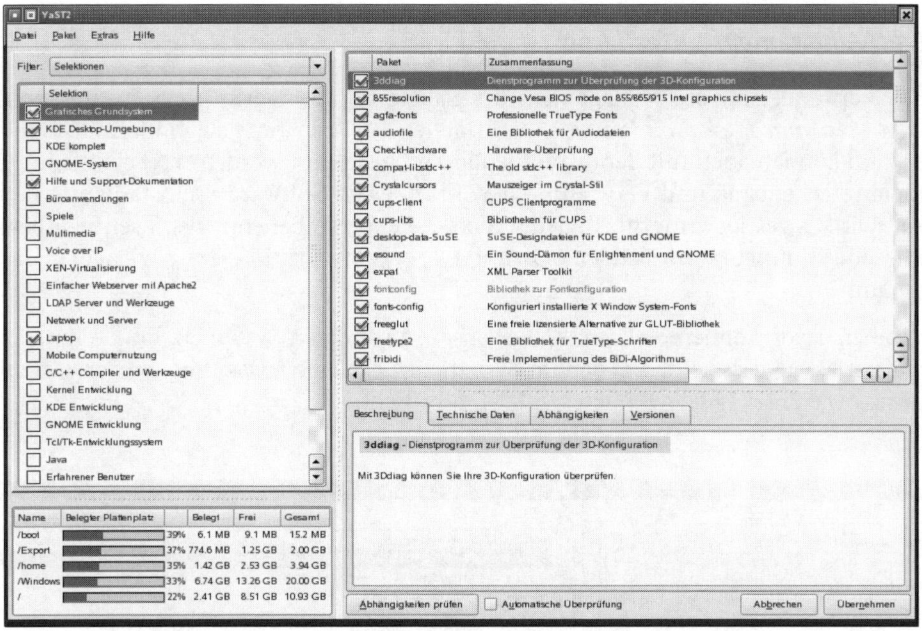


*Abbildung 4.5: Ein Teil der Software-Vielfalt von SuSE Linux*

Um in dem riesigen Software-Wust nicht den Überblick zu verlieren, bietet SuSE Ihnen hier verschiedene Auswahlmöglichkeiten an. Diese sind:

- ✔ Paketgruppen
- ✔ Selektionen
- ✔ Suchen

Unter *Paketgruppen* versteht SuSE bestimmte Pakete, die logisch irgendwie zusammengehören. So finden sich hier Paketgruppen wie beispielsweise *Editoren*, *Multimedia* und *Entwicklung*.

Hinter *Selektionen* verbirgt sich eine gewisse Auswahl von Software für bestimmte Anwender. So gibt es eine Selektion *Standard*, *Minimal* und *Server*. Je nach Ihren Anforderungen können Sie hier die gewünschte wählen.

Lassen Sie uns mal nach allen Paketen suchen, die etwas mit *DVD* zu tun haben könnten. Klicken Sie dazu oben links auf PAKETGRUPPEN (die Standardeinstellung) und wählen Sie SUCHEN. Geben Sie nun in das Feld `DVD` ein und drücken Sie [↵].

YaST präsentiert Ihnen nun eine Liste aller Pakete, die das Suchwort DVD in ihrer Beschreibung haben (siehe Abbildung 4.6). Klicken Sie die gewünschten Pakete an. Solange Sie nicht auf AKZEPTIEREN klicken, können Sie noch weitere Pakete suchen und anwählen. Ein Klick auf ÜBERNEHMEN startet den eigentlichen Installationsvorgang.

### Paketmanagement unter Linux

YaST2 verwendet für das Management der Pakete (Linux-Begriff für Software-Applikationen) den *rpm Package Manager*. `rpm`-Dateien besitzen für gewöhnlich die Endung `.rpm` und können auch mit dem Kommando `rpm` installiert werden. `rpm` beinhaltet eine komplette Datenbank und Verwaltung der installierten Software. Deinstallieren Sie ein Paket, wird es restlos entfernt. Updaten Sie ein Paket, so benennt `rpm` eventuell bereits existierende Konfigurationsdateien (z.B. unter `/etc`) entweder in `.rpm.save` oder in `.rpm.orig` um.

Abgesehen davon können Sie sich, im Gegensatz zu anderen Systemen, hundertprozentig darauf verlassen, dass keine Dateien im System zurückbleiben. Das Problem der »dangling libraries« wie unter Windows gibt es unter Linux nicht.

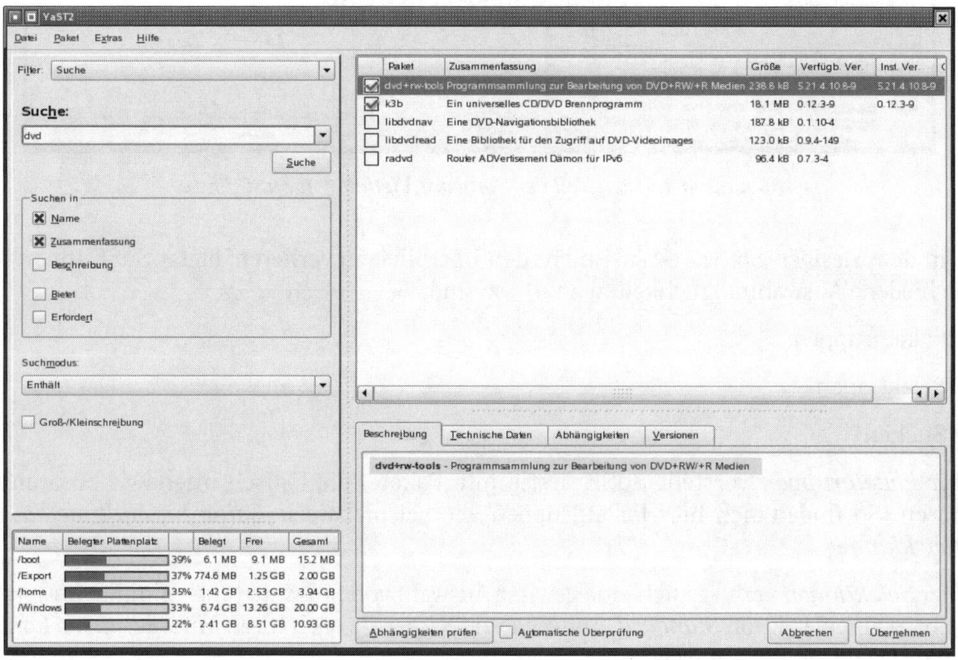


*Abbildung 4.6: Auswahl der Suche*

Bestehen noch Abhängigkeiten, das heißt, werden zum Betrieb des von Ihnen gewählten Paketes noch weitere benötigt, zeigt Ihnen YaST diese an. Hier sollten Sie einfach [↵] drücken, es sei denn, Sie wissen, was Sie tun. Sie könnten sonst ein inkonsistentes System riskieren.

Möchten Sie mehr zu einem zu installierenden Paket wissen, so können Sie unten rechts auf BESCHREIBUNG, TECHNISCHE DATEN, ABHÄNGIGKEITEN und VERSIONEN klicken.

Generelle Informationen über den benutzten und freien Plattenplatz erhalten Sie unten links. Sobald Sie ein Paket anwählen (mit der Maus darauf klicken), überprüft YaST2 die *Abhängigkeiten* (dependencies) des Paketes (es kann sein, dass ein Paket von einem anderen Paket abhängt) und markiert es für Sie. Wenn Sie ein Paket nicht mehr benötigen, können Sie es auf die gleiche Art und Weise auch wieder komplett deinstallieren.

Haben Sie alles gefunden, was Sie wollten, bringt Sie ein Klick auf OK zur tatsächlichen Installation. Es läuft das übliche Werbefilmchen ab, während YaST2 die ausgesuchten Pakete installiert.

Nach der Installation wird noch das SuSE-eigene Konfigurationsskript SuSEconfig aufgerufen.

## Installation in ein Verzeichnis

Für den normalen Anwender eher nicht nötig, bietet SuSE die Möglichkeit, Ihr Linux in ein bestimmtes Verzeichnis zu installieren. Abgesehen von der Auswahl des Ortes entspricht dies der üblichen Installationsprozedur, die Sie noch vom Anfang kennen.

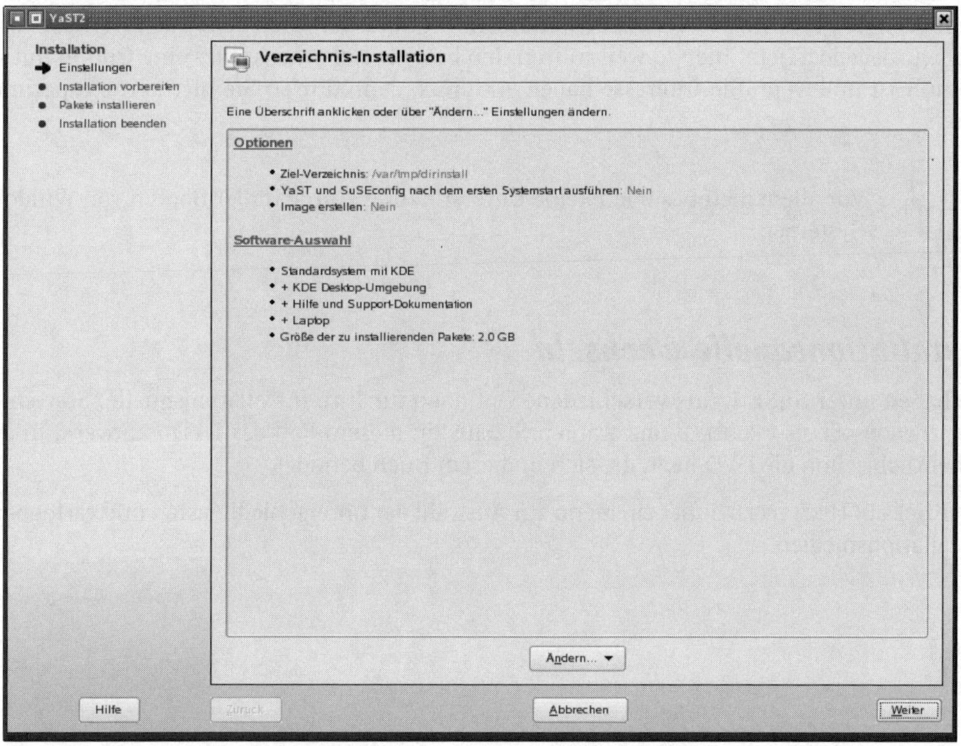


*Abbildung 4.7: Installieren Sie in ein Verzeichnis.*

### SuSEconfig

Eine sehr praktische Erfindung unter SuSE Linux ist das Skript `SuSEconfig`. Abhängig von den gewählten Konfigurationen und Einstellungen justiert es Ihr SuSE-Linux-System nach wichtigen Änderungen automatisch.

Abhängig von Ihrem Rechner kann dieser Prozess durchaus ein wenig dauern.

Möchten Sie dies nicht, so können Sie es unter System|Sysconfig-Editor auch abschalten, was ich Ihnen allerdings nicht raten würde.

## Installation in ein Verzeichnis für XEN

Seit kurzer Zeit unterstützt SuSE Linux auch XEN. Mit XEN haben Sie die Möglichkeit, verschiedene Betriebssysteme parallel zu booten. Die ist nicht zu verwechseln mit dem Programm `vmware`, wo eine CPU emuliert wird. Hierbei handelt es sich um ein echtes Parallel-Booten. Allerdings ist das Programm noch sehr im Betastadium und für den Heinanwender wirklich nicht geeignet. Um XEN zu verwenden, müssten Sie auch den dazu gehörigen Kernel booten. Dies würde jedoch jetzt hier zu weit führen. Ich bin mir sicher, dass dies eine Option mit viel Zukunft ist und wenn Sie Interesse haben an Linux, dann dürfen Sie hier gerne experimentieren.

Vor allem bietet es noch keine Unterstützung zum Parallel-Booten von Windows-Systemen.

## Installationsquelle wechseln

Sie haben unter SuSE Linux verschiedene Optionen für Ihre Installationsquelle. Starten Sie Installationsquelle wechseln und wählen Sie aus, in diesem Fall das DVD-Laufwerk, in dem hoffentlich schon die DVD liegt, die sich in diesem Buch befindet.

Ein Klick auf Hinzufügen öffnet ein Menü zur Auswahl der unterschiedlichsten und verfügbaren Installationsmedien.

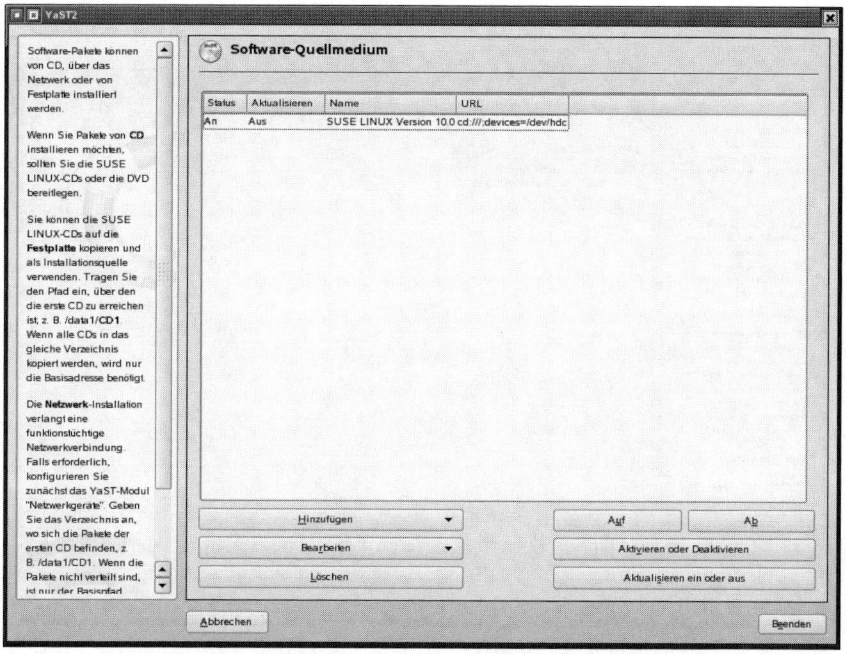


*Abbildung 4.8: Die Wahl des richtigen Mediums*

## SuSE Media Check

Wenn Sie sich nicht sicher sein sollten, ob Ihre DVD einen »Knall« hat, so können Sie sie hier mit dem SuSE-eigenen Check-Programm überprüfen lassen. Nicht wundern, der Vorgang kann einige Zeit dauern, da hier die verschiedensten Checksummen überprüft werden.

## Patch-CD-Update

Haben Sie eine SuSE-Linux-Patch-CD, so können Sie diese hier installieren. Dies ist für Business-Kunden vorgesehen, die mit dieser Schnittstelle einfach etwaige Lücken beheben können. Die Oberfläche entspricht im Wesentlichen der beim Online-Update (siehe Abbildung 4.10).

Unter *Patch* (engl.: Flicken) versteht man eine Software, die ein bestehendes Programm verbessert (zumindest hofft man das), falls beispielsweise ein Fehler (engl.: bug) gefunden wurde. Meistens dann, wenn es ein Sicherheitsproblem gibt, stehen in kurzer Zeit so genannte Security Fixes zur Verfügung.

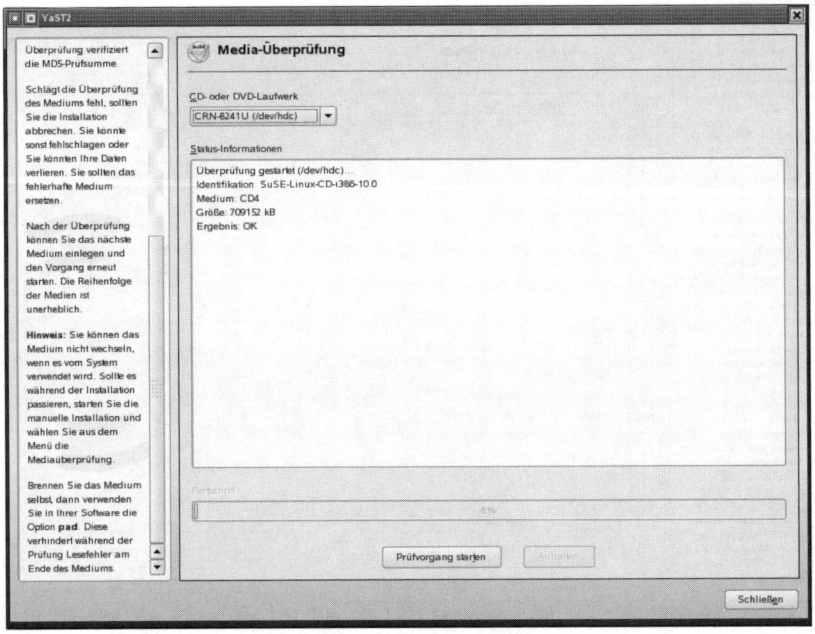


*Abbildung 4.9: Das Medium wird überprüft.*

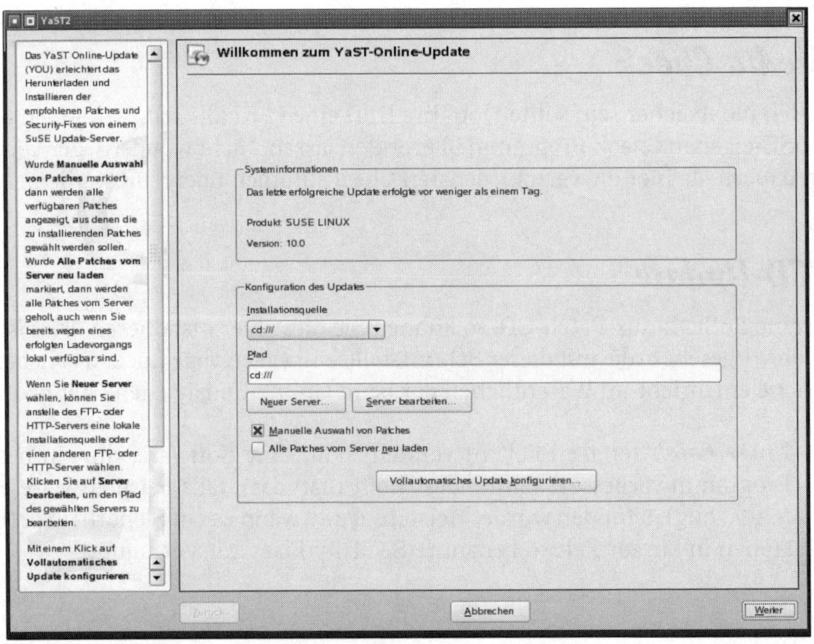


*Abbildung 4.10: Wir flicken SuSE.*

## Update des Systems

Klar, dahinter verbirgt sich die Möglichkeit, Ihr SuSE Linux upzudaten und zwar von einem lokalen Installationsmedium (z.B. einer CD-ROM).

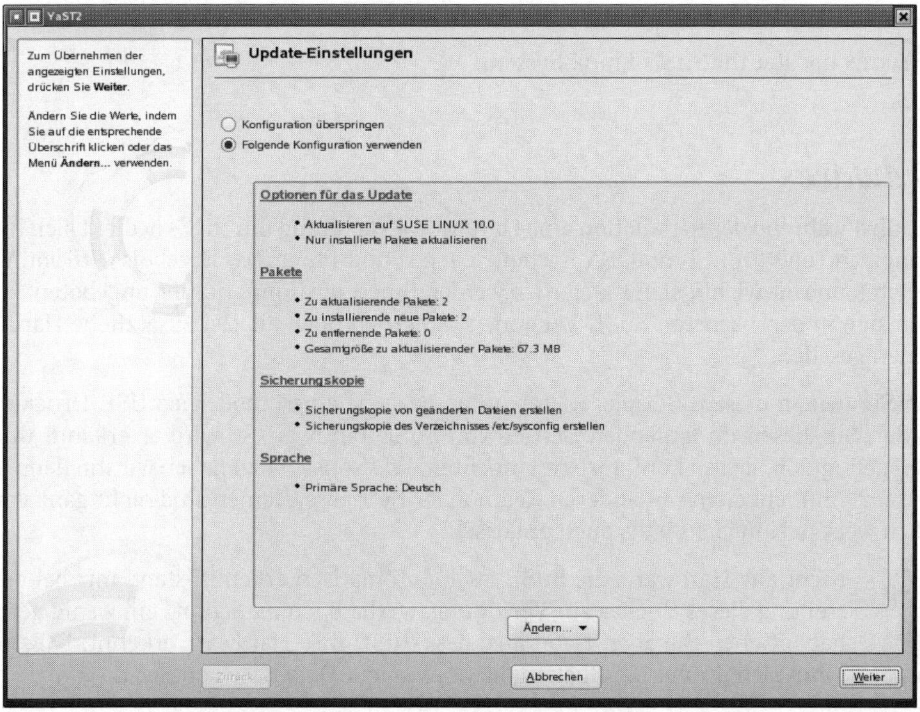


*Abbildung 4.11: Was möchten Sie updaten?*

Vielleicht hätten Sie gerne ein Backup Ihres Systems? YaST2 schlägt hier automatisch SICHERUNGSKOPIE VON GEÄNDERTEN DATEIEN ERSTELLEN vor. So können Sie eine minimale Sicherung Ihrer wichtigsten Dateien, z.B. des Verzeichnisses `/etc/sysconfig`, vornehmen.

Sie können durch einen Klick auf OPTIONEN FÜR DAS UPDATE (ähnlich dem Menü bei der Installation) bestimmen, was genau upgedatet werden soll.

Klicken Sie auf WEITER und Sie können die Art des Updates bestimmen.

Bevor Sie das Update starten, haben Sie auch hier in ERWEITERTE AUSWAHL die Möglichkeit, sich ins Software-Fenster zur Angabe von Paketen zu begeben und dort spezielle Pakete zusätzlich zu suchen.

Ansonsten entsprechen die Auswahlmöglichkeiten denen des Online-Updates. Lediglich das Installationsmedium unterscheidet sich hier.

Nun wird Ihnen noch ein abschließendes Status-Fenster präsentiert, und wenn Sie hier auf WEITER klicken, werden die gewählten Pakete auch installiert. Sollten Abhängigkeiten noch nicht aufgelöst sein, so erhalten Sie evtl. ein Fenster mit einer Nachfrage.

Ein abschließendes, Windows-ähnliches »Sind Sie sich wirklich sicher?«-Fenster, das Sie von der Installation noch kennen sollten, erscheint.

JA – STARTEN updatet Ihr SuSE-Linux-System.

# Hardware

SuSE führt während der Installation eine Hardware-Erkennung durch. Es bedient sich hierbei der gängigen Tools für PCI- und ISA-Karten, `scanpci` und `ispnp`. Das Ergebnis wird von YaST2 aufbereitet, und die wichtigsten Kategorien werden Ihnen zur Konfiguration angeboten. Hierzu werden sich in den nächsten SuSE-Versionen sicherlich noch allerlei zusätzliche Hardware-Optionen gesellen.

Haben Sie (wie in diesem Beispiel weiter unten gezeigt) einen modernen USB-Drucker und schließen Sie diesen im laufenden Betrieb von SuSE Linux an, so wird er erkannt und Sie werden gefragt, ob Sie ihn konfigurieren möchten. Was sonst, wozu haben wir ihn denn angeschlossen?! Ähnlichkeiten mit anderen Redmonder Betriebssystemen sind nicht ganz von der Hand zu weisen. Nun ja, es ist ja auch praktisch.

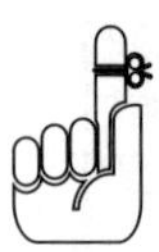

Nicht alle Hardware, die SuSE auch automatisch erkennt, stand mir bei der Erstellung dieses Buches zur Verfügung, weshalb ich manchmal ein wenig getrickst habe. Gehen Sie aber davon aus, dass SuSE Ihre Hardware erkennt. Falls nicht, lohnt sich immer ein Blick in die Component Data Base von SuSE.

## Bluetooth – moderne Kommunikation

SuSE bietet mittlerweile einen relativ vernünftigen und gut zu konfigurierenden Bluetooth-Support an.

Wichtig für Bluetooth ist, dem Device eine eindeutige PIN zu geben, damit Sie sich nachher (und nur Sie!) an Ihrem Adapter anmelden können (siehe Abbildung 4.12).

Klicken Sie nun auf ERWEITERTE DAEMON KONFIGURATION. Im Regelfall können Sie die von YaST vorgeschlagenen Optionen lassen.

Einen Klick auf SICHERHEITSOPTIONEN sollten Sie auf jeden Fall wagen.

Bluetooth ist alles andere als eine sichere Kommunikation, daher sollten Sie auf jeden Fall zumindest die Basissicherheit bei Bluetooth aktivieren.

Schließlich können Sie noch in den Klassen definieren, wozu Sie Ihren Bluetooth-Adapter verwenden möchten. Ich bin mir sicher, Sie finden Ihren Bereich hier ganz einfach heraus.

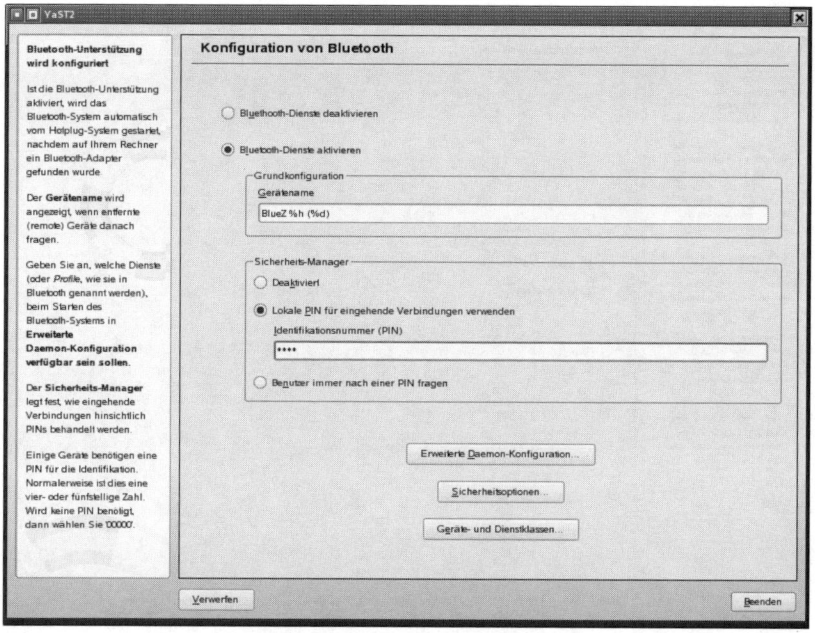


*Abbildung 4.12: Bluetooth-Einstellungen*

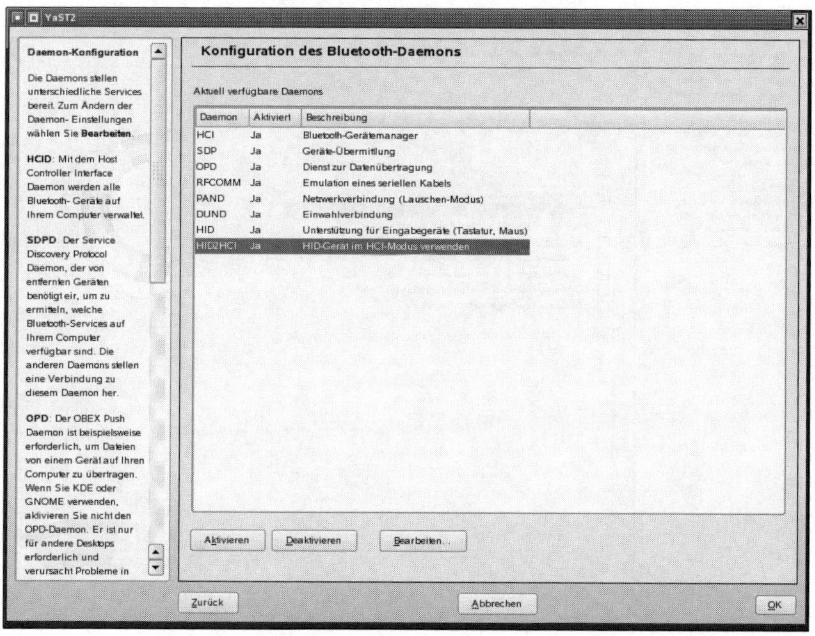


*Abbildung 4.13: Die Bluetooth-Daemon-Einstellungen*

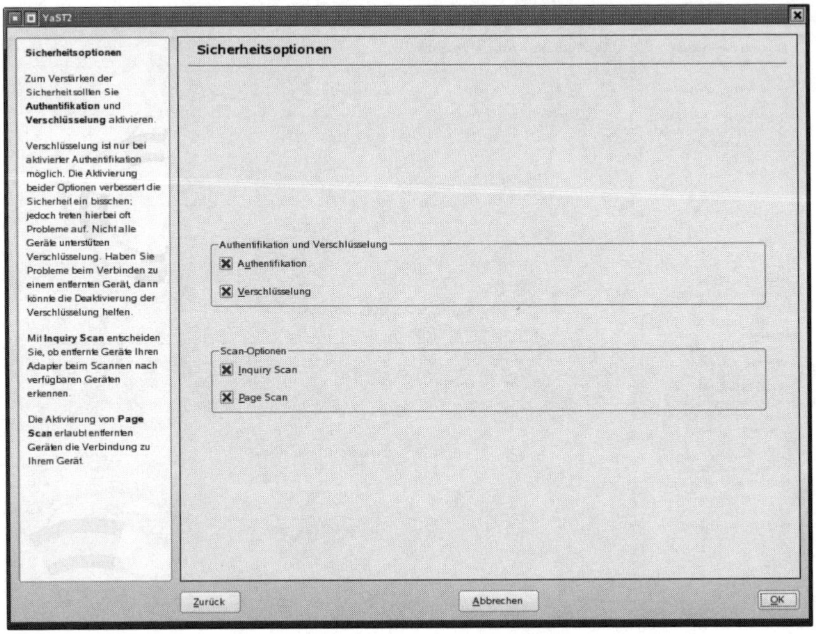


*Abbildung 4.14: Sichern Sie Bluetooth!*

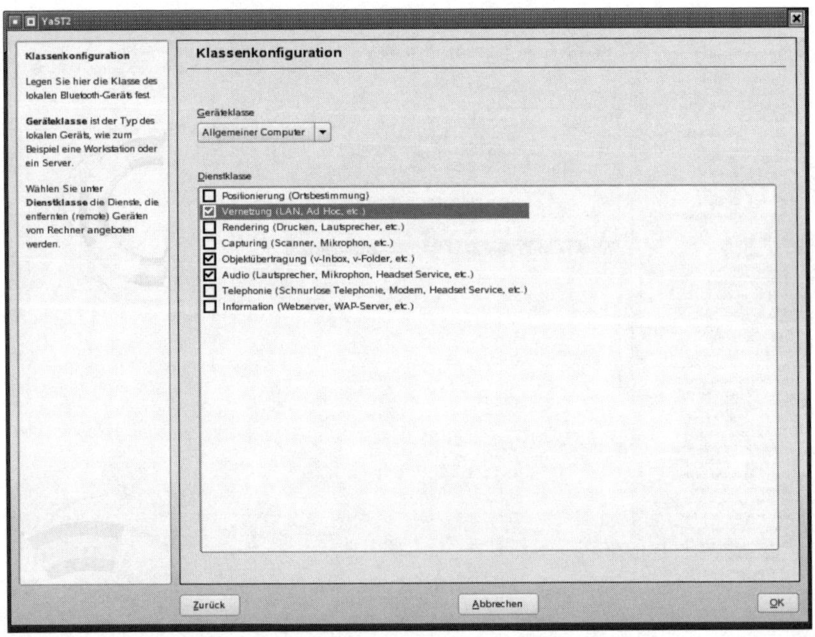


*Abbildung 4.15: Klassenzuordnung für Blauzahn-Geräte*

## CD-ROM-Laufwerke suchen und finden

YaST bietet Ihnen hier die Möglichkeit, die diversen CD-ROM-Laufwerke (auch DVD) zu verwalten. Tja, mehr nicht ...

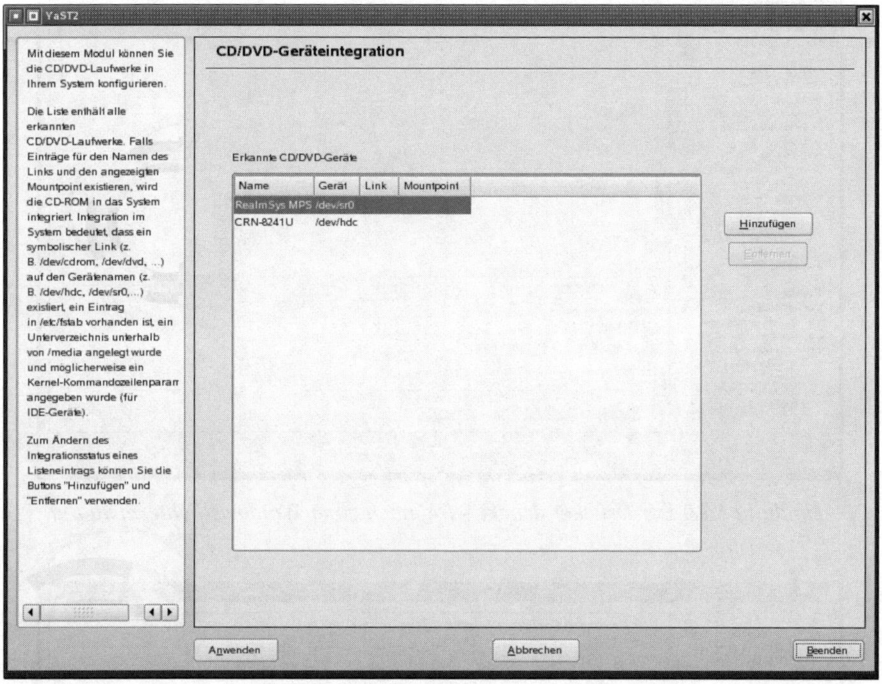


*Abbildung 4.16: Wo sind meine Laufwerke?*

## Automatische Druckererkennung

YaST2 erkennt die gängigsten Drucker und bietet sie Ihnen (ähnlich den anderen Hardware-Erkennungsfenstern) automatisch an. Dies entspricht der Abbildung 4.17. Wählen Sie den gewünschten Abschnitt links aus der Menüleiste aus und ein Doppelklick bzw. ein Klick auf BEARBEITEN bringt Sie zur Konfiguration des entsprechenden Bereichs.

## Festplattencontroller

YaST präsentiert Ihnen hier eine Liste der gefundenen Festplattencontroller (Abbildung 4.18). Eigentlich ein Feld, das Sie selten verwenden werden.

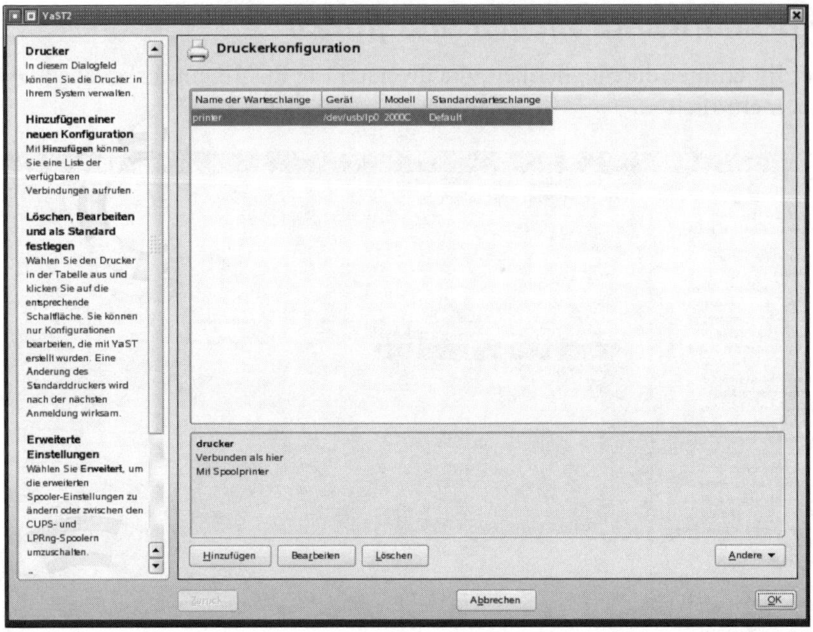

Abbildung 4.17: Der Drucker druckt – frei nach einer Windows-Fehlermeldung.

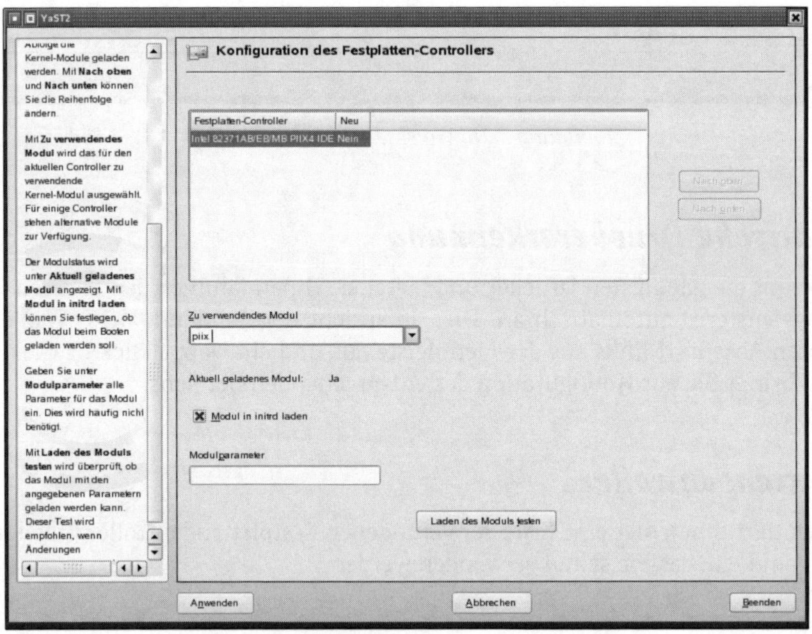

Abbildung 4.18: Meine gesammelten Controller

## Grafikkarte und Monitor

Seit SuSE Linux 10.0 ist das Tool SaX wesentlich stärker in YaST eingebunden und wird nicht mehr separat gestartet. Eine leichtere Bedienung und Konfiguration machen die X-Window-Konfiguration nun auch für den ungeübten User angenehmer. Sie können verstellen und spielen, ohne Angst zu haben, dass es nachher nicht mehr geht. Doch der Reihe nach.

Denken Sie bitte immer daran, dass Sie X (liebevolle Kurzform für das X-Window-System) mit der Tastenkombination `Strg`+`Alt`+`←` jederzeit abbrechen können, falls irgendetwas nicht stimmt!

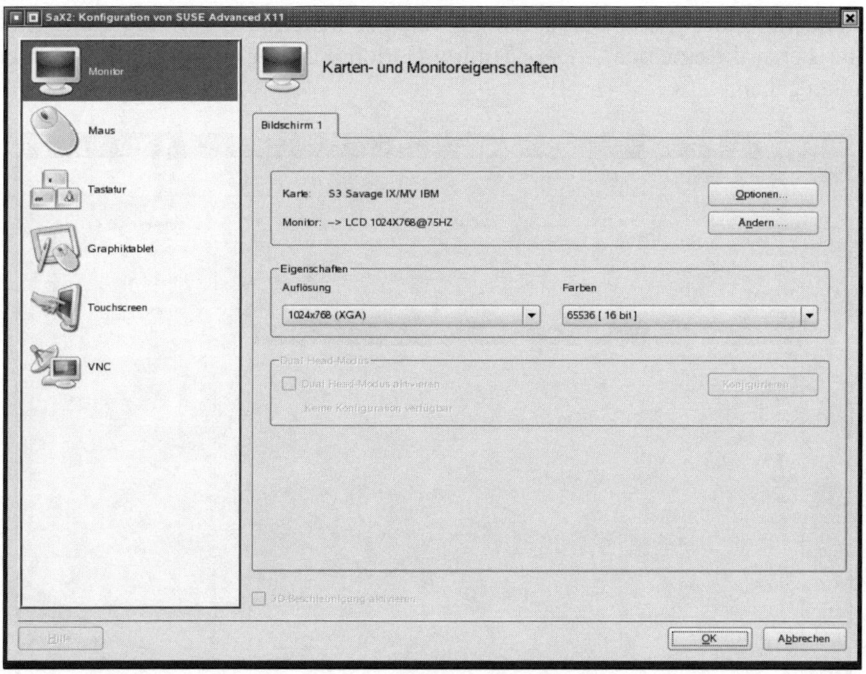


*Abbildung 4.19: X11-Konfiguration*

YaST findet die meisten Monitore automatisch bzw. schlägt eine vernünftige Lösung vor. Haben Sie mehr als einen Monitor angeschlossen, so präsentiert er die Anzahl der gefundenen Monitore als Reiter. Damit können Sie dann beispielsweise Xinerama nützen.

Lassen Sie uns die einzelnen Punkte einmal etwas genauer betrachten. Klicken Sie mit der Maus auf EIGENSCHAFTEN|AUFLÖSUNG.

Standardmäßig startet SuSE Linux mit einer Farbtiefe von 16-Bit. Die allermeisten Grafikkarten unterstützen auch 24- bzw. 32-Bit. Ändern Sie die Farbtiefe unter EIGENSCHAFTEN|FARBEN.

Klicken Sie nun auf die gewünschte Auflösung. SAX merkt sich die gewählten Auflösungen abhängig von der Farbtiefe.

Sie können mehr als eine Auflösung wählen. Umschalten können Sie zwischen den einzelnen Auflösungen, wie im Installationskapitel beschrieben.

Achten Sie darauf, dass Sie eine Einstellung mit einer Wiederholfrequenz >= 70 wählen, um Ihre Augen zu schonen!

Haben Sie eine 3D-Grafikkarte, so können Sie diese hier konfigurieren, falls sie von SuSE unterstützt wird.

Dieses Menü (Abbildung 4.20) ist abhängig von der installierten Grafikkarte. Spielefreaks finden hier sicher die eine oder andere Tuning-Option. Für alle anderen dürfte es hier nichts zu verstellen geben.

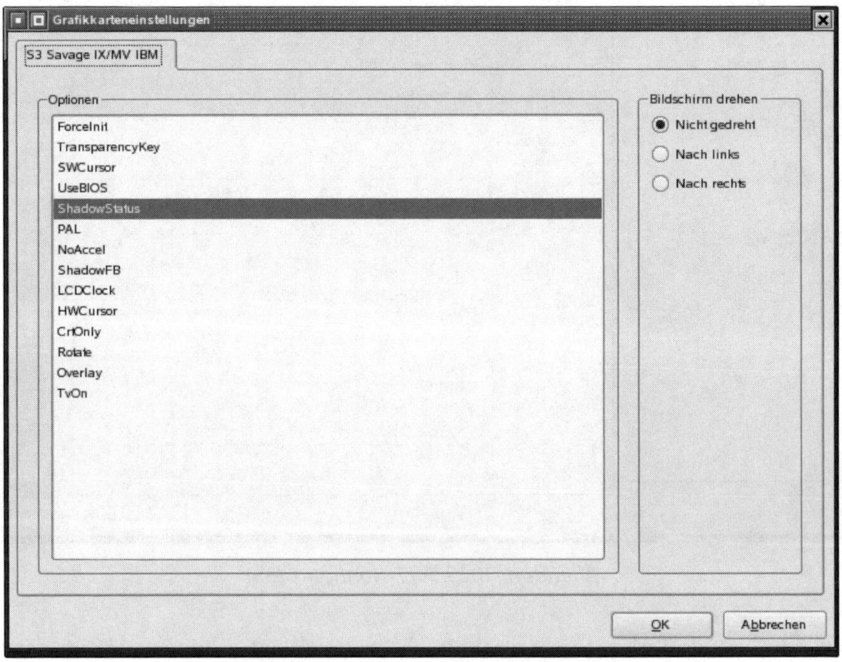


*Abbildung 4.20: Feineinstellung Ihrer Grafikkarte*

Unter Multihead versteht man das Zusammenschließen von mehreren Monitoren zu einem Gesamt-Bildschirm. Die meisten der neuen Grafikkarten besitzen heutzutage zwei Ausgänge. Hier kann man dann zwei Monitore (oder einen Monitor und einen Videorekorder) anschließen.

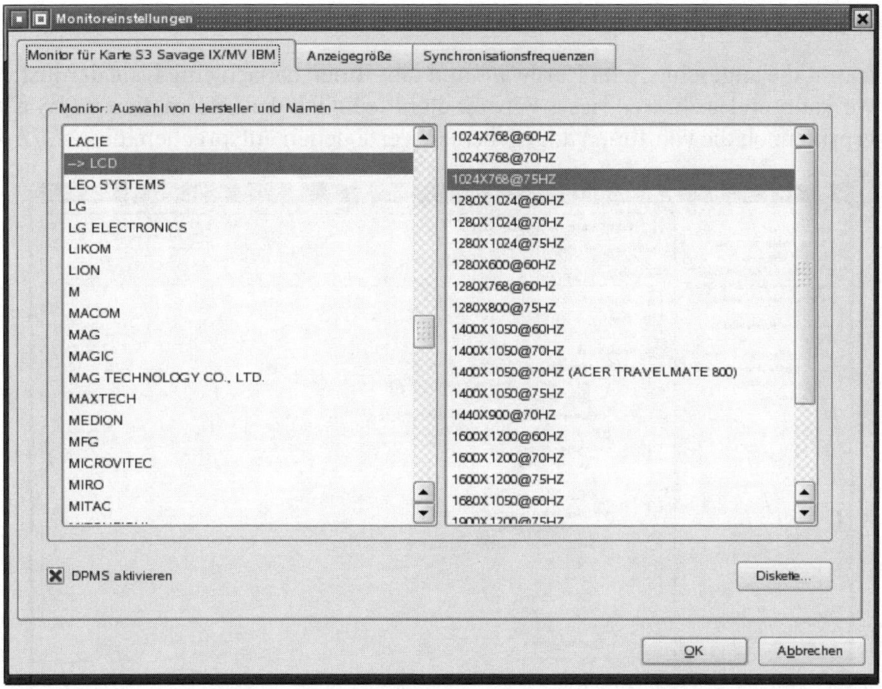


*Abbildung 4.21: Finetuning für Ihren Bildschirm*

SuSE Linux ermöglicht sowohl den Remote-Zugriff auf andere Rechner, als auch den Remote-Zugriff von anderen Rechnern. Möchten Sie dies? Dann sagen Sie es YaST hier links ganz unten in Abbildung 4.19.

YaST2 testet Ihre Einstellungen und speichert sie, falls der Test erfolgreich war. Sie haben vorher noch die Möglichkeit, Ihren Monitor zu justieren.

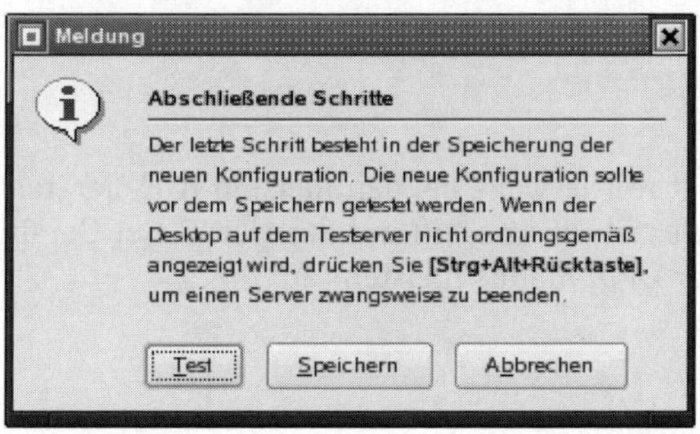


*Abbildung 4.22: Die gewählten Einstellungen testen*

## Hardware-Info

YaST2 scannt die angeschlossene Hardware und gibt Ihnen danach eine Liste der installierten bzw. der erkannten Hardware. Dieses Fenster dient lediglich der Information und Sie können hier überprüfen, ob die von Ihnen angegebenen Werte denen entsprechen, die YaST2 findet.

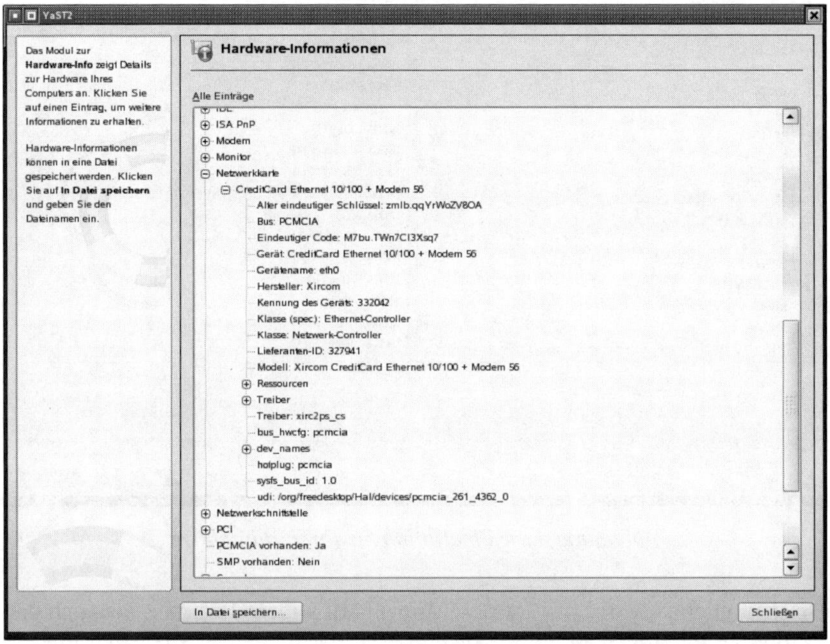


*Abbildung 4.23: Ihre Hardware – kennen Sie alle Geräte?*

Sollte sich Ihr SuSE Linux einmal »merkwürdig« verhalten, so sollten Sie zunächst hier nachsehen, ob nicht doch irgendwelche Einstellungen nicht so ganz korrekt sind.

## IDE DMA-Modus

*Direct Memory Access* ist mittlerweile bei den meisten IDE-Geräten zu empfehlen. Schalten Sie ihn aus, so verzögert sich der Zugriff auf das Gerät. Bei Geräten wie CD-ROMs, wie in Abbildung 4.24, steht der DMA-Modus meistens auf Aus.

## IRda

Hat Ihr Computer einen Infrarot-Anschluss, so sollten Sie diesen hier konfigurieren, wenn Sie ihn über eine TV-Karte (siehe unten) in Kombination mit einer Fernbedienung verwenden wollen (siehe Abbildung 4.25).

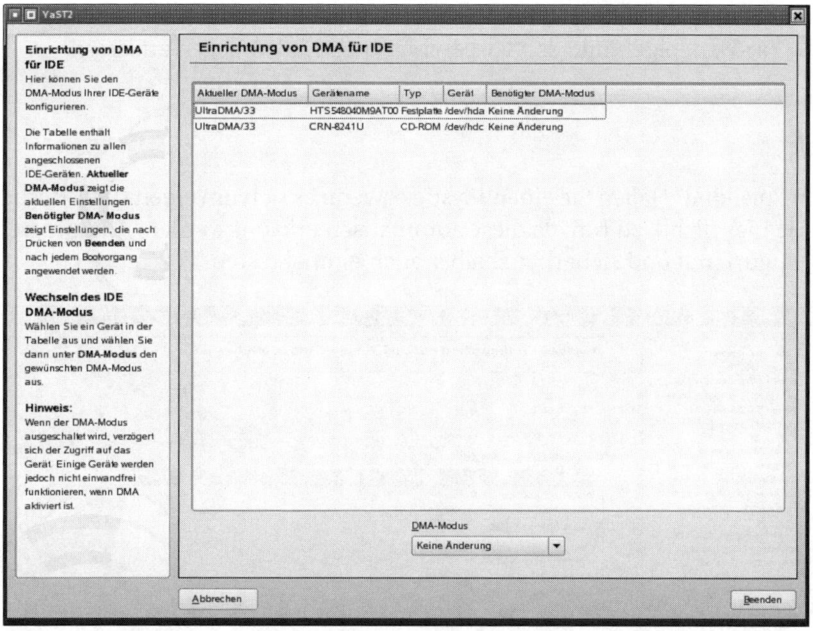


*Abbildung 4.24: DMA-Modi der angeschlossenen IDE-Geräte*

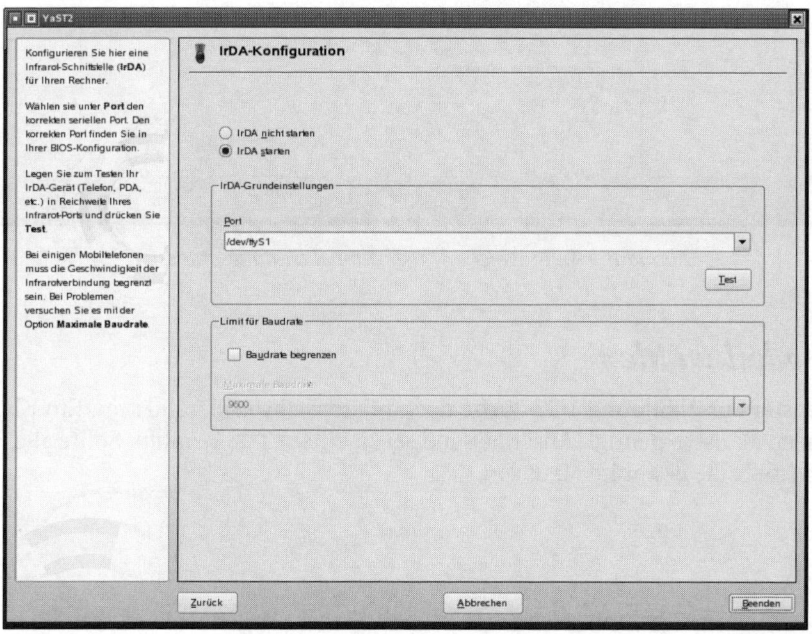


*Abbildung 4.25: Ihr Infrarot-Anschluss*

Bei Verwendung eines Palm Pilot oder Ähnlichem empfiehlt es sich, der anschließenden Empfehlung von YaST zu folgen und den vorgeschlagenen Link anlegen zu lassen.

## Joystick

Sind Sie ein Spielkind? Haben Sie einen Joystick? Wenn es sich um einen USB-Joystick handelt, brauchen Sie hier nichts zu tun, da diese automatisch erkannt werden. Alle anderen müssten Sie hier konfigurieren und sicherheitshalber auch einmal testen.

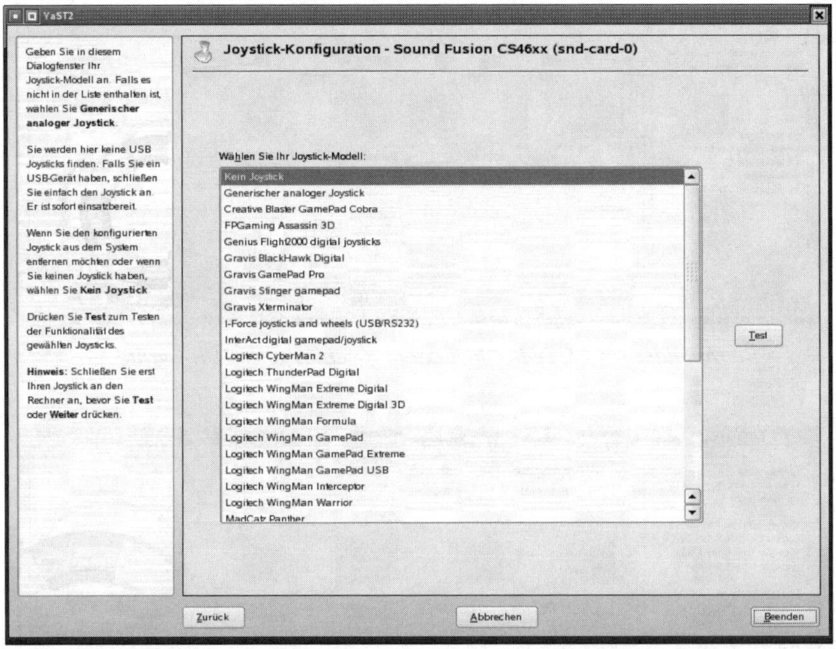


*Abbildung 4.26: Welcher Lustknüppel ist angeschlossen?*

## Mausmodell wählen

Na, das Fenster aus Abbildung 4.27 dürfte doch relativ selbsterklärend sein. Ein Klick auf den zu wählenden Maustyp genügt. Anschließend sei zu einem TEST geraten. Sollte alles stimmen, trägt ÜBERNEHMEN die gewählte Maus ein.

## Scanner

Unglücklicherweise ist bei mir, also auch in Abbildung 4.28, gerade kein Scanner angeschlossen, so dass YaST2 auch keinen finden kann.

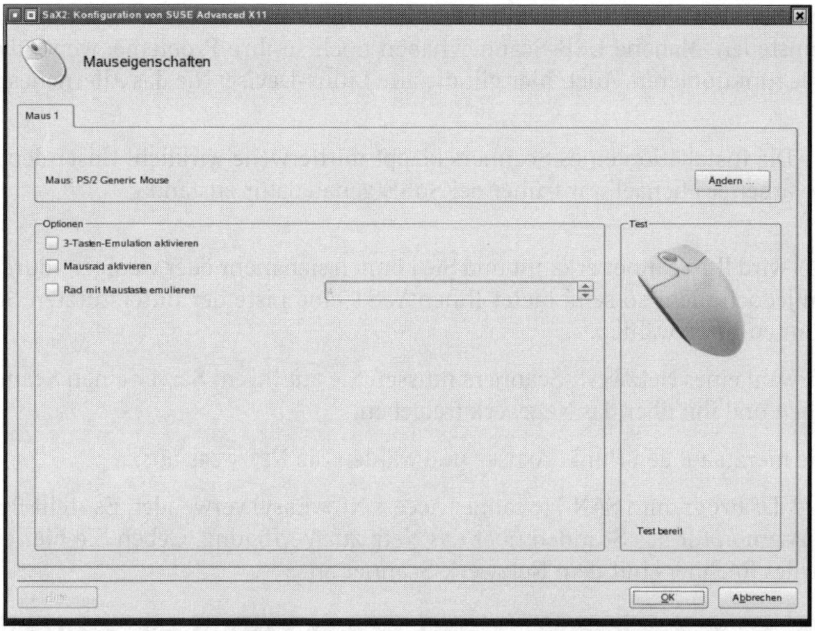


Abbildung 4.27: Gemause unter SuSE

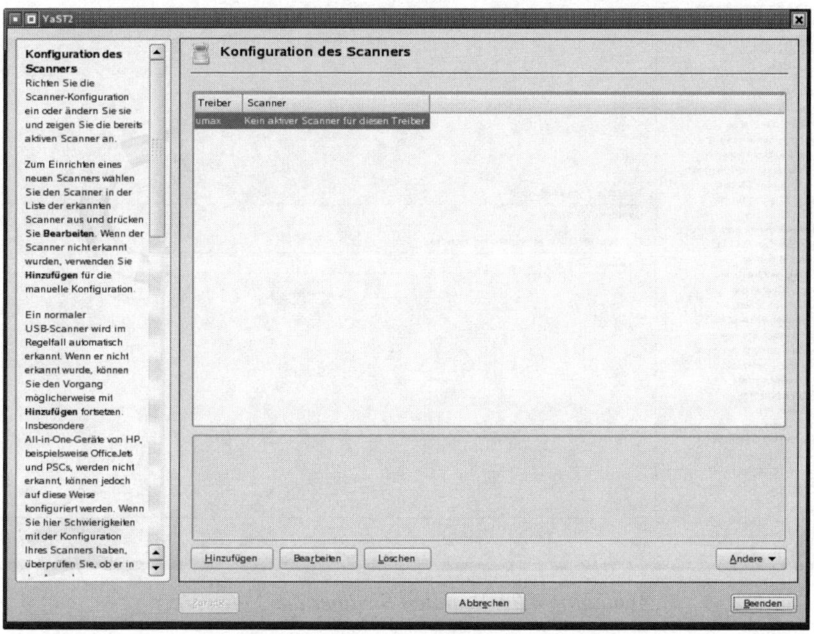


Abbildung 4.28: Auswahl des Scanners

Haben Sie einen SCSI-Scanner, so wird dieser im Allgemeinen sofort erkannt und Sie können ihn hier einstellen. Manche USB-Scanner haben noch so ihre Probleme, wobei die meisten mittlerweile funktionieren. Auch hier gilt die alte Linux-Devise: Nie das Allerneueste kaufen.

Die Installation eines Scanners klappt mittlerweile wirklich! Unser deutscher Bearbeiter Michael war früher bei SuSE genau dafür zuständig.

In der Regel wird Ihr Scanner erkannt und Sie können sich mehr oder weniger »durchentern«. Sollte dem jedoch nicht so sein, bietet Ihnen YaST eine Liste der unterstützten Scanner an und Sie können Ihren wählen.

Bei der Auswahl eines Netzwerk-Scanners müssen Sie auf Ihrem Server einen Scanner eingerichtet haben und ihn über das Netzwerk freigeben.

Klicken Sie hierzu auf den Punkt ANDERE und wählen Sie NETZWERK aus.

Hierzu wird das Programm SANE (Scanner Access Now Easy) verwendet. Es stellt Ihnen einen Netzwerk-Daemon für das Scannen über das Netz zur Verfügung. Geben Sie hier einfach die IP-Adresse des Rechners mit dem Netzwerk-Scanner an.

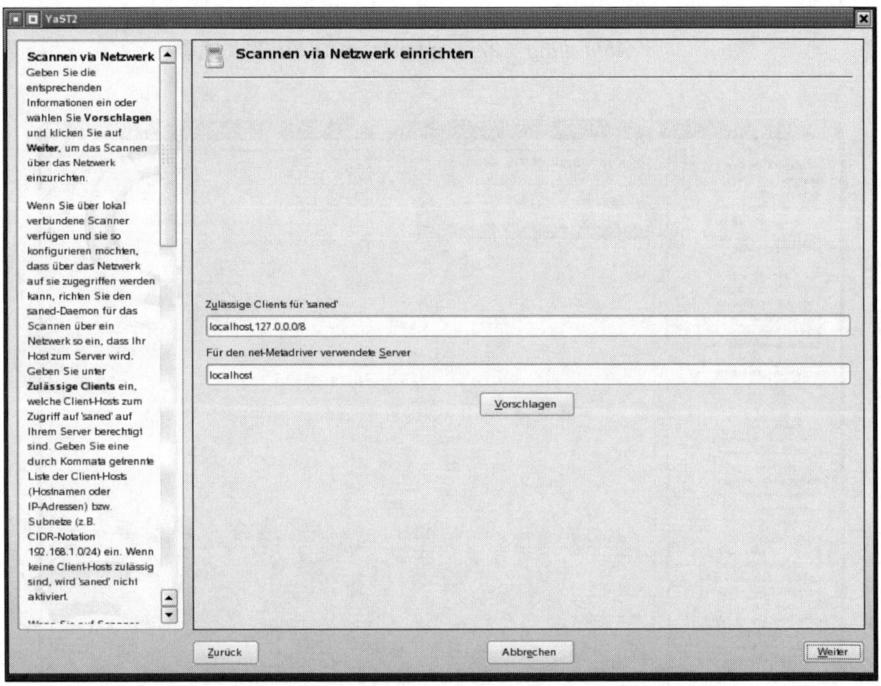


*Abbildung 4.29: Scannen Sie über das Netzwerk.*

# Sound

YaST2 zeigt Ihnen eine Liste der gefundenen Soundkarten. Wenn Sie, wie die meisten, über eine PCI-Soundkarte verfügen, können Sie davon ausgehen, dass Ihre Soundkarte korrekt erkannt wurde. Unter OPTIONEN erhalten Sie die Einstellungen Ihrer Soundkarte und können sie, wenn nötig, nachträglich ändern.

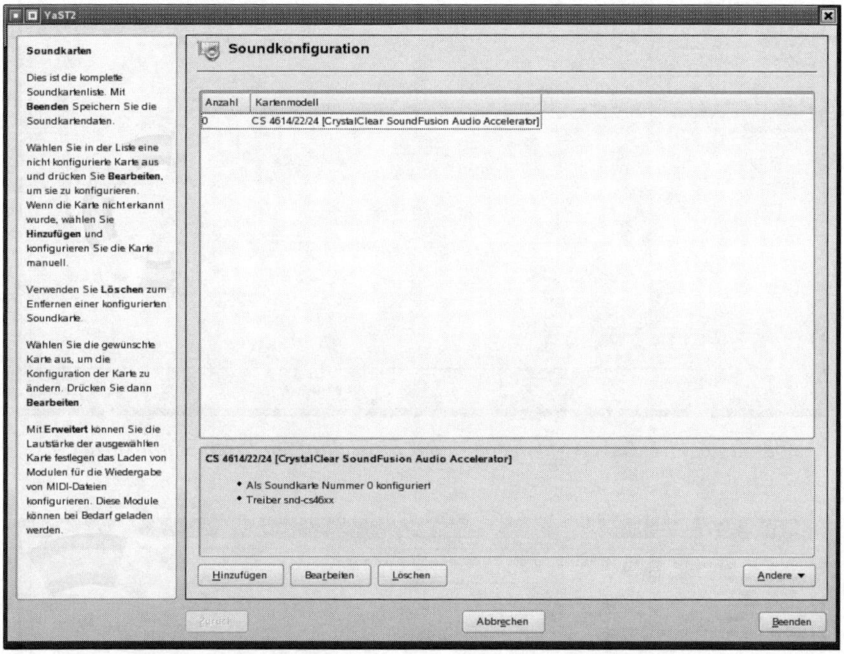


*Abbildung 4.30: Lärm aus dem Rechner leicht gemacht*

Hier können Sie nun Ihre Soundkarte »feintunen«. Wählen Sie den Abschnitt aus, den Sie konfigurieren möchten, und los geht's.

Auch den Mixer und die Lautstärke können Sie unter dem Menüpunkt ANDERE auswählen.

Natürlich können Sie Ihre Soundkarte auch manuell aus der Liste wählen, sollte YaST2 sie nicht erkannt haben.

# TV-Karten

SuSE Linux bietet mittlerweile auch eine Möglichkeit, TV-Karten auszuwählen und einzurichten. Es werden hier die gängigsten Modelle unterstützt. Sehen Sie mal nach, welchen Chipsatz Ihre TV-Karte hat. Die meisten haben einen Hauppauge-Chip BT848 oder BT878. Dies sollte YaST2 aber erkennen.

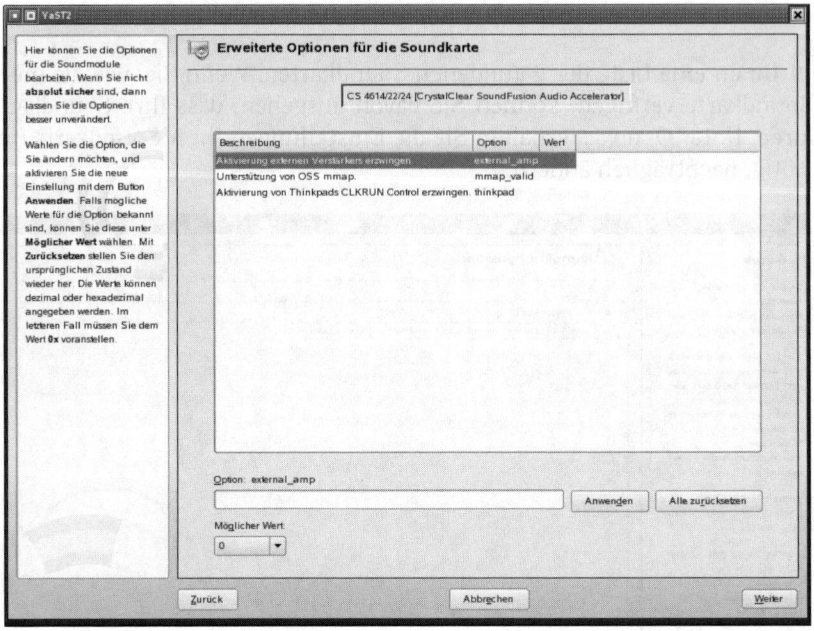


*Abbildung 4.31: Geben Sie die genauen Einstellungen Ihrer Soundkarte an.*

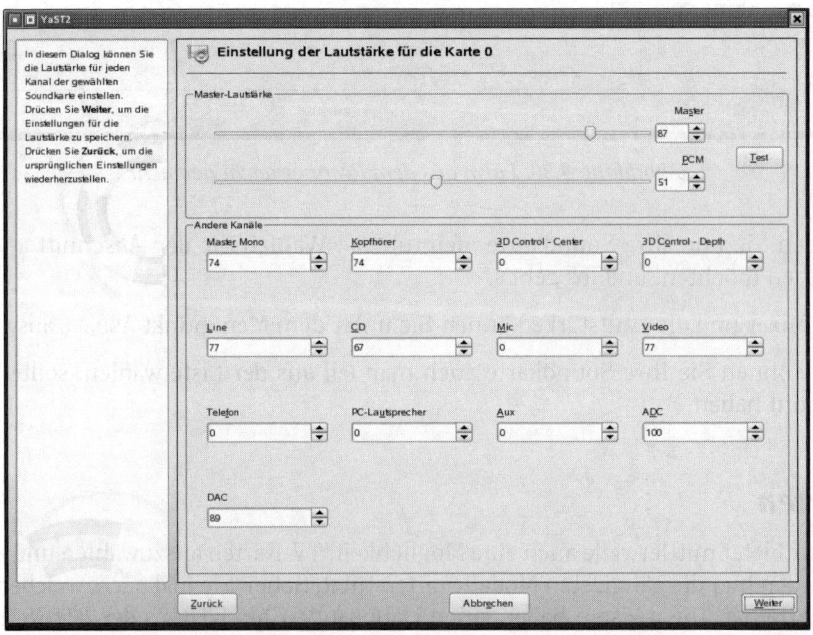


*Abbildung 4.32: Schieben Sie alle Regler nach rechts!*

Spätestens seit dem 30.05.2005, dem Tag, als die analoge Signalübertragung für terrestrische TV-Sender endete, ist jedem das Schlagwort DVB ein Begriff. Es gibt allerdings drei Kategorien: DVB-T (Terrestrisch), DVB-C (Kabel) und DVB-S (für SAT-Anschlüsse). Diese Karten lassen sich in der Regel problemlos mit SuSE Linux 10.0 betreiben und sollten auch gefunden werden. Anwendungen finden Sie im Multimedia-Abschnitt weiter hinten.

KONFIGURIEREN bringt Sie zu einer manuellen Auswahl der TV-Karten.

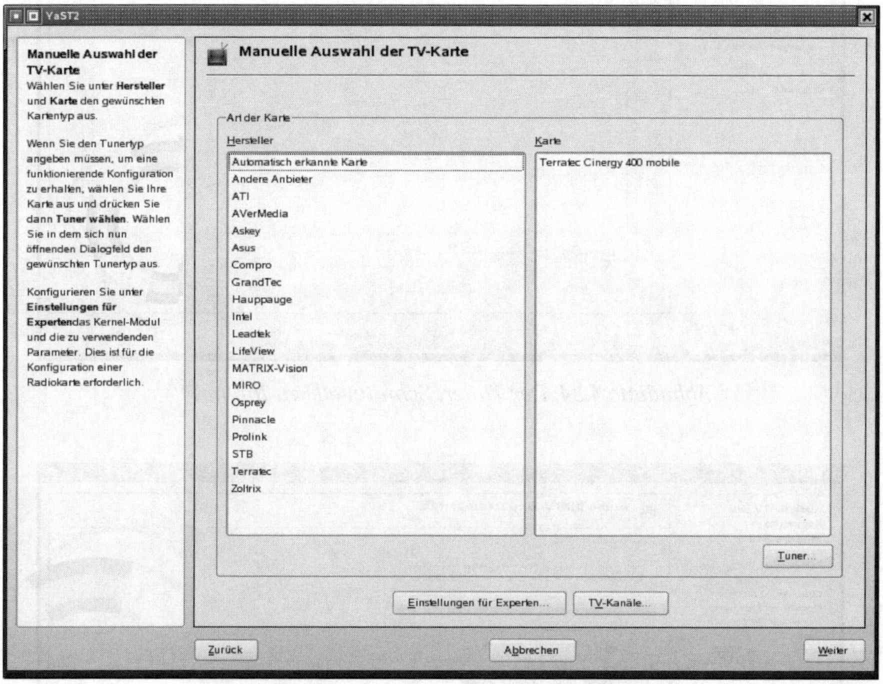


*Abbildung 4.33: Überblick über die TV-Karten*

Markieren Sie die Karte und gehen Sie auf WEITER. YaST bietet Ihnen eine Liste der verfügbaren TV-Kanäle. Ein Klick auf SCANNEN sucht die von Ihnen vorgenommenen Einstellungen nach Sendern ab. Ein guter Test zu sehen, ob es funktioniert.

Zusätzlich müssen Sie noch angeben, wer für den Sound zuständig ist; haben Sie weiter oben Ihre Soundkarte korrekt installiert, so sollte diese hier (in Abbildung 4.35) auftauchen.

Die meisten der modernen TV-Karten bieten auch Unterstützung für IR-Schnittstellen. Auch diese haben Sie weiter oben konfiguriert. Hier können Sie YaST nun mitteilen, ob Sie sie auch verwenden möchten (siehe Abbildung 4.36).

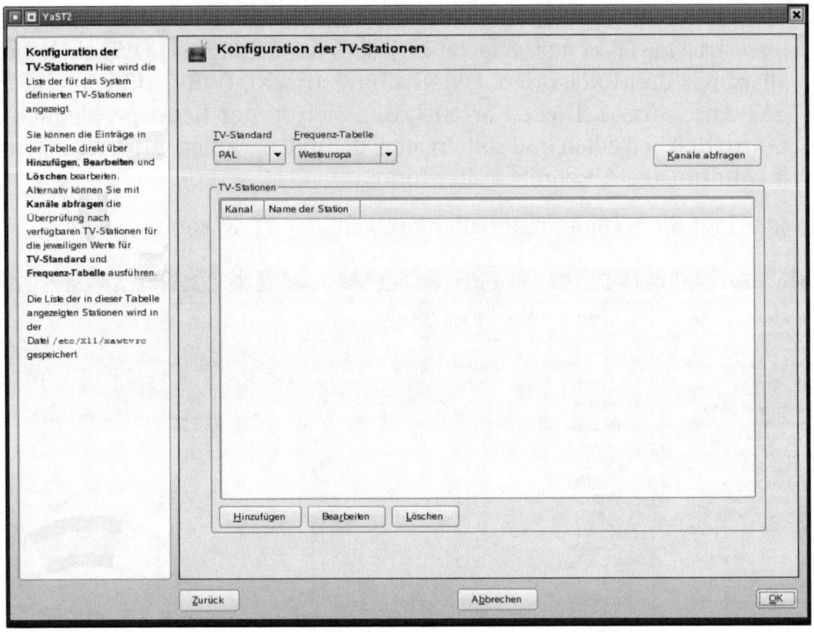


*Abbildung 4.34: Der Tuner, Schnittstelle zu Ihrem TV*

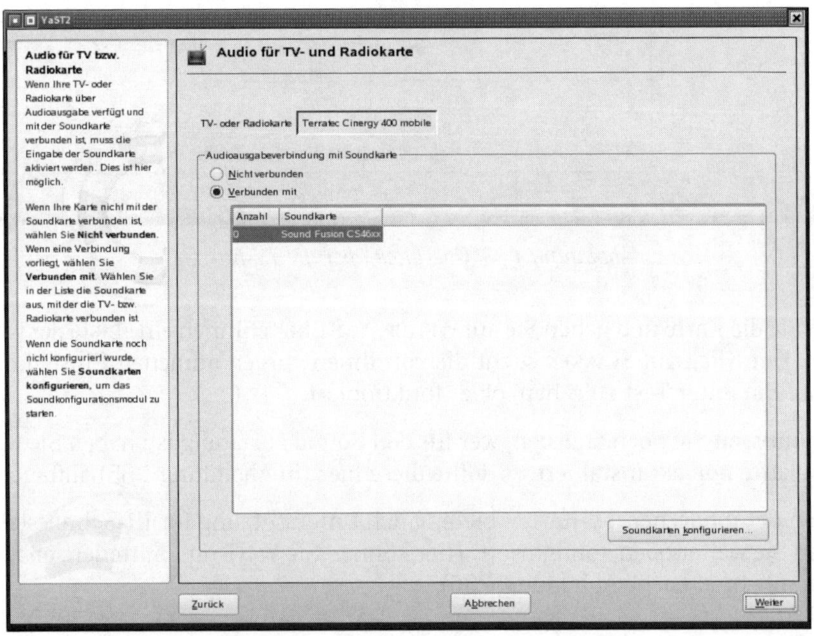


*Abbildung 4.35: Wohin soll der Sound gehen?*

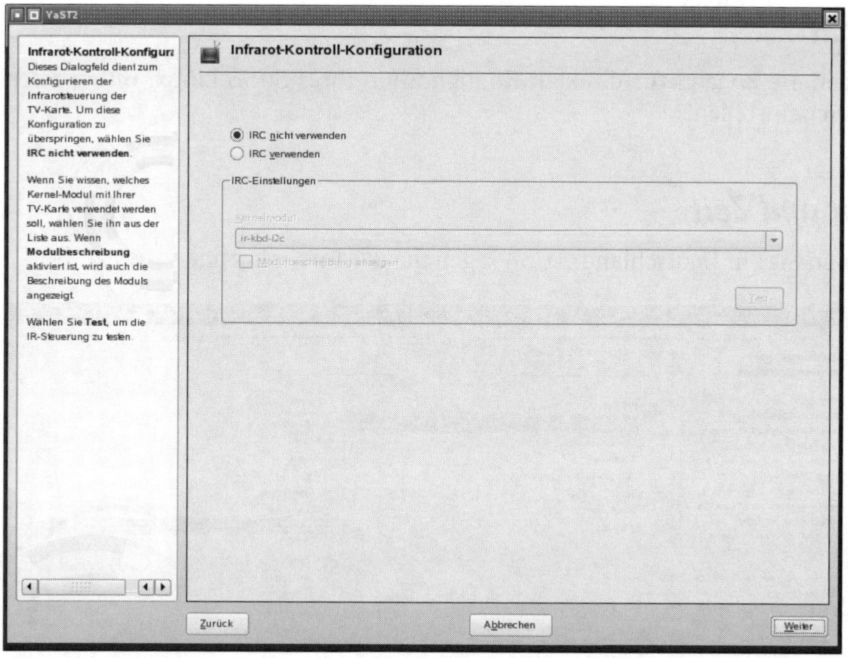


*Abbildung 4.36: IR-Fernsteuerung Ihrer TV-Karte*

Für die Experten unter Ihnen gibt es eine Liste der Kernel-Module für die TV-Karte. Ändern Sie hier bitte nur etwas, wenn Sie wissen, was Sie tun! Ein Klick auf SOUNDKARTEN KONFIGURIEREN bringt Sie ins Menü, das ein paar Zeilen weiter oben bereits beschrieben wurde.

## Das eigentliche Linux - Der Kernel und die Kernel-Module!

Der Kernel ist das eigentliche Betriebssystem von Linux. Sprechen wir von Linux, so meinen wir mittlerweile auch die mit dazu gepackten Applikationen. Strikt gesehen ist dies falsch.

Unter Linux ist es üblich, sich seinen Kernel selber zu »bauen«. Für die Kernel-Konfiguration existieren mehrere Tools. Sie können dort genau entscheiden, welche Treiber und Möglichkeiten Ihr Kernel haben soll, und ihn dadurch sehr klein und damit schnell machen. Auch sicherheitstechnisch ist es interessant, nur diejenigen Module zu verwenden, die man auch tatsächlich benötigt.

Dies ist aber eine Aufgabe für fortgeschrittene Linux-User und wird daher hier auch nicht erklärt. Wenn Sie interessiert sind, wie man einen Kernel baut, so lesen Sie bitte im beigefügten SuSE-Handbuch auf der SuSE-CD nach.

Aber keine Bange, Sie müssen jetzt keine C-Codes wälzen. SuSE installiert Ihnen automatisch einen angepassten Kernel.

# System

Hier finden Sie Zugang zur direkten Konfiguration Ihres SuSE Linux. Bitte passen Sie auf, was Sie hier einstellen!

## Datum und Zeit

Wo wohnen Sie? In Deutschland? Dann sagen Sie das Ihrem Rechner.

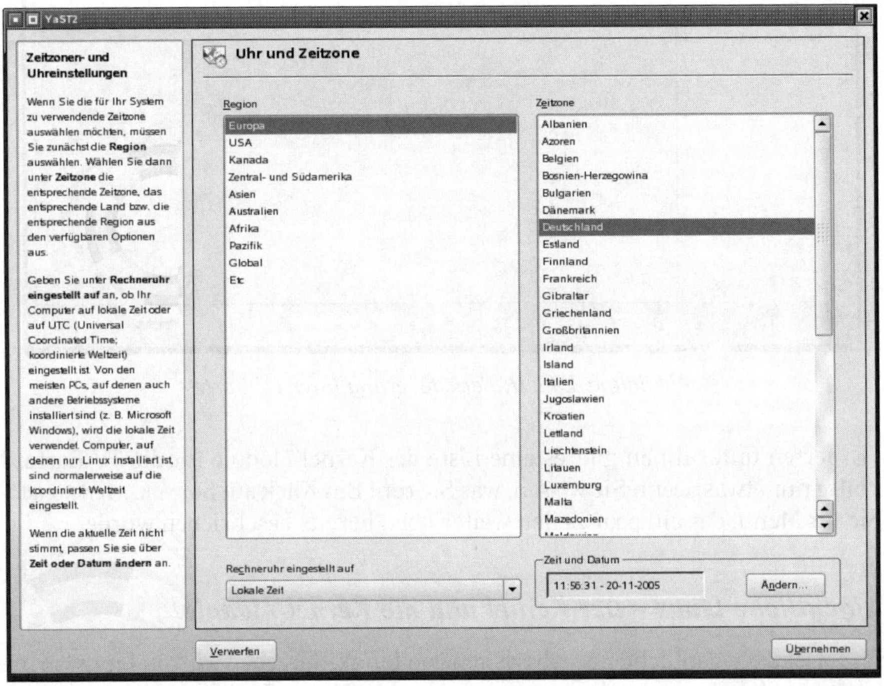


*Abbildung 4.37: Wo wohnen Sie?*

## Sysconfig-Editor

Für die Hardcore-Linux-Fans: der direkte Zugang zu SuSEs Interna.

Unter SuSE Linux werden alle Einstellungen, die Ihnen von YaST2 präsentiert werden, in einem zentralen Verzeichnis, `/etc/sysconfig`, (ähnlich anderen UNIX-Systemen) verwaltet. Sie können statt des interaktiven Zugangs mit YaST2 diese Dateien selbstverständlich auch manuell bearbeiten. Hier sind sie allerdings sehr übersichtlich angeordnet und beinhalten auch eine Suchfunktion.

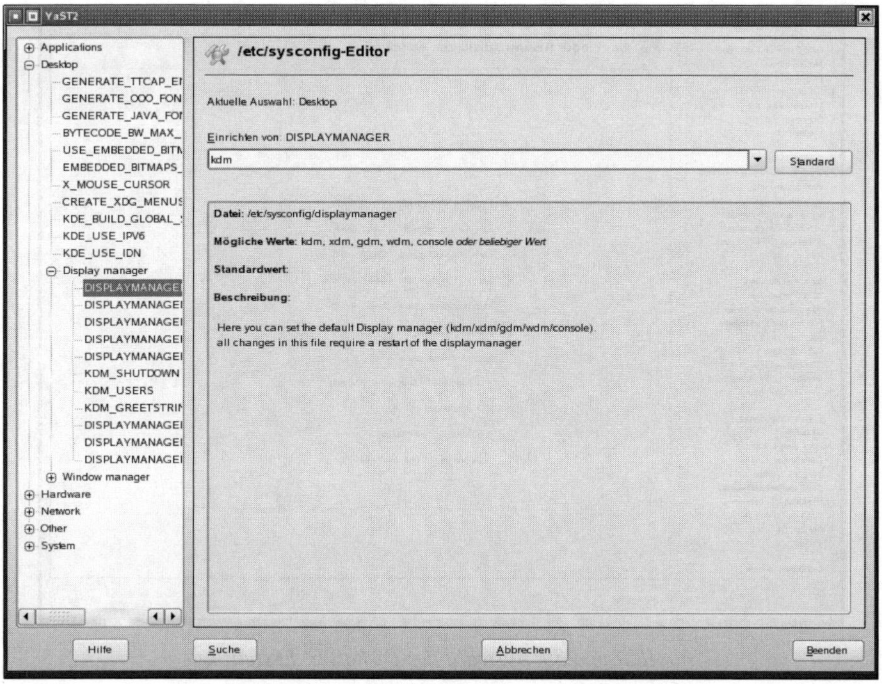


*Abbildung 4.38: Der direkte Zugang zu SuSE*

## Boot-, Rettungs- oder Moduldiskette erzeugen

Bootdisketten sind nützlich auf Systemen, die nicht von CD booten können. In der Regel kommt dies eigentlich nur noch gelegentlich bei Server-Systemen vor. Rettungsdisketten sind hilfreich, wenn Sie sich Ihr Linux zerschossen haben oder aus anderen Gründen etwas reparieren wollen.

Sollten Ihnen diese Disketten abhanden gekommen oder beschädigt worden sein, so können Sie sie reproduzieren (siehe Abbildung 4.39). Eine Rettungsdiskette ist nötig, falls Sie mal nicht mehr an Ihr System herankommen und auch das Booten von CD nicht möglich ist. Mit der Rettungsdiskette sind Sie in der Lage, Ihr Linux wieder ans Laufen zu bringen.

## Konfiguration des Bootloaders

Hier sehen Sie die zurzeit aktiven Einstellungen Ihres Bootloaders `grub`. Er hat aller Wahrscheinlichkeit nach das Aussehen wie in Abbildung 4.40. Das heißt, Sie haben ein Windows und eine SuSE installiert.

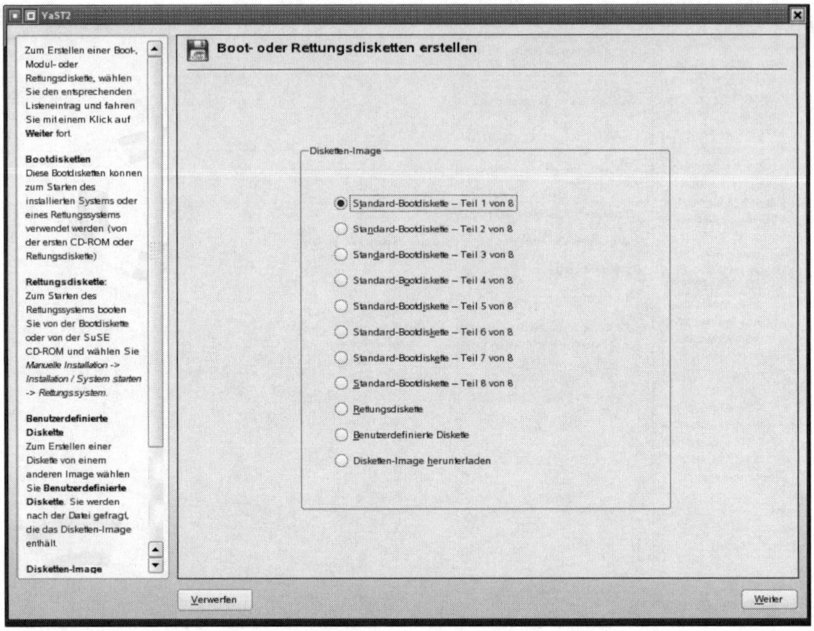


*Abbildung 4.39: Auswahl der Disketten-Erstellung*

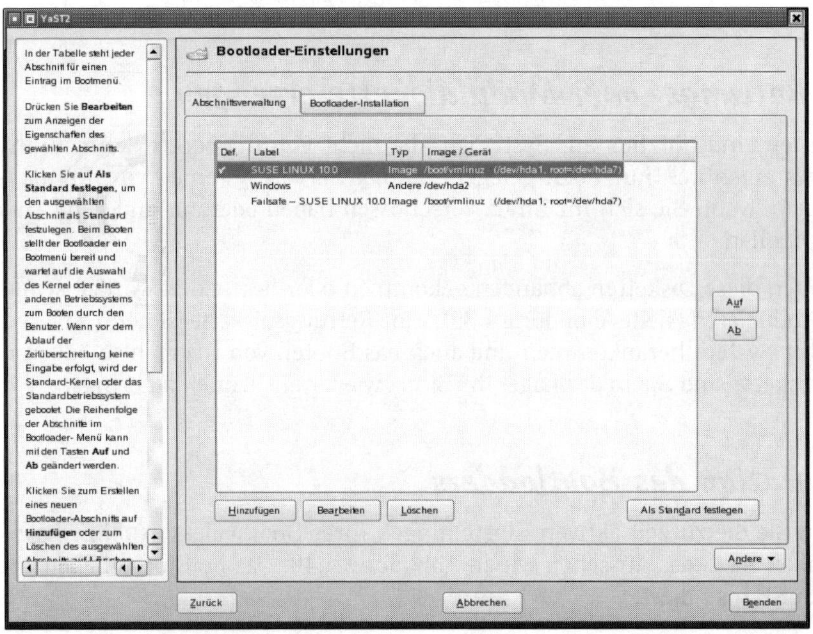


*Abbildung 4.40: Das `grub`-Konfigurationsfenster*

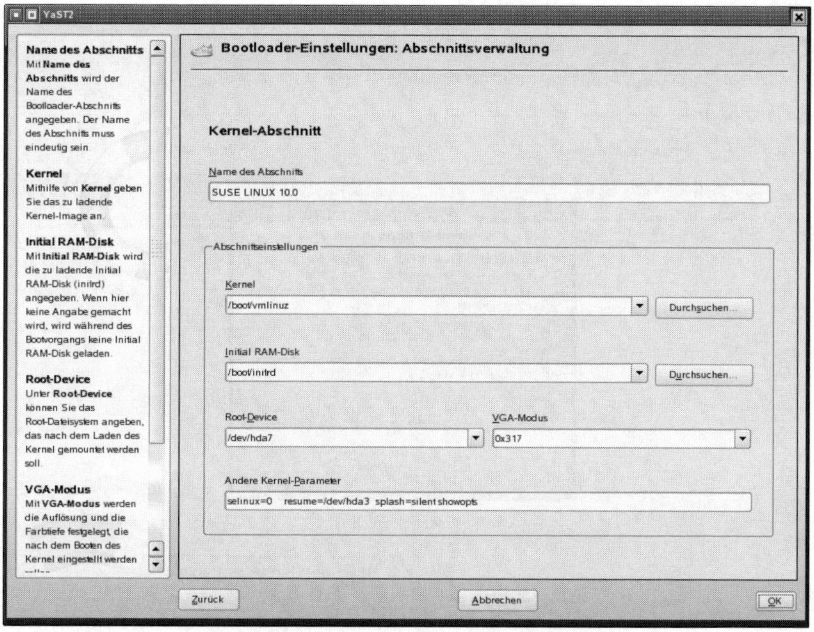


*Abbildung 4.41: Die verschiedenen Einträge*

Die Konfiguration von `grub` geht bei weitem über dieses Dummies-Buch hinaus. Bitte seien Sie extrem vorsichtig und ändern Sie nur etwas, wenn Sie genau wissen, was Sie tun! Sonst kann es Ihnen sehr leicht passieren, dass gar nichts mehr geht und Sie auf das SuSE-Rescue-System angewiesen sind.

## LVM

LVM (Logical Volume Manager) ist eine Möglichkeit, mehrere Platten/Partitionen zu einem großen logischen Verband zusammenzuschließen (siehe Abbildung 4.42). RAID ist ein System zur Absicherung Ihrer Daten. Es funktioniert nach der Methode der redundanten Daten. Hier werden mehrere Platten zu »einer« gemacht. Bei einem RAID-System darf ruhig mal eine Platte kaputtgehen, sie kann im laufenden Betrieb ersetzt werden.

EXPERTEN gibt Ihnen die Möglichkeit, die Partitionstabelle neu einlesen zu können bzw. sie zu löschen. LVM fällt eindeutig in den Experten-Modus und wird daher hier nicht beschrieben.

## Partitionieren

Da dies ein wirklich heikler Teil jeglicher Administration ist, werden Sie vorher gewarnt, und ich finde, zu Recht.

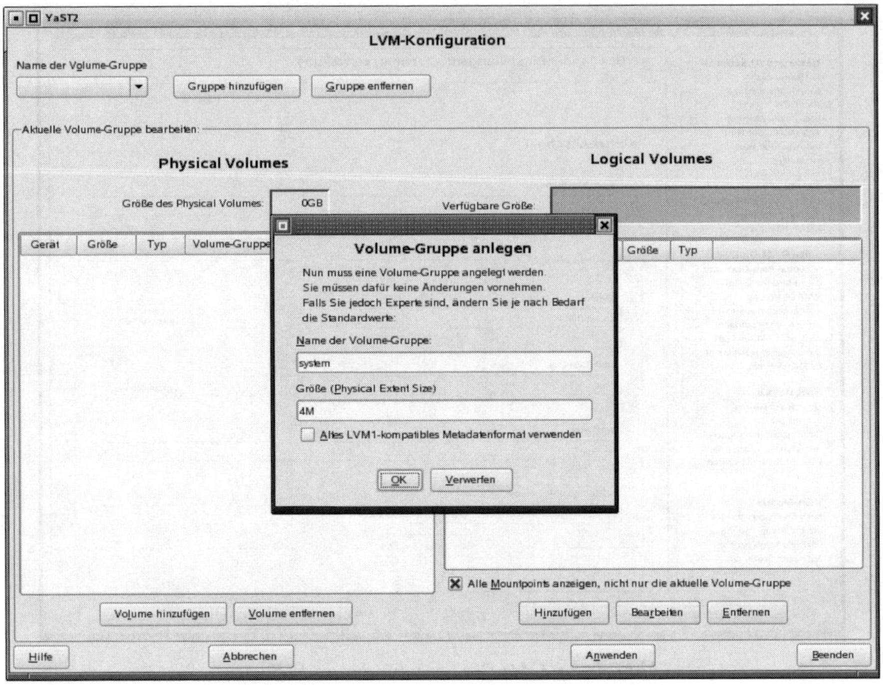


*Abbildung 4.42: LVM – was für Experten*

Ein Klick auf JA in Abbildung 4.43 und Sie befinden sich im Anzeigemodus der installierten Partitionen.

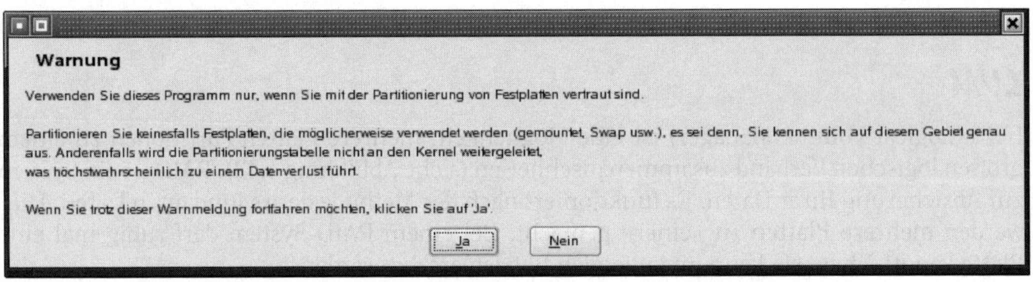


*Abbildung 4.43: Achtung beim Partitionieren! Seien Sie sich sicher, was Sie tun!*

Da dies ein gefährlicher Bereich ist, werde ich hier ein bisschen ausholen.

Ihnen als Anfänger würde ich dringend davon abraten, Partitionen anzulegen oder zu löschen. Sollte YaST2 keine allzu fahrlässigen Partitionierungsvorschläge machen, belassen Sie es dabei!

Markieren Sie eine Partition und klicken Sie auf BEARBEITEN. Sie sehen ein Unterfenster ähnlich dem in Abbildung 4.44.

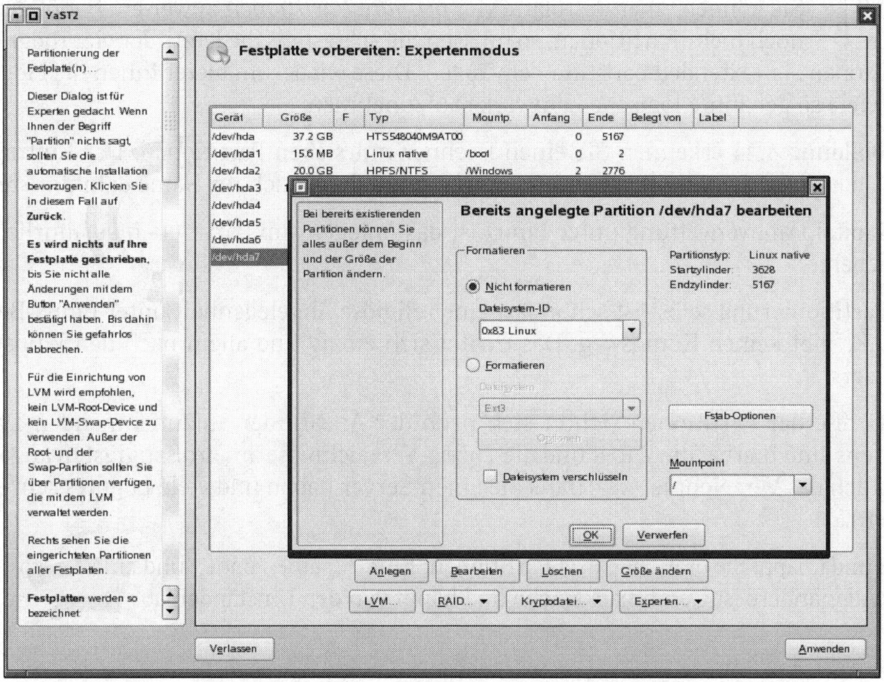


*Abbildung 4.44: Die Partitionen Ihres Rechners*

Sie können sich entscheiden, diese Partition zu FORMATIEREN, zu VERSCHLÜSSELN und natürlich auch die Größe ändern. YaST2 akzeptiert hierzu zwei Eingabe-Möglichkeiten: die Größe in *Zylindern* (Start- und Endzylinder) und die Eingabe in *MB*. Hierbei sollte der Startzylinder in der Regel nicht geändert werden! Besonders dann nicht, wenn sich vor der Partition noch andere befinden. Sie überschreiben sonst gnadenlos diese Einstellungen und Ihr System ist unbrauchbar!

Denken Sie bitte daran, dass einmal gespeicherte Änderungen nur sehr schwer, wenn überhaupt, rückgängig gemacht werden können!!

Solange Sie hier aber nicht auf OK klicken, kann nichts passieren. Gehen Sie einfach auf VERWERFEN und Ihre Änderungen werden nicht eingetragen. Sie können unter DATEISYSTEM-ID verschiedene Dateisysteme wählen. Im Kapitel über Linux-Dateisysteme erfahren Sie mehr über die einzelnen Optionen.

### Aufteilung der Partitionen

Sie können einer Festplatte vier *primäre Partitionen* zuweisen. Benötigen Sie noch mehr Partitionen, so müssen Sie spätestens die letzte der vier möglichen Partitionen als »extended partition« eintragen. Diese wiederum bietet Ihnen die Möglichkeit, viele so genannte logische Laufwerke aufzunehmen.

In Abbildung 4.44 erkennen Sie einen Rechner mit sieben Partitionen. Der Eintrag für `/dev/hda` entspricht der kompletten Festplatte (weshalb auch ihr Name dahinter steht).

Im Kapitel Dateiverwaltung unter Linux ist das Anlegen von Partitionen ausführlich beschrieben.

Die Partitionierung selbst ist schon fast eine religiöse Angelegenheit unter Linux-Benutzern. Es gibt keinen Königsweg. Das richtet sich einzig und allein nach den Wünschen des Users.

Die Größe der Partitionen richtet sich nach der Anzahl der aufzunehmenden Daten. Meistens sind hierbei die `/usr`- und die `/home`-Verzeichnisse am großzügigsten angelegt, und auch das Verzeichnis `/var` (falls Sie einen Server haben und viele Logfiles schreiben wollen).

Kurz und knapp: Sie brauchen drei Partitionen: Eine `/`-, eine `/boot`- und eine `/swap`-Partition. Alles andere ist Geschmackssache und hängt von den Umständen ab.

## Power Management

Diese Option dürfte nur für Besitzer von Laptops interessant sein. Hier stellen Sie ein, wie sich das System bei wenig (oder keinem) Strom verhalten soll. Die von SuSE gewählten Defaulteinstellungen können Sie in der Regel belassen (siehe Abbildung 4.45).

## Powertweak

Powertweak bietet Ihnen eine direkte Schnittstelle zu Ihrem System. Hier können Sie Feinheiten einstellen, wie z.B. dass sich Ihr DVD-Laufwerk immer öffnet, wenn es ungemountet wird. Sie haben direkten Zugriff auf Ihr System! Da dieses Eingreifen wirklich nur etwas für erfahrene Benutzer ist, wird im Rahmen dieses Buches nicht näher darauf eingegangen. Die kleine Abbildung 4.46 soll Ihnen die Mächtigkeit dieses Tools zeigen.

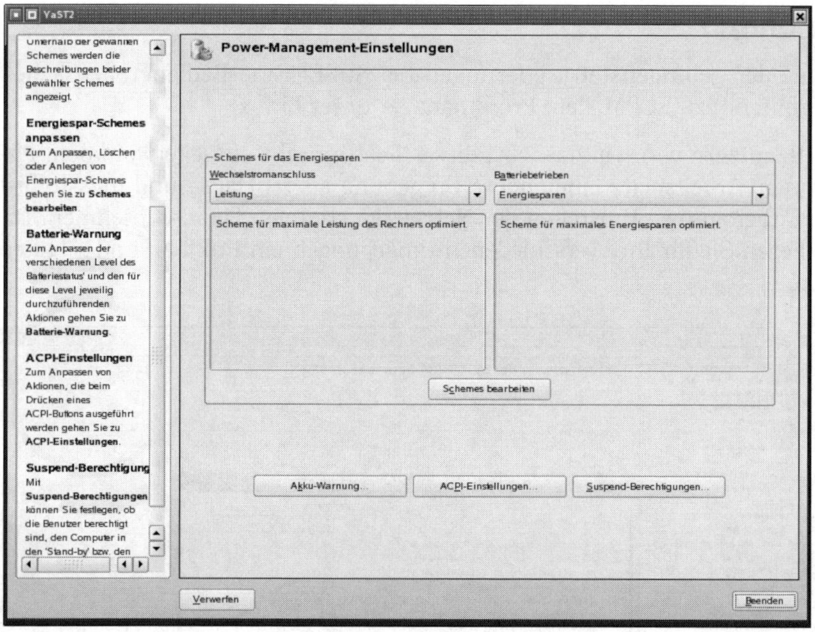


*Abbildung 4.45: APM*

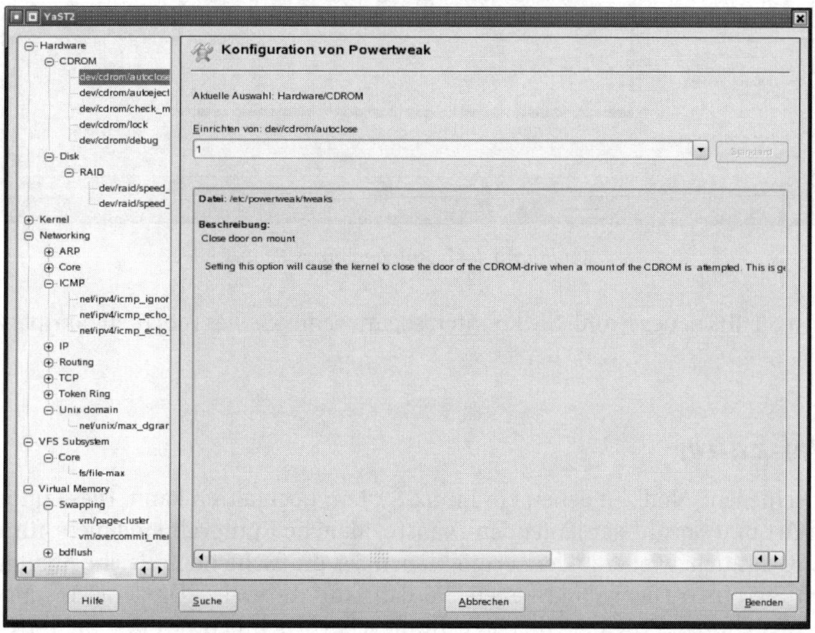


*Abbildung 4.46: Feineinstellung Ihrer Hardware*

## Profilmanager

Dies ist eine der gelungensten Neuerungen bei SuSE: Eine Bedieneroberfläche (auf Neudeutsch: Frontend) zu SCPM, dem Profilmanager unter Linux.

Vor allem Benutzern von Laptops wird dieses Feature sehr entgegenkommen. Meistens hat man an seinem Arbeitsplatz eine andere Umgebung als zu Hause und musste bislang jedes Mal lästige Arbeiten (wie Umstellen der Netzwerke etc.) von Hand vornehmen. Das hat nun ein Ende! Legen Sie für Ihre verschiedenen Umgebungen ein Profil an und schalten Sie dann bequem um.

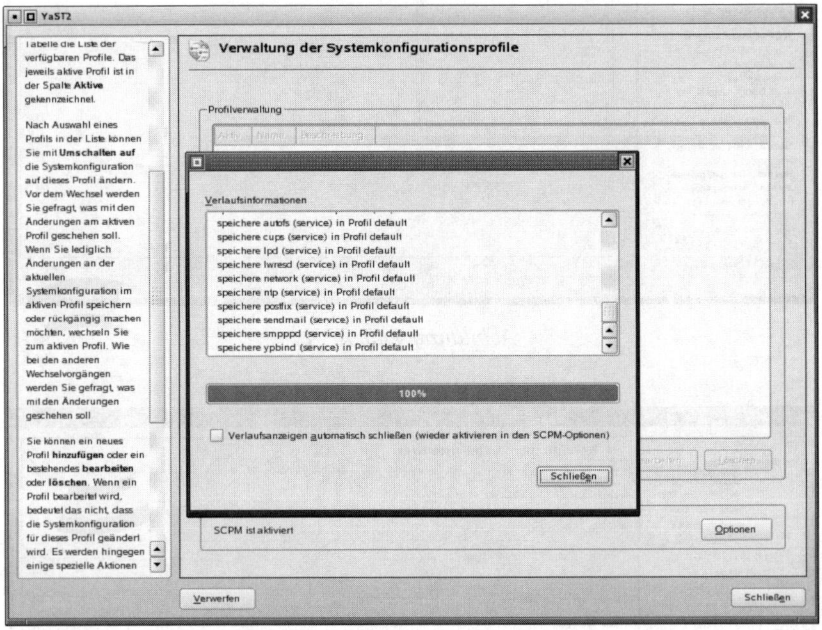


*Abbildung 4.47: Anlegen eines Profils*

Beschreiben Sie Ihr neues Profil. Sie könnten sogar, wenn Sie dies möchten, Skripts ausführen lassen.

## Runlevel-Editor

Es gibt verschiedene Modi, in denen ein Linux-System hochfahren kann. Diese unterscheiden sich in der Art und Anzahl der laufenden Dienste. Manche Runlevels sind mehr für den administrativen Gebrauch, wieder andere ermöglichen das grafische Login (siehe Abbildung 4.49). Selektieren Sie einen Dienst und gehen Sie dann auf AKTIVIEREN|DEAKTIVIEREN. Möchten Sie genauere Einstellungen für die einzelnen Runlevels vornehmen, wählen Sie bitte oben den EXPERTENMODUS.

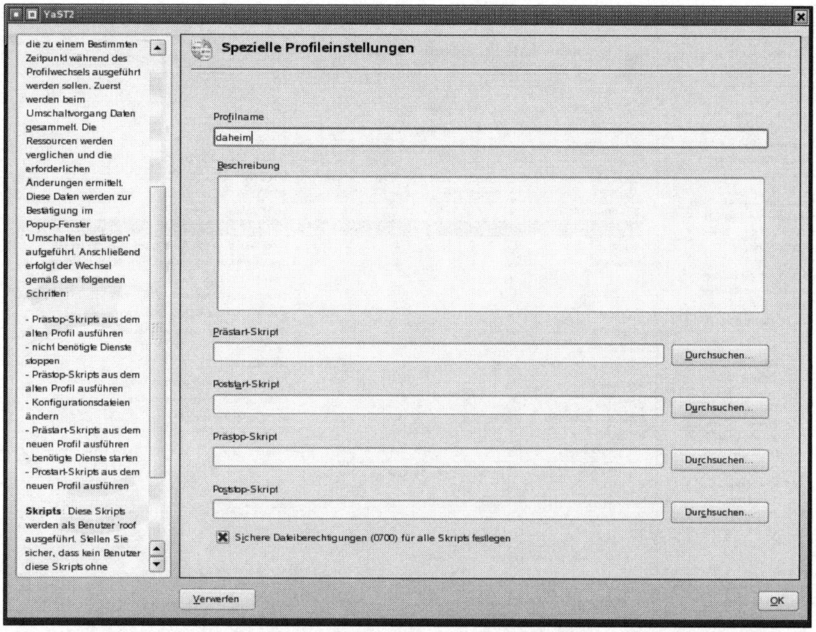


*Abbildung 4.48: Geben Sie dem Ganzen »sprechende Namen«.*

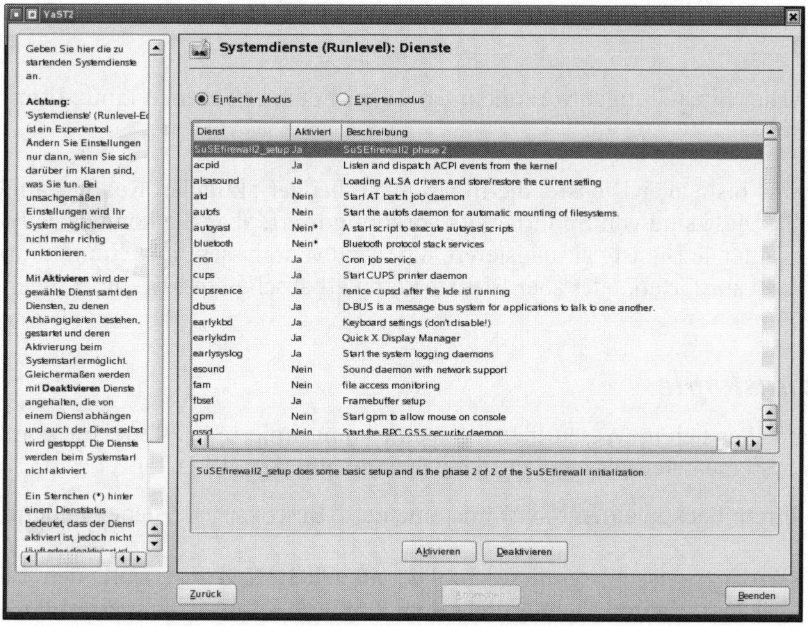


*Abbildung 4.49: Der Runlevel-Editor – Einfacher Modus*

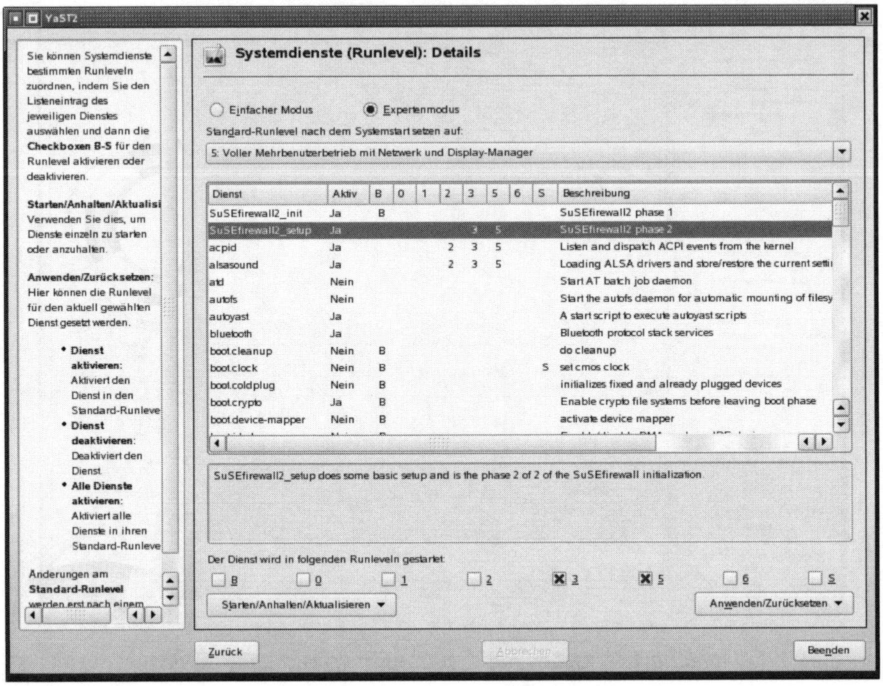


*Abbildung 4.50: Der Runlevel-Editor – Expertenmodus*

Hier Einstellungen vorzunehmen, sei nur dem erfahrenen Linux-User angeraten!

Sie sehen eine Liste aller Dienste, die Ihnen SuSE bei der aktuellen Konfiguration zur Verfügung stellt. Diese sind von SuSE bereits vorkonfiguriert, aber Sie können sie hier ändern. Sie können laufende Dienste aktualisieren, d.h. dazu veranlassen, ihre Konfiguration erneut einzulesen und zu starten, oder aber Dienste komplett abschalten bzw. hinzufügen.

## Sicherungskopie

Hierbei handelt es sich im Wesentlichen um eine komprimierte `tgz`-Datei mit von Ihnen ausgewählten Systemdateien. Es handelt sich dabei um eine Art ZIP-Datei.

Geben Sie Ihrem Backup einen NAMEN und eine nette BESCHREIBUNG (siehe Abbildung 4.52).

Witzigerweise gibt es dieses Tool bereits seit 1997, damals unter dem Namen `SaMT` bekannt. Kaum beachtet und seiner Zeit weit voraus, macht es den Autor stolz, es jetzt in neuem Gewand wiederzusehen!

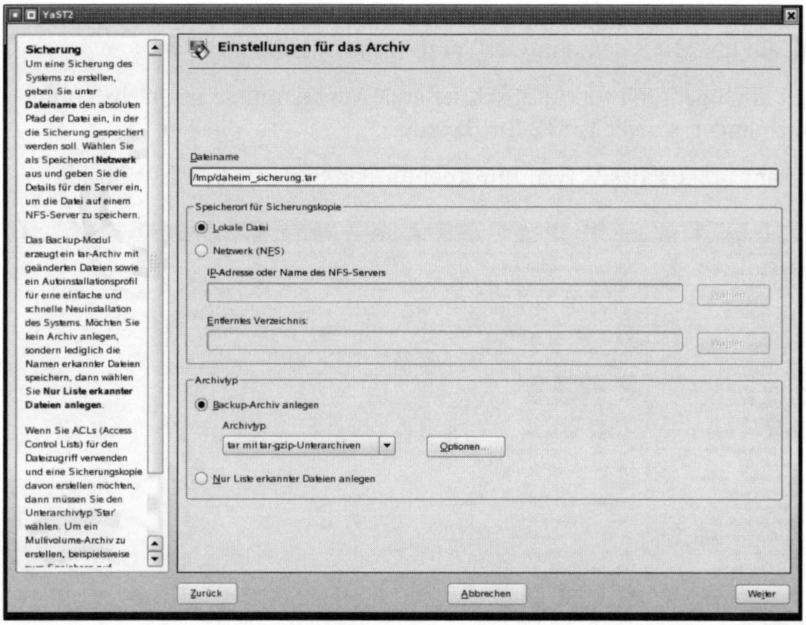


*Abbildung 4.51: System-Backup*

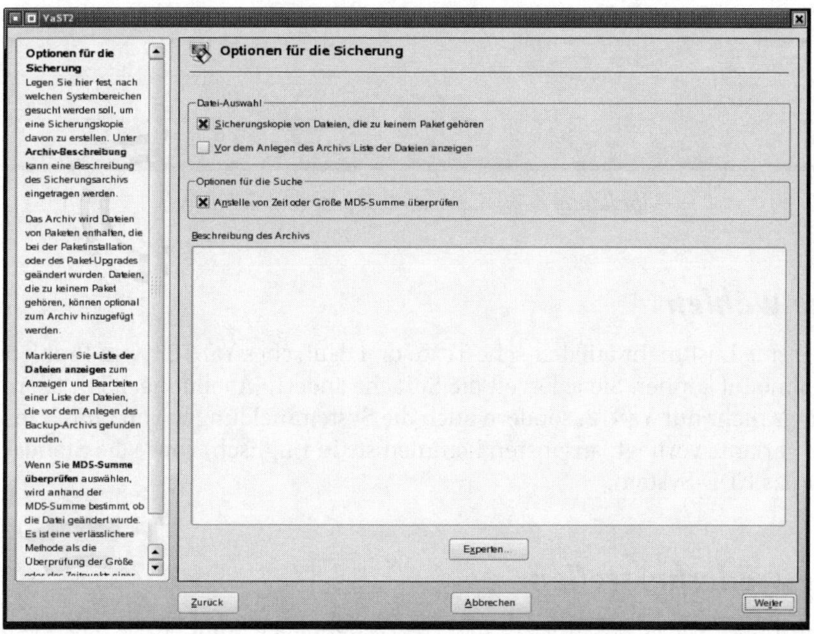


*Abbildung 4.52: Optionen der Sicherung*

Es macht Sinn, bestimmte Verzeichnisse vom Backup auszuschließen. Es macht dagegen meist wenig Sinn, ein über NFS gemountetes Verzeichnis mit einzupacken.

Gleiches gilt auch generell für auszuschließende Verzeichnisse im nächsten Fenster. Haben Sie alles beieinander, startet YaST2 Ihr Backup.

Dies ist ein sehr praktisches Verwaltungstool für den Systemadministrator.

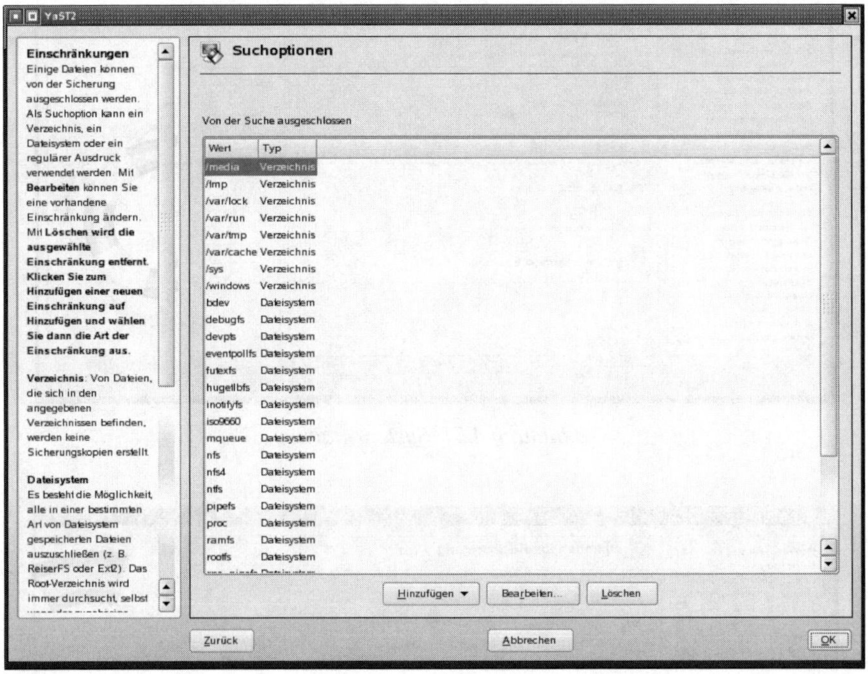


*Abbildung 4.53: Ausschließen von Verzeichnissen*

## Sprache wählen

Haben Sie keine Lust mehr auf deutsche Texte und deutsches YaST2? Kein Problem. Mit dem Sprachwahlmodul können Sie jederzeit die Sprache ändern (Abbildung 4.54). Hiermit ändern Sie allerdings nicht nur YaST2, sondern auch die Systemmeldungen von Linux (insofern eine übersetzte Variante vorliegt, ansonsten kommen sie in Englisch) sowie die Standard-Einstellungen für das KDE-System.

## System wiederherstellen

Das, was Sie unter SICHERUNGSKOPIEN ERSTELLEN erzeugt haben, können Sie hier wieder einspielen. Praktisch, nicht? Ein Beispiel sehen Sie in Abbildung 4.55.

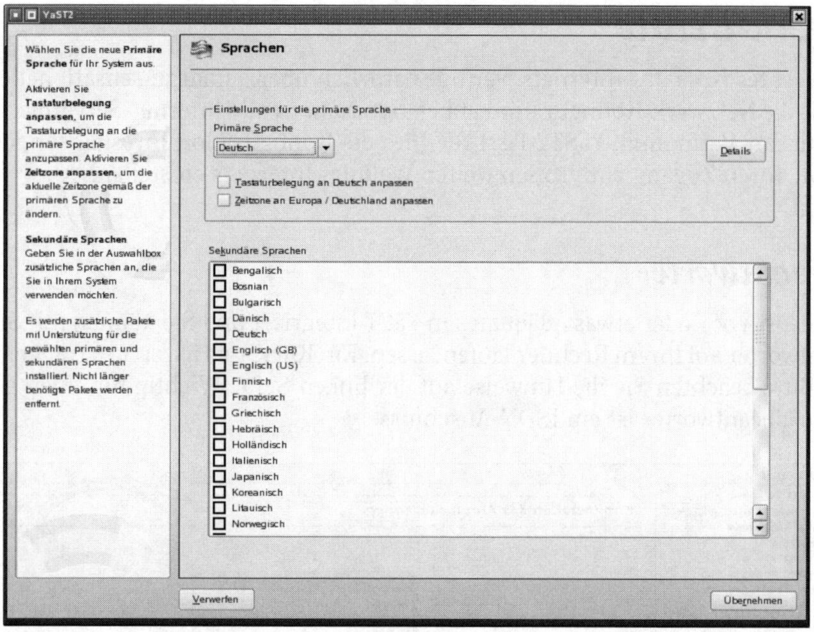


*Abbildung 4.54: Wie möchten Sie angesprochen werden?*

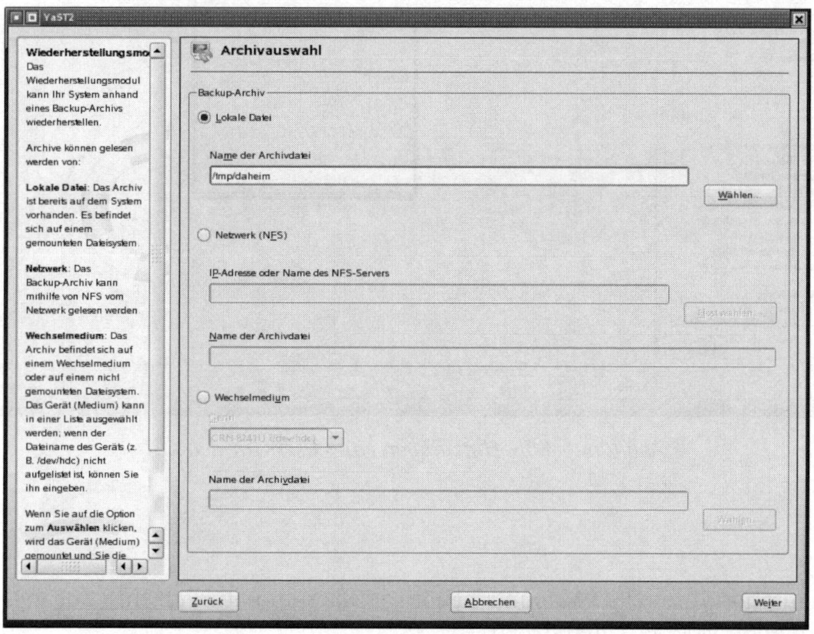


*Abbildung 4.55: Wir retten das System!*

# Netzwerk-Geräte

Linux, als echtes Kind des Internets, verfügt natürlich über geradezu sensationelle Möglichkeiten, was die Netzwerk-Konfiguration anbelangt. Nahezu alle Internet-Serverdienste stehen unter Linux zur Verfügung. YaST2 lässt Sie hier die Konfiguration Ihres persönlichen Netzwerks sowie Ihren Zugang zur großen weiten Welt des Internets einstellen.

## Anrufbeantworter

Mittlerweile ist `vbox` oder etwas Adäquates in YaST integriert und Sie können mit SuSE einen Anrufbeantworter auf Ihrem Rechner laufen lassen. Ein Klick auf HINZUFÜGEN trägt einen neuen User ein. Bitte beachten Sie die Hinweise auf der linken Seite. Wichtig für einen funktionierenden Anrufbeantworter ist ein ISDN-Anschluss.

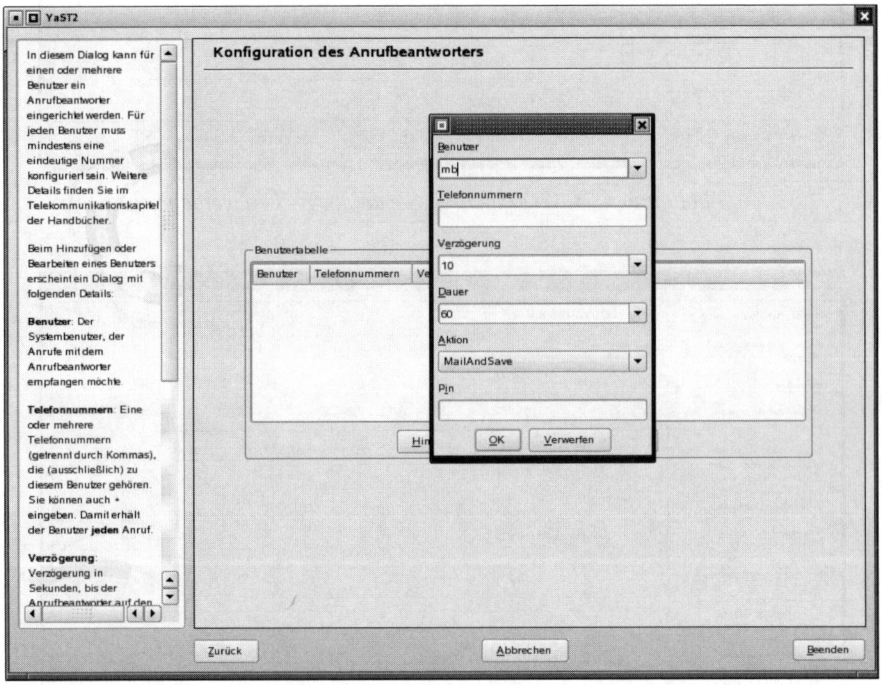


*Abbildung 4.56: Hinzufügen eines Users für den AB*

## DSL

Zur Konfiguration Ihres DSL-Accounts benötigen Sie nun natürlich Ihre Zugangsdaten, die Sie von Ihrem Provider erhalten haben.

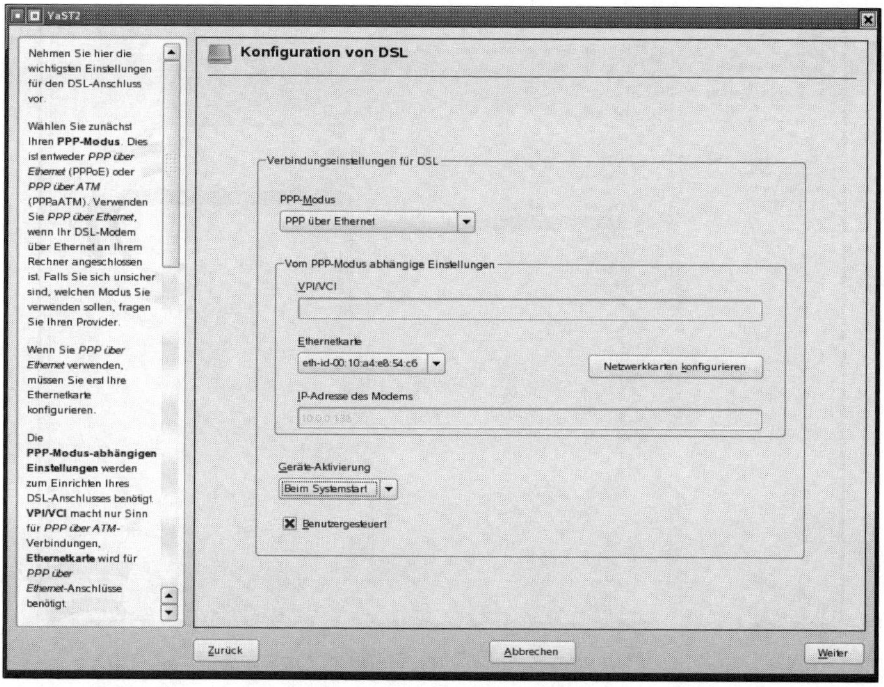


*Abbildung 4.57: DSL – Teil 1*

Standardmäßig haben Sie aller Wahrscheinlichkeit nach einen PPPOE(PPP over Ethernet)-Anschluss. Im Zweifelsfall antworten Sie bitte mit »ja«.

Lassen Sie die von YaST vorgeschlagenen Einstellungen so, wie sie sind. Haben Sie eine Flatrate, so können Sie unten links auf Beim Booten schalten, ansonsten lieber auf Manuell, um Verbindungskosten zu sparen.

YaST fragt Sie nun nach Ihrem Provider (Abbildung 4.58). Ein paar bekannte sind schon vorgegeben. Sollte Ihrer nicht darunter sein, so klicken Sie einfach auf Neu und legen ihn an (im Regelfall brauchen Sie hier nur Ihr Login und Ihr Passwort).

Haben Sie alles angegeben, dann folgen im nächsten Fenster noch ein paar Kleinigkeiten. Dial-On-Demand bedeutet, dass sich Linux darum kümmert, ob Sie gerade eine Anfrage ans WWW gestellt haben oder ob Sie nur lokal »browsen«. Kurzum, Linux kümmert sich in dem Fall um den ordnungsgemäßen Aufbau der Internet-Verbindung (Abbildung 4.59).

Externe Firewall-Schnittstelle schottet Ihr internes Netz ab. Durch den Aufbau einer DSL-Verbindung bekommen Sie den DNS (Nameserver) Ihres Providers zugewiesen (wenn Sie dies möchten). Aktivieren Sie hierzu Während Verbindung DNS ändern (ist auch defaultmäßig schon aktiviert bei SuSE), wie in Abbildung 460 gezeigt.

So, jetzt sollte Ihr DSL laufen!

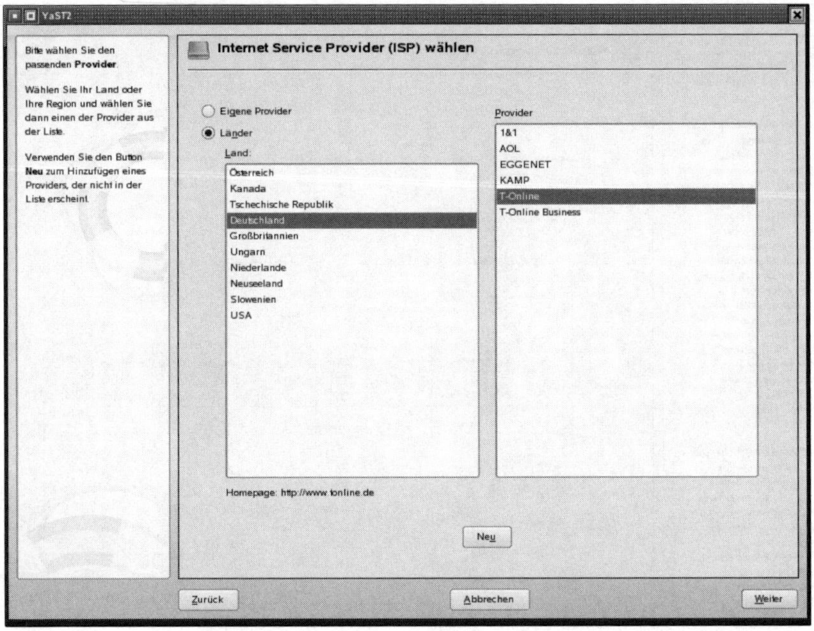


*Abbildung 4.58: Wählen Sie Ihren Provider.*

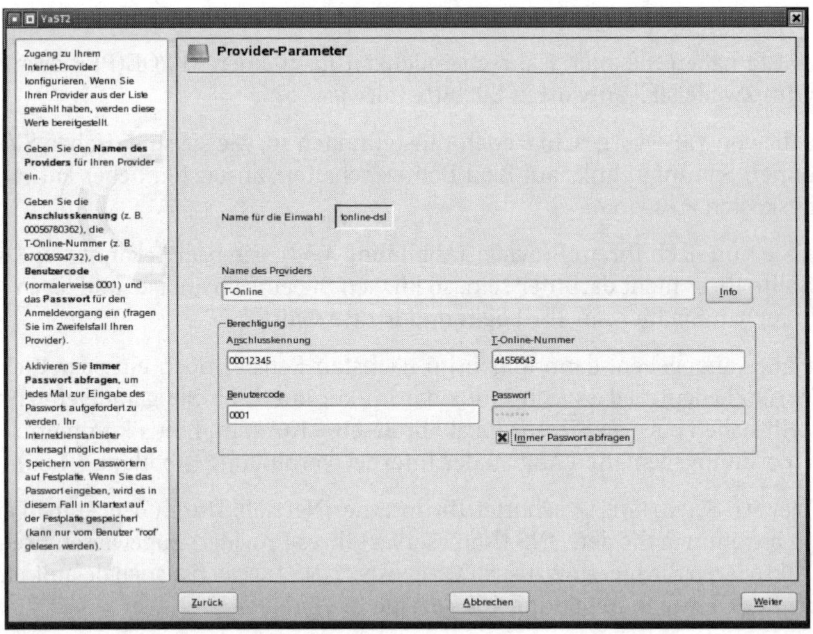


*Abbildung 4.59: Auch DSL muss wissen, wer Sie sind.*

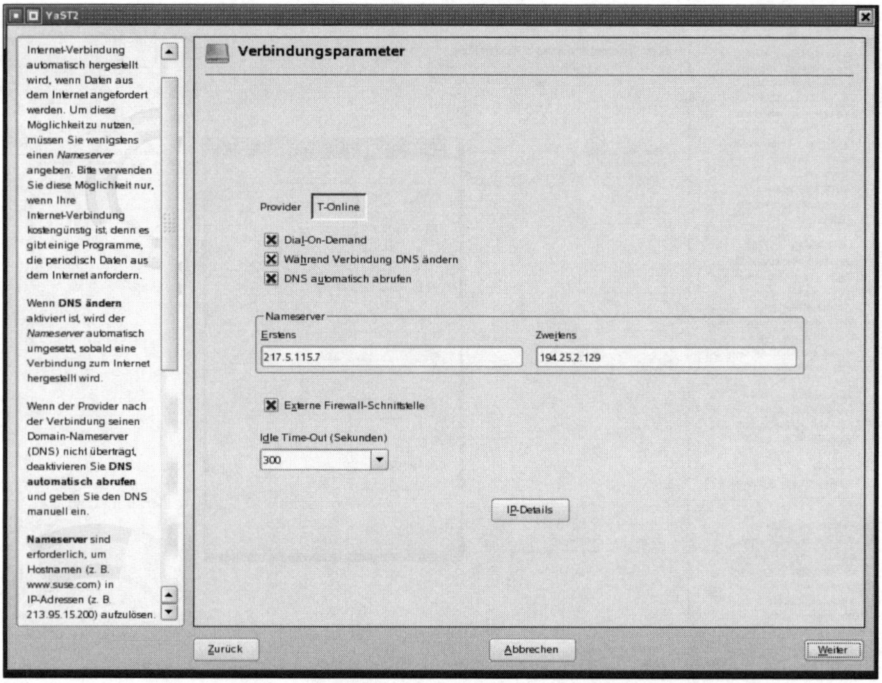


*Abbildung 4.60: DSL – Verbindungsparameter*

### *Automatisches Einwählen ins Netz*

DIAL-ON-DEMAND ist etwas sehr Praktisches. Allerdings haben Sie keine Kontrolle und anders als beim Modem hören Sie nicht, wenn Sie eine Netzverbindung aufbauen. Falsch konfigurierte Programme wie `sendmail` können alle 30 Sekunden eine Internet-Verbindung aufbauen, und das kann ziemlich schnell sehr teuer werden. Bei TDSL und Flatrate kann das egal sein, aber falls Sie auch ein Modem verwenden möchten, würde ich Ihnen empfehlen, die Logfiles, die Linux erstellt, regelmäßig zu lesen.

## Fax

Mit SuSE ist es mittlerweile relativ einfach möglich, einen Faxempfang auf dem Rechner zu realisieren. Klicken Sie hierzu einfach mal auf FAX.

Die Oberfläche ähnelt stark der des Anrufbeantworters. (Sie erinnern sich?) Geben Sie einfach Ihre Faxdaten ein und bestätigen Sie diese. Danach können Sie unter KDE Faxe versenden und empfangen.

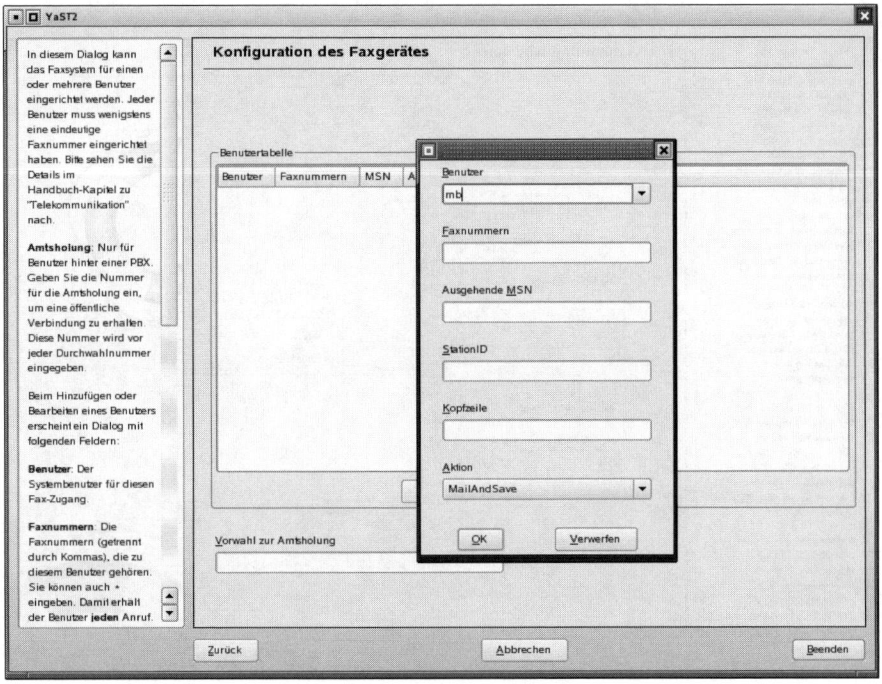


*Abbildung 4.61: Faxen machen*

# ISDN

Haben Sie einen ISDN-Anschluss? Prima, denn auch diesen können Sie ganz einfach konfigurieren. Beim Starten der ISDN-Konfiguration erhalten Sie ein Fenster, wie in Abbildung 4.62 zu sehen.

Wurde Ihre ISDN-Karte schon erkannt, so ist sie hier bereits vorselektiert. Andernfalls wählen Sie bitte aus der Liste, die Sie in Abbildung 4.62 sehen, Ihre ISDN-Karte aus.

Ein Klick auf OK bringt Sie ein Fensterchen weiter bzw. zu Abbildung 4.63.

In Deutschland ist EURO-ISDN (EDSS1) die richtige Wahl und sollte bereits markiert sein. Die Option GERÄTE AKTIVIERUNG sollten Sie auf BEIM SYSTEMSTART stehen lassen, damit die ISDN-Karte beim Booten erkannt und gestartet wird. Ein weiteres Mal auf OK geklickt und auf CAPI und Sie gelangen in die ISDN-SERVICE-AUSWAHL (Abbildung 4.64).

Sie können bei ISDN zwischen zwei Anschlussarten wählen: SyncPPP oder RawIP. Die meisten (eigentlich alle) Provider bieten SyncPPP an. Klicken Sie also auf NEUE SYNCPPP-NETZWERKSCHNITTSTELLE HINZUFÜGEN. Es erscheint ein neues Fenster, das Sie in Abbildung 4.65 sehen.

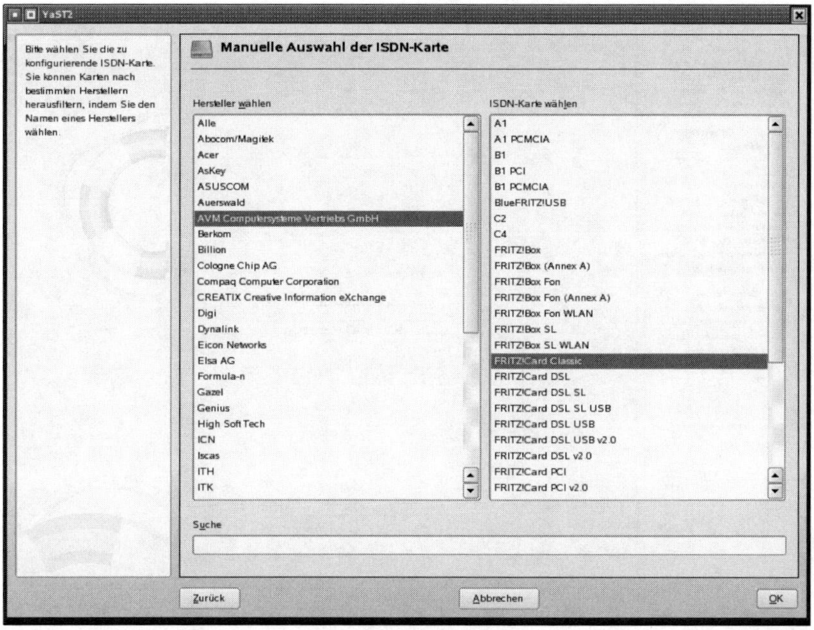


*Abbildung 4.62: Die ISDN-Konfiguration*

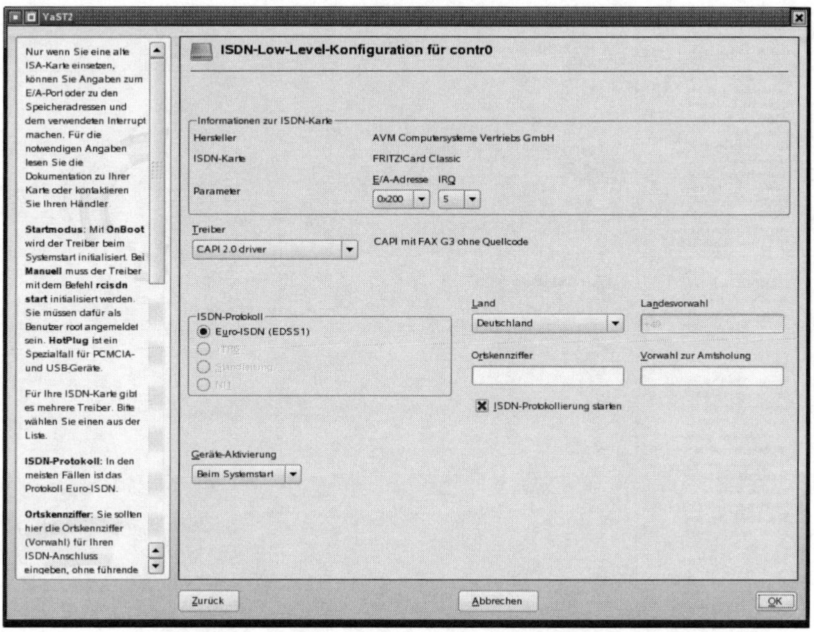


*Abbildung 4.63: Low-Level-ISDN-Konfiguration*

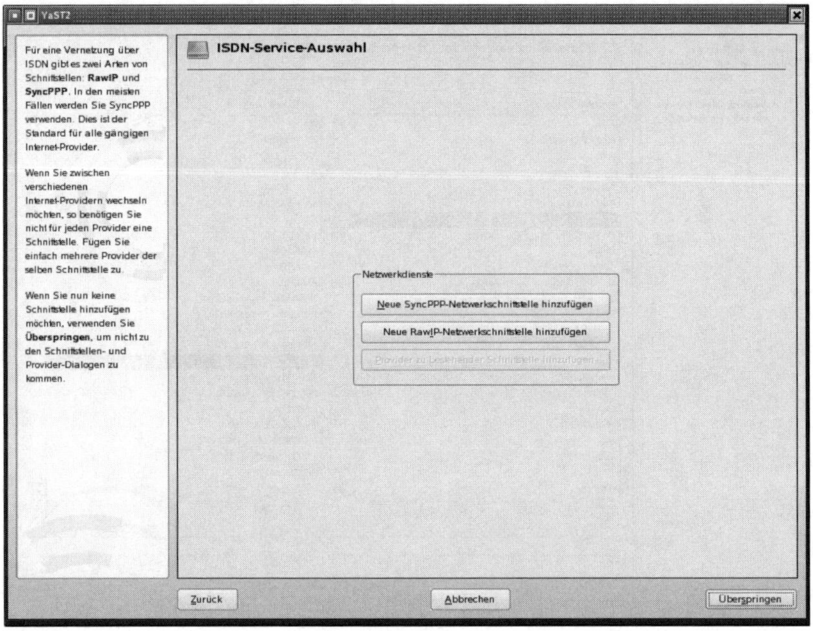


*Abbildung 4.64: ISDN-SERVICE-AUSWAHL*

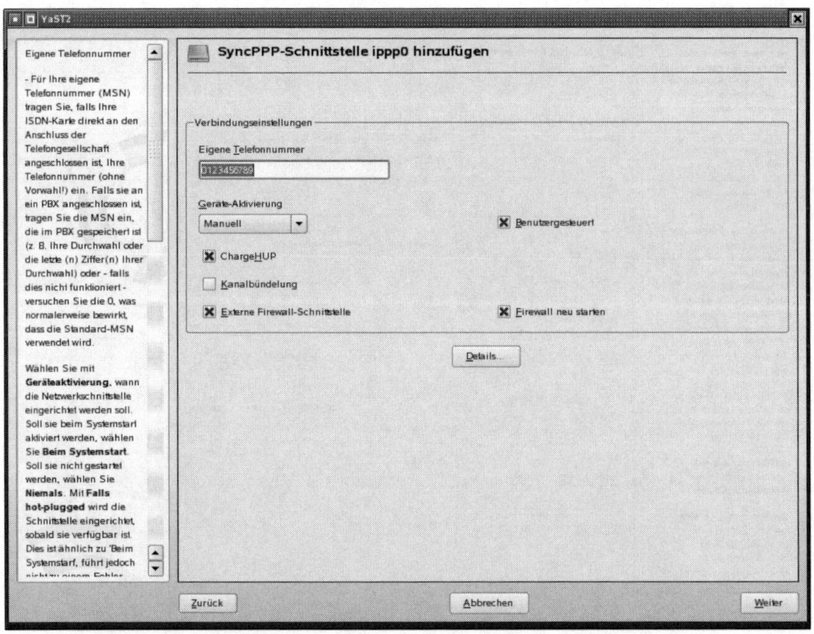


*Abbildung 4.65: SyncPPP-Schnittstelle*

Wenn Sie Kanalbündelung verwenden, denken Sie dran, dass dann ISDN zum Telefonieren in diesem Zeitraum nicht verwendet werden kann. Abgesehen davon zahlen Sie natürlich auch zwei Leitungen.

Haben Sie eine eigene Firewall (siehe weiter unten) eingerichtet, so sollten Sie hier den ausschalten.

Ein Klick auf DETAILS bringt Sie in die Maske der Callback-Funktionen (siehe Abbildung 4.66). Sie können hier genau angeben, welche Teilnehmer (MSNs) von außen eine Verbindung aufbauen dürfen bzw. welche Teilnehmer nach Aufbau einer Verbindung zurückgerufen werden (Callback). Beachten Sie bitte, dass natürlich Sie dann auch die Verbindungsgebühren zu berappen haben.

Einmal mehr auf OK klicken und Sie dürfen die IP angeben (Abbildung 4.67). Sie haben die Möglichkeit, dem System eine feste IP zu vergeben (eher die Ausnahme) oder aber sich eine dynamische von Ihrem Provider geben zu lassen (die Regel).

Auf WEITER klicken und Sie dürfen Ihren persönlichen ISP (Internet Service Provider) wählen (Abbildung 4.68). Sollte er nicht dabei sein, verfahren Sie ähnlich wie bei DSL und legen sich Ihren eigenen an. Die gängigsten dürften allerdings bereits gelistet sein.

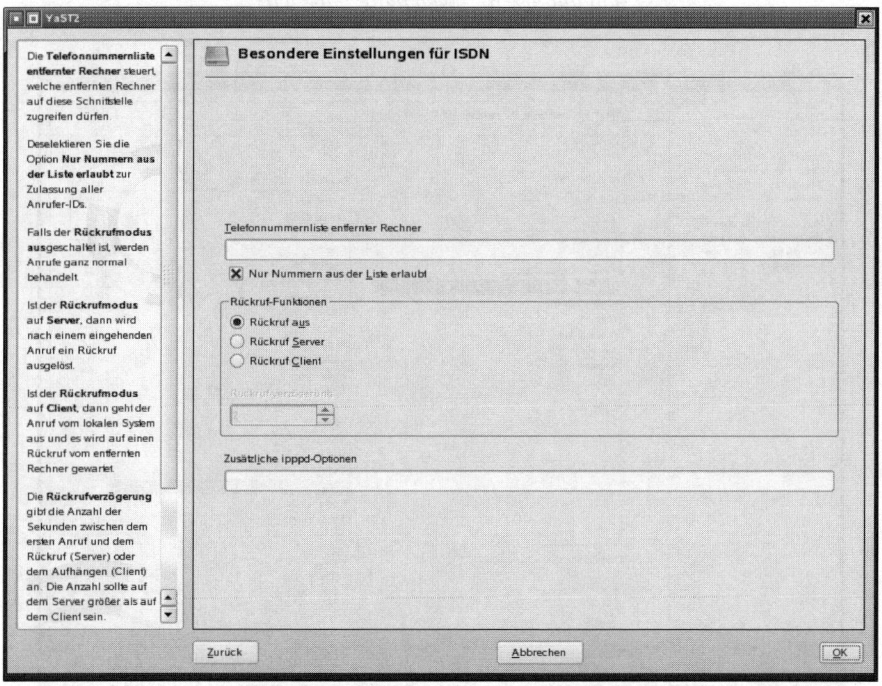


*Abbildung 4.66: Callback-Funktionen*

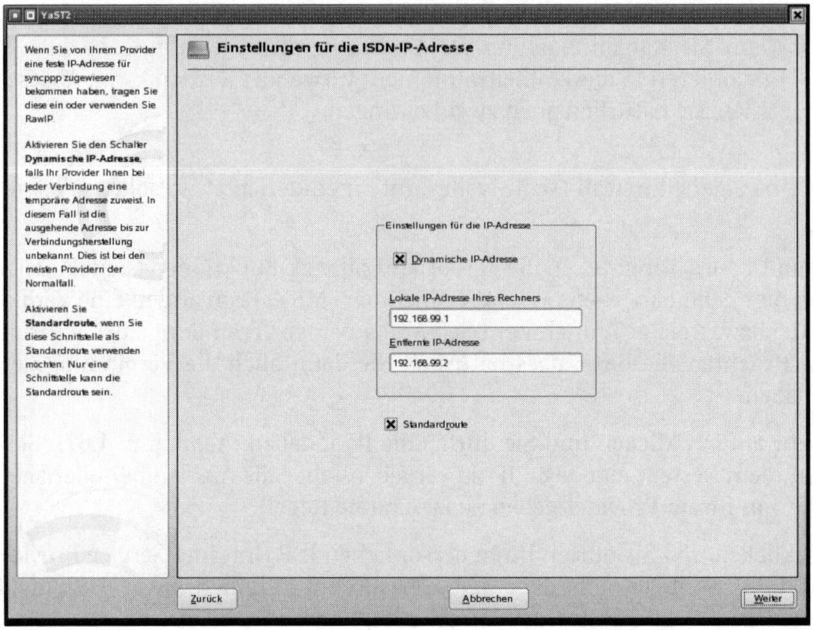


*Abbildung 4.67: Welche IP habe ich?*

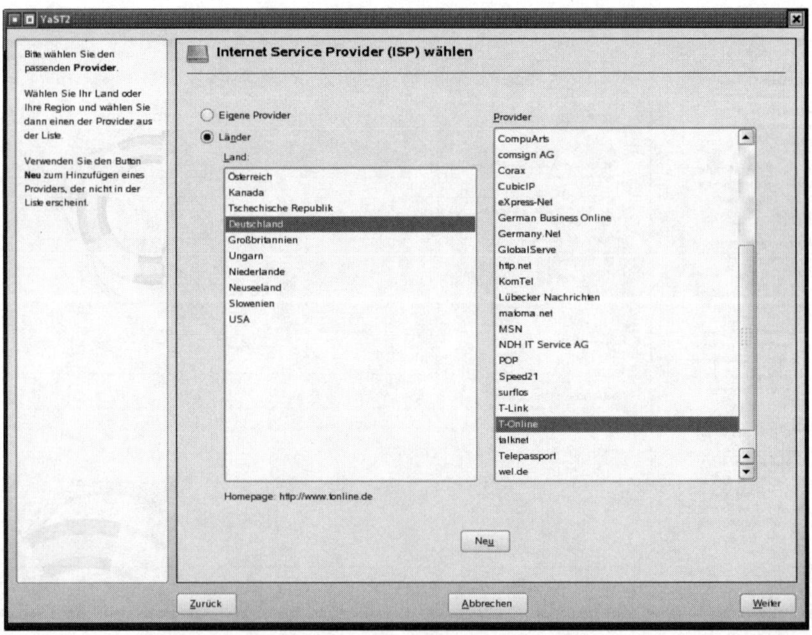


*Abbildung 4.68: Mein ganz privater ISP*

Ein vorletztes Mal noch auf WEITER bringt Sie auf die letzte ISDN-Maske. Hier können Sie einfach nur auf [↵] drücken. IMMER PASSWORT ABFRAGEN sorgt dafür, dass Sie jedes Mal beim Verbindungsaufbau danach gefragt werden (kann lästig werden).

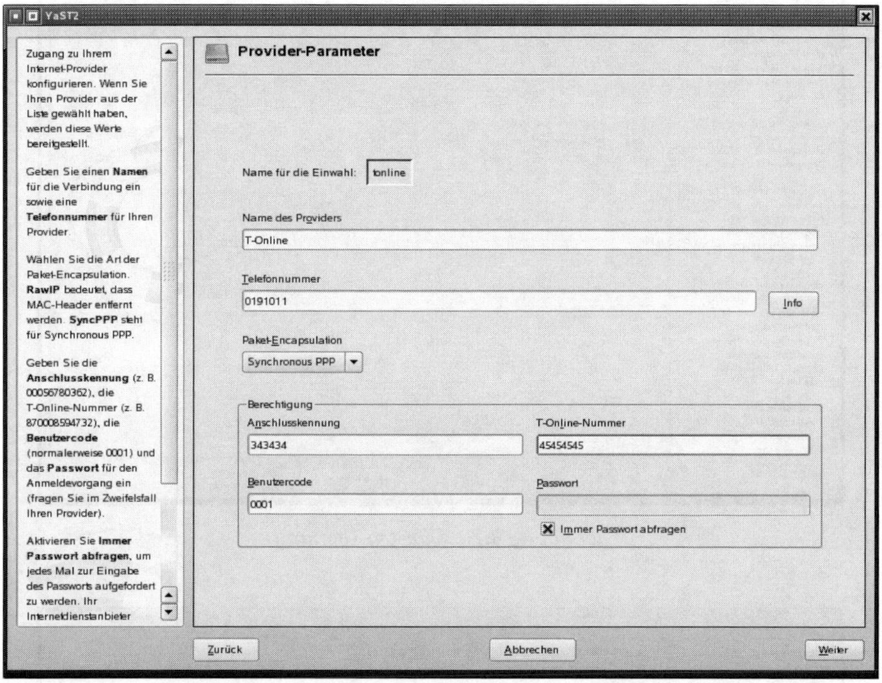


*Abbildung 4.69: Legen Sie die ISDN-Parameter fest.*

Der letzte Klick auf WEITER und Sie gelangen in ein Fenster, wie es in Abbildung 4.70 zu sehen ist. Sie können hier DIAL-ON-DEMAND und WÄHREND VERBINDUNG DNS ÄNDERN einschalten. Sehen Sie bitte unter DSL nach, falls Sie hierzu Fragen haben.

Sie haben es geschafft! ISDN ist eingerichtet und sollte es ab sofort auch tun.

## Modem - alt, aber immer noch im Einsatz

Ein Modem unter Linux zu installieren, erweist sich als total einfach. Schließen Sie das Modem an (und schalten es auch an!) und rufen Sie dann diesen Punkt auf. YaST2 sollte schon ein Modem gefunden haben (siehe Abbildung 4.71).

Klicken Sie bitte auf BEARBEITEN und Sie gelangen ins Modem-Menü (Abbildung 4.72). Wie üblich unter Linux befindet sich das Modem im Verzeichnis `/dev`. AMTSHOLUNG müssen Sie nur eintragen, wenn Sie an einer Telefonanlage sitzen und eine Nummer zur Amtsholung (auf Deutsch: für das Freizeichen) brauchen. Standard heutzutage ist IMPULSWAHL (Pulswahl).

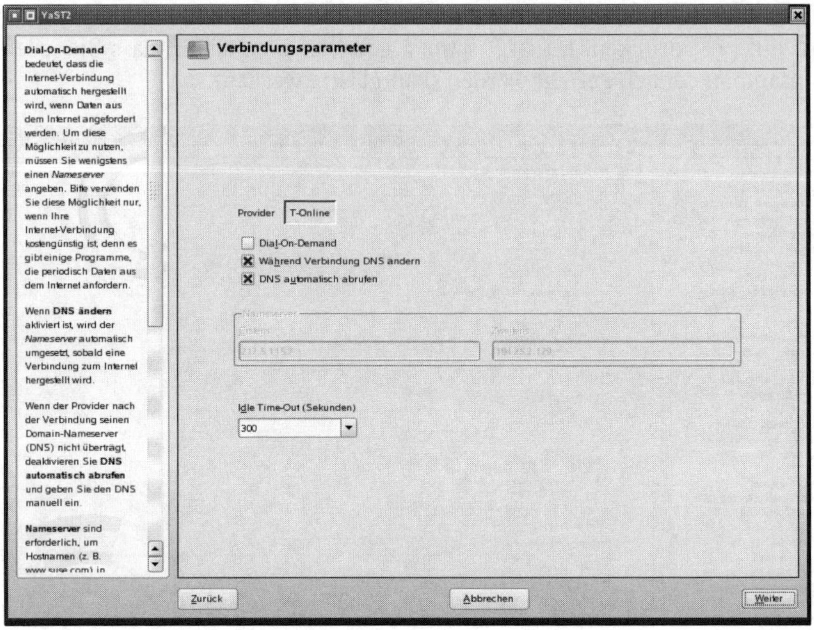


*Abbildung 4.70: Dial-On-Demand*

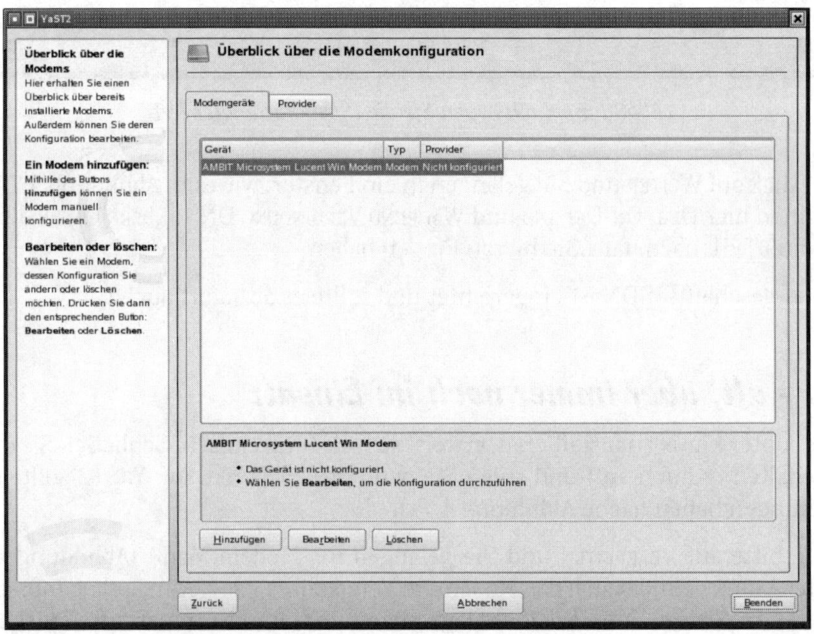


*Abbildung 4.71: Die Modem-Grundkonfiguration*

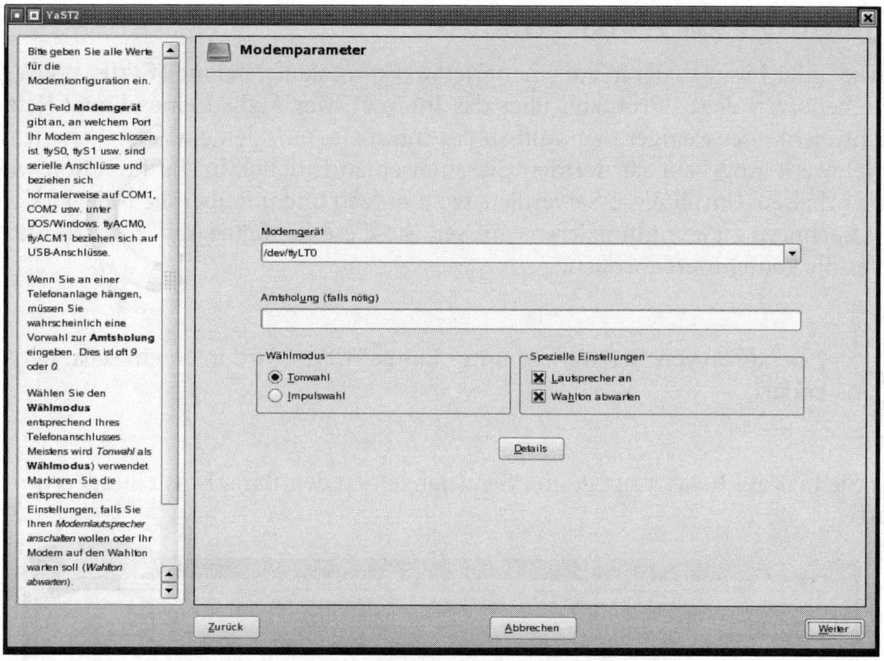


*Abbildung 4.72: Die Verbindungsparameter*

Ein Klick auf DETAILS gibt Ihnen die Baudrate (also die Geschwindigkeit) sowie die verschiedenen Init Strings für Ihr Modem an. Diese sind zum Teil abhängig von dem gewählten Modem und sind alles AT(Attention)-Befehle.

Die folgenden Fenster sind mehr oder weniger (bis auf den Ignoranz-Modus, ein herrliches Wort!) die gleichen wie bei ISDN. Bitte sehen Sie einfach dort nach. Danke.

## Attention, please

Die AT-Befehle, die nach wie vor in jedem guten Modem-Handbuch erklärt werden, dienen zur Kommunikation zwischen dem Rechner und dem Modem. So war es früher üblich, sich mit folgendem kleinen Kommando zu seiner Mailbox (BBS) einzuwählen:

ATDT 0911112233

Dies steht für Attention Dial Tone 0911112233.

Nach wie vor werden Modems über diese Steuerungssequenzen gesteuert und initialisiert. Sind Sie fit in AT-Befehlen, so können Sie hier Ihr Modem tunen.

## Konfiguration der Netzwerkkarte

Netzwerke unter Linux basieren auf einem Netzwerkprotokoll genannt TCP/IP. WWW, E-Mail etc., alle benutzen dieses Protokoll über das Internet. Der Aufbau eines Linux-Netzwerkes entspricht mehr oder weniger dem Aufbau des Internets, nur kleiner. Verstehen Sie, wie ein Linux-Netzwerk aufgebaut ist, werden Sie auch einen Einblick in die Funktionsweise des Internets erhalten. Um all diese Serverdienste zu nutzen und um über die Netzwerkkarte mit anderen Rechnern zu kommunizieren, müssen Sie diese konfigurieren. Klicken Sie auf das Gerät, das Sie konfigurieren wollen.

Der Aufbau von Netzwerken unter Linux-TCP/IP wird in einem separaten Kapitel erklärt.

Klicken Sie hier auf KONFIGURIEREN und Sie gelangen zu den Basis-Einstellungen Ihrer Netzwerkkarte.

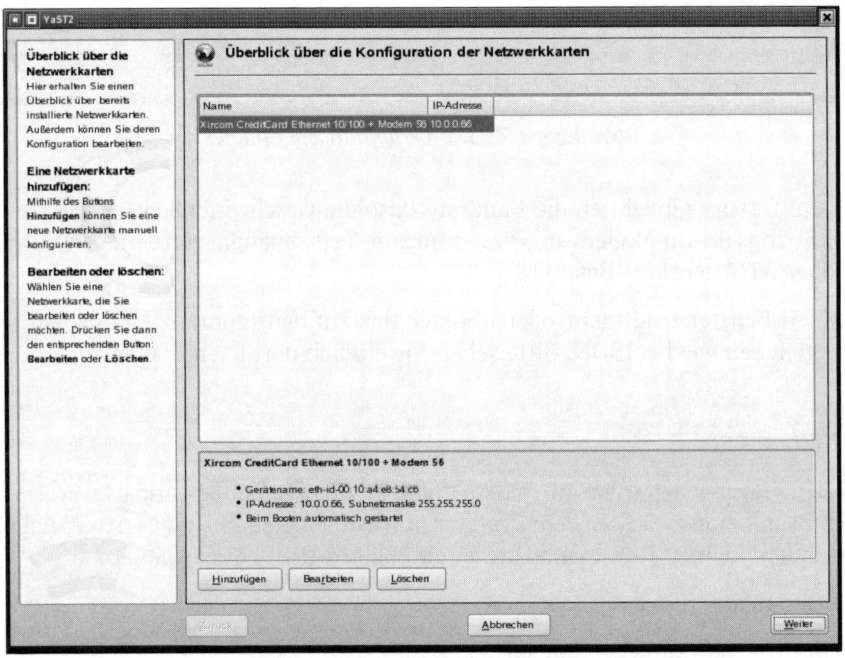


*Abbildung 4.73: Konfiguration der Netzwerkkarte*

Den TYP DES NETZWERKS sollten Sie auf ETHERNET lassen. YaST erkennt auch, wenn Sie eine WLAN-Karte (Wireless LAN) installieren. Handelt es sich bei Ihrer Netzwerkkarte um eine PCMCIA (bei Laptops) oder eine USB-Karte, aktivieren Sie bitte die dazugehörigen Kästchen unten.

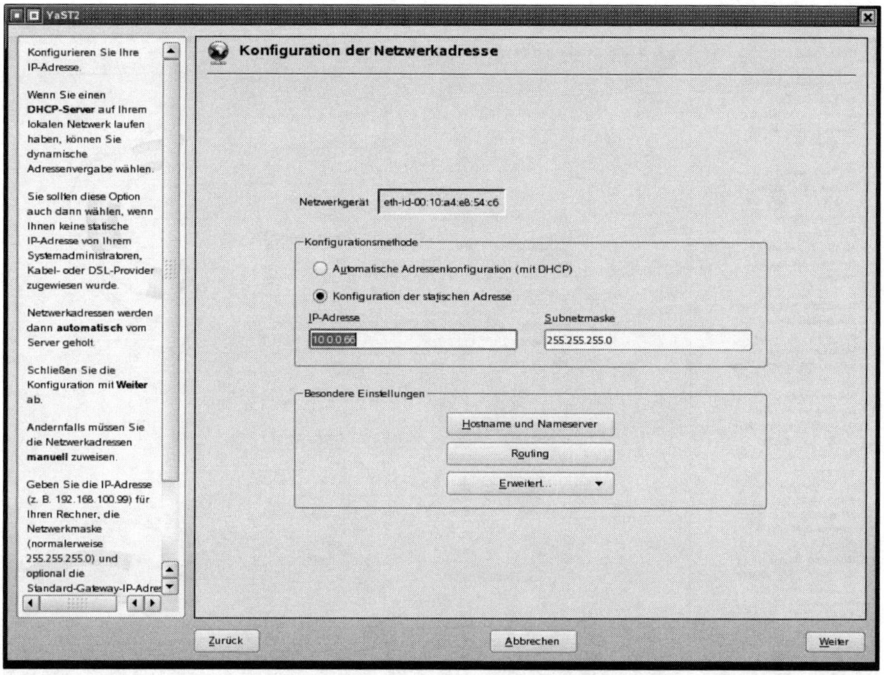


*Abbildung 4.74: Die Netzwerkadresse*

Anschließend haben Sie zwei Möglichkeiten, entweder Sie entscheiden sich für DHCP, dann muss aber auch irgendwo ein DHCP-Server laufen (wir setzen später noch einen auf, zur Not sehen Sie geschwind da nach) oder aber Sie vergeben eine feste IP an Ihre Netzwerkkarte.

Die *IP-Adresse* Ihres Rechners sind diese »merkwürdigen« Zahlen. Möchten Sie nun mit anderen Rechnern kommunizieren, müssen Sie dafür sorgen, dass Ihre Netzwerk-Einstellungen auf beiden Rechnern korrekt eingetragen sind.

Jeder Rechner im Internet hat einen Namen und gehört zu einer Domain. Haben Sie Ihrem Rechner eine IP-Adresse (wie oben vorgeschlagen) gegeben, können Sie ihm nun einen Namen geben. In diesem Fall nenne ich den Arbeitsrechner `linux`. Als Domain nehmen Sie hier `mb.de`. Somit würde der vollständige Rechnername (fully qualified hostname) mit der oben angegebenen IP-Adresse `linux.mb.de` heißen (bzw. der andere `gateway.mb.de`). Klicken Sie hierzu auf RECHNERNAME UND NAMESERVER.

Nameserver werden auch DNS genannt. Mehr Informationen über Nameserver erhalten Sie im TCP/IP-Kapitel.

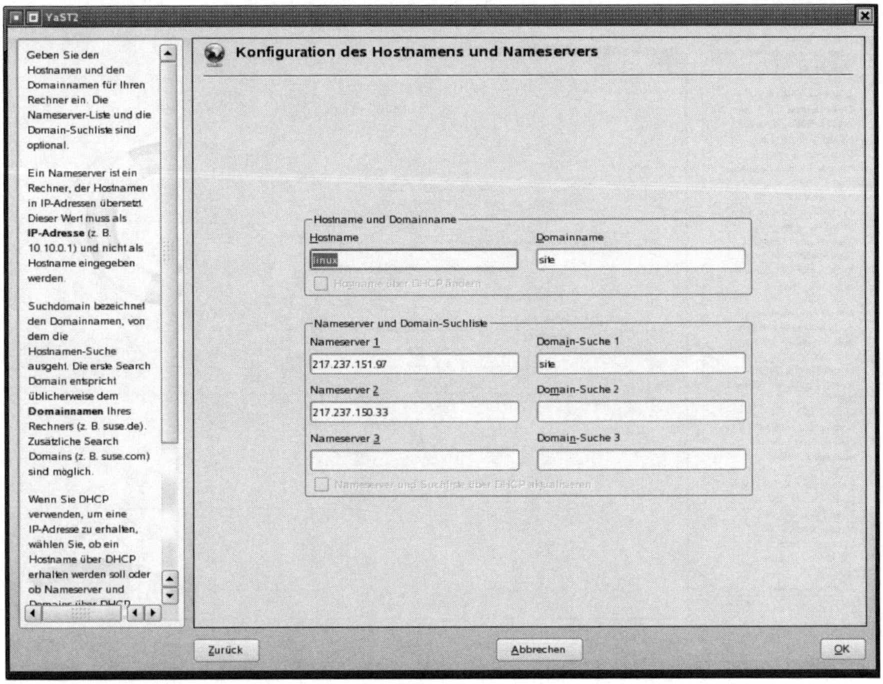


*Abbildung 4.75: Wer bin ich und wer sind die anderen? DNS im Internet .*

Wenn Sie ans Internet angeschlossen sind, empfiehlt es sich, einen *Nameserver* einzutragen. Dies ist der Dienst, der dafür verantwortlich ist, diese seltsamen Nummern in für Menschen verständlichen Text umzuwandeln. Meistens erfahren Sie die IP Ihres Nameservers von Ihrem Provider. Sie können auch mehrere Nameserver eintragen. So ist es z.B. möglich, einen Nameserver daheim laufen zu lassen, der sich um die lokalen Anfragen kümmert, und einen entfernten, offiziellen für alle anderen Anfragen. Für einen Neueinsteiger ist dies in der Regel jedoch nicht notwendig.

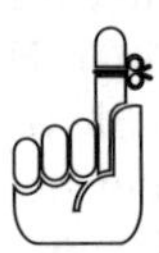

Die IP-Adresse Ihres Default Gateways erfahren Sie von Ihrem Internet-Provider. Sind keine Angaben gemacht, so ist das meistens Ihr Einwahlrechner.

ZURÜCK und ein Klick auf ROUTING bringt Sie zur Einstellung für das Routing. Was ist nun wieder ein Gateway und was ist Routing? Alle Anfragen (also WWW, E-Mail etc.) werden von TCP/IP in Pakete aufgeteilt und über das Netz geschickt. Die Pakete müssen nun natürlich wissen, wo sie eigentlich hinsollen. Für einen Standard-Rechner bedeutet dies, dass Sie ihm erklären müssen, was er mit diesen Paketen machen soll, wenn Sie sie wegschicken. Für diese Zwecke gibt es das Default Gateway. Alle nicht lokal zustellbaren Pakete werden an das Default Gateway geroutet (weitergeleitet). Dieses kümmert sich dann um die ordnungsgemäße Weiterleitung Ihrer Pakete.

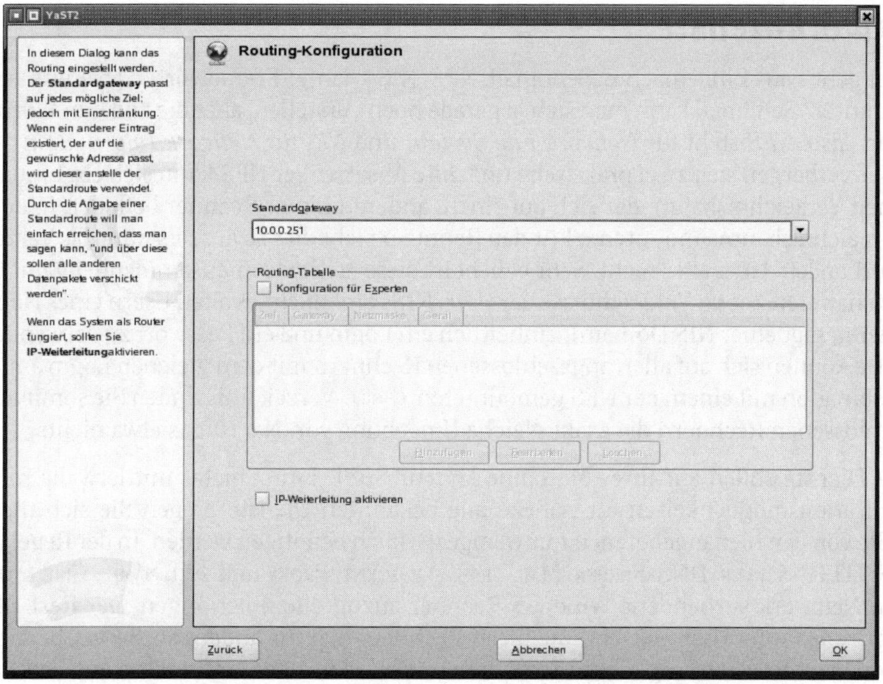


*Abbildung 4.76: Das Routing und das Standard Gateway*

Haben Sie einen Rechner, der häufig zwischen den Netzwerken wechselt (z.B. einen Laptop), dann ist es evtl. sinnvoll, den Server anzuweisen, seine Antworten immer an alle zu schicken (das nennt man »broadcast«). Ansonsten ist es eher lästig, da es natürlich unnötigen Netzwerkverkehr verursacht.

### Ein kleines Beispiel-Netzwerk

Haben Sie zwei Linux-Rechner, die über Netzwerkkarten verbunden sind, dann bauen Sie sich ein kleines Netzwerk auf.

Tragen Sie bei dem einen Rechner die IP-Adresse 192.168.0.1, die Netzmaske 255.255.255.0 und als Default Gateway die IP-Adresse 192.168.0.1 ein. Der andere Rechner bekommt die IP-Adresse 192.168.0.2, als Netzmaske auch 255.255.255.0 und als Default Gateway wieder die IP-Adresse 192.168.0.1.

Jetzt haben Sie ein kleines Netzwerk und können von dem einen Rechner auf den anderen zugreifen. Testen Sie es, indem Sie folgenden Befehl eingeben:

`mb@linux:~> ping 192.168.0.1` bzw. `mb@linux:~> ping 192.168.0.2`

## Netzwerkdienste

So, jetzt geht's ans Eingemachte. Sendmail, NFS, NIS – lauter Fremdwörter, aber was versteckt sich dahinter? Sendmail kann man sich ja gerade noch vorstellen, aber die anderen Wörter eher weniger. Also: *NFS* steht für *Network File System* und *NIS* für *Network Information Service*. Dahinter verbergen sich zwei praktische und gute Ansätze. Per NFS kann sich ein Linux-Rechner einen Verzeichnisbaum, der sich auf einem anderen Linux-Rechner befindet, in den eigenen Verzeichnisbaum »mounten«. Für den Benutzer sieht dies so aus, als wäre das Verzeichnis lokal vorhanden. Ist es aber nicht. Sehr beliebt ist diese Methode in Zusammenhang mit NIS für die so genannten `/home`-Verzeichnisse der User. NIS ermöglicht es allen Usern eines Netzwerks (genauer gesagt einer NIS Domain), einheitlich ein Login und ein Passwort zu verwenden. Das heißt, sie können sich auf allen angeschlossenen Rechnern mit dem gleichen Login anmelden. In Kombination mit einem per NFS gemounteten `/home`-Verzeichnis finden Sie somit auf allen angeschlossenen Rechnern die exakt gleiche Umgebung vor. Na, ist das etwa nichts?

Welche Dienste sollen auf Ihrer Maschine laufen? SuSE Linux bietet mittlerweile mit YaST Konfigurationsmöglichkeiten für nahezu alle bekannten Dienste. Regen Sie sich nicht auf, wenn Sie von den hier angebotenen nur wenige wirklich benötigen werden. In der Regel werden Sie hier HTTP-SERVER, DNS-SERVER, MAIL TRANSFER AGENT, PROXY und evtl. SAMBA-CLIENT (um auf evtl. im Netzwerk vorhandene Windows-Rechner zuzugreifen) benötigen. Der Rest ist mehr für erfahrene Linux-User gedacht, die ihren Rechner auch für andere als Server bereitstellen möchten. Nichtsdestoweniger erfahren Sie hier, was es mit diesen Punkten auf sich hat. Wir fangen wie gehabt oben an:

### Administration von einem entfernten Rechner

Mittlerweile ist es einfach möglich, von außen, also remote, Zugriffe auf andere Rechner zu bekommen und diese zu warten. Jedoch müssen Sie dieses erst erlauben, wie in Abbildung 4.77 gezeigt.

### Konfiguration des DHCP-Servers

`YaST` bietet Ihnen ein einfaches Interface zu Ihrer `/etc/dhcpd.conf`. Fügen Sie Werte hinzu. Je nach selektierten Werten liefert Ihnen YaST2 den passenden Editor für Ihre Angaben und trägt diese dann in die DHCP-Konfiguration ein.

Ein paar Einstellungen werden von Ihnen noch gebraucht, um einen vollständigen DHCP-Server aufzusetzen. So zum Beispiel die KARTENAUSWAHL und die GLOBALEN EINSTELLUNGEN, wie in Abbildung 4.79 und 4.80 zu sehen.

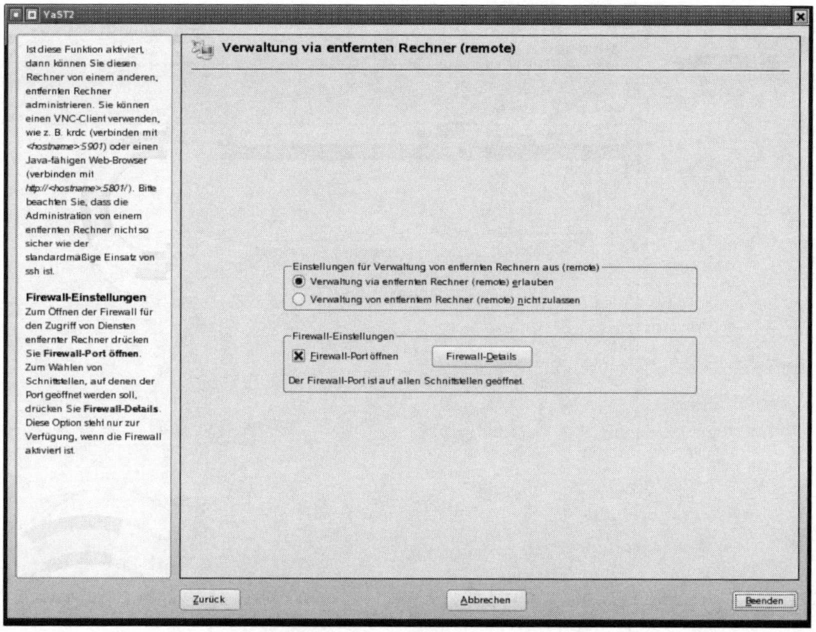


*Abbildung 4.77: Einrichtung von VCN*

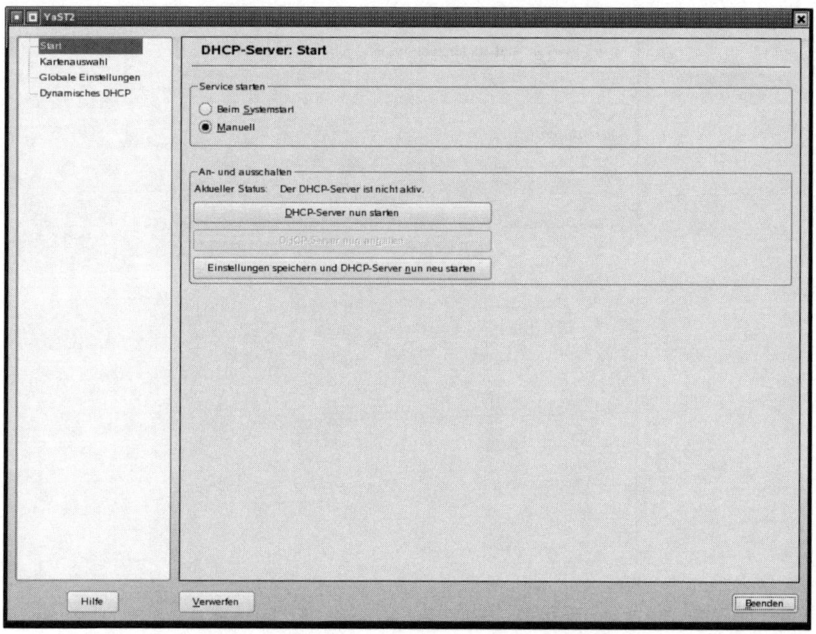


*Abbildung 4.78: Starten des DHCP-Servers*

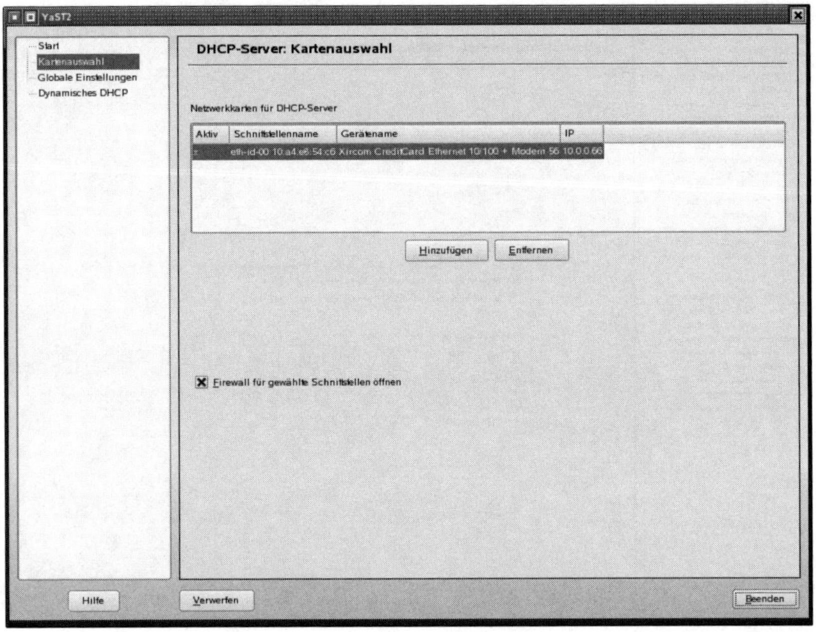


*Abbildung 4.79: Teilen Sie DHCP mit, welche Netzwerkkarte es verwenden soll.*

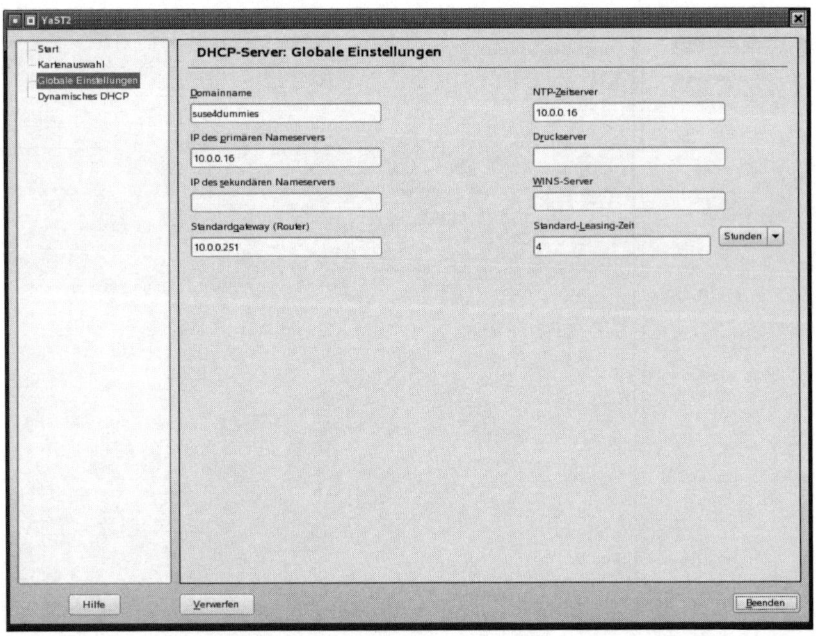


*Abbildung 4.80: Netzadressen, DNS und Gateways für DHCP*

Wenn Sie einen DHCP-Server einsetzen, verteilen Sie ja IP-Adressen. Hier nun können Sie einstellen, aus welchem IP-Bereich der Server die Adressen vergeben soll. Geben Sie bitte korrekte IP-Adressen an.

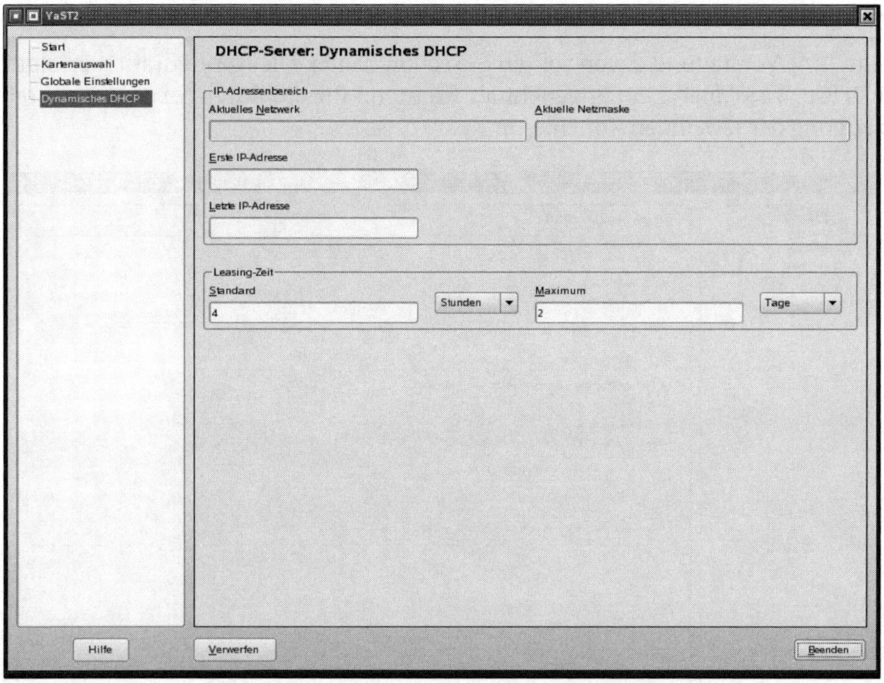


*Abbildung 4.81: Adressbereiche des DHCP-Servers*

## DNS und Hostname

Diese Maske sollten Sie schon ein oder mehrere Male gesehen haben. Sie können hier eine IP-Adresse vorgeben (dazu muss der Button HOSTNAME ÜBER DHCP ÄNDERN allerdings deaktiviert sein). Eigene Nameserver (DNS) können Sie unten angeben. Hierfür muss NAMESERVER UND SUCHLISTE ÜBER DHCP AKTIVIEREN deaktiviert sein.

Tragen Sie hier den Rechnernamen und die dazugehörige Domain ein. Sie dürfen beliebig viele Nameserver eintragen. YaST hat hierfür allerdings »nur« drei vorgesehen (was auch in der Regel mehr als ausreicht!). NAMESERVER_1 und DOMAIN_SUCHE_1 gehören zusammen. In NAMESERVER_1 geben Sie die IP des Nameservers an und in DOMAIN_SUCHE_1 die Domain (diese wird beim Aufsetzen des Nameservers konfiguriert und muss nicht der wirklichen Domain entsprechen; es handelt sich hier korrekt gesagt um Zonen, aber das ist jetzt nicht so wichtig).

## DNS-Server konfigurieren

SuSE bietet mittlerweile `bind` (das ist der Nameserver-Dienst) in der Version 9 an. `bind` ist sehr umfangreich und wird daher im Rahmen dieses Buchs nur kurz beschrieben, zumal man so einen Dienst daheim eigentlich eher selten benötigt.

Trotzdem: Eine Vorstellung davon sollten Sie schon haben. Die Konfiguration erfolgt ähnlich wie bei DHCP. YaST bietet ein angenehmes Frontend für die Datei `/etc/named.conf` sowie zur Erzeugung der jeweiligen Zonefiles in `/var/named`.

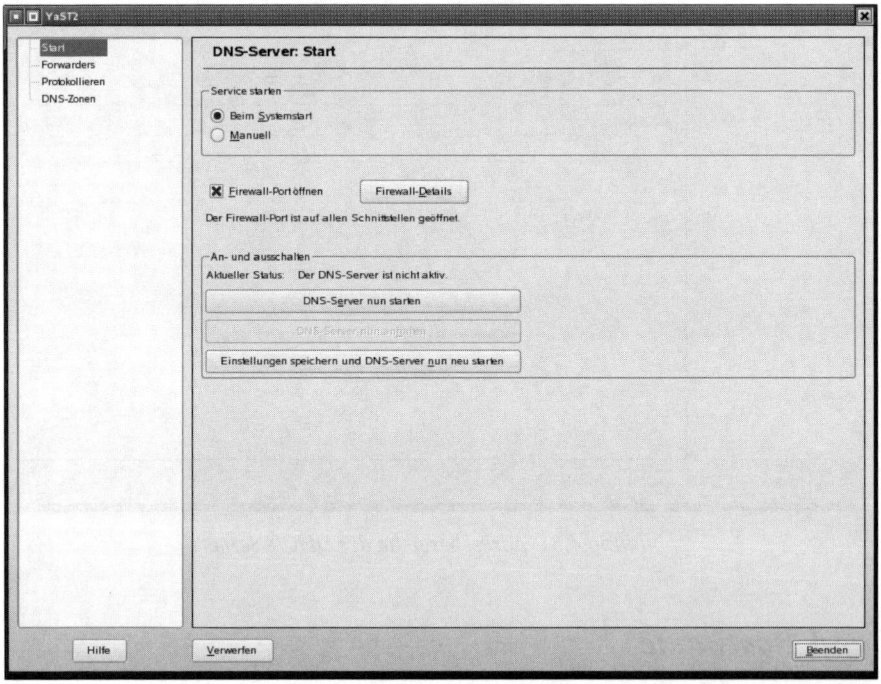


*Abbildung 4.82: Wollen Sie einen DNS-Server starten?*

Sie müssen die Forwaders Ihres DNS eintragen. Wenn Sie nicht sicher sind, was das ist, dann würde ich von der Konfiguration von DNS abraten.

Alles, was über DNS läuft, sollte auch protokolliert werden. Klicken Sie in Abbildung 4.83 auf den Eintrag PROTOKOLLIEREN in der linken Leiste um sich die Protokolle und Logs anzusehen oder eigene zu erzeugen.

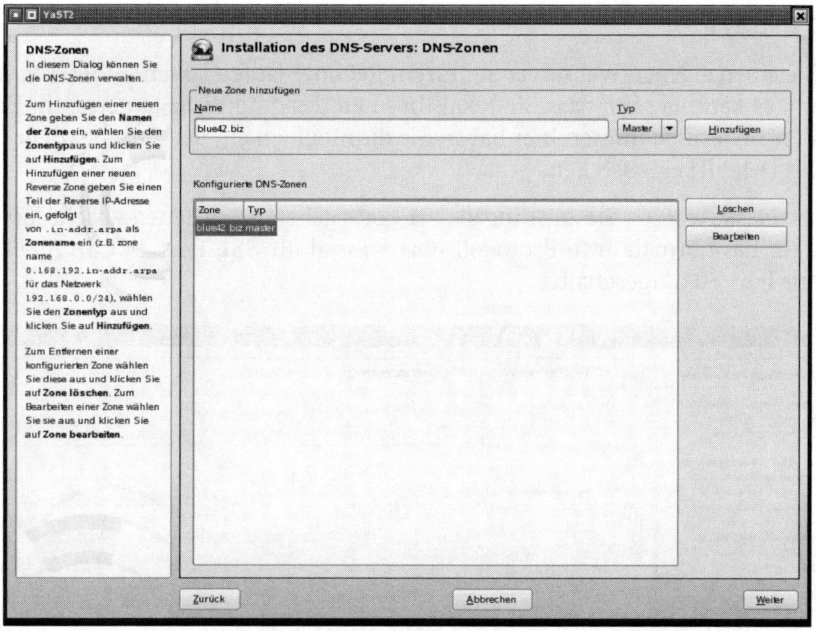


*Abbildung 4.83: DNS Forwarders ...*

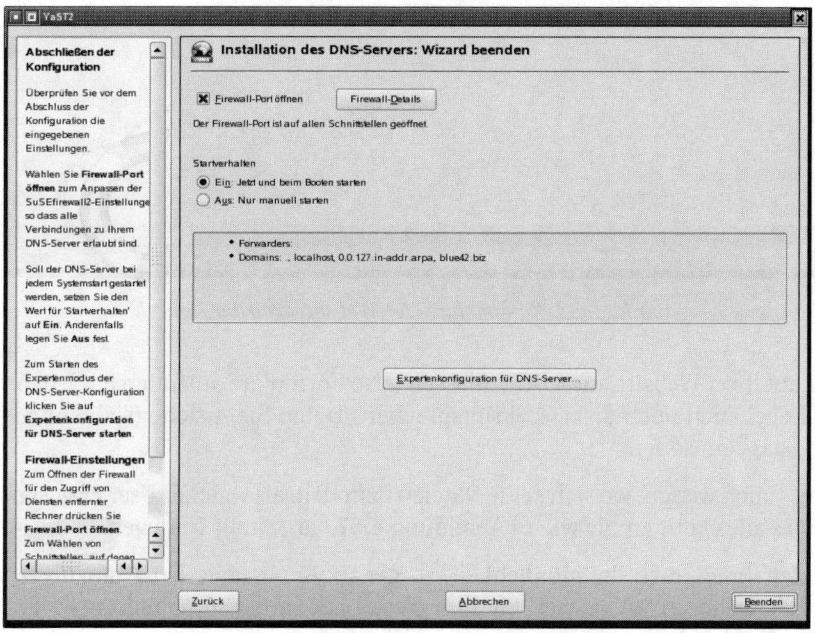


*Abbildung 4.84: Ein Beispiel für DNS Zonen*

## Der Http-Server

Möchten Sie einen eigenen Webserver auf Ihrem Rechner laufen lassen? »Wozu?«, werden Sie fragen. Nun, es kann ja sein, dass Sie lokal Ihre neu designte Website gerne im Echtbetrieb testen wollen?! Wie auch immer, hier haben Sie die Möglichkeit, den Apache (in der Version 2 bei SuSE als Default) einzustellen.

In der ersten Maske werden Sie zur Eingabe der Ports gebeten, auf denen Apache lauschen soll. Diese sind für das normale http-Protokoll Port 80 und für SSL Port 443. In Abbildung 4.85 habe ich nur Port 80 freigeschaltet.

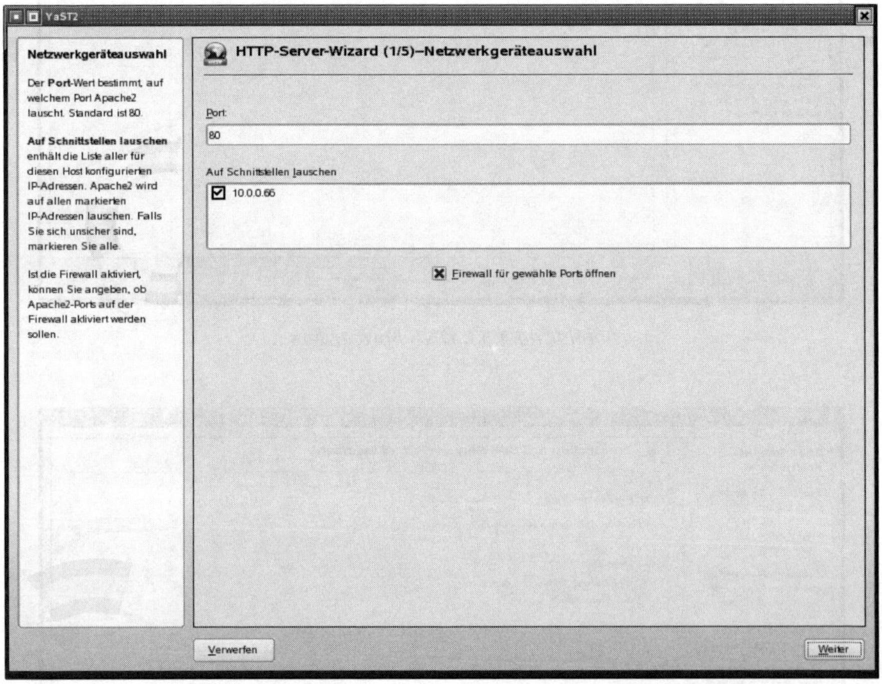


*Abbildung 4.85: Apache – der Webserver unter Linux!*

Wollen Sie auf Ihrer Website auch CGI zulassen (also Formulare ausfüllen etc.), dann brauchen Sie in der Regel auch noch diverse Skriptsprachen. Teilen Sie Apache (siehe Abbildung 4.86) mit, welche das sein sollen.

Apache muss auch wissen, wo sich seine Dateien befinden, als welcher User er gestartet werden soll usw. Dies alles können Sie wie in Abbildung 4.87 dargestellt festlegen.

Apache bietet Ihnen auch die Möglichkeit, so genannte virtuelle Hosts anzulegen, also Domains, auf die er hören soll. Geben Sie ihm diese Liste in (siehe Abbildung 4.88). Allerdings würde ich es für den Anfang bei Ihrer lokalen Adresse belassen.

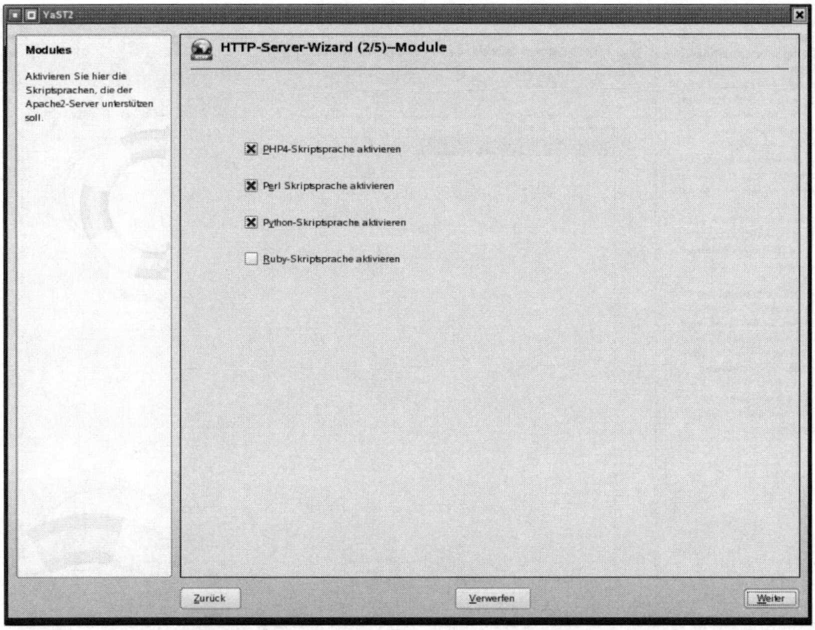


*Abbildung 4.86: Welche Skriptsprachen sollen aktiviert werden?*

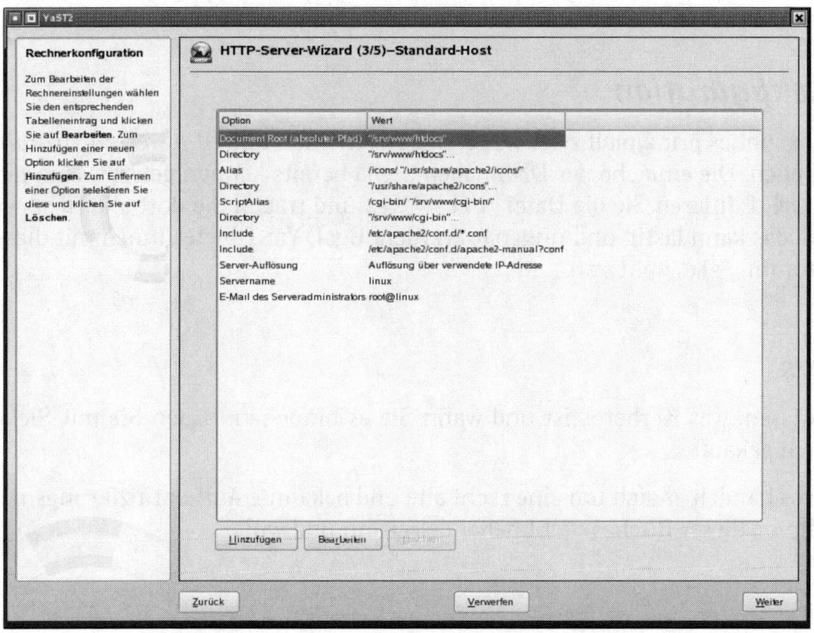


*Abbildung 4.87: Die Defaulteinstellungen von Apache*

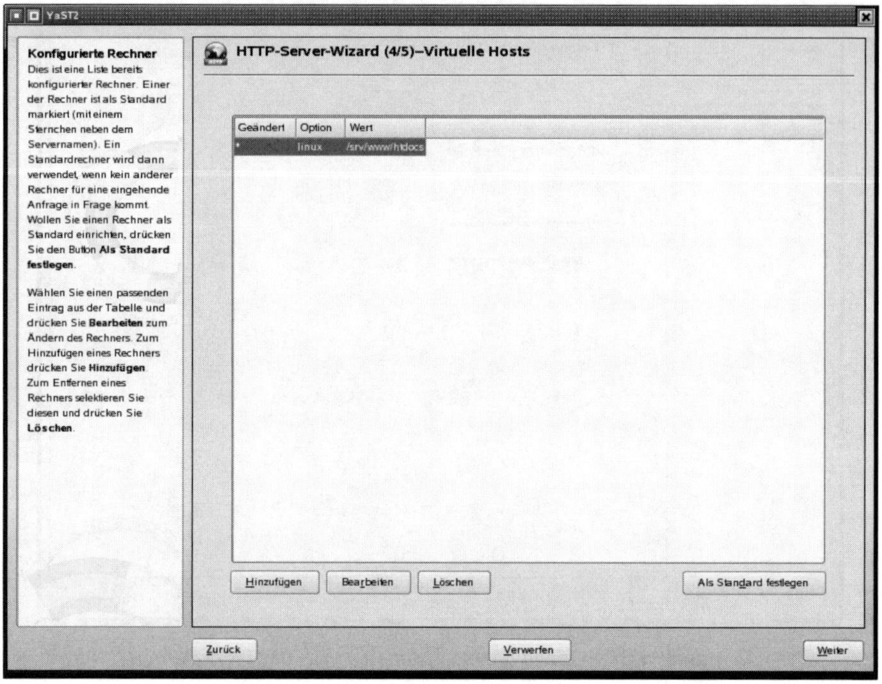


*Abbildung 4.88: Die virtuellen Domains des Apache*

## Host-Konfiguration

Unter Linux gibt es prinzipiell zwei Wege, um Hostnamen und IP-Adressen zuzuordnen bzw. herauszufinden. Die einfache per DNS haben Sie ja bereits kennen gelernt. Nun gibt es noch eine statische. Editieren Sie die Datei `/etc/hosts` und tragen Sie dort alle Hosts ein, die Sie kennen. Ja, das kann lästig und ungenau werden. Egal, YaST bietet Ihnen mit diesem Modul einen Editor für `/etc/hosts` an.

## Kerberos

Falls Sie wissen, was Kerberos ist und wann Sie es brauchen, haben Sie mit Sicherheit das falsche Buch gekauft ...

Bei Kerberos handelt es sich um eine recht alte und bekannte Authentifizierungsmethode, die ich im Rahmen dieses Buches nicht behandeln kann und will.

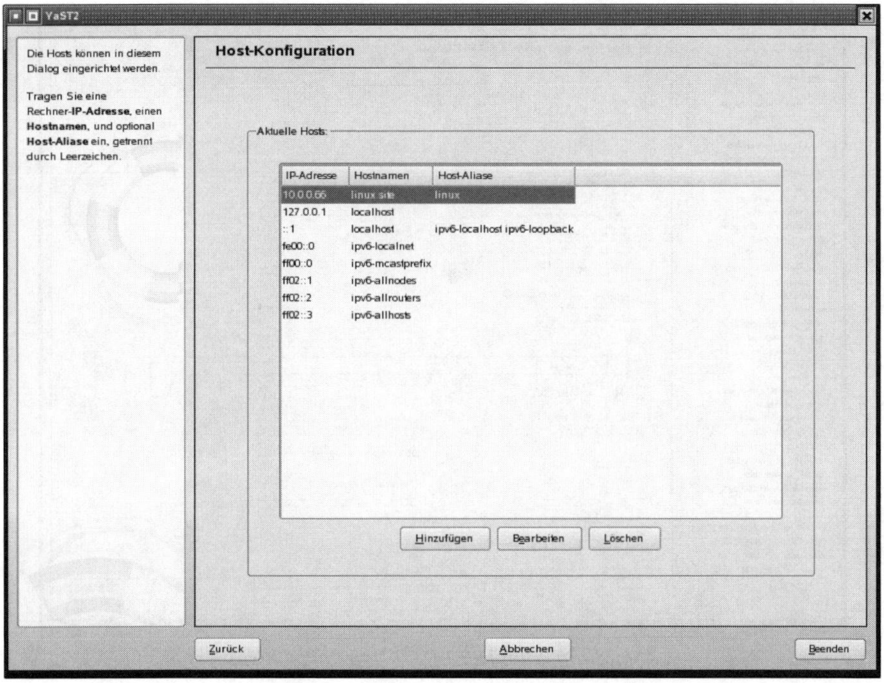


*Abbildung 4.89: Netter* `/etc/hosts`*-Editor*

## LDAP-Client

Für LDAP gilt Ähnliches wie für Kerberos. Es ist ein Dienst für Linux im Serverumfeld. LDAP stellt ihre User und deren Einstellungen netzweit zur Verfügung. Im Prinzip eine »Erweiterung« der Dienste NIS und NFS, die weiter unten noch erwähnt werden. Nur kann LDAP wesentlich mehr. Allerdings ist LDAP im »Hausgebrauch« so gut wie nie anzutreffen. Abbildung 4.90 zeigt den CDAP-Startbildschirm.

## Mail

Kümmern wir uns zunächst um `sendmail`. Die Optionen, die Sie in Abbildung 4.91 sehen, dürften relativ selbsterklärend sein. Die erste Option PERMANENT (SMTP) bezieht sich auf Rechner mit permanenter Internet-Verbindung (Standleitung, TDSL-Flatrate). Haben Sie ein Modem oder eine ISDN-Verbindung, dann kann es Ihnen passieren, dass `sendmail` alle 30 Minuten eine Internet-Verbindung aufbaut. Das kann teuer werden, also aufgepasst! Für die meisten dürfte EINWAHL das Richtige sein. Natürlich lässt sich `sendmail` noch viel feiner einstellen. KEINE VERBINDUNG macht, was der Name sagt, es stellt keine Verbindung her.

AMaVIS ist ein Virenscanner. Es sei dringend empfohlen, diese Checkbox zu aktivieren.

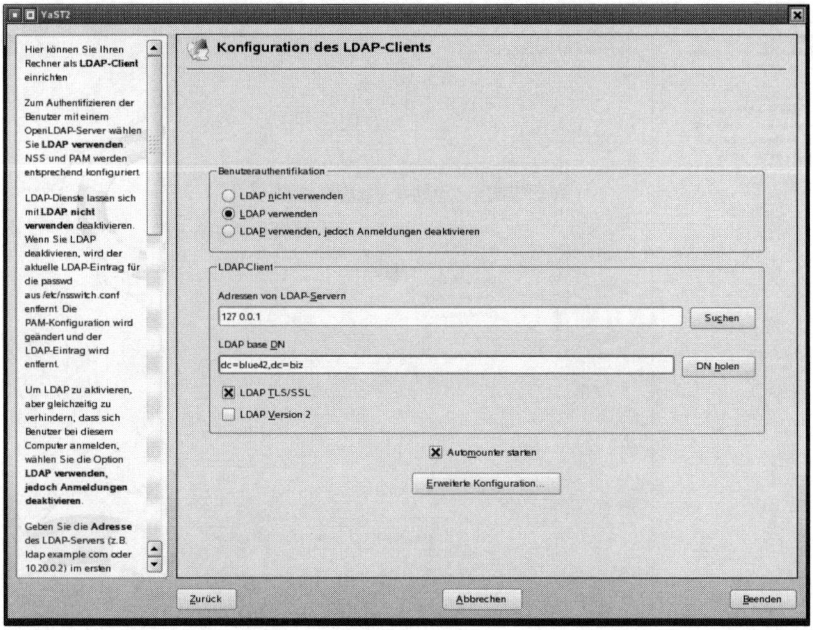


*Abbildung 4.90: Der LDAP-Startbildschirm*

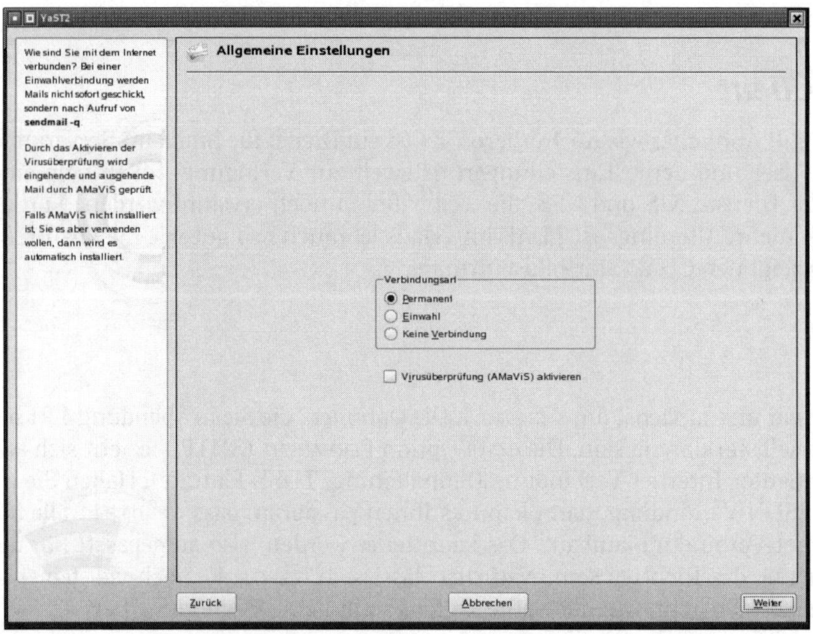


*Abbildung 4.91: Konfiguration von Mail*

Der Domain-Name für lokale Mail-Zustellung sorgt dafür, dass Mails an diese Domain innerhalb Ihres privaten Netzwerkes lokal zugestellt werden und nicht den Weg übers weite Internet gehen. Alle Mails, die nach außen gehen, laufen über den ausgehenden Mailserver. Dieser wird Ihnen in der Regel von Ihrem Provider genannt. Sehen Sie hierzu auf den kleinen Zettelchen nach, die Sie beim Beantragen erhalten haben. Als Beispiel in den Abbildungen habe ich hier den SMTP-Server von GMX genommen.

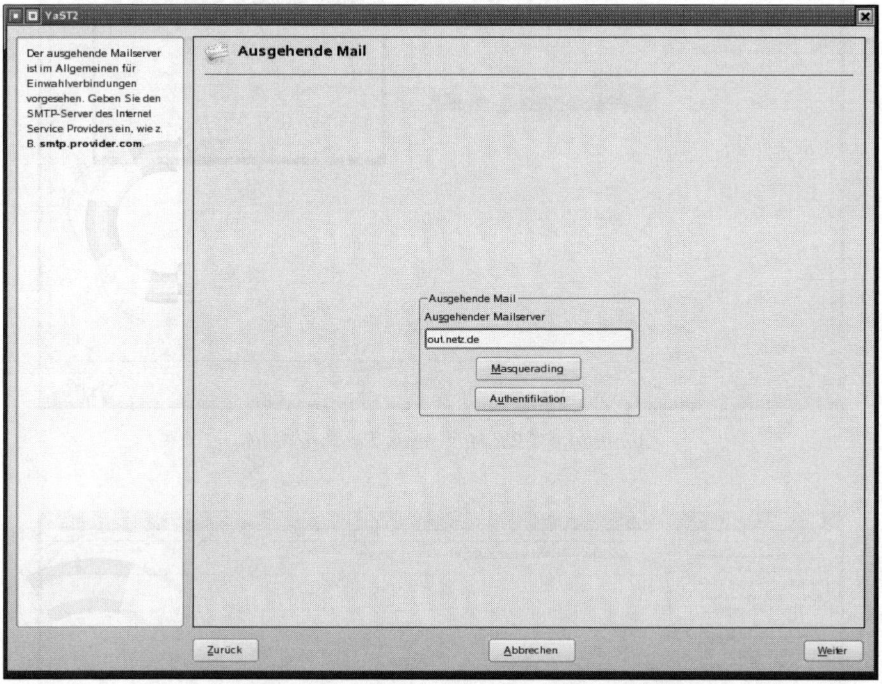


*Abbildung 4.92: Einstellungen für ausgehende Mails*

Möchten Sie, dass alle Mails, die Sie verschicken, so aussehen, als würden sie von einer ganz bestimmten Adresse kommen, so wählen Sie die Option MASQUERADING (siehe Abbildung 4.93).

Manche Server verlangen eine Authentifizierung. Ein Klick auf das gleichnamige Feld AUTHENTIFIKATION lässt Sie diese eingeben (Abbildung 4.94).

Um Mails von Ihrem Provider zu holen (*pollen*), bedienen sich die meisten Provider des so genannten POP-Protokolls. Schauen Sie sich dazu Abbildung 4.95 an.

Eine Alternative dazu ist, das Protokoll auf AUTO zu belassen. Auf Ihren Angaben zu Ihrem Mailaccount befindet sich sicher ein Hinweis auf einen POP3-Server. That's it.

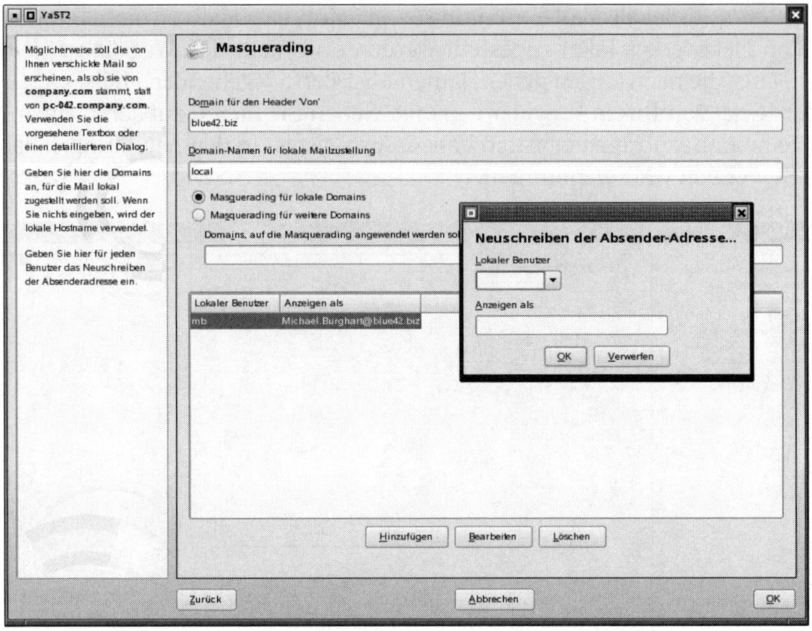


*Abbildung 4.93: Maskieren Sie Ihre Mails.*

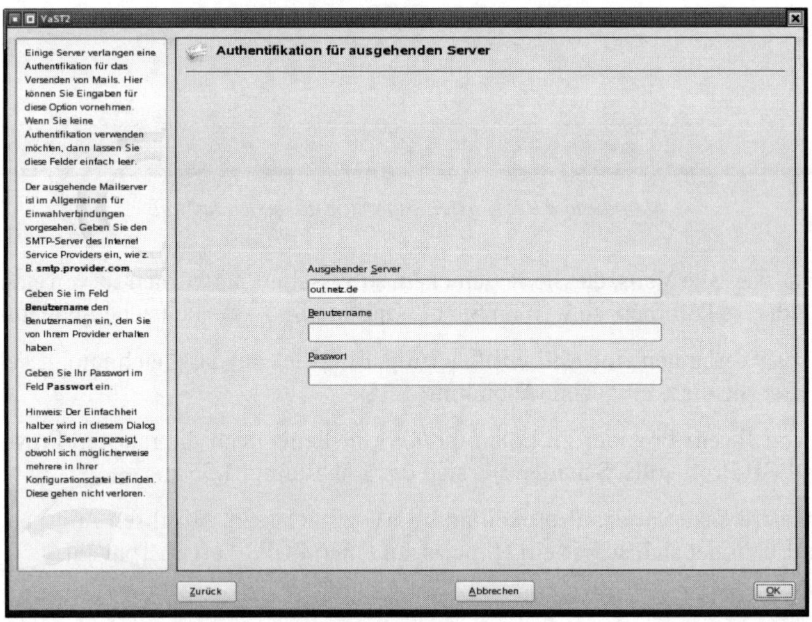


*Abbildung 4.94: Authentifizierung Ihrer Mails*

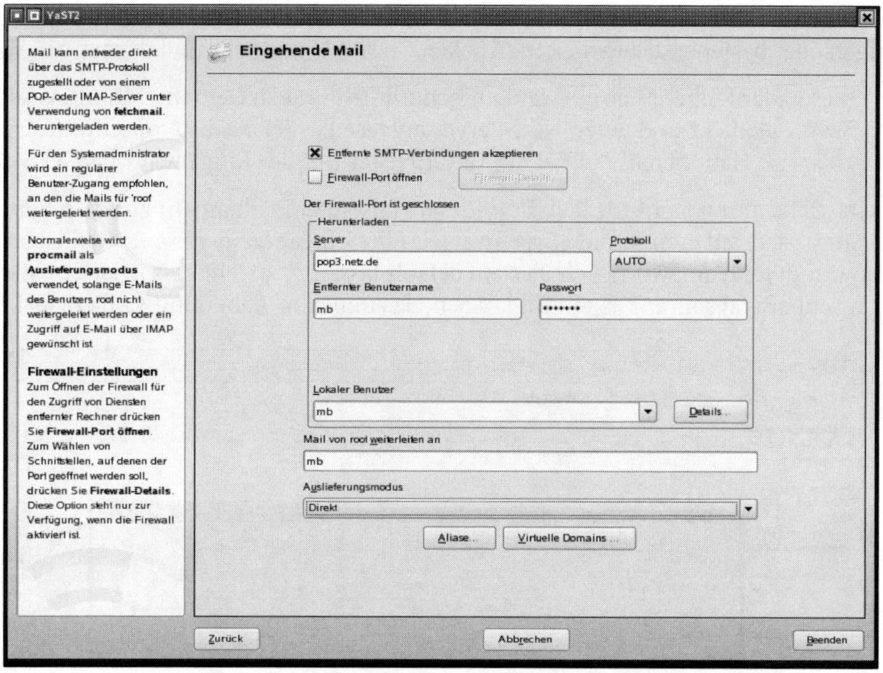


*Abbildung 4.95: Mails abholen, »pollen« mit POP3/IMAP*

### Sende Mail!

`sendmail` ist viel komplexer, als Sie durch diese Maske annehmen dürfen. Alleine das `sendmail`-Handbuch umfasst ca. 800 Seiten – nur mal so als Anhaltspunkt.

Wenn Sie nicht gerade vorhaben, einen Mailserver aufzusetzen, sollten Sie unter den vorgegebenen Konfigurationsvorschlägen schon das Richtige finden.

## NFS-Client

Auf einem Standalone-Rechner müssen Sie sich über NFS keine Gedanken machen. Da kann man es nicht gebrauchen.

Unter Linux existiert eine Datei, die angibt, welche Partitionen wohin gemountet werden sollen. Diese Datei nennt sich `/etc/fstab`. Sollen nun Verzeichnisse via NFS gemountet werden, müssen diese selbstverständlich auch in `/etc/fstab` eingetragen werden. Dies übernimmt YaST2 für Sie. Geben Sie lediglich an, ob Sie NFS-Verzeichnisse einhängen wollen.

In der Startmaske sehen Sie die bereits vergebenen NFS-Mountpunkte. Sie können hier neue hinzufügen oder bestehende bearbeiten. Klicken Sie auf HINZUFÜGEN und danach auf WÄHLEN.

Ich habe hier in der Reihenfolge ein wenig geschummelt und zu Demonstrationszwecken erst auf NFS-SERVER geklickt und einen NFS-Server aufgesetzt (der nächste Abschnitt). Ein Klick auf HINZUFÜGEN im Hauptfenster öffnet ein Unterfenster mit der Eingabe für den NFS-Server.

ENTFERNTES DATEISYSTEM steht für den *Mountpoint* (also den Pfadnamen) auf dem Server, den MOUNTPUNKT (LOKAL) auf dem lokalen System sowie eine Eingabezeile für eine Reihe von wirren Optionen (für den Anfang würde ich dies auf default lassen). `rw` steht beispielsweise für »read-write«. Anschließend sollten Sie ein Bild haben, das ungefähr Abbildung 4.96 entspricht.

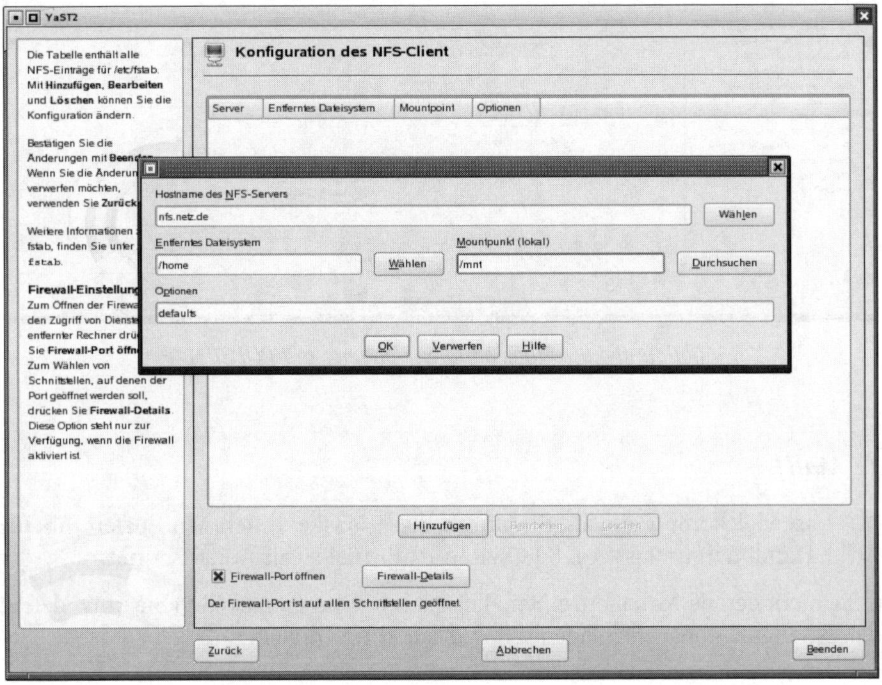


*Abbildung 4.96: Mounten von NFS-Verzeichnissen*

Ein Klick auf OK bringt Sie wieder auf den Anfangsbildschirm, nur mit einem hinzugefügten NFS-Directory.

Vergessen Sie nicht, auf dem Server auch den NFS-Server zu starten!

## NFS-Server

Was der eine Rechner importieren kann, muss ein anderer exportieren. Hier können Sie Ihren Rechner zum Verzeichnisexporteur ernennen.

Nun ja, natürlich muss Ihr Rechner wissen, welche Verzeichnisse er exportieren darf. Linux wäre nicht Linux, wenn man nicht auch hier Unmengen an Optionen einstellen könnte. So können Sie bestimmten Rechnern gestatten, zuzugreifen, während andere gar nichts dürfen.

NIS und NFS werden im Sicherheitskapitel noch genauer erklärt.

Wollen Sie einen NFS-Server einrichten, so klicken Sie bitte auf NFS-SERVER STARTEN, ansonsten auf NFS-SERVER NICHT STARTEN. Haben Sie sich für Starten entschieden, folgen nun die Masken zur Konfiguration des Servers.

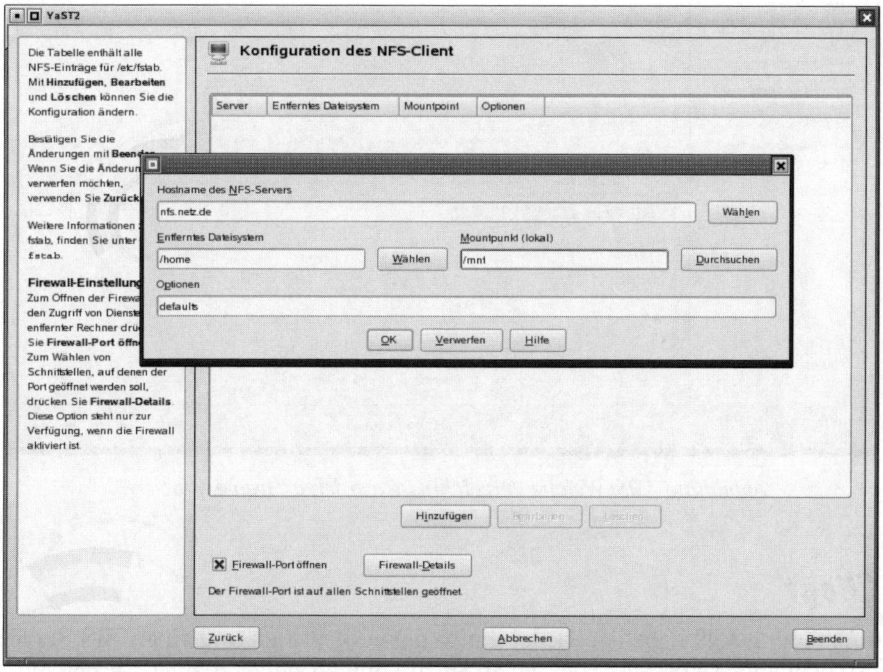


*Abbildung 4.97: Starten wir NFS oder besser nicht?!*

Auf Systemen, auf denen Sicherheit eine Rolle spielt, sollten Sie die Finger von NFS und NIS lassen!

Ein Klick auf VERZEICHNIS HINZUFÜGEN bietet Ihnen die Möglichkeit, Verzeichnisse netzweit zur Verfügung zu stellen. In unserem Beispiel hier ist dies das /home-Verzeichnis (siehe NFS-Client ein paar Zeilen weiter oben). HOST HINZUFÜGEN lässt Sie angeben, welche Rechner im Netz auf dieses Verzeichnis zugreifen können dürfen.

Die Optionen rw und ro machen in diesem Zusammenhang keinen Sinn und sind lediglich Beispiele. ro steht für »read-only« und rw für »read-write«. Sie sehen, warum sie so keinen Sinn ergeben, da die eine Option die andere quasi wieder aufhebt. Entweder ist es lesbar oder schreibbar.

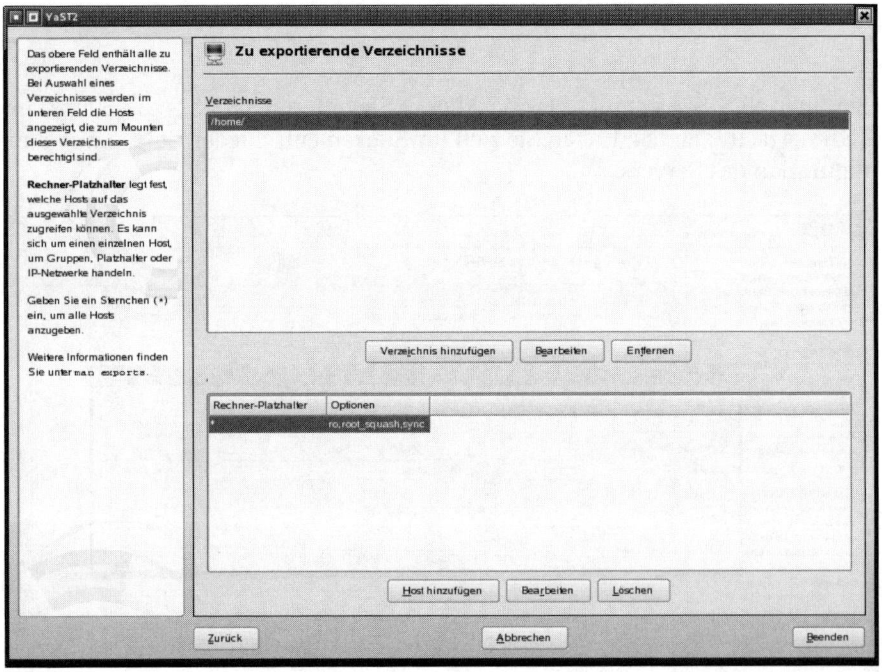


*Abbildung 4.98: Welche Verzeichnisse werden an wen exportiert?*

# NIS-Client

Auch in Abbildung 4.99 habe ich wieder ein wenig vorgegriffen und einen NIS-Server schon installiert. Wählen Sie NIS VERWENDEN, wenn Sie ihn nutzen wollen. Wollen Sie den Automounter aktivieren, also einen Daemon, der Verzeichnisse automatisch dann mountet, wenn sie gebraucht werden, so schalten Sie das Kontrollkästchen vor AUTOMOUNTER STARTEN ein.

Bitte beachten Sie unbedingt das Kapitel über Sicherheit im Netzwerk, wenn Sie vorhaben, einen NIS-Server zu betreiben!

Läuft in Ihrem Netzwerk ein NIS-Server, also ein Server, der Passwörter und Logins übers Netz verteilt, dann geben Sie hier seine Domain (auch *yp-Domain* genannt) sowie seine IP an. That's it. Danach sollten Sie in der Lage sein, sich mit Ihrem NIS-Login anzumelden.

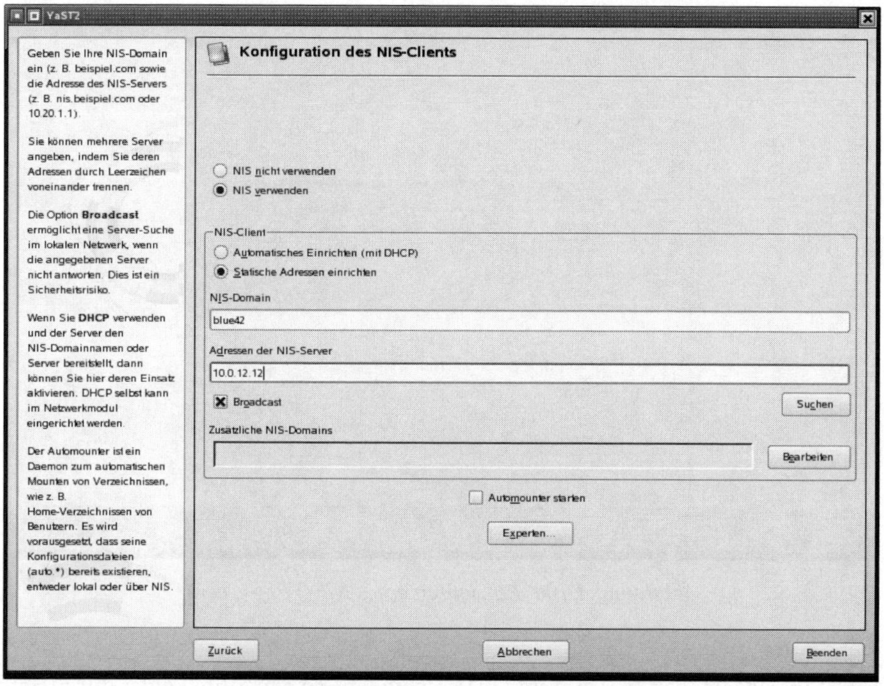


*Abbildung 4.99: Starten wir einen NIS-Client?*

## NIS-Server

Steht bislang noch keine Konfiguration für NIS+ zur Verfügung, so ist die Einrichtung eines NIS-Servers mit SuSE Linux sehr leicht gemacht (siehe Abbildung 4.100).

Wählen Sie die gewünschte Aktion und klicken Sie auf WEITER.

Zuerst muss ein NIS-DOMAINNAME zugewiesen werden. Falls Sie vorhaben, auf dem gleichen Rechner auch über NIS zugreifen zu können, so aktivieren Sie das kleine Kontrollkästchen. Handelt es sich um einen NIS-Server, der mit anderen NIS-Servern in Verbindung steht, so können Sie für eine schnellere Map das Kontrollkästchen mit einem Häkchen versehen. Was Map bedeutet, wird gleich unten erklärt. Befindet sich ein Slave-Server in Ihrem Netz, so teilen Sie das YaST2 bitte mit (Abbildung 4.101). Die anderen Häkchen dürften selbsterklärend sein. Das GECOS-Feld ist das Feld in der Datei `/etc/passwd` mit Ihren persönlichen Angaben.

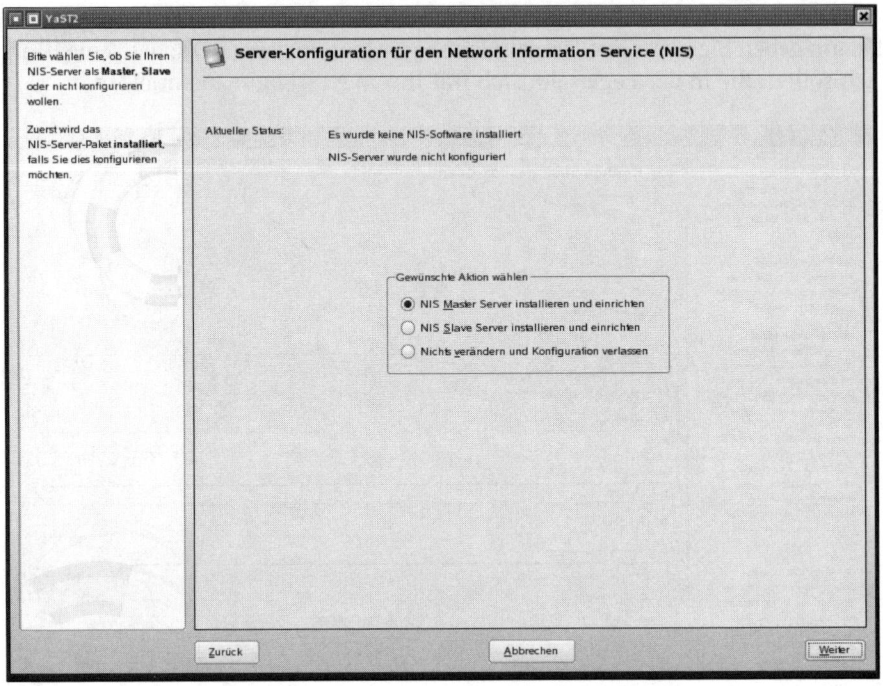


*Abbildung 4.100: Einrichten eines NIS(YP)-Servers*

Einträge in /etc/passwd sind in verschiedene so genannte Felder durch Semikolon getrennt eingetragen. Hier steht unter anderem Ihre Login-Shell, Ihr Passwort (bzw. der Verweis auf /etc/shadow), Ihr Login-Name und vieles mehr.

Der hier zugewiesene Name hat nichts mit der Domain von localhost zu tun. Sie sind aber im Allgemeinen identisch, es sei denn, Sie lassen mehrere NIS-Server laufen.

ANDERE GLOBALE EINSTELLUNGEN bringt Sie zu dem Fenster, das in Abbildung 4.102 zu sehen ist.

Nach je einem Klick auf OK und WEITER gelangen Sie in die Auswahl der NIS-Maps (Abbildung 4.103). Maps bedeutet, welche Dienste über NIS zur Verfügung gestellt werden sollen. Für einen lokalen Rechner können Sie dies so lassen. Für einen Server sei die Verwendung von NIS sowieso nicht empfohlen!

Ein weiterer Klick auf WEITER lässt Sie diejenigen Rechner angeben, die Ihren NIS-Server benutzen dürfen (Abbildung 4.104).

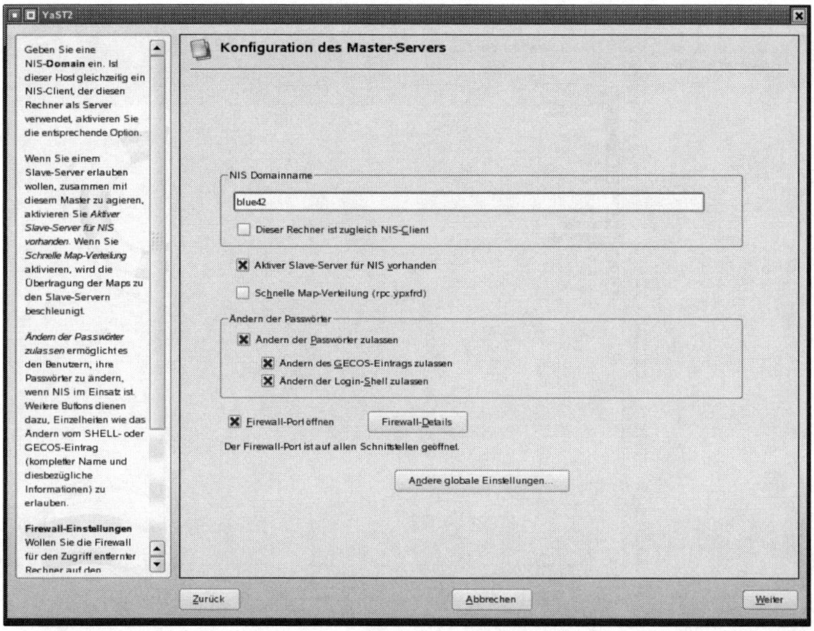


*Abbildung 4.101: NIS-Server-Details*

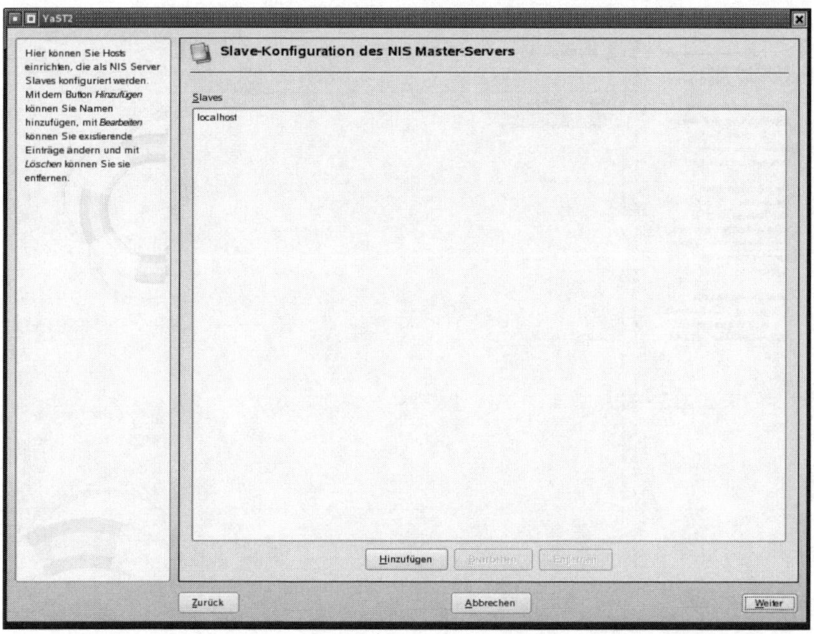


*Abbildung 4.102: Globale Einstellungen zu Ihrem NIS-Server*

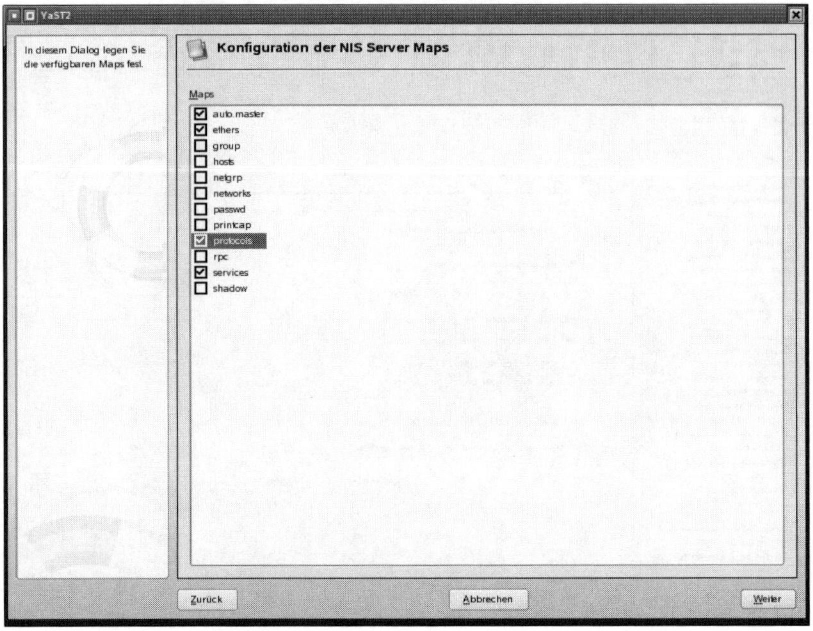


*Abbildung 4.103: Maps für Ihren NIS-Server*

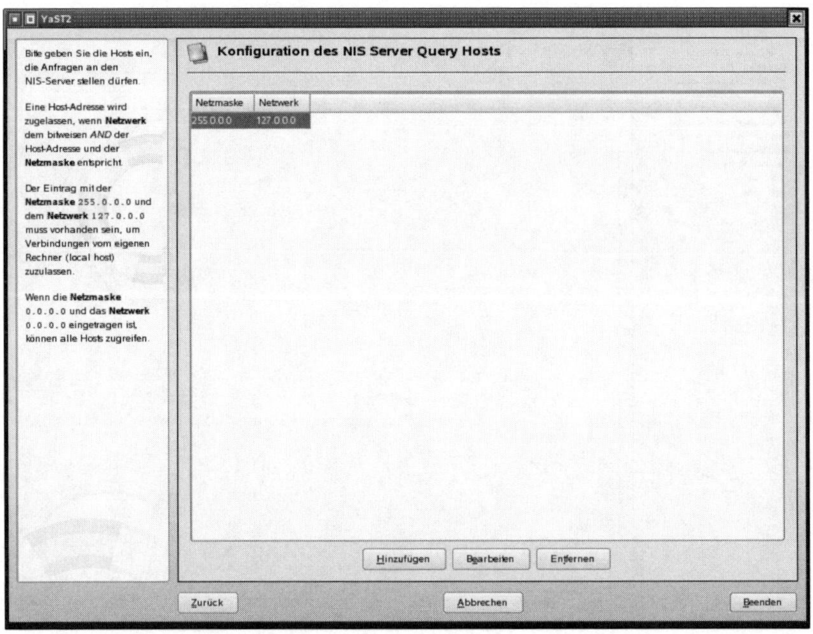


*Abbildung 4.104: Wer darf mich befragen?*

Sie wissen nicht, was eine Netzmaske und eine Netzadresse ist? Dann sollten Sie sich das mit dem NIS-Server noch einmal überlegen. Spaß beiseite. Später lernen Sie, was es mit diesen Begriffen auf sich hat, und dann können Sie hier guten Gewissens Ihr lokales Netzwerk eintragen.

Haben Sie oben unser kleines Netzwerk angelegt und wollen Sie testen, ob Sie einen NIS-Server ans Laufen kriegen, so geben Sie hier nach einem Klick auf HINZUFÜGEN Folgendes ein:

NETZMASKE: `255.255.255.0`
NETZWERK: `192.168.0.0`

## NTP

NTP steht für *Network Time Protocol* und ist somit eine Möglichkeit, die Rechnerzeit mit einer exakten Uhrzeit zu synchronisieren. Es existieren im Internet mehrere NTP-Server, die diesen Service anbieten. YaST bietet Ihnen hierfür ein komfortables Frontend.

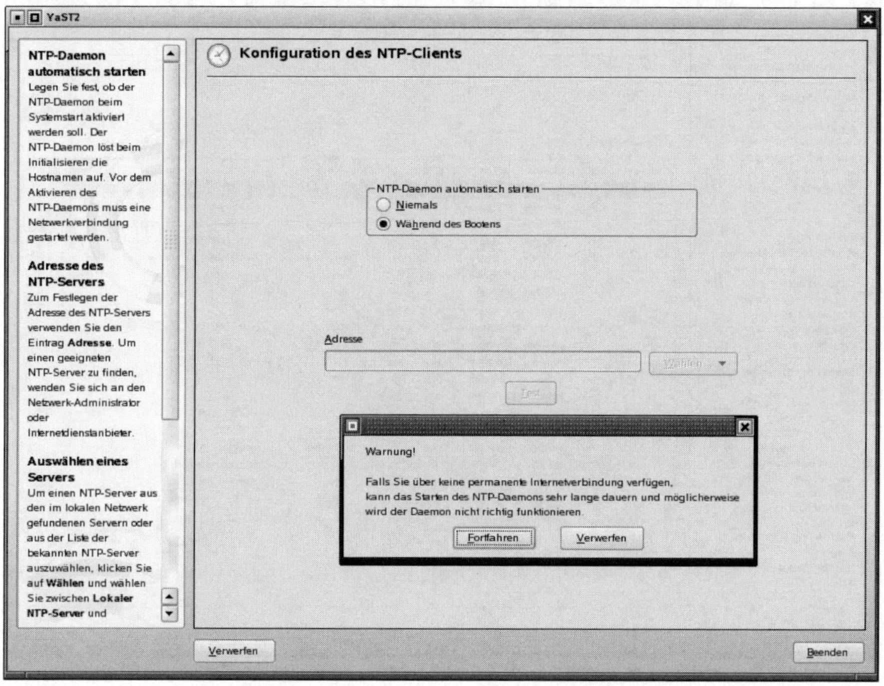


*Abbildung 4.105: Network-Time-Protocol-Einstellungen*

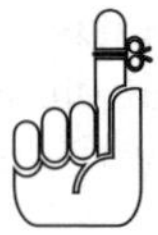

Bitte schalten Sie das Starten des NTP-Daemons nur auf WÄHREND DES BOOTENS, wenn Sie über eine permanente Internet-Verbindung verfügen (DSL, Standleitung), da es hierbei sonst während des Bootens zu erheblichen Verzögerungen kommen kann.

Sie können unterschiedliche Quellen für Ihre Synchronisation angeben. Dies kann eine Funkuhr sein, die in der Regel über den Parallel-Port angeschlossen wird, oder ein entfernter Server.

## Start oder Stopp von Netzwerkdiensten

Genaueres über Serverdienste und ihre Einstellung erfahren Sie im Kapitel über Sicherheit.

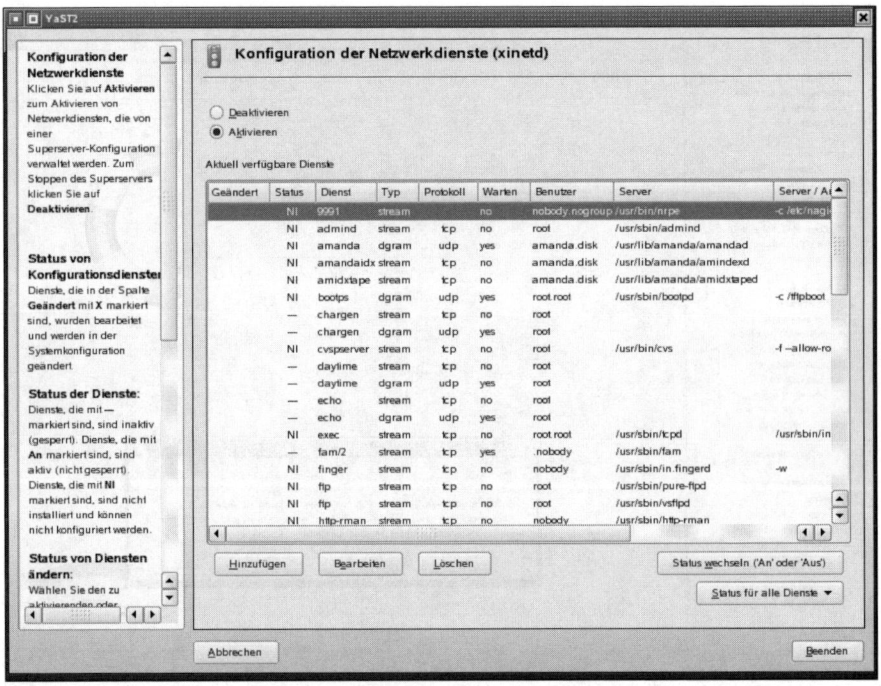


*Abbildung 4.106: Standard-Systemdienste*

Was sind überhaupt »Netzwerkdienste«? Linux bietet, wie schon erwähnt, Unmengen an Netzwerkdiensten an. Es liegt an Ihnen zu entscheiden, welche Sie freischalten wollen und welche nicht. Wenn Sie Ihren Linux-Rechner als Standalone-Rechner zu Hause ohne Verbindung zum

Internet stehen haben, müssen Sie sich hier keine großen Gedanken machen. Sind Sie jedoch ans weltweite Netz angeschlossen, sollten Sie sich schon Gedanken um die Netzwerkdienste machen. Grundsätzlich gilt: Jeder nicht benötigte Dienst ist zu vermeiden! Je mehr Dienste laufen, desto größer ist auch die Gefahr einer Sicherheitslücke im System. Allerdings ist die Konfiguration der Dienste auch nicht gerade trivial und führt häufig zu Fehlern.

Hier will ich Ihnen nur zeigen, wo Sie Einstellungen ändern können, wenn Sie sich im Kapitel über Sicherheit schlau gemacht haben, was man einstellen kann.

Was ein Daemon ist, erfahren Sie im Kapitel über Sicherheit. Hier nur so viel: Daemon steht für »Disk And Execution Monitor« und hat daher nichts mit übersinnlichen Gruselwesen zu tun.

DEAKTIVIEREN heißt, dass der Internet-Superdaemon `xinetd` nicht gestartet werden soll (oder `inetd`, abhängig davon, welchen Sie installiert haben; defaultmäßig ist dies `xinetd`). Damit sind alle Serverdienste deaktiviert, die Ihren Rechner von außen erreichbar machen könnten. AKTIVIEREN startet den `xinetd`.

## Proxy

Unter einem Proxy versteht man eine Art Zwischenspeicher. Dies hat zum einen den Vorteil, dass man den Verkehr, der darüber läuft, überwachen kann, zum zweiten erhöht es auch die Geschwindigkeit, da der Proxy häufig aufgerufene Seiten in seinem Cache hält.

Die Einrichtung eines Proxy-Servers scheint selbst unter SuSE 10.0 noch nicht in YaST integriert worden zu sein. Möchten Sie einen Proxy-Server konfigurieren, so lesen Sie bitte in der SuSE-Dokumentation (oder *manpages*) nach. Der gängige `http`-Proxy unter Linux nennt sich `squid`.

## Samba-Client

Linux und Windows verhalten sich unterschiedlich, was das Speichern von Dateien etc. anbelangt. Nun wollen Sie vielleicht unter Linux auf Windows-Shares (Verzeichnisse) zugreifen können. Hierzu dient das SMB-Protokoll, und Samba ist in der Lage, Windows-Shares in Ihr Linux-System zu mounten.

Klicken Sie im in Abbildung 4.108 gezeigten Fenster auf DURCHSUCHEN und Sie sollten Ihre lokale Windows-Workgroup sehen (so denn eine im Netz ist).

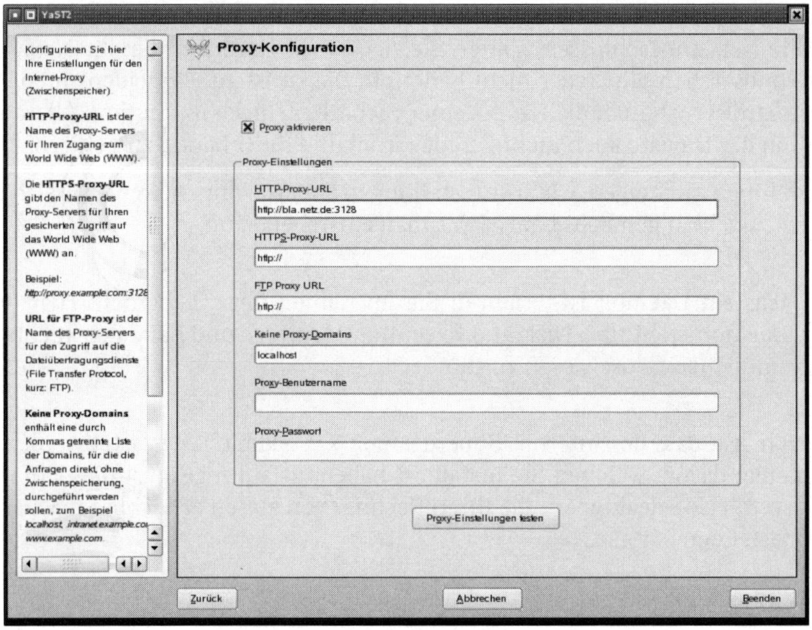


*Abbildung 4.107: Einstellungen des Proxys*

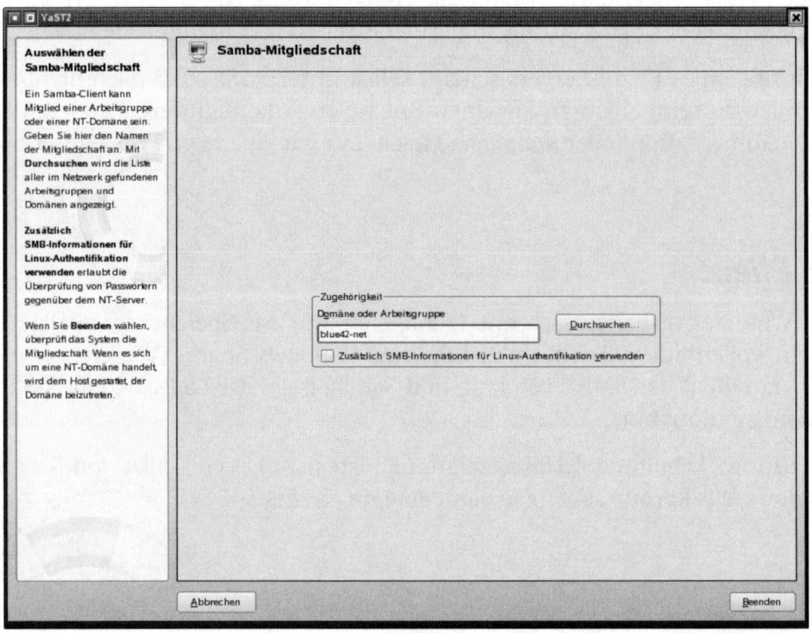


*Abbildung 4.108: Wir lesen Windows-Verzeichnisse mit Samba.*

## Samba-Server

Auch der umgekehrte Weg ist natürlich vorstellbar. Hier gibt es wieder Unmengen an Möglichkeiten. Gerade die Erstellung eines *Windows Primary Domain Controllers* ist nicht ganz einfach und wird daher hier auch nicht beschrieben.

Zunächst müssen Sie Ihren Samba-Server erst einmal starten.

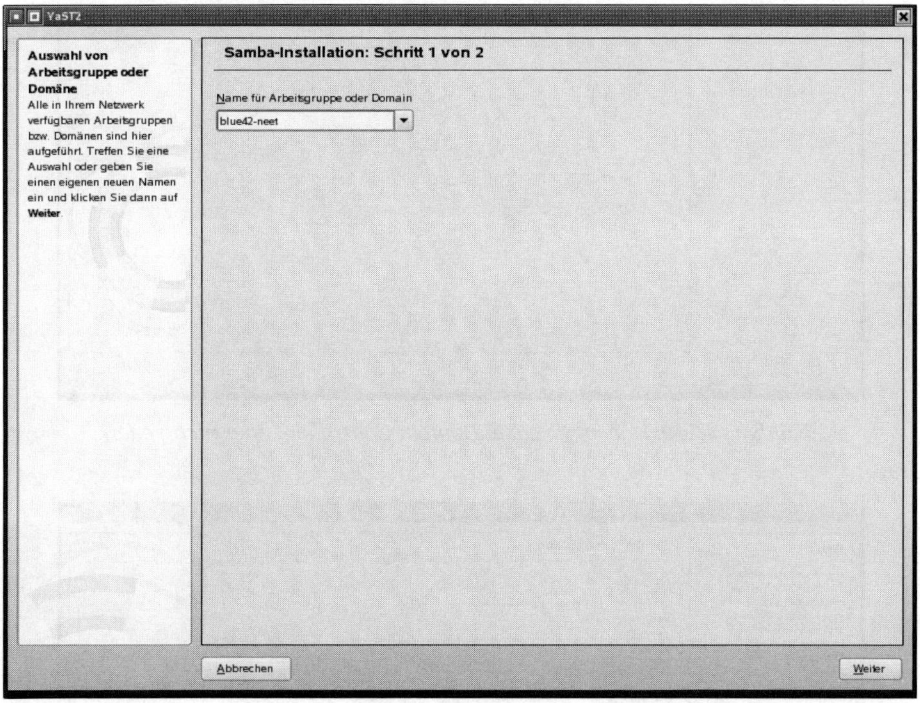


*Abbildung 4.109: Starten des Samba-Server*

Haben Sie einen Windows Primary Domain Controller, wovon ich in einem kleinen Heimnetzwerk allerdings nicht ausgehe, dann aktivieren Sie ihn in dem Dialogfenster, das in Abbildung 4.110 gezeigt wird. Ansonsten wählen Sie bitte KEIN DOMÄNEN-CONTROLLER.

In der Regel wird der Heimanwender FILE AND PRINTER SHARING brauchen, was nichts anderes bedeutet, als dass Sie auf Ihre Daten zugreifen können und sich einen Drucker im Netz teilen können.

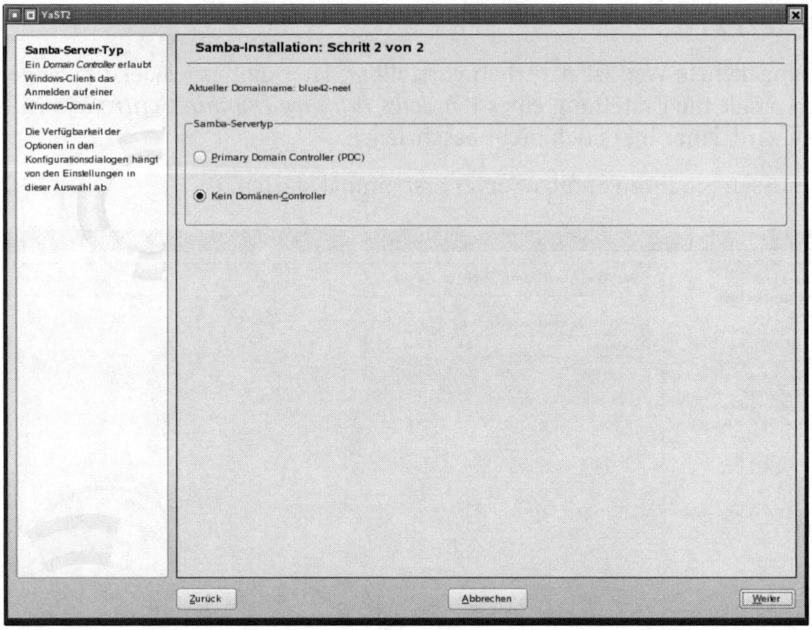


*Abbildung 4.110: Haben Sie einen Domain Controller? Eher nicht, oder?*

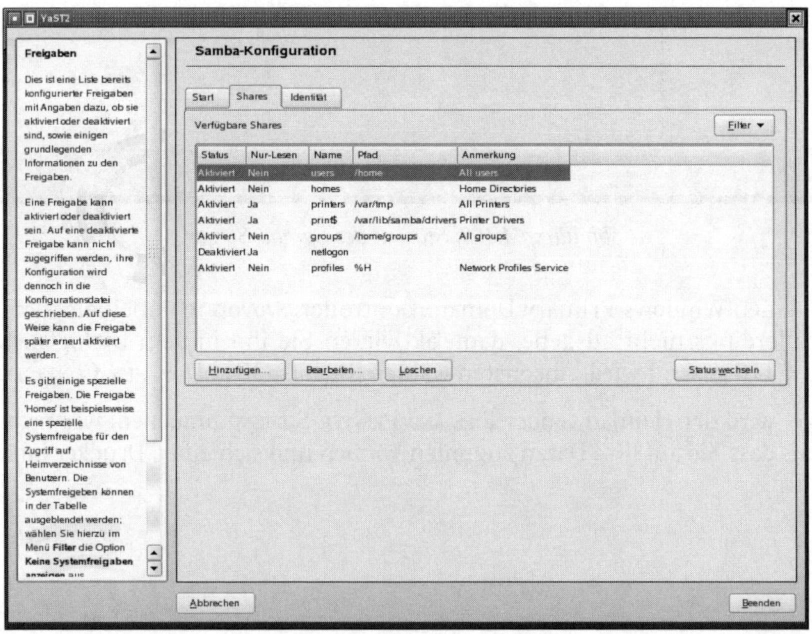


*Abbildung 4.111: Wir liefern Shares/Printer aus!*

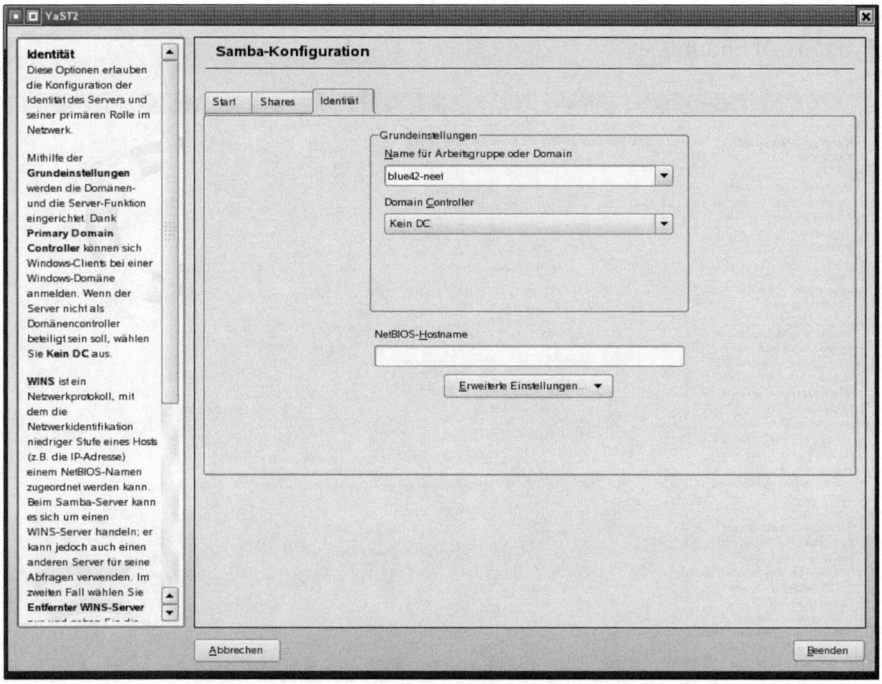


*Abbildung 4.112: Wie weisen wir uns aus?*

## TFTP-Server

TFTP steht für *Trivial File Transfer Protokoll* (oder auch Turnschuh-FTP). Es handelt sich, wie der Name schon sagt, um einen relativ simplen, schnellen und einfachen FTP-Server, der über den `xinetd` (die Netzwerkdienste weiter oben) gestartet wird.

Wählen Sie ein Verzeichnis aus. Falls es noch nicht existiert, wird es angelegt.

## Routing

Informationen werden in einem TCP/IP-Netzwerk von Rechner zu Rechner weitergeleitet. Dies nennt sich Routing. Damit auch alle ausgeschickten Pakete wissen, wo sie denn nun hinsollen, muss man ihnen dies auch erklären. Ein Standardgateway ist der Rechner, der alles abbekommt. Jegliche Pakete werden an ihn geschickt, und er hat sich darum zu kümmern.

Sie können hier auch Routing-Informationen von verschiedenen Netzwerken eingeben. Nehmen wir an, Sie haben zwei Netzwerkadressen eingegeben. Eine auf `/dev/eth0` und eine auf `/dev/eth1`. Hier können Sie nun für jede dieser beiden Netzbereiche eine Route festlegen. Mehr zu Routen erfahren Sie im TCP/IP-Kapitel in diesem Buch.

Diese Maske haben Sie unter Netzwerkeinstellungen bereits gesehen, daher verzichte ich hier auf eine weitere Abbildung.

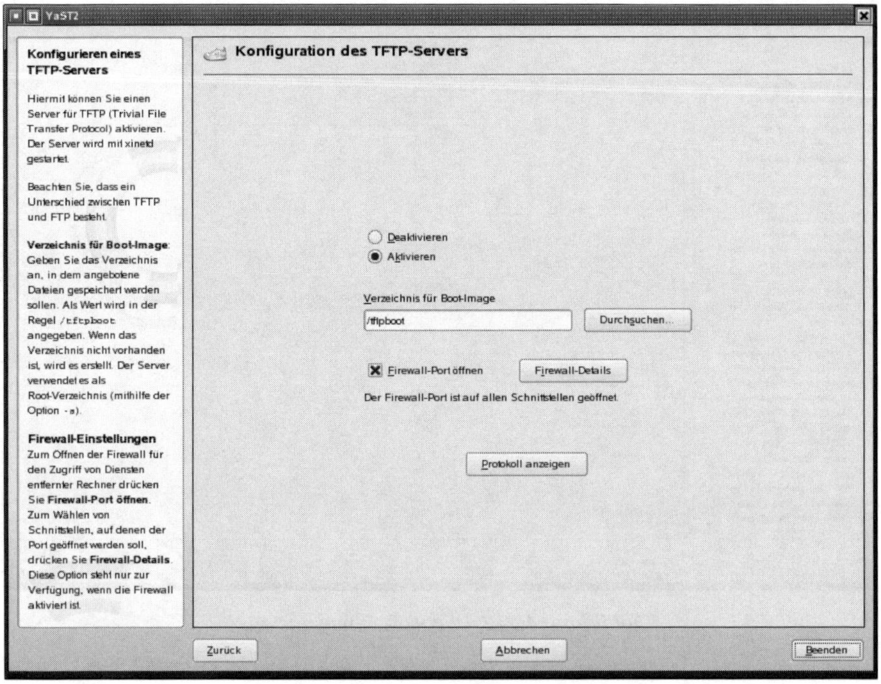


*Abbildung 4.113: TFTP konfigurieren*

# Novell AppArmor

Seit SuSE 10.0 ist das Novell-eigene Tool AppArmor mit dabei. Dieses bietet Ihnen einen Schutzmechanismus vor Trojanern und anderen Viren. Dieses Buch beschäftigt sich mit SuSE Linux, daher wird AppArmor nur kurz erwähnt. Weitere Details finden Sie in den SuSE-Handbüchern oder bei Novell.

AppArmor lässt Sie Applikationen eingeben, die Sie gerne überwacht haben möchten. Weiter unten können Sie dann angeben, was es tun soll, sollte es einen Fehler oder eine Attacke gefunden haben. Ich habe hier in Abbildung 4.114 das Programm `xterm` für die Überwachung ausgewählt.

Starten Sie das Programm (siehe Abbildung 4.115) und AppArmor scannt es. Abschließend können Sie sich das Logfile ansehen. Klicken Sie hierzu auf den Button SCAN SYSTEM LOG FOR APPARMOR EVENTS. Bevor Sie AppArmor verwenden können, müssen Sie es natürlich wie in Abbildung 4.116 dargestellt aktivieren.

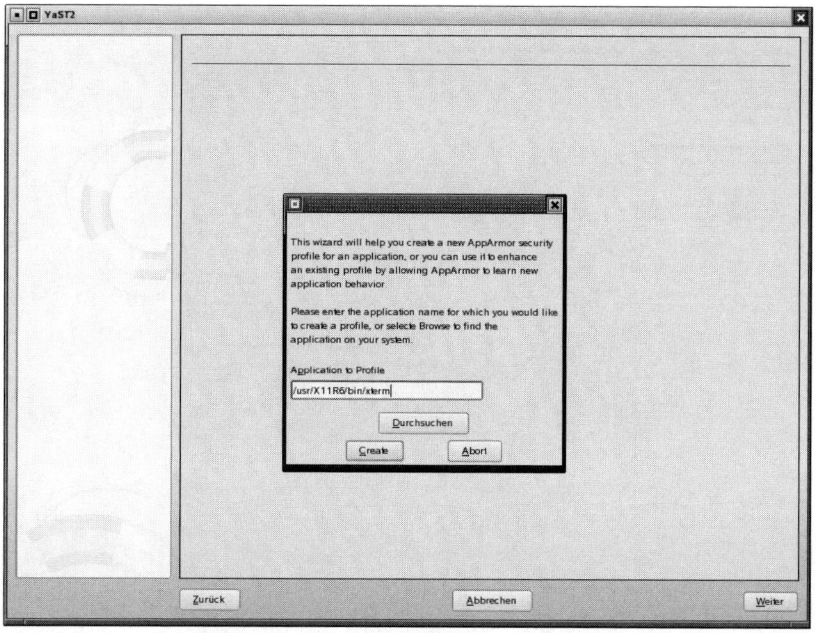


*Abbildung 4.114: Der AppArmor Wizard*

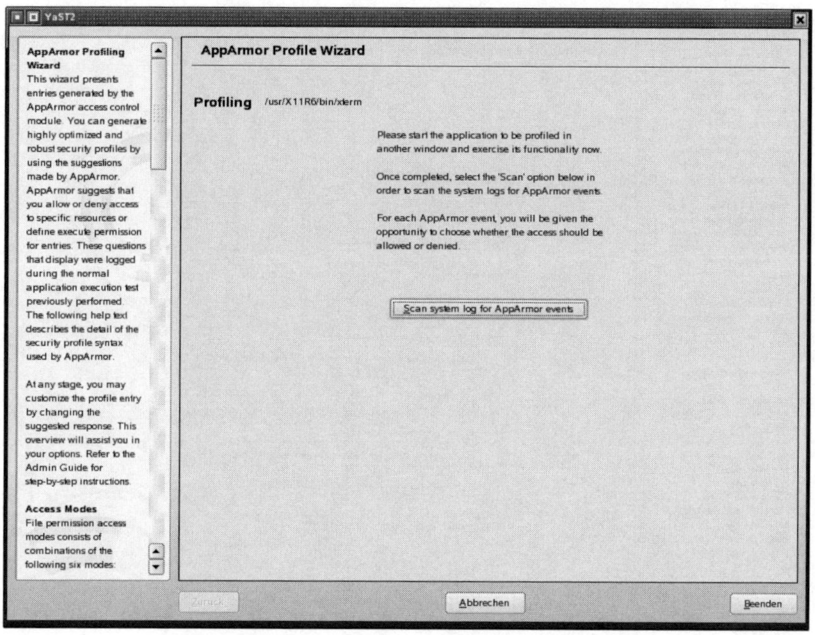


*Abbildung 4.115: Starten Sie nun das Programm.*

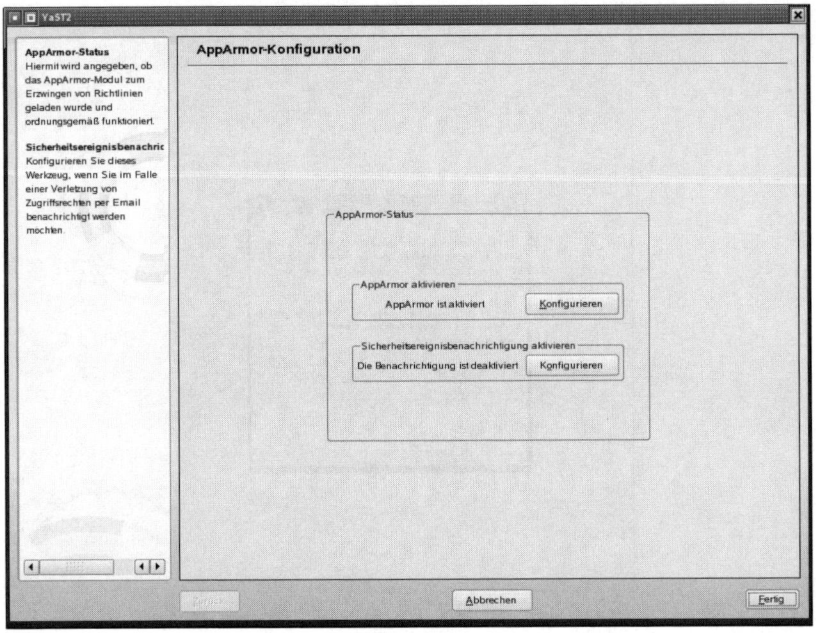


*Abbildung 4.116: AppArmor wird aktiviert.*

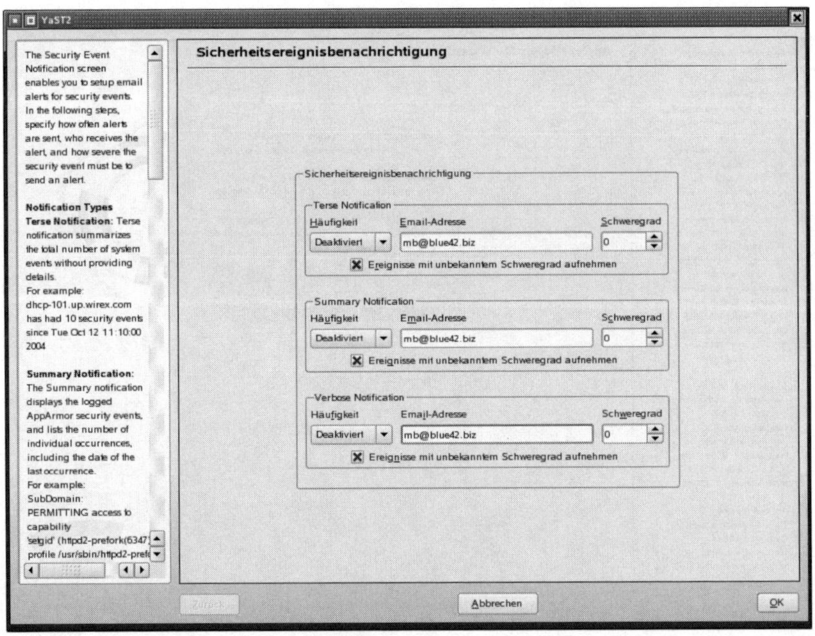


*Abbildung 4.117: Spezifizieren Sie das Verhalten von AppArmor.*

Weitere Feinheiten, wie was AppArmor genau machen soll, wenn es einen Fehler gefunden hat, können Sie wie in Abbildung 4.117 dargestellt einstellen.

# Sicherheit & Benutzer

Die Einträge ANLEGEN NEUER BENUTZER und BEARBEITEN NEUER BENUTZER unterscheiden sich nicht. Daher werden beide in diesem Abschnitt behandelt. Gleiches gilt für die Gruppe VERWALTUNG.

## Neuen Benutzer anlegen und Benutzer bearbeiten

Wer darf nun unser neu angelegtes SuSE Linux benutzen? Auch das muss dem Rechner erst einmal erklärt werden. Sie können entweder einen existierenden Benutzer bearbeiten oder einen neuen anlegen. Natürlich können Sie auch existierende löschen. Wie gemein!

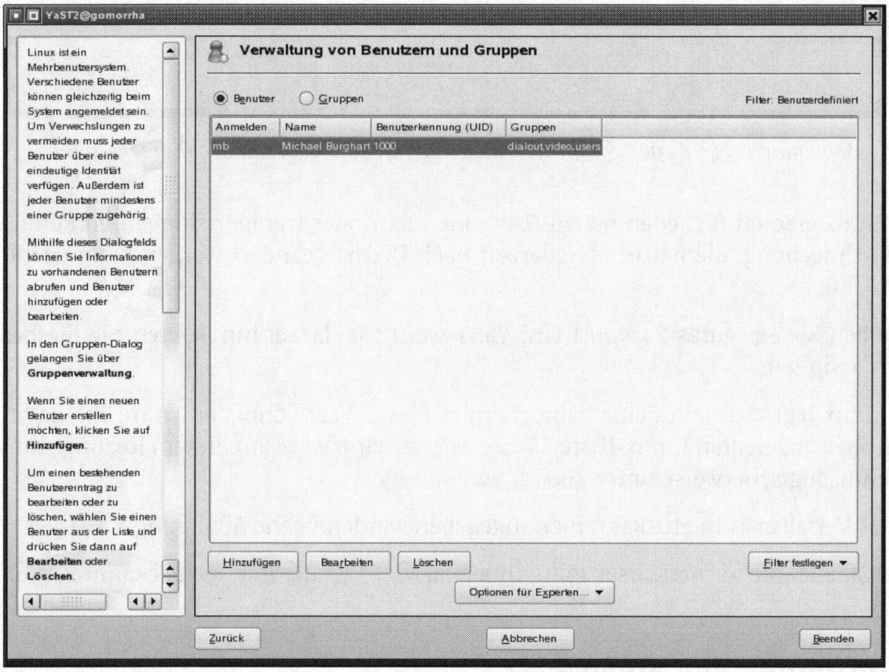


*Abbildung 4.118: Die Liste der lokalen User*

Klicken Sie unter FILTER FESTLEGEN auch auf SYSTEMBENUTZER, wird Ihre Liste bunter.

Legen Sie in Abbildung 4.119 nach Herzenslust und auch Bedarf User für Ihr System an.

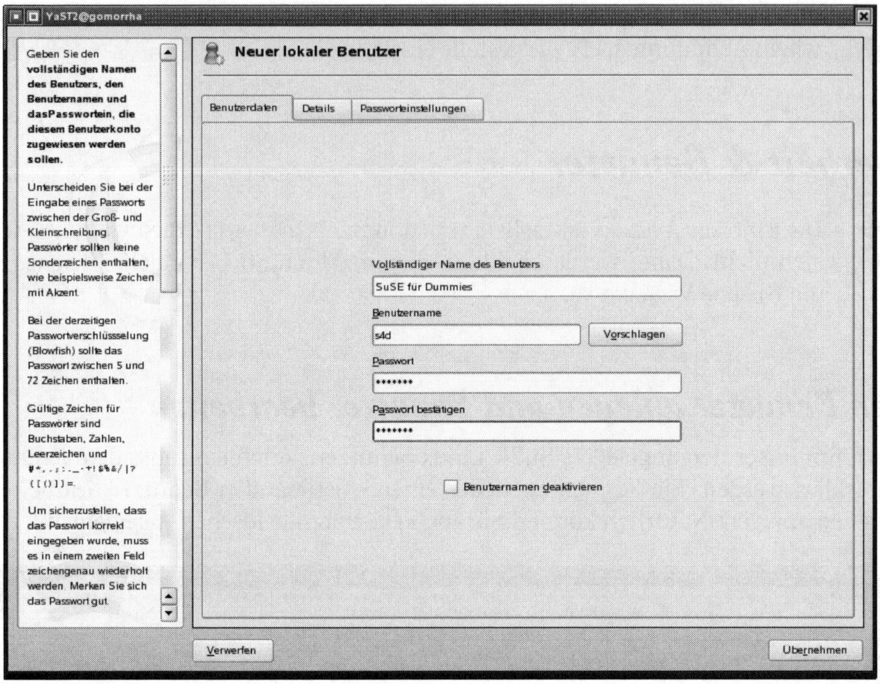


*Abbildung 4.119: Legen Sie einen neuen User an oder bearbeiten Sie einen »alten«.*

SuSE Linux erzeugt für jeden neuen User eine mehr oder weniger sinnvoll vorkonfigurierte Beispiel-Umgebung, die natürlich jederzeit nach Bedarf geändert werden kann (siehe Abbildung 4.120).

Bitte geben Sie ein gutes Passwort ein! YaST weist Sie darauf hin, sollten Sie diesbezüglich zu nachlässig sein.

SuSE Linux legt dazu ein dementsprechendes `/home`-Verzeichnis an. Wäre Ihr Login »mb« auf der oben angelegten Linux-Kiste `linux.mb.de`, dann wäre auf diesem Rechner Ihr `/home`-Verzeichnis logischerweise unter `/home/mb`.

Auch das Verfallsdatum etc. kann hier angegeben werden (siehe Abbildung 4.121).

Die Eingabe-Maske für neue User sollte Ihnen aus der Installation noch bekannt vorkommen.

## Einstellungen zur Sicherheit

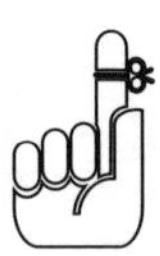

User, Gruppen etc. werden im Kapitel über Sicherheit behandelt.

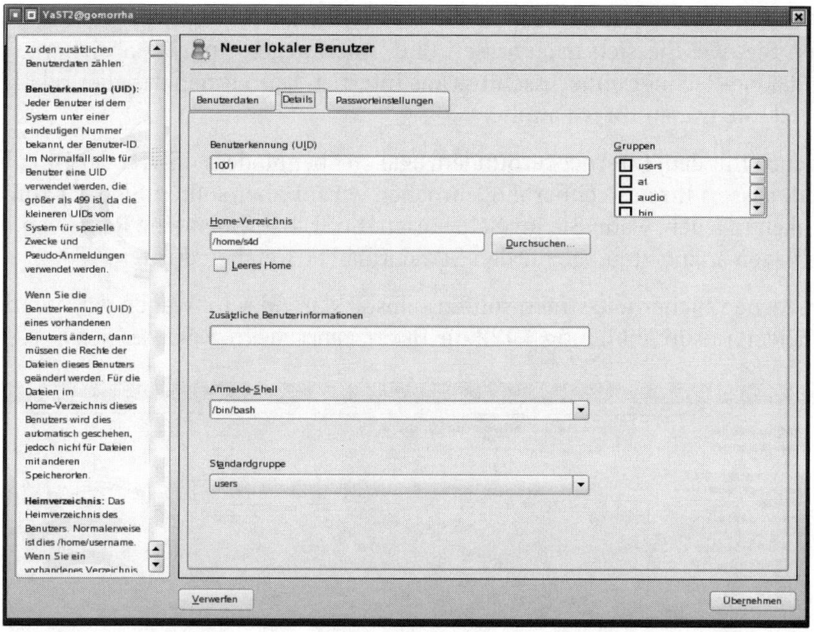


Abbildung 4.120: Werte für den neuen Benutzer

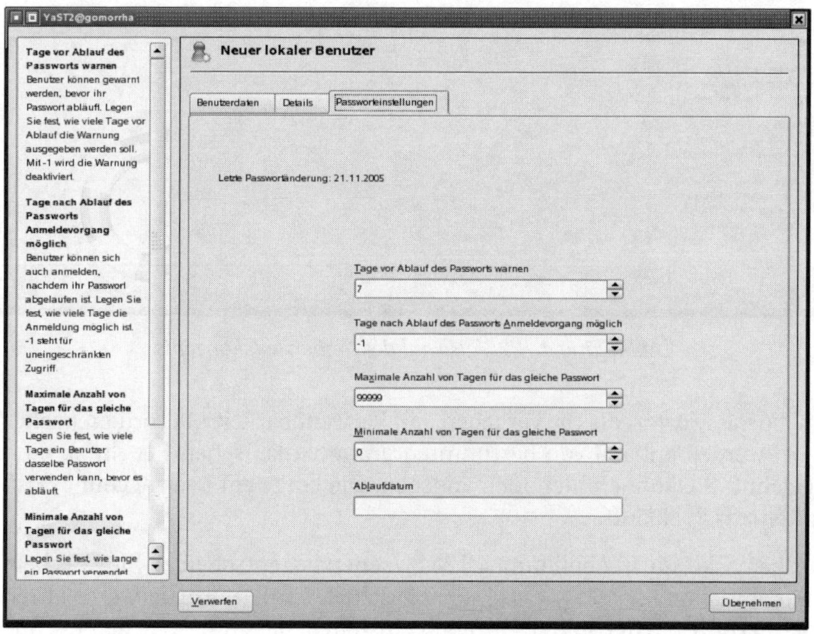


Abbildung 4.121: Verfallsdatum

Sicherheit ist einer der interessantesten, aber auch heikelsten Punkte der Konfiguration. Hier entscheiden Sie, wie Sie sich nach außen und innen gegen Angriffe absichern. Haben Sie einen Standalone-Rechner ohne Anschluss ans Internet, kann Ihnen das alles relativ egal sein, vorausgesetzt, Sie trauen Ihrer Familie.

Sind Sie jedoch mit dem Internet verbunden, egal ob über Modem, ISDN oder DSL, besteht die Möglichkeit, dass in Ihren Rechner eingebrochen wird. Daher sollten Sie sich zumindest ein paar Gedanken machen, wenn Sie im Netz surfen. SuSE hat Ihnen eine Reihe von Konfigurationsvorschlägen anzubieten, die für den Standardfall ausreichen dürften.

Die verschiedenen Sicherheitsstufen sollten selbsterklärend sein. Wagen wir nun den Schritt und entscheiden uns in Abbildung 4.122 für BENUTZERDEFINIERTE EINSTELLUNGEN.

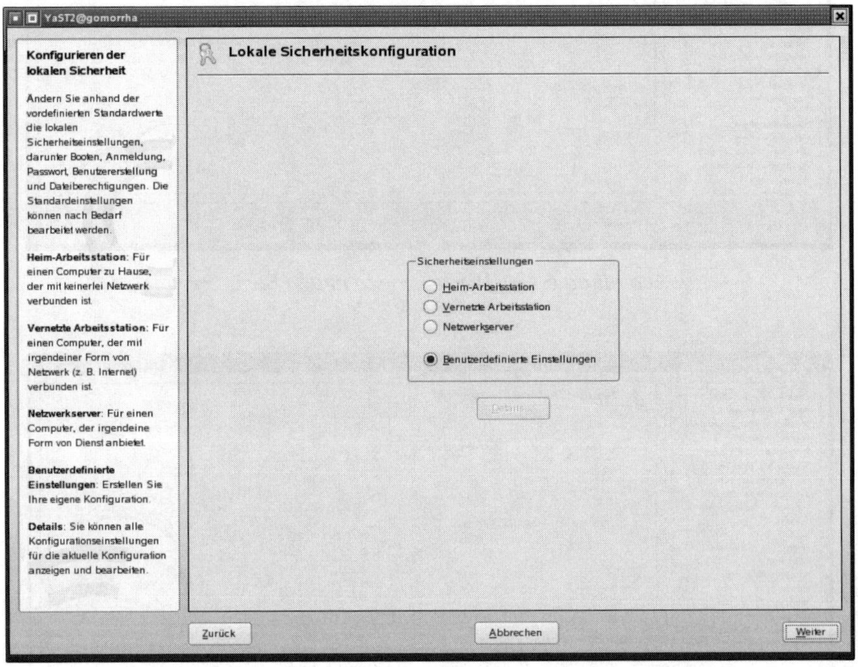


*Abbildung 4.122: Auswahl des Sicherheitskonzepts*

SuSE kann die Passwörter, die Sie vergeben, auf Verwendbarkeit überprüfen (siehe Abbildung 4.123). Dabei werden anhand von bestimmten grammatikalischen Regeln zu einfache Passwörter abgelehnt. Sie können hier auch angeben, wie lange ein User-Account existieren darf, bevor er automatisch abläuft.

In der Eingabemaske, die in Abbildung 4.124 zu sehen ist, entscheiden Sie, was beim Drücken der Tastenkombination `Strg`+`Alt`+`Entf` geschehen soll (normalerweise fahren Sie damit den Rechner herunter). Hier sollten Sie auch einstellen, dass nur `root` den Rechner aus dem KDM-Menü heraus herunterfahren darf.

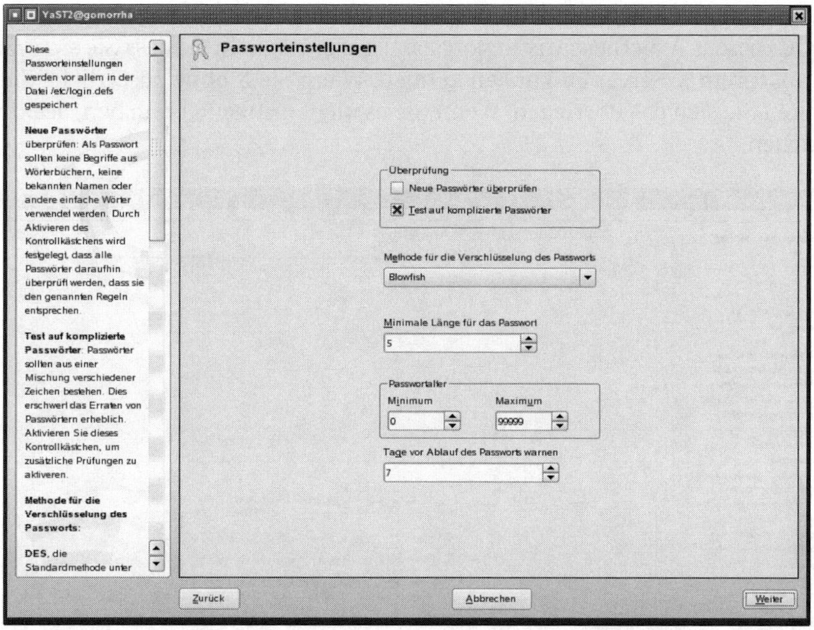


*Abbildung 4.123: Passwort-Check und Verfallsdatum*

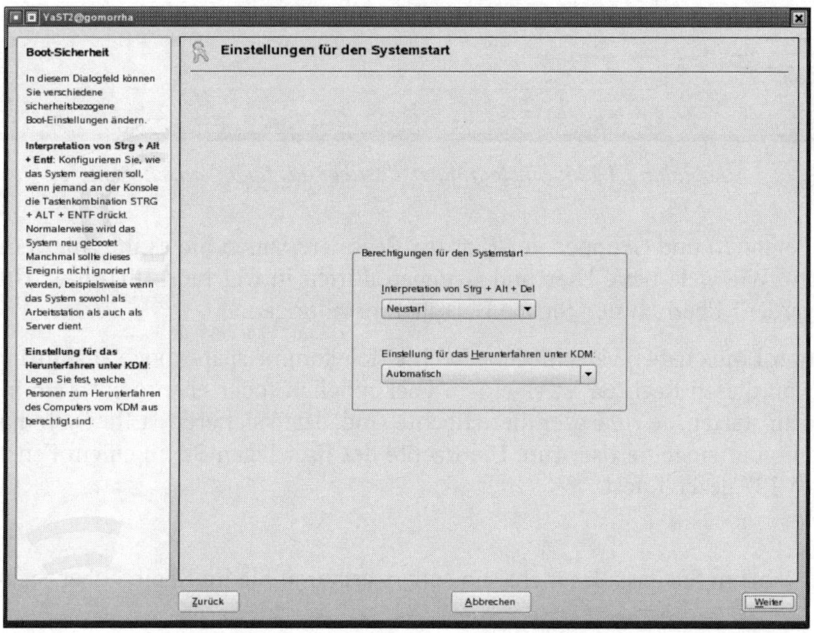


*Abbildung 4.124: Wer darf das System herunterfahren?*

Wer darf sich einloggen und vor allem, von wo? Die Aufzeichnungsoptionen sollten Sie so stehen lassen. Grafische Anmeldung von Remote erlauben ermöglicht es, dass Sie sich von anderen Rechnern auf Ihrem X-Server einklinken können. Wenn Sie X ohne zusätzliche Sicherungen fahren, sollten Sie sich das überlegen. Wenn Sie es nicht dringend brauchen, deaktivieren Sie dieses Kästchen.

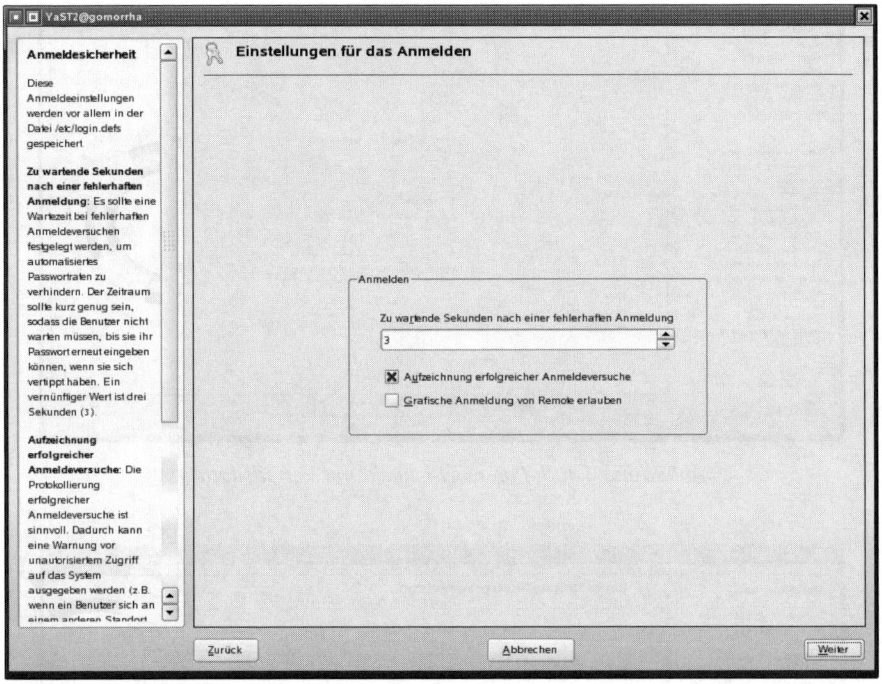


*Abbildung 4.125: Einstellungen, die über das Login entscheiden*

Wie viele Personen und Gruppen verträgt Ihr Rechner? Sagen Sie es ihm hier (siehe Abbildung 4.126). Wie viele neue User und Gruppen dürfen in welchem UID- bzw. GID-Bereich angelegt werden? Übernehmen Sie die Default-Einstellungen.

Dateien unter Linux haben verschiedene Rechte (ich komme später noch ausführlich darauf). Abhängig von diesen Rechten ist es einem User möglich (oder eben nicht), ein bestimmtes Programm zu starten. Je rigoroser diese Rechte sind, desto sicherer ist Ihr System und umso weniger kann der einzelne User tun. Die Rechte des User legen Sie in einem Fenster, wie in Abbildung 4.127 gezeigt, fest.

Warum Sie das alles nicht tun sollen, erfahren Sie im Kapitel über Sicherheit.

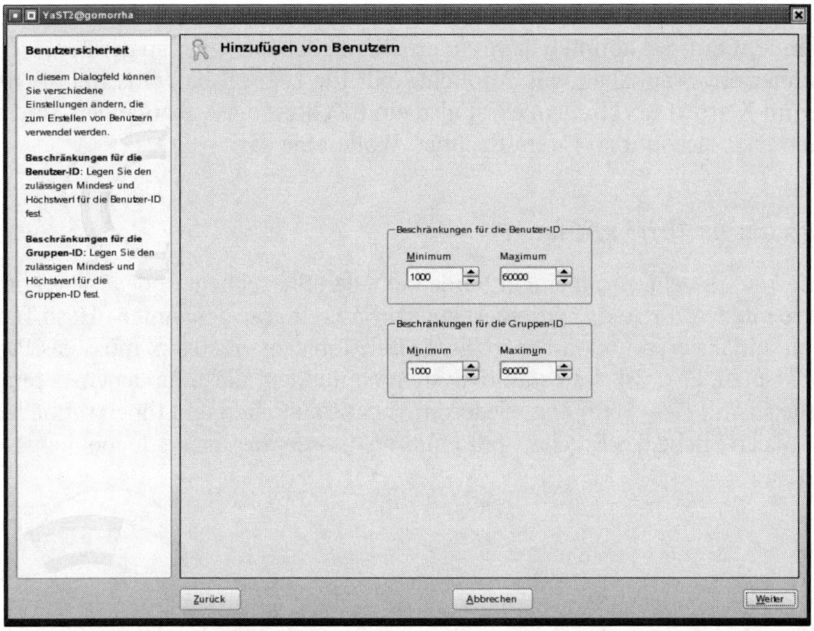


*Abbildung 4.126: Maximale Anzahl von Gruppen und Usern*

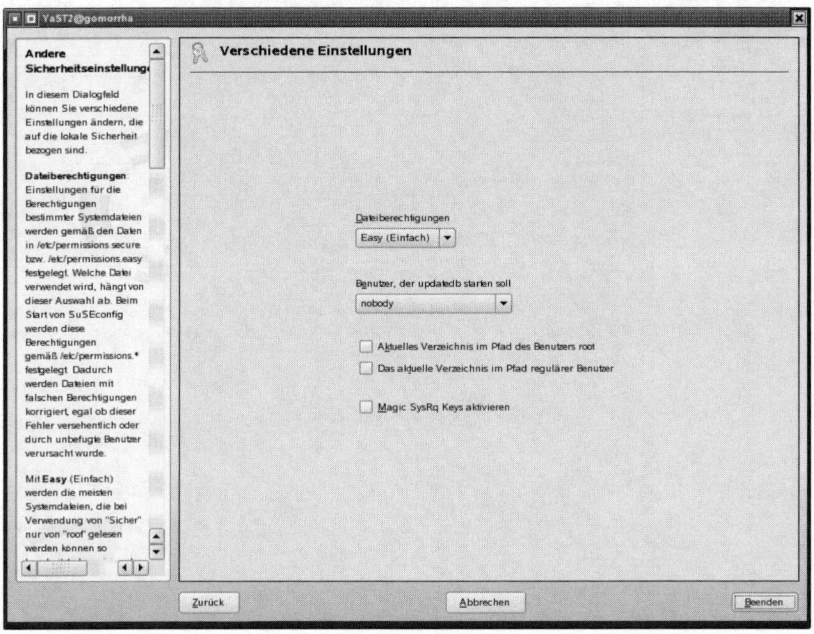


*Abbildung 4.127: Rechte und Login-Verhalten von `root` festlegen*

Nehmen Sie niemals, es sei denn, Sie wissen wirklich, was Sie tun, das aktuelle Verzeichnis in den Pfad für `root` auf! Sie könnten damit in ernsthafte Schwierigkeiten geraten, wenn jemand Ihrem Rechner etwas anhaben will. Ähnliches gilt für `telnet` als `root`. Bei `telnet` werden Passwörter im Klartext übertragen, es ist also ein Leichtes, diese abzufangen, und schwupps, hat man den `root`-Account zu Ihrem Rechner. Wollen Sie das?

### Alle Dateien im Griff mit locate

Geben Sie `locate` gefolgt von einem Namen ein, den Sie suchen, findet `locate` ihn in Sekundenbruchteilen. `locate` funktioniert auf der Basis einer so genannten »Hash Table«. Um `locate` zu initialisieren und um eben diese Hash Table zu erzeugen, muss das Programm `updatedb` laufen. Es grast das gesamte System ab und legt die gefundenen Daten in einer Art Tabelle ab. Auf diese kann nun wiederum `locate` zugreifen und Ihnen schneller als mit einer normalen Suche das Ergebnis präsentieren. Lassen Sie `updatedb` möglichst nicht als `root` laufen.

## Firewall

Dieses YaST2-Modul dient als sehr einfach zu bedienende Schnittstelle zwischen den hochkomplexen Firewall-Regeln und Ihrem Rechner.

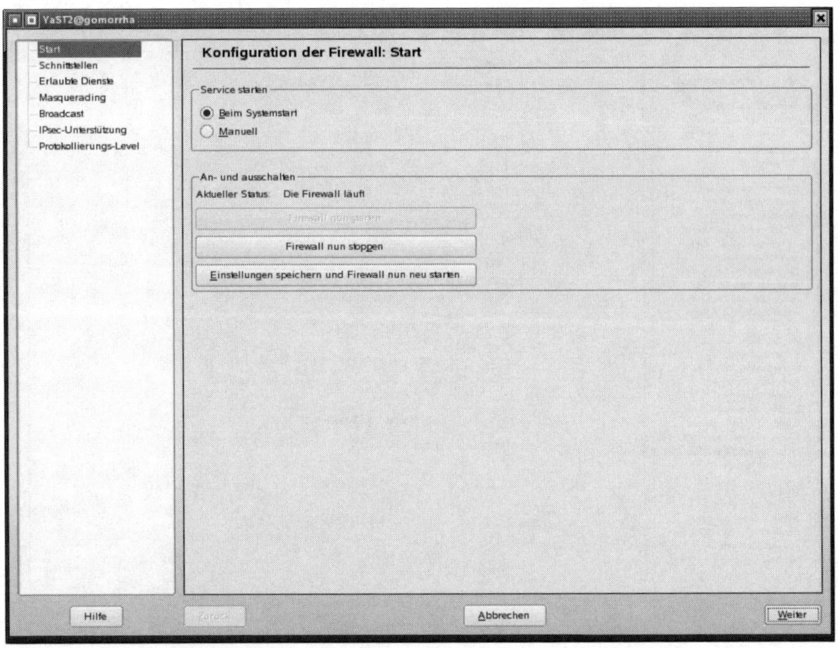


*Abbildung 4.128: Wir errichten Brandmauern!*

Bei Firewalls gilt es, eine Schnittstelle gegenüber einer anderen zu schützen. Hierzu bekommt die Firewall verschiedene Regeln mitgeteilt. So darf sie zum Beispiel Pakete eines bestimmten Anbieters nicht weiter ins lokale Netz routen.

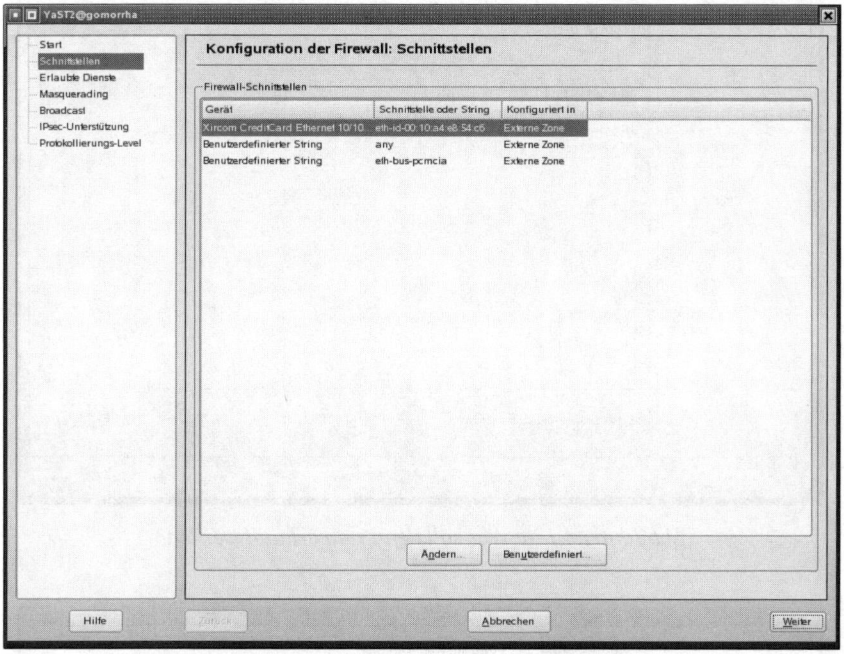


*Abbildung 4.129: Eingabe der Netzwerk-Devices*

Geben Sie hier also die externe und die interne Schnittstelle Ihres Rechners ein. Dabei ist im Allgemeinen die externe Schnittstelle diejenige, die mit Ihrem Modem oder Ihrem DSL-Anschluss verbunden ist. YaST2 bietet Ihnen in dem Dialogfenster diejenigen Schnittstellen an, die auch eingerichtet und aktiviert sind.

Sie müssen der Firewall sagen, was sie freischalten soll (siehe Abbildung 4.130). Prinzipiell ist es eine gute Idee, erst einmal alles dicht zu machen und dann nach Bedarf wieder zu öffnen. Ich würde Ihnen empfehlen, es bei der Standard-Konfiguration zu belassen.

Eine Firewall ist ein hochkomplexes Thema, weshalb wirklich angeraten wird, hier manuell nicht zu viel zu verändern. Die IPs müssen Sie natürlich eingeben.

Klicken Sie hier auf MASQUERADE, können Sie zusätzliche Dienste freigeben.

In Abbildung 4.131 können Sie z.B. eingeben, ob Sie ein maskiertes Netz haben. Was ist das nun wieder?! Erklärung folgt im Kasten.

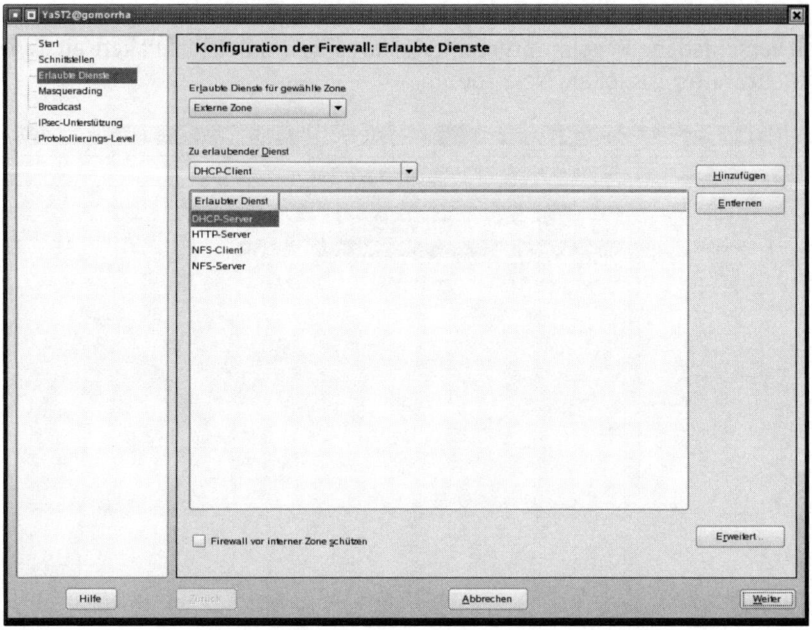


*Abbildung 4.130: Was soll denn nun erlaubt werden?*

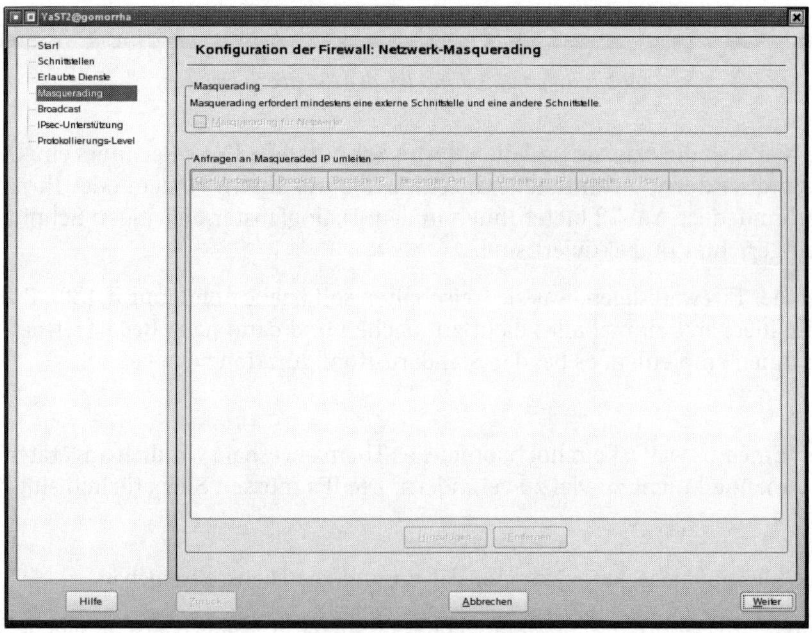


*Abbildung 4.131: Nur für Experten: Eingeben eines Dienstes*

### *Wir maskieren uns, helau!*

Im Allgemeinen erhalten Sie von Ihrem Provider eine einzige IP. Haben Sie nur einen Rechner am Netz, kein Problem. Was aber, wenn Sie intern auch ein kleines Netz haben und von diesem aus ins Internet gehen möchten?

Diese Rechner haben interne IPs, die Sie ihnen gegeben haben. Wenn sich diese Rechner nun mit den privaten IPs ins Internet einwählen, sind sie nicht erreichbar, da diese privaten Adressbereiche im Internet nicht geroutet werden.

Daher muss man dafür sorgen, dass alle Pakete nach außen, egal von welchem internen Rechner sie kommen, so aussehen, als seien sie von ein und demselben Rechner gekommen. Man maskiert also sozusagen das interne Netz. Nun, dieser Vorgang nennt sich Masquerading, und den können Sie hier einschalten. Wann? Na, das haben Sie gerade gelernt.

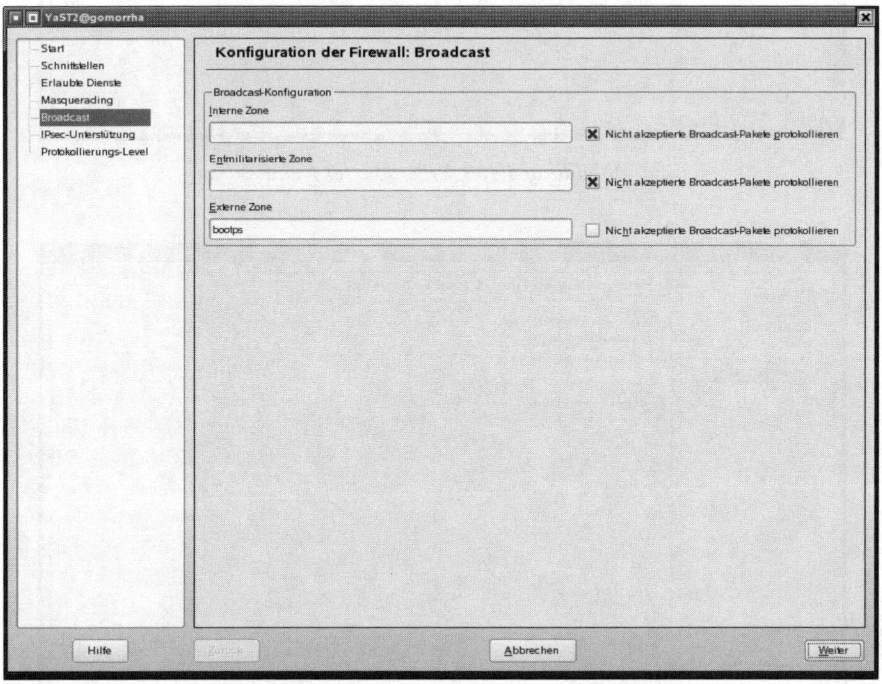


*Abbildung 4.132: Broadcast-Konfiguration*

Wollen Sie eine VPN-Verbindung (ipsec) aufbauen, so aktivieren Sie bitte diesen Button (siehe Abbildung 4.133). Die Konfiguration von VPN ist bei weitem zu umfangreich für dieses Buch. Falls Sie vorhaben, dies zu verwenden, wissen Sie aber nun, wo Sie es freischalten müssen.

Was soll YaST nun mitloggen? Sagen Sie es ihm (siehe Abbildung 4.134)!

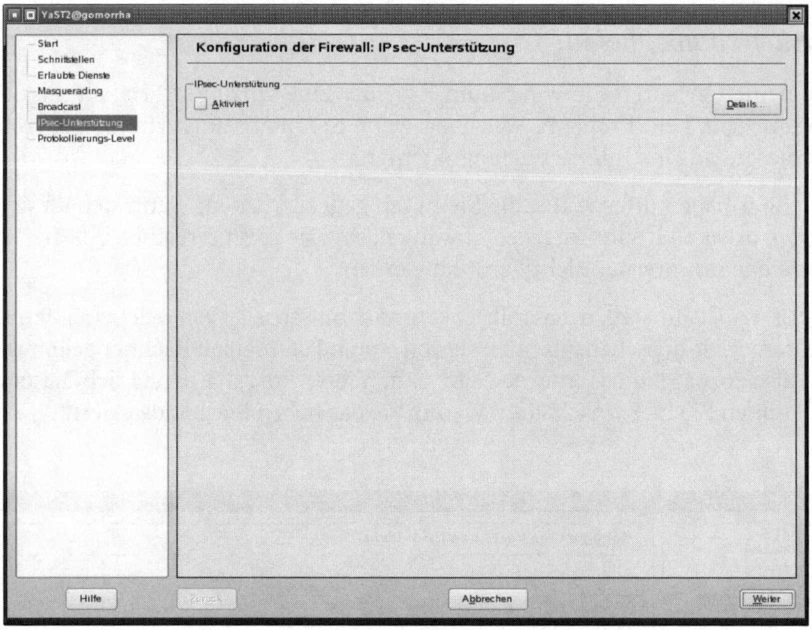


*Abbildung 4.133: VPN, Ja oder Nein?*

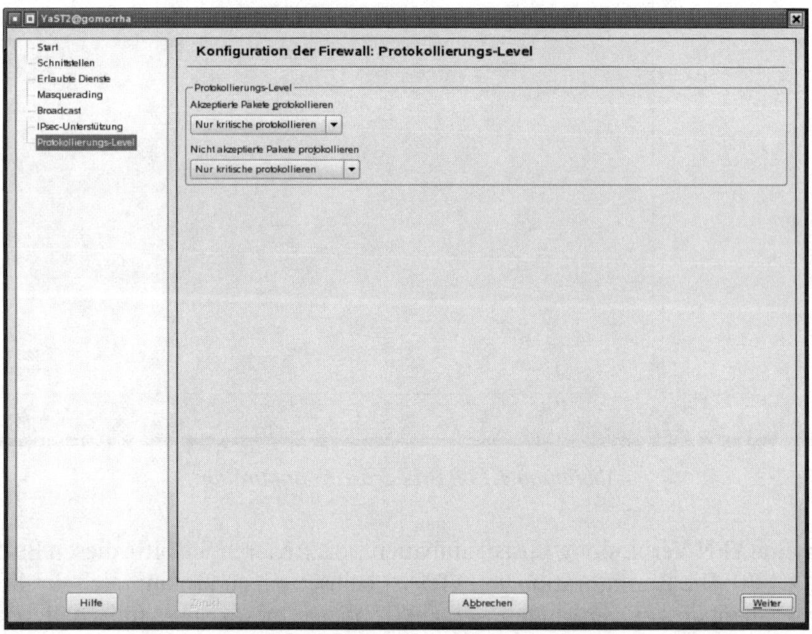


*Abbildung 4.134: Wir protokollieren …*

Haben Sie das alles brav ausgefüllt, erfreut Sie SuSE mit einem kleinen Fenster, in dem Sie um die Bestätigung gebeten werden, den Dienst starten zu dürfen. Seien Sie gnädig, klicken Sie auf WEITER.

## Gruppen bearbeiten und anlegen

Unter Linux gibt es zwei Zuordnungseinheiten. Die erste ist mittlerweile bekannt, das ist das Login des Users. Bei der zweiten handelt es sich um *Gruppen*. Ein User kann Mitglied mehrerer Gruppen sein. Gruppen können ebenfalls mit einem Passwort geschützt werden. Bestimmte Gruppen haben beispielsweise Zugang zu bestimmten Verzeichnissen. Für den Anfang brauchen Sie wahrscheinlich erst einmal keine neue Gruppe zu erstellen. Neue User landen bei SuSE standardmäßig unter `users`, das können Sie allerdings jederzeit ändern (wenn Sie unbedingt möchten).

Das Menü für die Gruppen- bzw. User-Verwaltung ist das gleiche. Sie schalten mit dem Radiobutton um (der »Klick«-Knopf oben). Suchen Sie den User/die Gruppe, die Sie bearbeiten möchten, und Sie gelangen in das jeweilige Editier-Fenster.

Das Fenster zum Anlegen neuer Gruppen ist von Grund auf erneuert worden und sehr übersichtlich.

Ähnlich wie bei den Usern können Sie eine neue Gruppe anlegen. Dies mag sinnvoll werden (sein), wenn Sie den Rechner als Server betreiben wollen und vorhaben, mehrere Projekte zu hosten.

# Sonstiges

Auf Englisch »Miscellaneous« oder kurz »Misc« genannt. Hier sammelt sich der überwiegende Anteil von Eigenschaften, die man nicht genau zuordnen konnte. Bei SuSE hält sich das aber dennoch in Grenzen.

## Automatische Installation

Möchten Sie eine automatische Installation erzeugen, z.B. wenn Sie über verschiedene Workstations verfügen und alle gleich aussehen sollen, so können Sie hier dafür ein Profil anlegen.

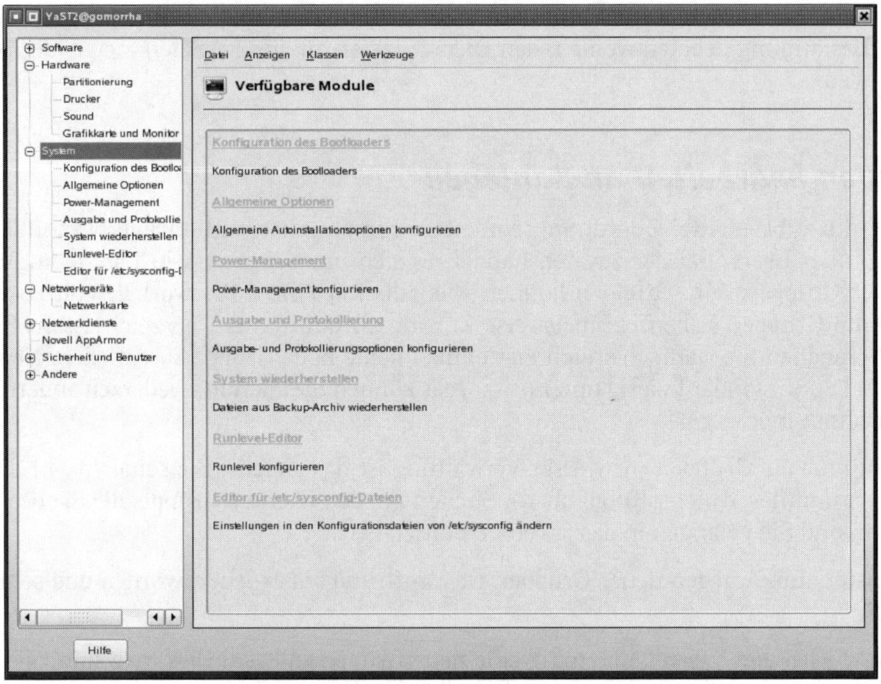


*Abbildung 4.135: Automatische Installation*

## Systemprotokoll/Startprotokoll anzeigen

Linux loggt immer fleißig alles mit, was Sie tun. Es existiert eine Log-Datei, die die meisten Aktionen Ihres Linux-Rechners mitprotokolliert (genauer gesagt, tut das der *syslog daemon*; er schreibt seine Ausgaben in diese Datei). Diese Datei heißt `/var/log/messages` und ist für alle Nachforschungen und Überprüfungen, was denn nun genau gelaufen ist, die erste Anlaufstelle.

Eine andere Datei, die den Bootvorgang mitprotokolliert, ist `/var/log/boot.msg` (wie in Abbildung 4.136 zu sehen). Beide Dateien können Sie durchblättern und nach eventuellen Unstimmigkeiten suchen, oder einfach nur aus Neugierde, um zu sehen, was Ihr neues Linux-System denn so tut.

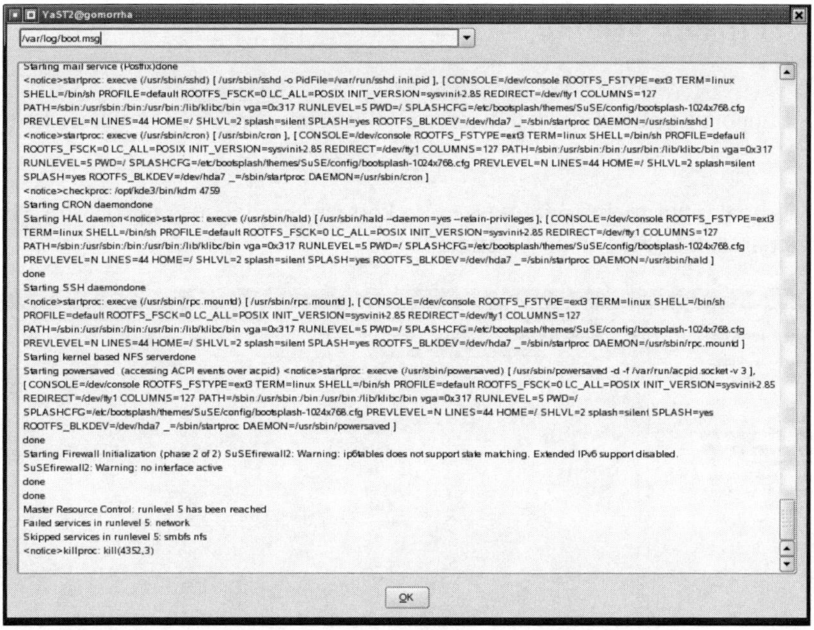


*Abbildung 4.136: Ausgabe von* `/var/log/boot.msg`

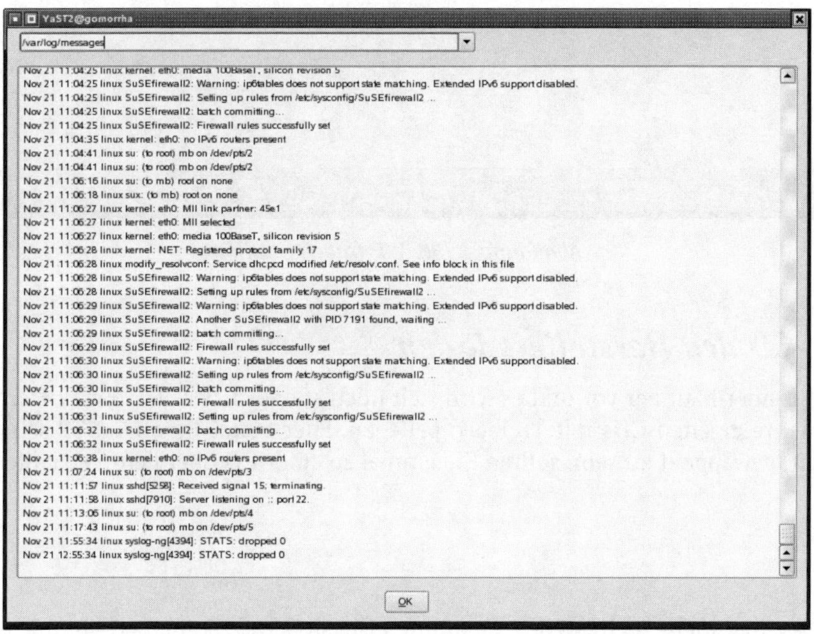


*Abbildung 4.137: Ausgabe von* `/var/log/messages`

## Support-Anfrage stellen

Support ist nur in der lizenzierten Vollversion von SuSE Linux enthalten.

Sollten Sie einmal nicht mehr weiterwissen, so können Sie sich als registrierter SuSE-Linux-User jederzeit an den SuSE-Support wenden.

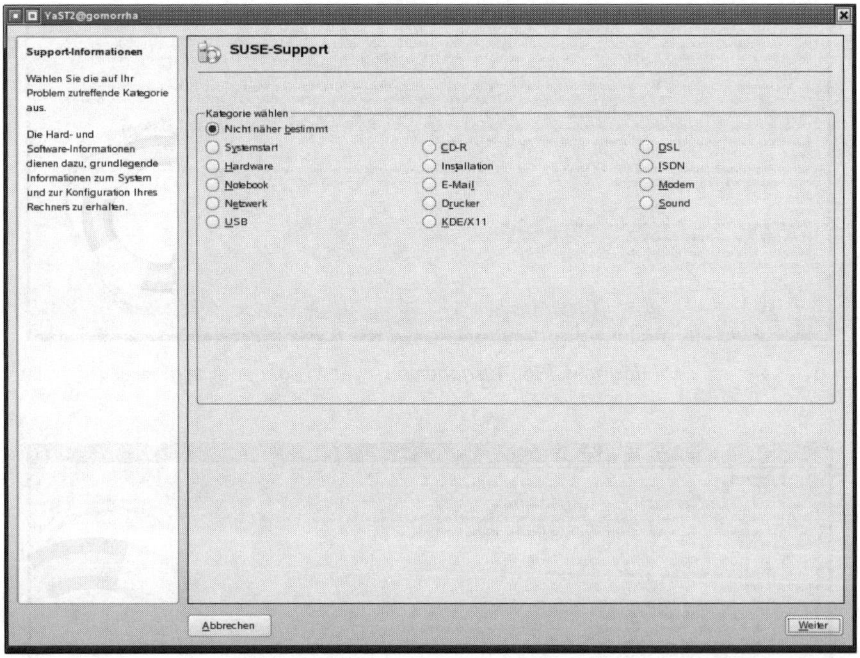


*Abbildung 4.138: Wir fragen SuSE.*

## Treiber-CD des Herstellers laden

Es kommt immer häufiger vor und es wird sich noch steigern, dass Hardware-Hersteller den Produkten ihre eigenen CDs mit Treibern beilegen. Hier bietet Ihnen YaST2 schon mal die Möglichkeit, gewappnet zu sein, sollten Sie einmal so einer CD über den Weg laufen.

# Hilfe

Kommen Sie mal nicht mehr weiter, so können Sie sich YaST2 auch erklären lassen, wobei Ihnen diese Hilfe meiner Meinung nach nicht wirklich weiterhilft.

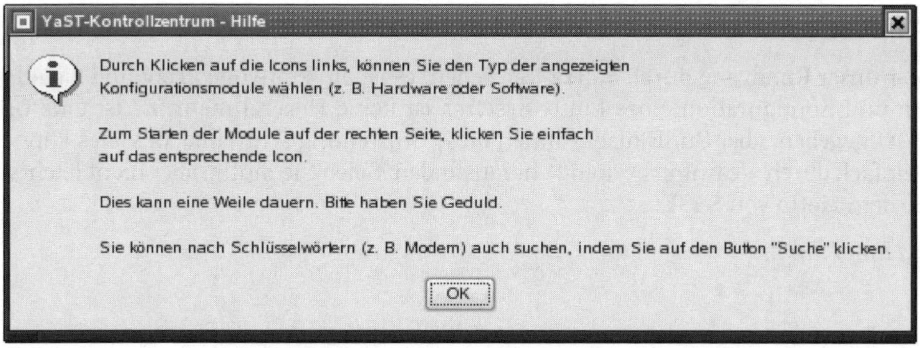


*Abbildung 4.139: Fragen Sie Ihren Arzt oder SuSE.*

## Suche

Dies erweist sich wirklich als praktisch, wenn Sie mal nicht mehr genau wissen, wo man nun schon wieder das Defaultgateway einstellt, wobei die Übersichtlichkeit von YaST2 gegenüber den Vorversionen schon deutlich zugenommen hat.

*Abbildung 4.140: Suche nach Stichwörtern*

## That's it

Das war unser Rundgang durch YaST2. Sie sehen, es ist ein kraftvolles Tool und die Administration und Konfiguration eines Linux-Systems ist keine Hexerei mehr. Es ist eine Umstellung – zugegeben, aber SuSE macht Ihnen diese Umstellung sehr einfach. Vieles können Sie auch einfach durch »learning by doing« herausfinden. Seien Sie mutig, aber nicht leichtsinnig, getreu dem Motto von SuSE:

*Have a lot of fun ...*

# Teil II

# Linux im echten Einsatz

## *In diesem Teil ...*

Jetzt wird es Zeit, Linux einzusetzen. Sind Sie bereit? Bereit für das Unbekannte? Dann nichts wie los! Stellen Sie sich darauf ein, KDE zu erforschen. Erfahren Sie die kleinen, aber feinen Unterschiede zu anderen Systemen. Lernen Sie die Basiskommandos Ihres Systems kennen und welche Möglichkeiten es bietet.

Learning by doing ist das Ziel dieses Teils des Buches. Sie werden erstaunt sein, was unter Linux alles möglich ist, und viele Vorurteile gegenüber Linux, die sich beharrlich über lange Jahre gehalten haben, werden fallen. Sie werden Ihr Linux lieb gewinnen und seine Stärken wie echtes Multitasking und Multiuserfähigkeit nicht mehr missen wollen. Lassen Sie sich in die Programmierung von Shell-Scripts und Beherrschung von Editoren einführen. Erfahren Sie alles über X, die komplexe und mächtige grafische Oberfläche von Linux.

# Das X-Window-System – Fenster zu Ihrem Linux

5

### In diesem Kapitel

- Was genau ist dieses X eigentlich?
- Wie funktioniert X?
- Wozu braucht man Windowmanager?
- Grundlegendes und die Konfiguration von X

Der Vergleich MS Windows und X-Window ist schwierig, da zwar beide das Wort »Window« beinhalten, aber ansonsten eigentlich nichts gemeinsam haben. Doch ich vergaß, beide bieten eine *Grafische Oberfläche*, genannt *GUI* (Graphical User Interface).

Es heißt übrigens X-Window-System und nicht, wie oft fälschlicherweise gesagt »X-Windows«.

### X-Window

X-Window wurde als Projekt am MIT (Massachusetts Institute of Technology) in Zusammenarbeit von AT&T, Xerox und einigen anderen entwickelt.

Der ursprüngliche Name war »W«. Das nächste Release hieß dann folgerichtig X, und dabei ist man bis heute geblieben.

Heute kümmert sich ein so genanntes Konsortium um die Pflege von X, da es vom Aussterben bedroht war.

Mittlerweile gibt es zwei Implementationen des X-Window-Systems. Das eine (das bereits bekannte) X11.R6 des X-Window-Konsortiums und das andere die Implementation von X.Org. Wenn Sie mich nun fragen, wieso es mittlerweile zwei gibt, kann ich Ihnen leider keine vernünftige Antwort bieten. Bei einer Standard-SuSE-10.0-Installation wird die Version 11.0 Release 60 802 200 der X.Org Foundation installiert.

Das aktuelle Release ist *X.Org Release 11.60 802 200.*

## Die Basis – oder was ist dieses X eigentlich?

X-Window ist ein netzwerkorientiertes grafisches System. Soll heißen, dass Ihnen das X-Window-System »lediglich« die Möglichkeit bietet, grafische Darstellungen vorzunehmen. Dieses ganze System ist netzwerkbasiert. Sie können also jederzeit einen Prozess auf Rechner *A* starten und die Ausgabe auf Ihr X-Window-System auf Rechner *B* lenken. X ist hier in jeder Richtung offen. Es kommt sehr oft vor, dass Sie sich gerade als Administrator ein Fenster offen halten, in dem Sie die Logfiles Ihres Servers mitlaufen lassen. Praktisch, oder? Diese Flexibilität und Offenheit macht allerdings auch die Wartung ein klein wenig komplexer, aber das kriegen wir schon hin.

## Der Windowmanager – schon wieder ein Manager

Wie Sie oben erfahren haben, kümmert sich X nur um die Möglichkeit, eine grafische Darstellung zu bieten. Der dumme Spruch: »X kann nix« heißt, dass »reines« X sehr spartanisch aussieht. Warten Sie, ich zeige es Ihnen in Abbildung 5.1.

*Abbildung 5.1: Reines X, sonst nix*

Das X-Window-System stellt Ihnen Bibliotheken zur Verfügung, um die Oberfläche grafisch anzusprechen. Es ist nun die Aufgabe eines anderen Programms, eben eines *Windowmanagers*, aus diesen Möglichkeiten eine bedienbare Oberfläche zu zaubern.

Hier unterscheidet sich Linux ganz klar von Windows. Während Sie unter Windows nur einen Windowmanager haben (und diesen auch nicht ändern können, sondern nur sein Aussehen), haben Sie unter Linux Dutzende! Sie werden gleich ein paar Beispiele sehen. Was Sie sehen, ist das gleiche Linux-System, nur mit unterschiedlichen Windowmanagern. Es gibt allerdings ein paar Standards. Unter SuSE Linux ist der Standard-Windowmanager KDE, wobei KDE eigentlich mehr ist als nur ein Windowmanager: Es beinhaltet einen Windowmanager und zusätzlich bietet es neue Frontends für zum Teil ältere X-Window-Programme. Doch der Reihe nach.

Das ist nicht ganz richtig, denn auch für MS Windows gibt es mittlerweile unterschiedliche Grafik-Bibliotheken und Windowmanager (z.B. »Blackbox4Win«).

Wenn Sie sich unter *KDM,* dem Display-Manager, den Sie beim Starten sehen, einloggen (Sie erhalten ihn, wenn Sie die Standard-SuSE-Installation durchgeführt haben), können Sie einen der zur Verfügung stehenden Windowmanager auswählen. Sie sehen unten das Menü SITZUNGSART. Hier verbergen sich die verschiedenen Windowmanager von Linux.

Sehen Sie sich die Beschreibungen an und probieren Sie sie einfach aus. Sehen Sie es mir nach, dass ich nicht alle Windowmanager aufliste. Ein bisschen was müssen Sie (und wollen Sie sicherlich auch) selber ausprobieren.

Ach übrigens: Selbstverständlich können Sie auch KDE-Programme unter den anderen Windowmanagern starten. Unter X-Window gibt es unterschiedliche Grafik-Bibliotheken, und damit unterscheiden sich Applikationen teilweise rein optisch. Wie das genau zusammenhängt und was das genau ist, erfahren Sie am Schluss dieses Kapitels.

Die meisten Windowmanager bieten Ihnen übrigens die Möglichkeit, zwischen verschiedenen virtuellen Desktops hin und her zu schalten. Beispielsweise bieten Ihnen KDE 16 und Windowmaker unendlich viele Desktops. Sie können Applikationen zwischen diesen Desktops bewegen und auch von einem zum nächsten springen. Sie werden sich wundern, wie viel Platz Sie auf einmal haben werden!

## Der KDE-Windowmanager

Wenn Sie sich nach der Installation nur noch »durchentern« und alles so hinnehmen, wie SuSE es Ihnen vorschlägt, landen Sie schließlich auf der Default-Oberfläche von SuSE Linux (siehe Abbildung 5.2). Ähnlichkeiten mit anderen Betriebssystemen sind rein absichtlich und so gewollt.

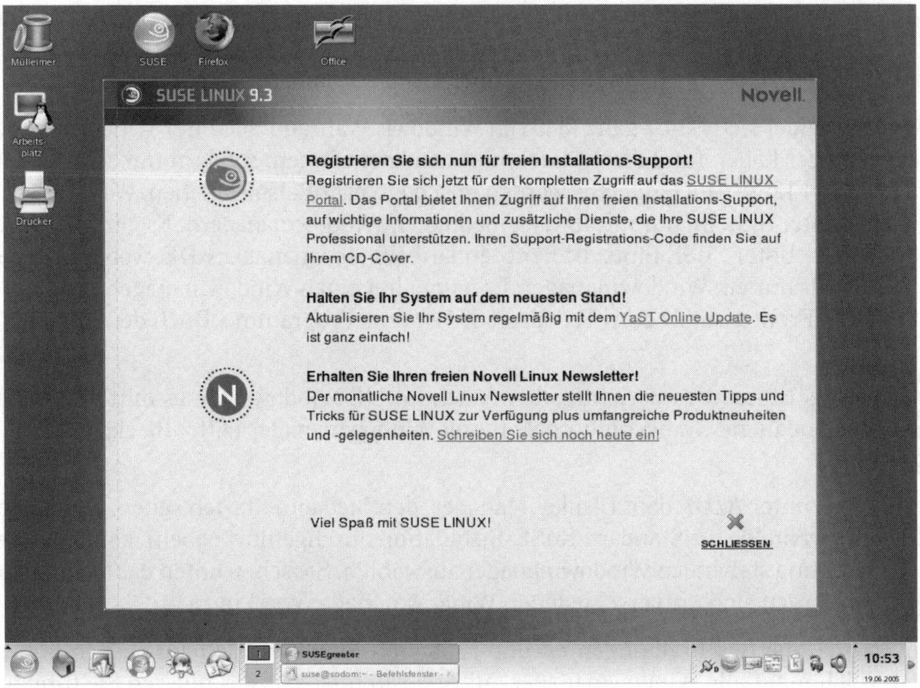


*Abbildung 5.2: Der SuSE-Standard-Desktop mit KDE*

KDE ist die Wahl für Umsteiger von anderen Betriebssystemen. Er ist von der Bedienung her ähnlich und mittlerweile auch sehr mächtig. Es gibt wenig, was es unter KDE nicht gibt. Auf den KDE-Desktop und seine Konfiguration gehe ich in einem separaten Kapitel ein. Hier sollte nur der Windowmanager gezeigt werden.

Abbildung 5.3 zeigt Ihnen KDE im Einsatz. Wie gewohnt (woher wohl?) befindet sich in der Standardeinstellung unten links die Menüleiste (nur, dass sie hier nicht »Start« heißt). Hier finden Sie alle installierten Programme. Im Hintergrund sehen Sie das »Kontrollzentrum«, Ihr Zugang zur Konfiguration zu KDE. Mehr dazu erfahren Sie in dem speziellen KDE-Kapitel.

## fvwm2 – Der alte Hase unter den Linux-Windowmanagern

Dieser Windowmanager (`fvwm` in Abbildung 5.4) schaut schon wieder ganz anders aus. Klicken Sie mit einer der Maustasten auf das *Rootfenster* (den Hintergrund), und Sie erhalten verschiedene Menüs. Sie sehen, dass sich die Dekorationen der Programme, die Sie starten, deutlich von denen von KDE unterscheiden. `fvwm2` ist sehr mächtig, er kann sehr viel. Die Konfiguration allerdings läuft nach wie vor in alter UNIX-Manier über eine Textdatei. Also nichts für Anfänger, zumal sie auch nicht gerade selbsterklärend ist.

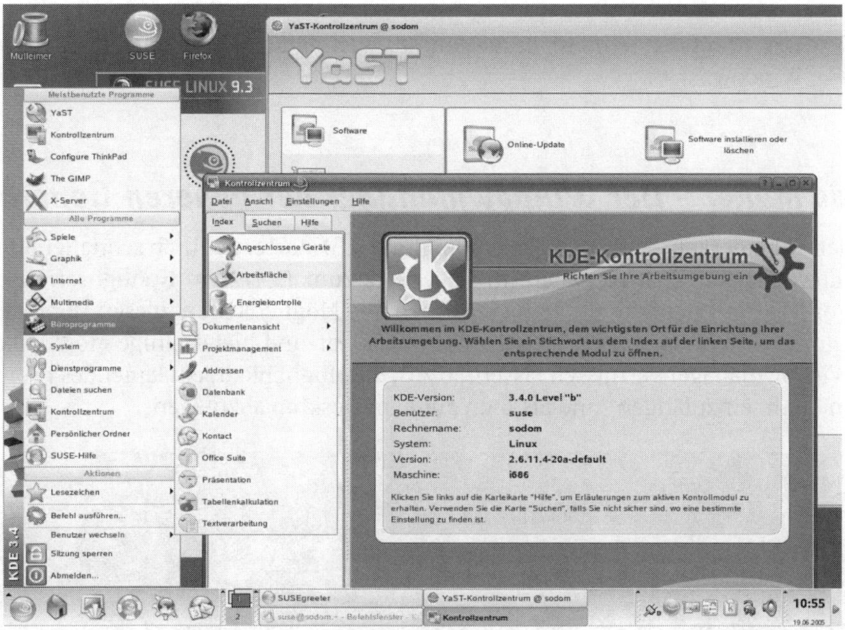


Abbildung 5.3: Der KDE im Einsatz

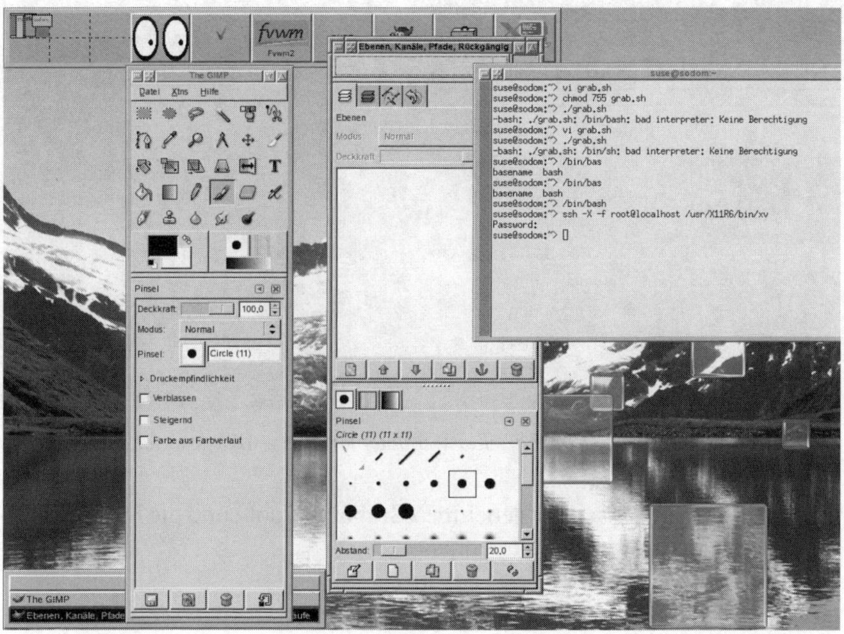


Abbildung 5.4: `fvwm2` war lange Zeit »der« Windowmanager unter Linux.

Das Rootfenster heißt deswegen so, weil es der Vater aller Prozesse unter X-Window ist.

## Windowmaker - Der Windowmanager der neueren Generation

Sie werden es bemerken. Windowmaker (Abbildung 5.5) startet deutlich schneller als die meisten Windowmanager. Er bietet auch im Gegensatz zum `fvwm2` ein Konfigurationsmenü an, das im Vordergrund sichtbar ist. Es bietet Ihnen alle Möglichkeiten, diesen Windowmanager zu konfigurieren. Windowmaker ist sehr gut anpassbar und bietet einige Möglichkeiten, die andere Windowmanager vermissen lassen, so z.B. die Möglichkeit, ein laufendes Programm zu »grabben« (d.h. einzufangen) und als Icon auf dem Desktop abzulegen.

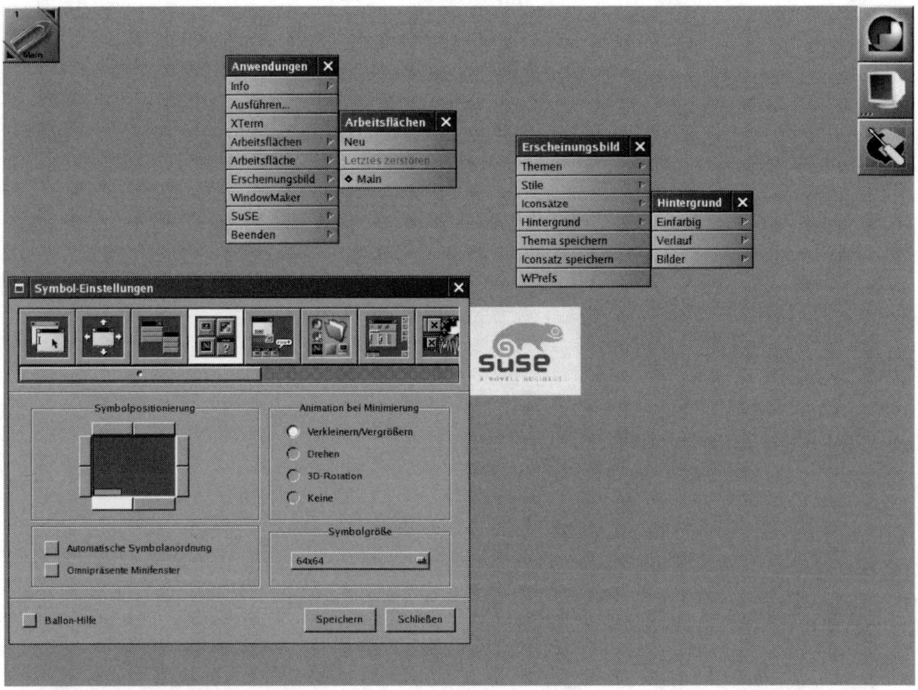


*Abbildung 5.5: Ein schneller Windowmanager – Windowmaker!*

Abbildung 5.6 zeigt Ihnen das sehr angenehme »Grabbing Tool« und die Einstellungsmöglichkeiten der auf dem Desktop abgelegten Icons.

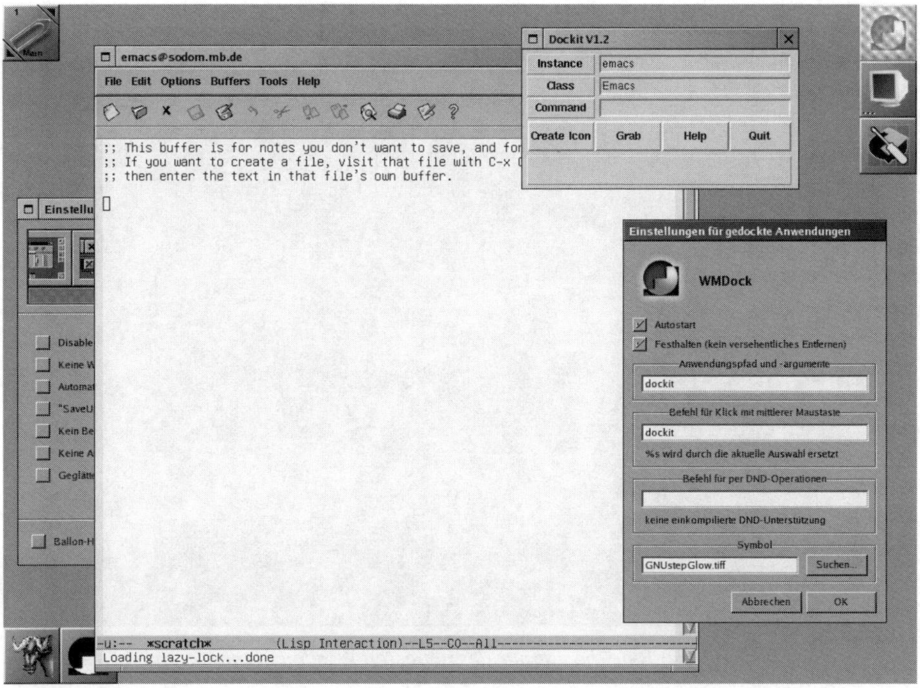


*Abbildung 5.6: Grabbing Tool und Einstellungen der Windowmaker-Desktop-Icons*

## Blackbox – Die schnelle Alternative

Auch in Sachen Windowmanager ist Linux sehr dynamisch. War schon Windowmaker sehr schnell und anspruchsvoll, so ist mit Blackbox (bzw. OpenBox, Fluxbox und wie sie alle heißen) ein schlanker, einfach zu konfigurierender Windowmanager gelungen. Allerdings ist er schon eher etwas für geübtere Linux-Kenner, die nicht mit viel »Klick&Bunt« ihre Umgebung einstellen wollen. BTW (engl. »By the way« – übrigens) ist Openbox mein Lieblingswindowmanager, gefolgt von Windowmaker. KDE ist zwar sehr ansprechend und für den ungeübten User sehr angenehm, allerdings kostet diese Leistung auch ihren Preis, sprich Speicher!

Auch Blackbox bietet mit seinem Tool `bbkeys` die Möglichkeit, ihn zu konfigurieren. Blackbox ist ein relativ neuer Windowmanager, das heißt, dass auch die zur Verfügung stehenden Tools noch nicht ganz ausgereift sind. Er bietet viele Möglichkeiten für den ambitionierten Linux-User.

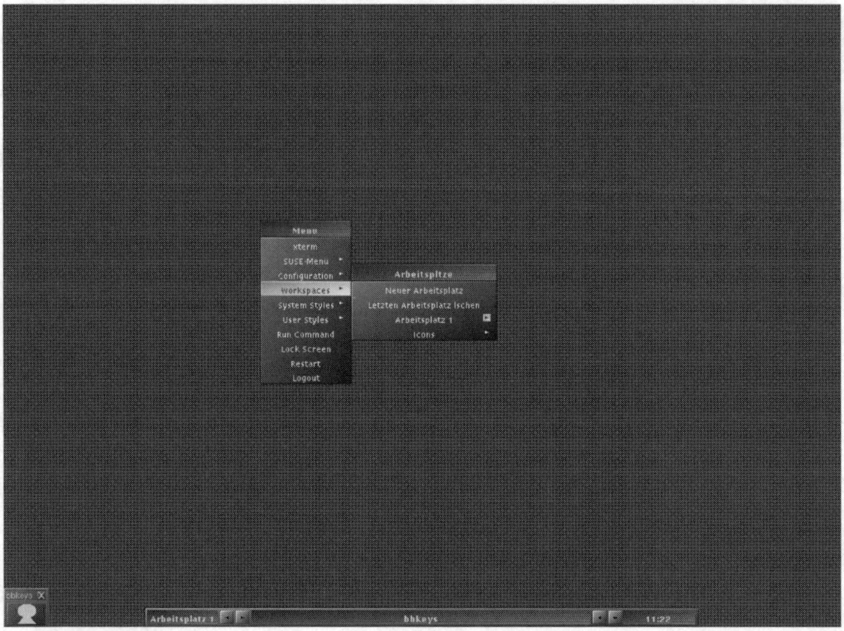


*Abbildung 5.7: Blackbox, einer der neuesten Windowmanager »pur«*

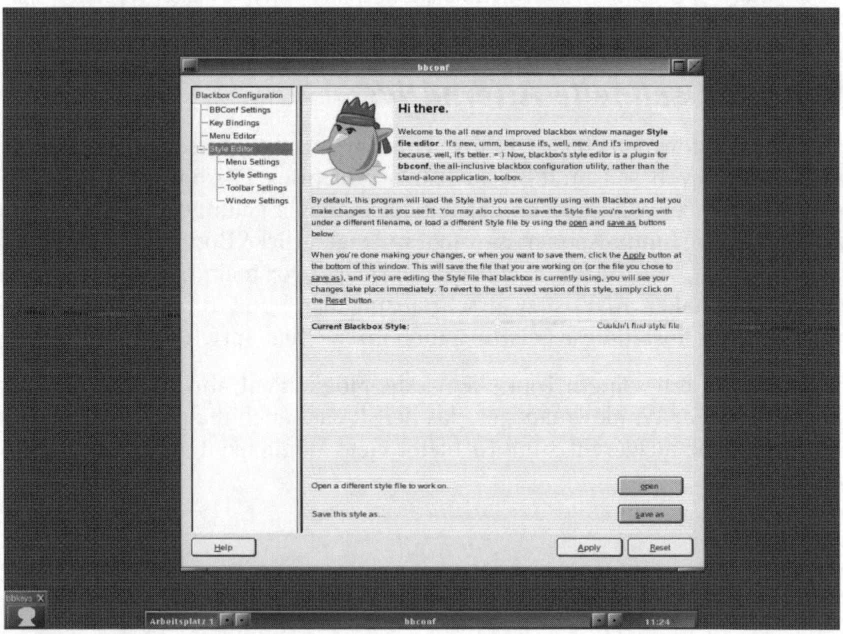


*Abbildung 5.8: Die Konfiguration von Blackbox*

# Toolkits - Die grafische Basis für Applikationen

Ab hier wird es nun sehr technisch. Der Nicht-Technik-Freak mag den Rest des Kapitels ruhig überspringen.

So, was ein Windowmanager ist, wissen Sie nun. Vielleicht haben Sie sich schon gewundert, wieso sich Linux-Applikationen im Äußeren teilweise so unterscheiden. Nun, das ist relativ einfach. Unter MS Windows z.B. gibt es eine Grafik-Bibliothek, die zur Verfügung gestellt wird (fragen Sie mal einen Microsoft-Entwickler nach der *MFC* – er wird Ihnen mit Freuden antworten). Diese müssen Sie als angehender MS-Windows-Programmierer verwenden, denn sonst gibt es keine.

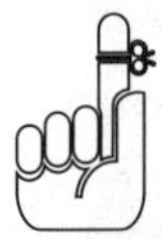

Technisch gesehen ist das so nicht ganz richtig. Es gibt mittlerweile auch für MS Windows ein paar Alternativen (aus der Linux-Welt), wie z.B. Qt, Tcl/TK und Gtk.

Daher kommt es, dass unter Windows alle Programme ähnlich aussehen. Was natürlich, das muss man fairerweise zugeben, schon einige Vorteile bietet und auch erklärt, wieso das KDE-Projekt so erfolgreich ist: eben, weil es eine einheitliche Oberfläche bietet.

Doch zurück zum Aussehen der X-Applikationen. X selber bietet wie schon erwähnt nur die Basics. Darauf wurden dann so genannte *Toolkits* entwickelt, die dem Benutzer eine grafische Bibliothek für die Benutzung so genannter *Widgets* zur Verfügung stellten. Was ist nun ein Widget? Es ist ein Kunstwort aus dem Englischen für *Windows* und *Gadget* (Dingsbums). Die korrekte deutsche Übersetzung wäre also »*Fenstbums*«. Ein Widget ist ein grafisches Objekt, wie z.B. eine Scrollbar, ein Applikationsmenü bzw. jegliche Art von grafischer Darstellung.

Nun kann man sich vorstellen, dass unterschiedliche Entwickler unterschiedliche Toolkits entwickelten. Daher kommt es, dass sich die Applikationen unterscheiden. Jedes dieser Toolkits hat seine eigenen Vor- bzw. Nachteile. Ich werde im Folgenden mal ein paar davon vorstellen. Auch hier werde ich Ihnen nicht alle Toolkits vorstellen, sondern die geläufigsten, denen Sie sicher mal begegnen werden. Daneben gibt es noch unzählige weitere.

## Athena - Der Dinosaurier unter den Widgetsets

Dies ist nicht die griechische X-Window-Implementation, sondern eines der ersten grafischen Widgetsets für Linux (und UNIX überhaupt). Zu dieser Zeit waren Effektivität und Speicherersparnis oberstes Gebot, daher muten Athena-basierte Programme heute so spartanisch an. Lassen Sie sich jedoch nicht durch das altertümliche Aussehen täuschen! Die Funktionalität der Programme (siehe Abbildung 5.9) ist seit vielen Jahren getestet und ausgereift.

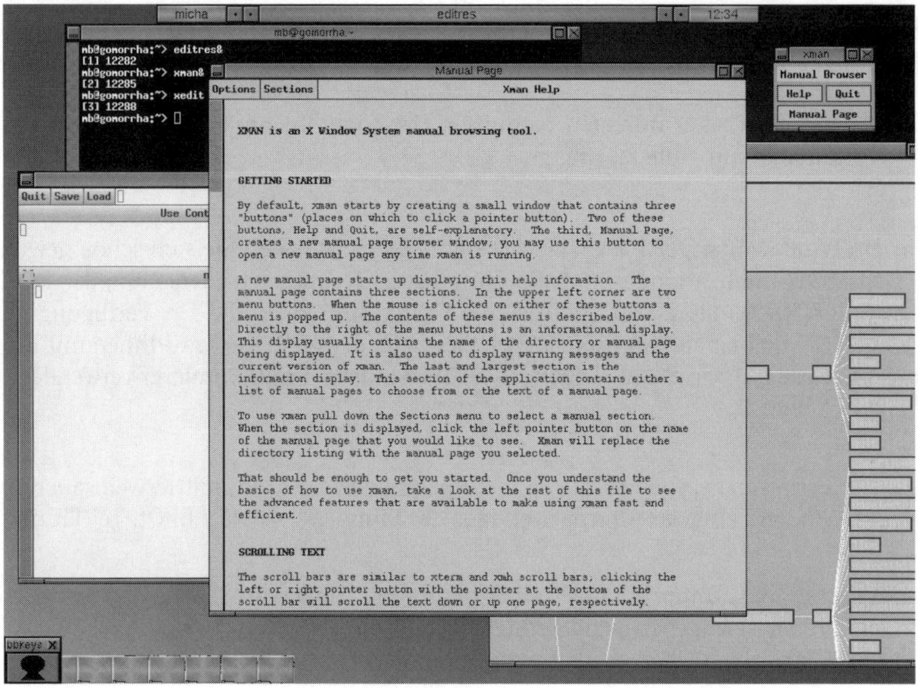


*Abbildung 5.9: Ein typisches Athena-Widget-Design*

## Motif – Der angebliche Standard unter UNIX

Es gab verschiedene verzweifelte Versuche, auch unter UNIX einen Standard einzuführen. Bis dato hatte jeder UNIX-Distributor auch seinen eigenen Standard. Dazu wurde damals Motif (siehe Abbildung 5.10) eingeführt. Auf Motif sollte *CDE* (*Common Desktop Environment*) als einheitliche GUI für alle UNIX-Systeme dienen. Tja, hat nicht so geklappt. Trotzdem ist Motif gerade unter kommerziellen Applikationen noch weit verbreitet. Unter Linux hat es sich eben wegen seiner Lizenz (es ist ein kommerzielles Produkt) nie so durchgesetzt. Wozu auch, hatte man doch Besseres.

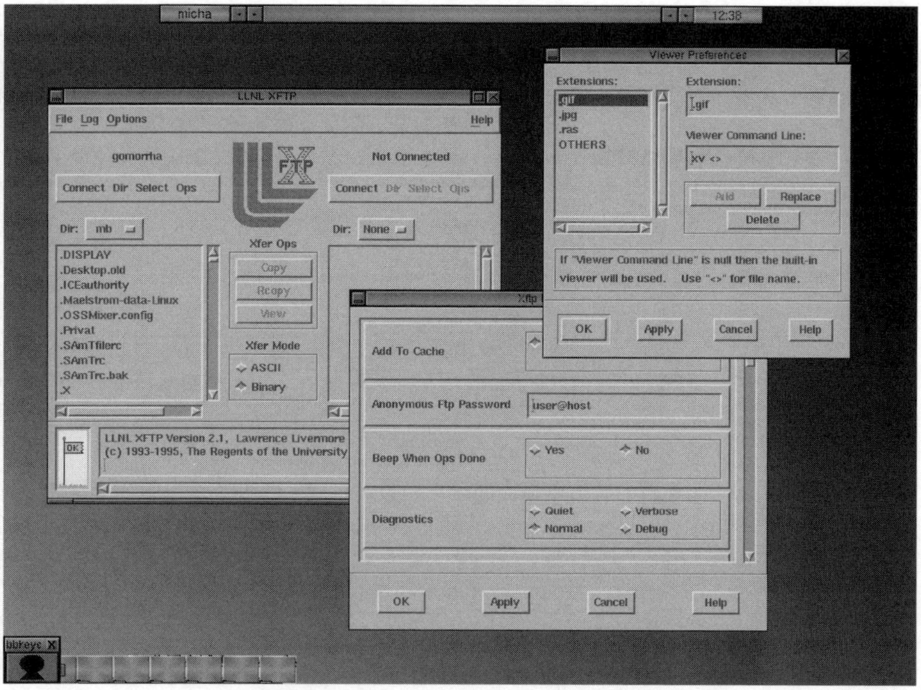


*Abbildung 5.10: Eine bekannte Motif-Applikation:* `xftp`

## Qt – Die grafische Bibliothek von KDE

Eine der Bibliotheken, denen Sie höchstwahrscheinlich als Linux-Neuling am häufigsten begegnen werden, ist Qt. Abbildung 5.11 zeigt eine typische Qt-Anwendung.

Es ist eine weit entwickelte Bibliothek mit einem sehr fortschrittlichen Look&Feel sowie hervorragenden Schnittstellen zu den unterschiedlichsten Bereichen. Die Kommunikation der einzelnen KDE-Komponenten untereinander ist nur einer der Pluspunkte der Qt. Leider bringt es die Komplexität mit sich, dass die Geschwindigkeit manchmal zu wünschen übrig lässt.

## Tk – Die grafische Erweiterung zu Tcl

Wieder ein anderes Look&Feel bietet `Tk`. `Tk` (wie in Abbildung 5.12 zu sehen) ist als Erweiterung zu `Tcl`, einer sehr beliebten, weil einfachen Scriptsprache entstanden. Es existieren Schnittstellen zu nahezu allen anderen Scriptsprachen, so gibt es beispielsweise ein `Perl-Tk`-Modul (Perl ist eine weitere Scriptsprache).

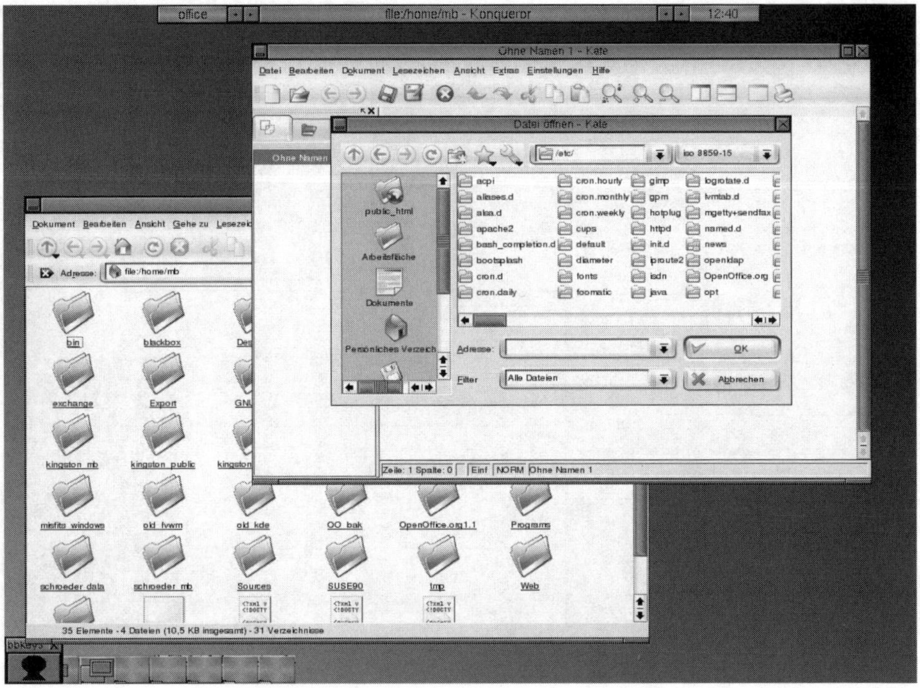


*Abbildung 5.11: Qt – Die Basis von KDE*

Sie haben nun verschiedene Widgetsets, also Toolkits gesehen. Sehr viele ältere Programme, die das Athena-Widgetset verwendet haben, wurden mittlerweile durch ihre korrespondierenden »K«-Applikationen ersetzt.

Sie wissen jetzt auf jeden Fall, wieso Linux-Applikationen nicht unbedingt alle gleich aussehen müssen. Übrigens können Sie selbstverständlich unter KDE auch Programme starten, die das Motif- oder `Tk`-Widgetset verwenden.

### Das »K«

Um alle Applikationen mit einem einheitlichen Look&Feel auszustatten, wurden viele bereits vorhandene Linux-Programme durch ihre »K«-Pendants ersetzt. So wurde beispielsweise aus `gv` (GhostView) ein `kview`, aus `edit` `kedit` usw. Nun sahen sie einheitlich aus und erfreuten sich in neuem Gewande. Teilweise »arbeiten« im Hintergrund noch die Original-Linux-Applikationen, sie sind nur intuitiver und einheitlicher zu bedienen.

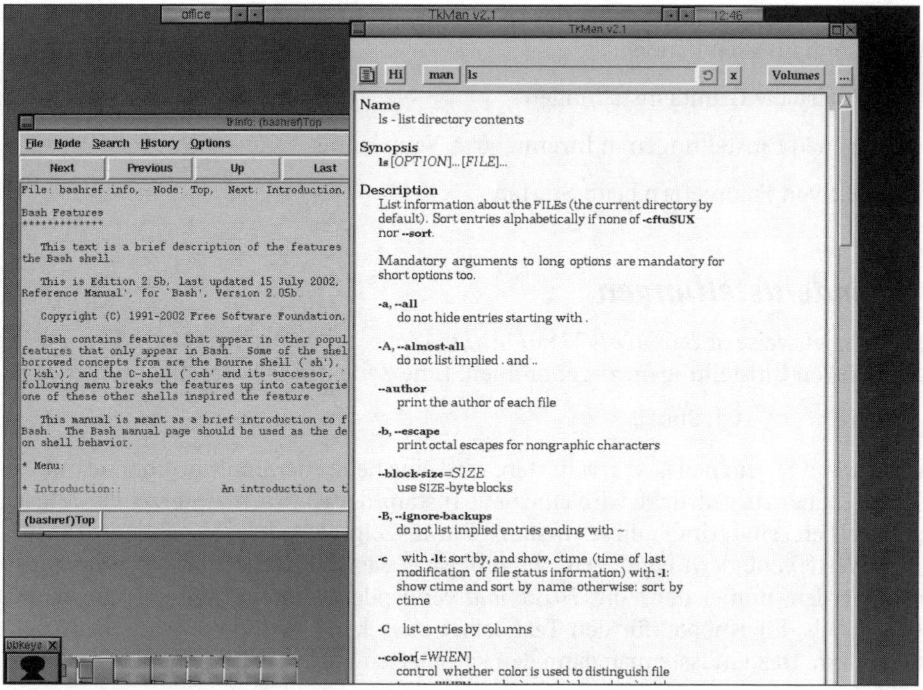


*Abbildung 5.12: Ein sehr flexibles Widgetset – `Tk` aus dem `Tcl/Tk`-Paket*

# Das Eingemachte – Basis-Konfiguration von X

Jetzt kommt noch viel mehr Technik über die Konfiguration des X-Window-Systems. Ängstliche Naturen und solche, die Linux wirklich nur als Desktop-System verwenden wollen, mögen diesen Abschnitt ruhig überspringen. Es geht hier darum, wie X aufgebaut ist und wie Sie es konfigurieren können.

X kommuniziert über das TCP/IP-Protokoll, da es komplett netzwerkorientiert designt wurde.

X ist absolut hierarchisch aufgebaut. Wenn Sie sich unter X einloggen, haben Sie ein »root window«, den »Hintergrund«. Die Betonung liegt auf Hintergrund, weil er mehr ist als eben nur der Hintergrund. Dieses Fenster ist die Basis jedes Widgets auf Ihrem Bildschirm. Daraus folgt, dass Sie z.B. jede Scrollbar als Kind des Root-Windows ansprechen können.

Unter `/usr/X11R6/lib/X11/app-defaults` liegen alle Standard-Konfigurationsfiles für die Applikationen, die unter dem X-Window-System laufen. Wie kann man das nun konfigurieren? Betrachten Sie als Beispiel das Programm `xterm`. `xterm` emuliert ein Konsolen-Fenster unter X (ähnlich dem DOS-Prompt unter MS Windows), also eine textorientierte Eingabe. `xterm` ist übrigens eine der ältesten X-Applikationen überhaupt. Es gibt unter X exakt drei Ebenen, in denen Sie konfigurieren können:

- Default, also die Grundeinstellungen
- Ihre eigenen Einstellungen in Ihrem /home-Verzeichnis
- Übergabe von Parametern beim Starten

## Die Grundeinstellungen

So liegt beispielsweise unter /usr/X11R6/lib/X11/app-defaults eine Datei Xterm. Hier werden die globalen Einstellungen vorgenommen. Eine Zeile dieser Datei schaut in etwa so aus:

```
xterm*font:      10x20bold
```

Jedes Mal, wenn Sie ein neues xterm starten, wird eine neue Hierarchie beginnend mit »xterm« angelegt (genauer ausgedrückt, wird eine neue Instanz der Klasse Xterm erzeugt). Alle Knöpfe, Fonts, Labels etc. sind Kinder dieser Instanz. Daraus folgt, dass man sie eindeutig ansprechen und ihre Werte verändern kann. Das obige Beispiel sagt aus, dass alle xterm-Instanzen, die gestartet werden, immer den Font *10x20bold* verwenden werden. Da es verschiedene Fonts gibt (für Labels, für Knöpfe, für den Text selbst etc.), kann man diese Fonts natürlich auch einzeln ändern. Dazu müsste man dann den kompletten Pfad zum betreffenden Font angeben, also z.B.:

```
xterm.label1.button.font: 10x20bold
```

Ein hilfreiches Programm hierbei, also zum genauen Auffinden der Instanzen, ist editres (siehe Abbildung 5.13). Starten Sie editres und klicken Sie auf die Option GET WIDGET TREE. Anschließend klicken Sie mit der Maus in ein xterm-Fenster. Sofort zeigt Ihnen editres den kompletten Baum Ihrer Applikation (in diesem Fall des xterm-Fensters).

Will man hingegen alle Fonts ändern, so kann man sich der Wildcards bedienen. (Wildcards werden Ihnen in einem anderen Kapitel genauestens vorgestellt. Sie sind Platzhalter für alle möglichen Zeichen.)

xterm*font: 10x20bold sagt aus, dass alles, was mit »xterm« anfängt und mit »font« aufhört, den Font 10x20 zugeordnet bekommt. Sie werden unter /usr/X11R6/lib/X11/app-defaults für beinahe jedes Programm ein so genanntes *AppDefaults-File* finden. Bitte editieren Sie diese jedoch nur, wenn Sie wirklich wissen, was Sie tun. Diese Möglichkeit, X anzupassen, macht es eben so flexibel und teilweise auch komplex zu administrieren.

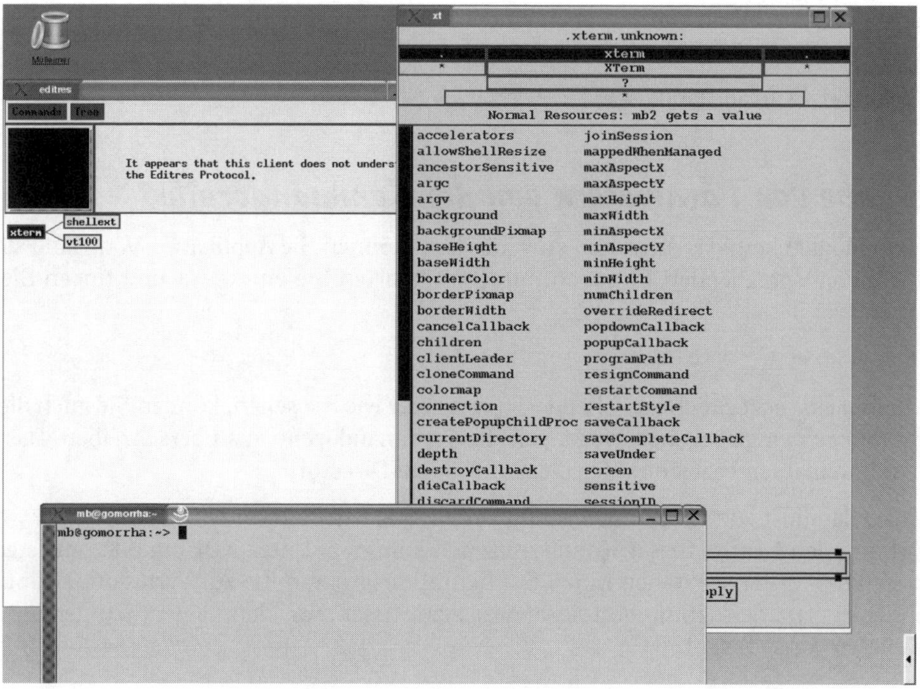


*Abbildung 5.13: Ein Ressource-Editor für X*

## Die Datei ~/.Xresources

Die zweite Möglichkeit, X-Applikationen anzupassen, ist, diese Änderungen in Ihrer persönlichen `.Xresources`-Datei anzugeben. Die Syntax hierfür ist exakt die gleiche wie in den `AppDefaults`-Files. Es könnte sein, dass Sie prinzipiell Ihre `xterms` mit schwarzem Vordergrund und weißem Hintergrund laufen lassen möchten. Außerdem gelten diese Einstellungen nur für Sie, das heißt, der Systemadministrator muss nicht systemweit die Fonts umstellen, nur weil Sie sich das wünschen.

Die Bedienung der Editoren wird in Kapitel 12 erklärt.

Schreiben Sie dies in Ihre `.Xresources`-Datei:

```
xterm*background: black
xterm*foreground: white
```

Und schon werden alle Instanzen nach einem Neustart oder dem Kommando `xrdb -merge ~/.Xresources` mit den neuen Werten gestartet.

*xrdb* bedeutet »X Read DataBase«.

## Übergabe von Parametern von der Kommandozeile

Als letzte Möglichkeit, das Aussehen zu verändern, können Sie Applikation von Hand starten und ihr die entsprechenden Optionen mitgeben. Starten Sie ein `xterm` und tippen Sie Folgendes ein:

```
xterm -bg green -fg black -t Testfenster
```

Sie erhalten ein schrecklich aussehendes `xterm`. Aber wie Sie sehen, können Sie auch diese in `~/.Xresources` eingetragenen Werte von der Kommandozeile aus überschreiben. Das »~/« vor dem Dateinamen bezeichnet übrigens Ihr `/home`-Directory.

Ich denke, damit ist jetzt erst einmal genug Verwirrung gestiftet worden. Als Einsteiger werden Sie kaum in den Genuss dieser Konfigurationen kommen. Unter KDE und den meisten anderen Desktop-Systemen stehen Ihnen Konfigurationsprogramme zur Verfügung. Manchmal jedoch ist es ganz nett, zumindest ansatzweise zu wissen, was denn eigentlich genau hinter den Kulissen vor sich geht.

# KDE – Klick & Bunt für Linux

6

## In diesem Kapitel

- Wie stelle ich das alles ein?
- Wow – so viele Programme!
- Noch ein paar sehr nützliche X-Applikationen
- Die neue Generation – Bluetooth unter Linux!
- Sogar spielen kann man unter Linux

Mittlerweile sollten Sie ja schon einmal in »KDE« gelandet sein. Falls Sie sich unsicher sind, Abbildung 6.1 zeigt den Startbildschirm einer Standard-SuSE-Einstellung:

*Abbildung 6.1: So präsentiert sich KDE seinen Zuschauern das erste Mal.*

So oder so ähnlich dürfte Ihr KDE-Desktop aussehen. Am Anfang braucht KDE ewig, um alle Konfigurationen einzustellen. Später geht das angeblich schneller, habe ich mir sagen lassen.

Ziel von KDE war und ist es, ein annehmbares »GUI« zu entwickeln, das jeder wiedererkennt und bedienen kann. Ähnlichkeiten mit anderen uns bekannten grafischen Oberflächen sind gewollt. Warum auch nicht? Was spricht gegen einen übersichtlichen und funktionellen Desktop (Abbildung 6.2)?! Hier können Sie alles starten, was unmittelbar die Konfiguration Ihrer Oberfläche sowie des KDM betrifft.

Sie starten das Kontrollzentrum, indem Sie auf das KDE-Symbol klicken, dann auf KONTROLLZENTRUM. Alles Weitere geht mit der Maus.

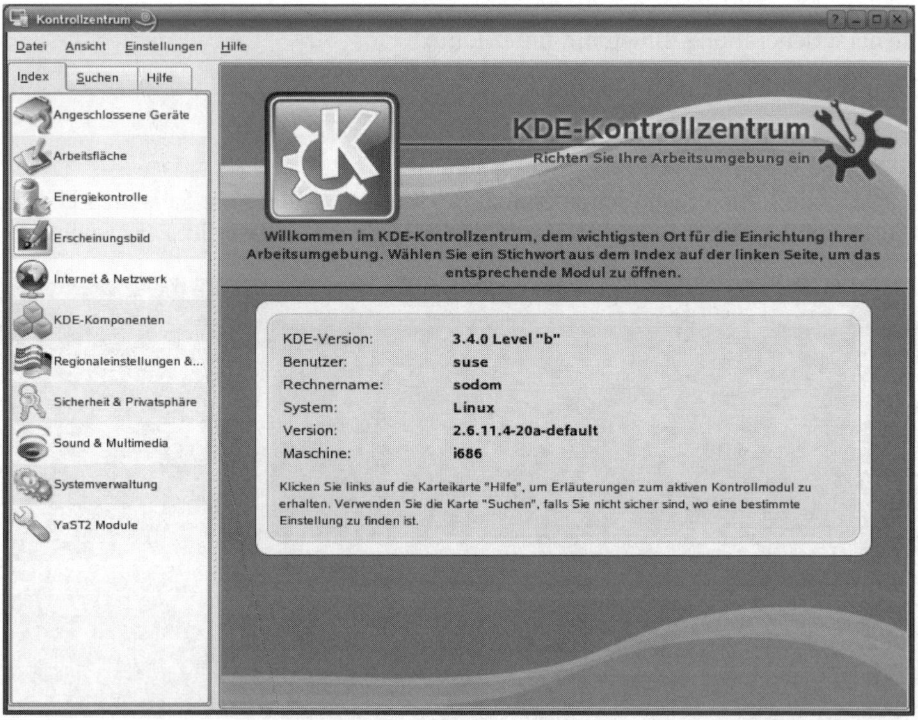


*Abbildung 6.2: KDE-Kontrollzentrum in Aktion, ein El Dorado für jeden »KlickiBunti«-Fan*

Ich werde hier jetzt sicherlich nicht alle Einzelheiten des Kontrollzentrums beschreiben. Hier ist Ihr persönlicher Spieltrieb gefragt. Sie dürfen wüst herumkonfigurieren, aber merken Sie sich, wo Sie etwas ändern, falls es nachher doch nicht so aussieht, wie Sie sich das gewünscht hätten.

## Wir verändern unseren Desktop

Vielleicht denken Sie sich auch, dass das Erste, was man ändern muss, der Hintergrund ist. In der Standard-KDE-Einstellung haben Sie vier virtuelle Desktops. Sie können zwischen diesen hin- und herschalten. Applikationen, die auf Desktop 2 laufen, sehen Sie nicht auf Desktop 1. Sie können bis zu 16 (wieso eigentlich nur 16? Bei anderen Windowmanagern können Sie beliebig viele einstellen!) verschiedene Desktops nutzen und natürlich auch unterschiedlich konfigurieren, zumindest was den Hintergrund anbelangt (Abbildung 6.3). Klicken Sie auf ERSCHEINUNGSBILD&DESIGN und anschließend auf HINTERGRUND.

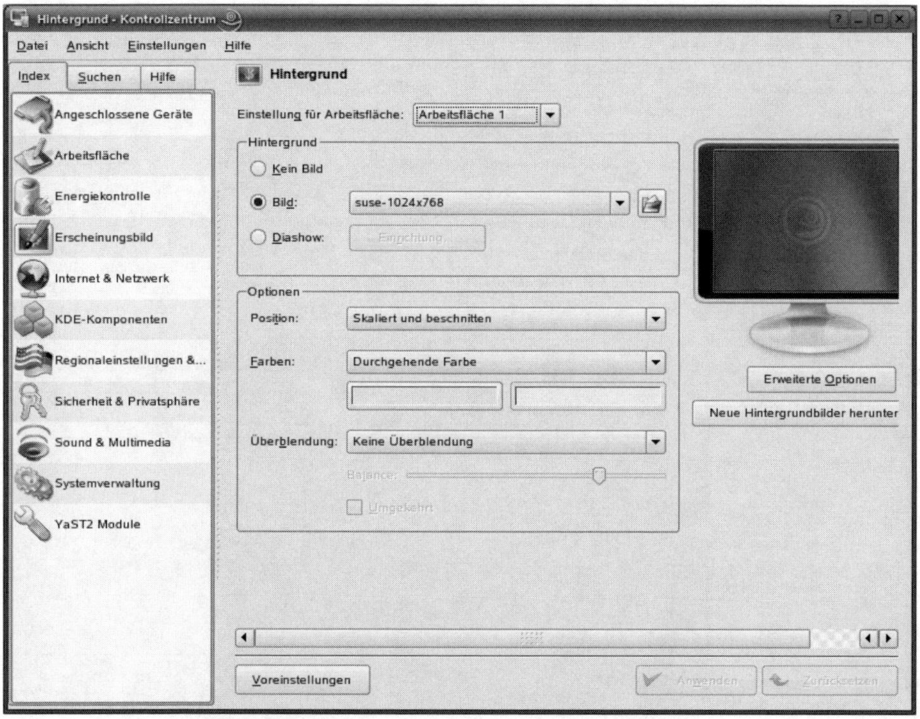


*Abbildung 6.3: Neue Hintergründe braucht das Land.*

## Der virtuelle Desktop

Sie haben nun die Möglichkeit, jeden einzelnen Desktop zu konfigurieren, oder Sie laden sich, ähnlich wie bei MS Windows, ein so genanntes »Theme«. Dabei sind die Knöppkes und Konsorten schon mal global vorbelegt. Diese können Sie natürlich wieder anpassen und unter einem eigenen Namen speichern.

Klicken Sie bitte in der linken Leiste auf ERSCHEINUNGSBILD&DESIGN, und Sie sollten einen Bildschirm wie in Abbildung 6.4 sehen. Hier sind alle Einstellungen aufgelistet, die das Aussehen Ihres Desktops betreffen.

Sehen Sie sich zunächst das Fenster zur Einstellung der Desktops an. Eines der nettesten Features von KDE (und den anderen Windowmanagern) ist die Eigenschaft, dass Sie Menüs auf die Maustasten legen können. Gehen Sie dazu in Abbildung 6.4 auf AKTIONEN|LINKE TASTE und Sie können hier die Eigenschaften der Menüs ändern. Wir würden Ihnen jedoch empfehlen dieses so zu belassen. Jedes Mal, wenn Sie mit der eingestellten Maustaste auf den Hintergrund klicken, erhalten Sie das gewünschte Menü. »Menu at your fingertips«. Dieses können Sie einstellen unter ARBEITSFLÄCHE|FENSTERLEISTE. Weisen Sie den jeweiligen Maustasten Menüs zu.

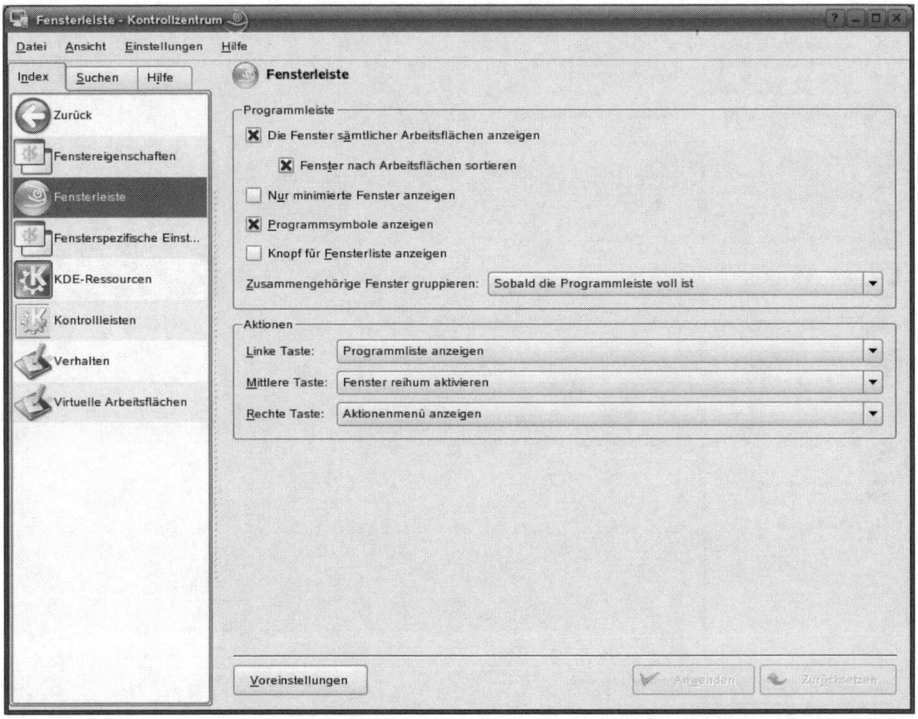


*Abbildung 6.4: Wo sollen die Menüs stehen?*

Klicken Sie nun auf VIRTUELLE ARBEITSFLÄCHEN. Wählen Sie so viele Desktops aus, wie Sie brauchen.

Geben Sie ihnen aussagekräftige Namen, so können Sie z.B. einen Desktop »System« nennen und alle möglichen Systeminfos dort ausgeben lassen. Die Programme dazu werden Sie später in diesem Kapitel kennen lernen. Die anderen Punkte im Desktop-Menü sehen Sie sich bitte selber an. Ach ja, das gilt ab jetzt für alle Menüpunkte, die ich im Sinne der Übersichtlichkeit auslassen werde. Sehen Sie sich in Ruhe um. Umsehen (nicht auf die Knöppkes drücken) verändert nichts.

## Der Screensaver - Eines der wichtigsten Programme überhaupt

War es anfangs noch verpönt, unter Linux einen Bildschirmschoner einzusetzen, so sehen heute viele von den eingefleischtesten Linux-Usern mindestens minutenlang ihrem Lieblingsscreensaver zu. Bei der Anzahl an Screensavern, die es mittlerweile gibt, ist das auch kein Wunder. Spaß beiseite. Es gab schon immer Bildschirmschoner, seit es X gibt.

Als Beispiel in Abbildung 6.5 wurde ein bunter Bildschirmschoner ausgewählt. Sie haben, wie Sie sich das sicher gedacht haben, die Möglichkeit, jedweden Schnickschnack der jeweiligen Screensaver einzustellen. Ob das nun die Anzahl der Fische im Aquarium oder die Winkel von sich schneidenden Röhren betrifft. Zu finden ist diese wichtigste aller Applikationen unter ERSCHEINUNGSBILD&DESIGN|BILDSCHIRMSCHONER.

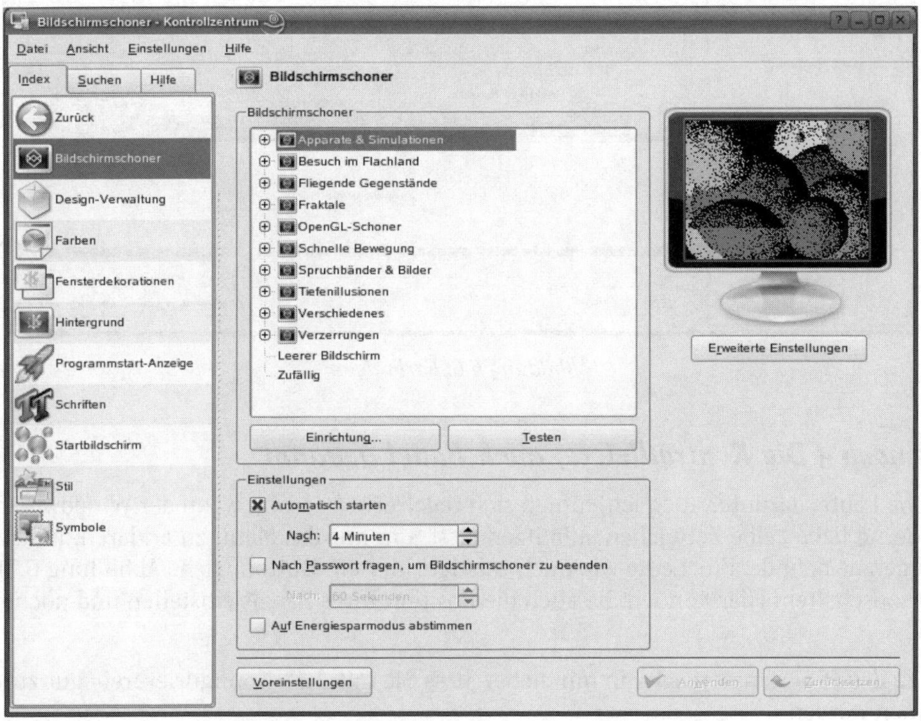


*Abbildung 6.5: Einer der zahlreichen Bildschirmschoner*

## Jedes Fenster braucht seine Zierde

... sprich die passende Farbe. Konfigurieren Sie sich Ihre eigene Farbumgebung oder wählen Sie eine der vielen vorhandenen aus. Sie können diese ja anpassen und unter einem neuen Namen abspeichern (Abbildung 6.6).

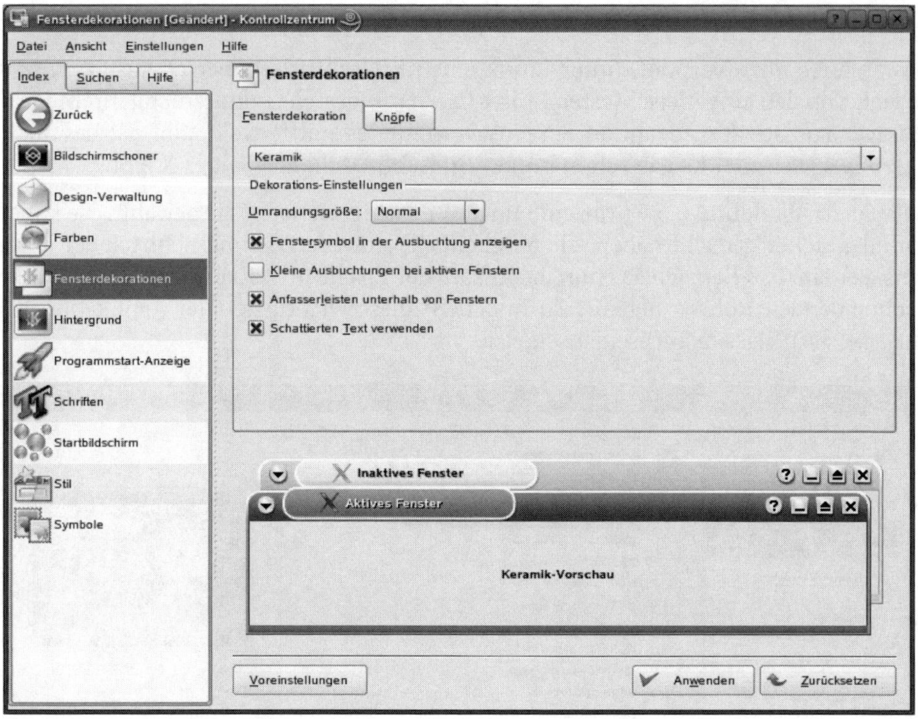


*Abbildung 6.6: Farbreigen*

### Eins noch – Die Kontrollleiste, auch Panel genannt

Manche Leute, darunter auch ich, fühlen sich regelrecht bedroht, wenn der Windowmanager andauernd liebe gelbe Zettelchen aufblitzen lässt, um mir das Menü zu erklären, in dem ich mich gerade befinde. Für Leute wie mich existiert hier ein Button (siehe Abbildung 6.7), um sie auszuschalten. Hier können Sie auch die Position Ihres Panels einstellen und noch vieles mehr.

Nun zu den Programmen; ich bin mir sicher, dass Sie mit der »Konfiguriererei« gut zurechtkommen werden.

## Wo sind denn nun die ganzen Programme?

Lassen Sie uns nun einfach direkt ein paar Programme starten.

Den KDE-Start-Button haben Sie ja schon entdeckt; auf, stürzen wir uns in die bunte KDE-Welt.

KDE bietet für beinahe jeden Bereich etwas an. Fangen wir mit ein bisschen Grafik an, okay?

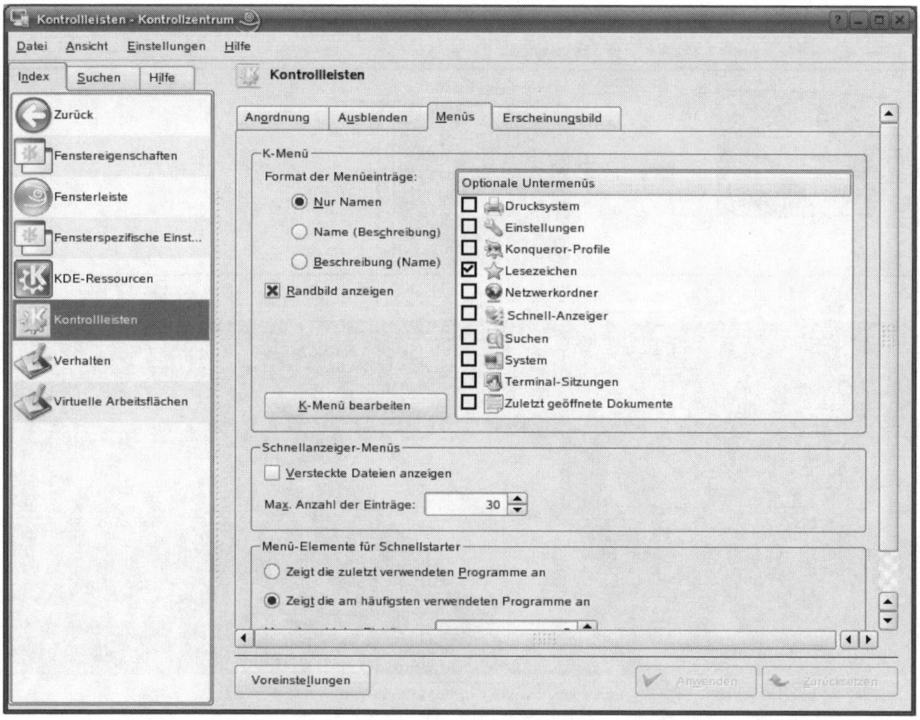


*Abbildung 6.7: Einstellungen für Ihre Kontrollleiste – Das ist die ganz unten.*

## Grafikbearbeitung - Kein Problem für Linux

Wie das geht mit dem Einbinden Ihrer Windows-Verzeichnisse, erfahren Sie im Server-Kapitel (Stichwort: *samba)*.

Klicken Sie auf den KDE-Button und wählen Sie dann GRAPHIK|PAINT. `paint` ist ein Bildbearbeitungsprogramm. Laden Sie ein paar Bilder. Haben Sie bei der Installation die Bilder mitinstalliert, die SuSE auf der CD bereitstellt, dann können Sie unter `/usr/share/images` ein paar Bilder finden. Eventuell haben Sie ja auch eigene auf Ihrer Windows-Partition.

Ja, Sie haben richtig gehört. Sie können auch auf Ihre Windows-Dateien zugreifen! Wenn KDE Ihre Windows-Partition gefunden hat, wird diese auf dem Desktop angezeigt und Sie können ganz normal Dateien laden. Allerdings können Sie keine `.exe`-Dateien ausführen.

Darf ich vorstellen, das ist Schröder, meine Schildkröte. Sie stand mir für das `kpaint`-Fenster Modell. `kpaint` ist allerdings kein Super-Grafik-Programm, aber zum Ansehen von Bildern ist es okay. Es gibt eine sehr starke Alternative zu Photoshop unter Linux: `gimp`.

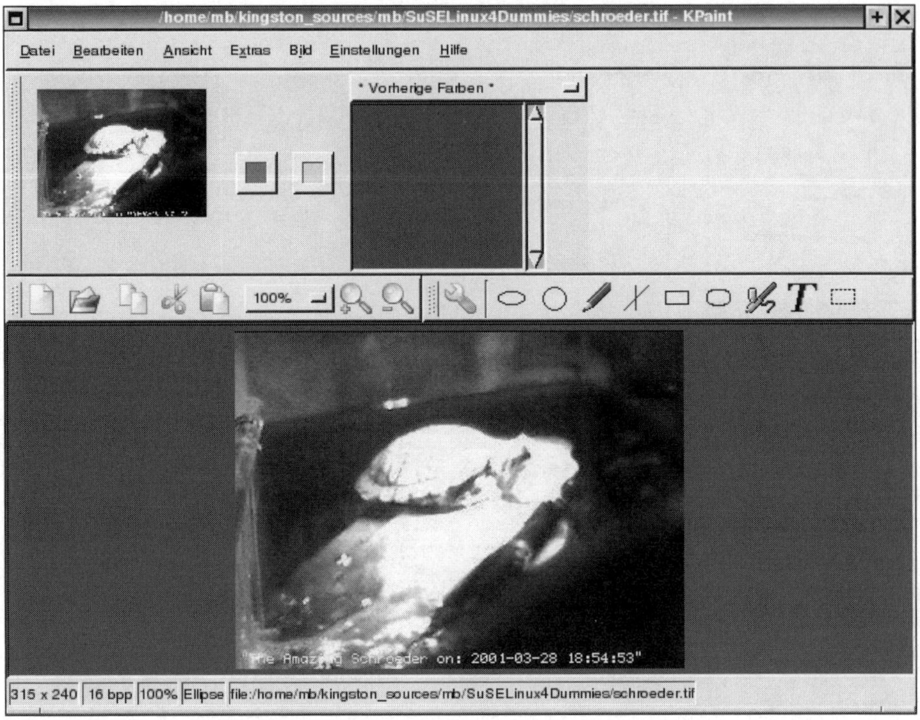


*Abbildung 6.8: Ein bisschen Malen tut ganz gut.*

`gimp` ist ein sehr komplexes Grafiksystem. Sie können nahezu alles mit `gimp` machen. Zusätzlich bietet es Ihnen noch die Möglichkeit, PlugIns zu installieren; das sind Erweiterungen für `gimp`.

Klicken Sie auf den KDE-Button und dann auf GRAPHIK|BILDBEARBEITUNG|THE GIMP. Danach beantworten Sie lieb und nett alle Fragen mit JA, die Ihnen das Installationsprogramm stellt. Keine Sorge, Sie müssen das nur einmal ausführen. Anschließend präsentiert sich Ihnen `gimp` ungefähr so, wie in Abbildung 6.9 zu sehen ist:

Laden Sie ein Bild in `gimp` und klicken Sie den Tipp-Manager weg. Ein Tipp von mir, wenn Sie nicht jedes Mal von diesem lästigen kleinen Fenster geärgert werden wollen: Deaktivieren Sie es einfach ganz unten mit einem Mausklick. Natürlich musste wieder Schröder dran glauben. Allerdings habe ich ihn mit einem der vielen `gimp`-Scripts bearbeitet. Wählen Sie ein Bild aus und klicken Sie mit der rechten Maustaste ins Bild und dann auf SCRIPT-FU|ALCHIMIE|STOFFMALEREI. `gimp` wandelt Ihre Zeichnung nun um. Mehr noch, `gimp` kann mit unterschiedlichen Layern arbeiten und vieles mehr. Viel Spaß beim Erforschen!

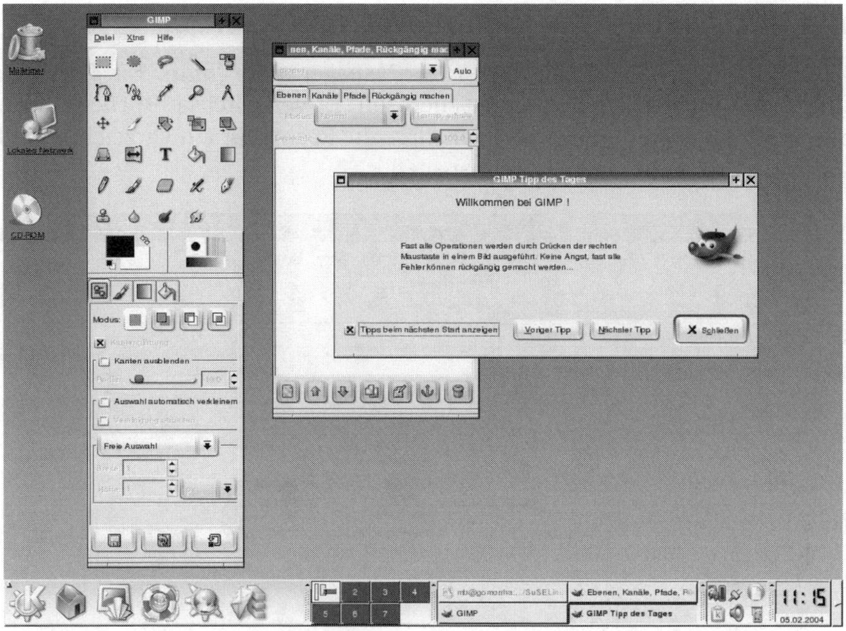


Abbildung 6.9: Starten von `gimp`

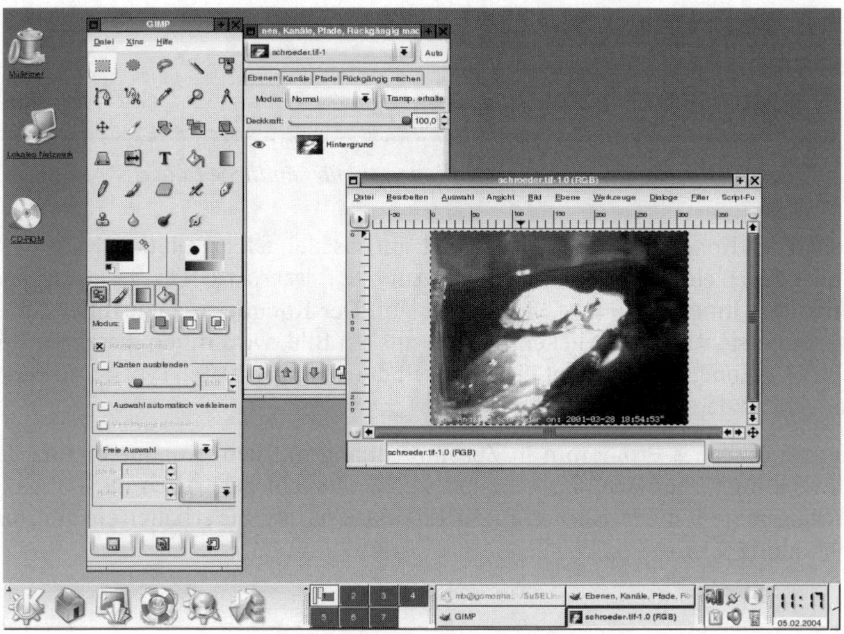


Abbildung 6.10: Schröder in `gimp`

## Ordnung muss sein – Der Konqueror und ksearch

Sie werden es nicht glauben, es gibt noch mehr Manager unter Linux. Ein Dateimanager ist so etwas Ähnliches wie der Explorer unter Microsoft. Er verwaltet sämtliche Dateien für Sie. Wollen Sie eine Datei kopieren oder beispielsweise die Rechte für ein Verzeichnis ändern, tun Sie dies am einfachsten mit einem Dateimanager.

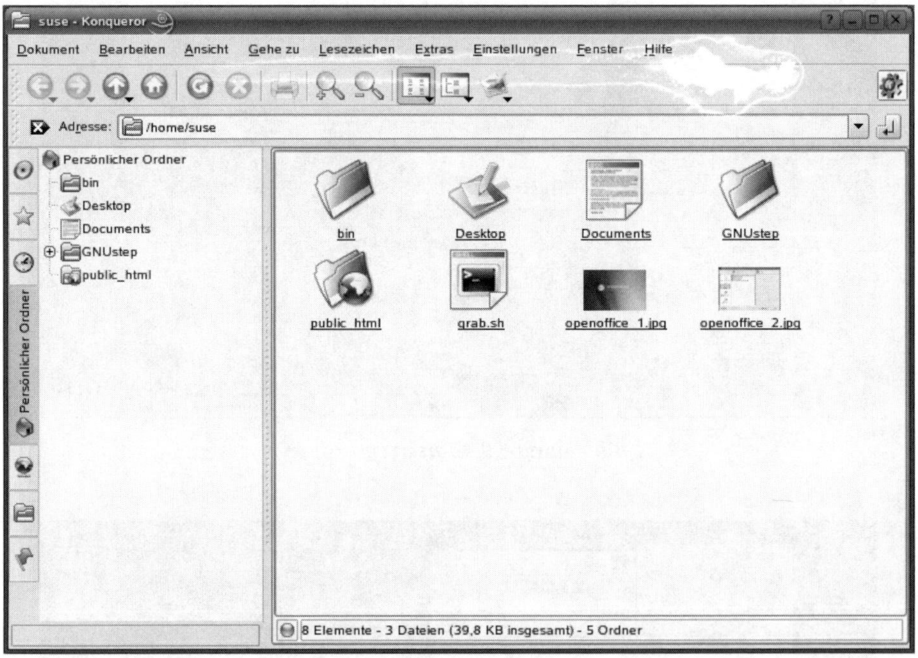


*Abbildung 6.11: Das Verwaltungstool für sämtliche Dateien*

Sie erreichen den Konqueror durch einen Klick auf das kleine Icon mit dem Haus in Ihrer Menüleiste oder durch einen Klick auf KDE|SCHNELLANZEIGER|PERSÖNLICHES VERZEICHNIS. `konqueror` startet und listet Ihnen Ihr `/home`-Verzeichnis auf. Der Konqueror zeigt Ihnen die Struktur Ihres Linux übersichtlich an. Klicken Sie z.B. auf ein Bild, wird Ihnen dieses im Konqueror dargestellt. Der Konqueror erkennt automatisch die gängigen Datei-Typen und versucht, sie dementsprechend darzustellen.

Ein weiteres nützliches Programm in Zusammenhang mit dem Konqueror und der Erforschung Ihrer Linux-Oberfläche ist `ksearch`. `ksearch` sucht beharrlich nach allem, was Sie angeben. Starten Sie es durch Klicken auf KDE|DATEIEN SUCHEN. Sie erhalten ein Fenster ähnlich dem in Abbildung 6.13.

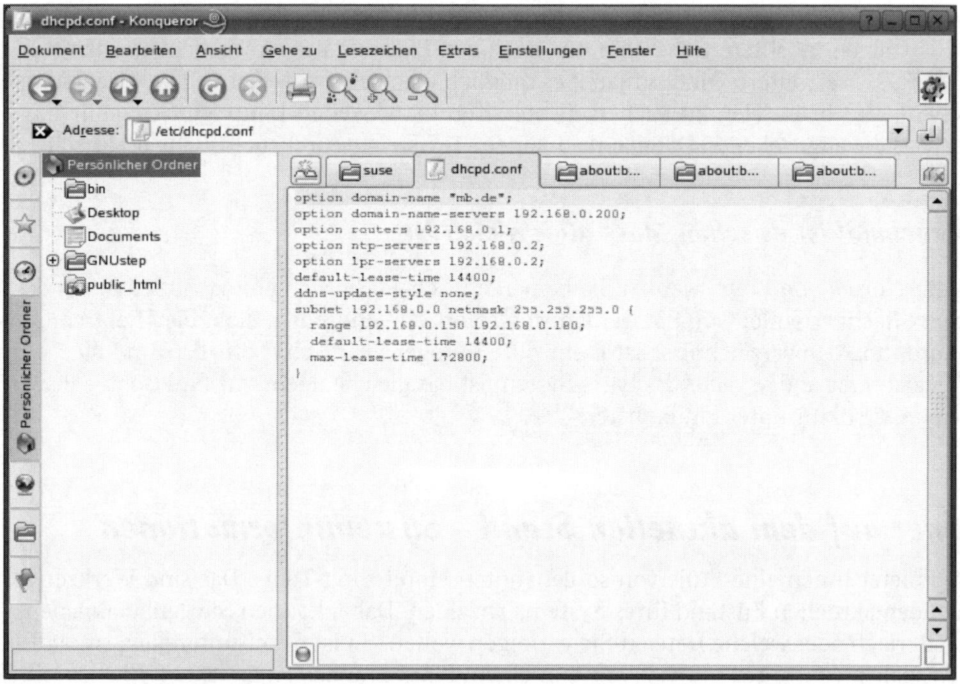

*Abbildung 6.12: Nützen Sie den Konqueror als Allround-Arbeitsfläche.*

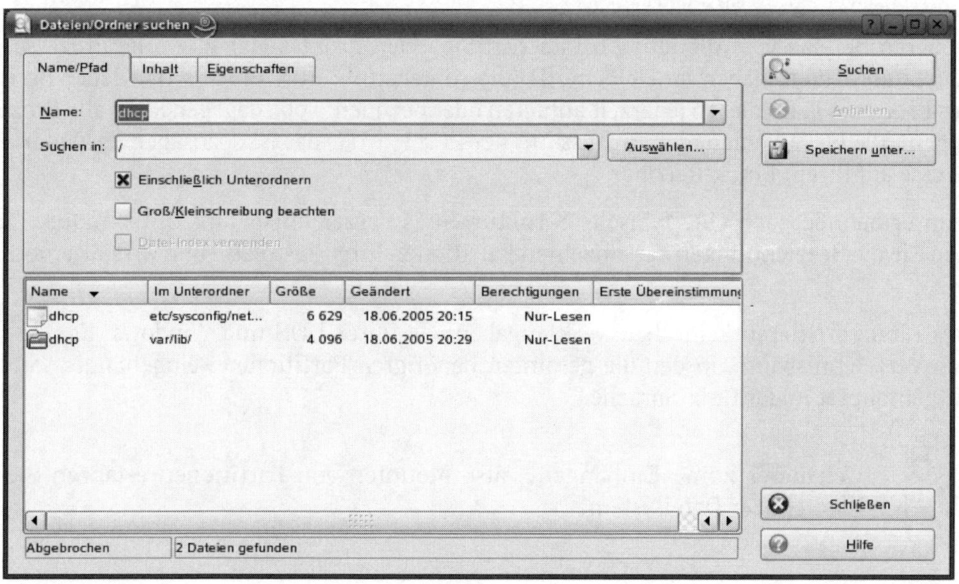

*Abbildung 6.13: Der erweiterte Modus von* ksearch

Standardmäßig erwartet `ksearch` eine Eingabe von Ihnen, also den Namen einer Datei, nach der Sie suchen möchten. Geben Sie nur noch den Pfad an, also wo gesucht werden soll, und das war's. Der erweiterte Modus macht es möglich, nach einem Textstring (auf Deutsch: einer Zeichenkette) in Dateien zu suchen. (Unter Kommandozeilen-Linux gibt es dafür das Tool `grep`, das die angegebenen Dateien nach einem Textstring durchsucht; sehr praktisch!)

### Manchmal ist es schön, dass alles gleich ist

Einen Vorteil von Linux werden Sie bemerken, sobald Sie sich einmal auf einem anderen Linux-Rechner einloggen. Sie werden sich sofort zurechtfinden, denn die Hierarchie und Anordnung der Verzeichnisse ist mehr oder weniger identisch. Natürlich sind die `/home`-Verzeichnisse anders, aber das Basis-System ist das gleiche. Mehr zur Philosophie der Verzeichnisstruktur unter Linux später.

## Immer auf dem aktuellen Stand – Systeminformationen

Linux bietet Ihnen eine Fülle von so genannten Monitoring-Tools. Das sind Werkzeuge, die Ihnen den aktuellen Zustand Ihres Systems anzeigen. Dabei können Sie genau angeben, welchen Bereich oder welche Dateien Sie verfolgen wollen. So ist es mitunter ganz sinnvoll, sich die Ausgaben von `/var/log/messages` in einem Fenster anzeigen zu lassen. Ebenso nützlich wäre es, die CPU- und Netzauslastung zu sehen, kurz die Belastung des Rechners, um im Notfall eingreifen zu können. Klicken Sie auf KDE|System|Überwachung|Systemüberwachung bzw. KDE|System|Dateisystem|Kdiskfree.

Im oberen Bereich von Abbildung 6.14 sehen Sie einen Prozess-Manager. Alle Prozesse, die unter Linux laufen, haben eine eigene ID (die so genannte PID, Process ID). Jeder Besitzer eines Prozesses kann diesen jederzeit anhalten oder beenden. `root` dagegen kann alle Prozesse stoppen. Alle bis auf einen, den Prozess mit der PID 1, `init`, das ist sozusagen der Vater aller Prozesse auf Ihrem Linux-Rechner.

Darunter befindet sich eine typische Struktur eines Verzeichnisbaums unter Linux. Links sehen Sie die Bezeichnungen der einzelnen Partitionen Ihrer Festplatte und wo sie gemountet sind.

Unter Linux existieren keine Laufwerksangaben wie unter DOS und Windows. Es gibt nur einen Verzeichnisbaum, in den die gesamten benötigten Partitionen »eingehängt« werden, bzw. gemountet in der Unix-Sprache.

Genaueres zum »Einhängen«, also Mounten von Partitionen erfahren Sie im Kapitel über Dateisysteme.

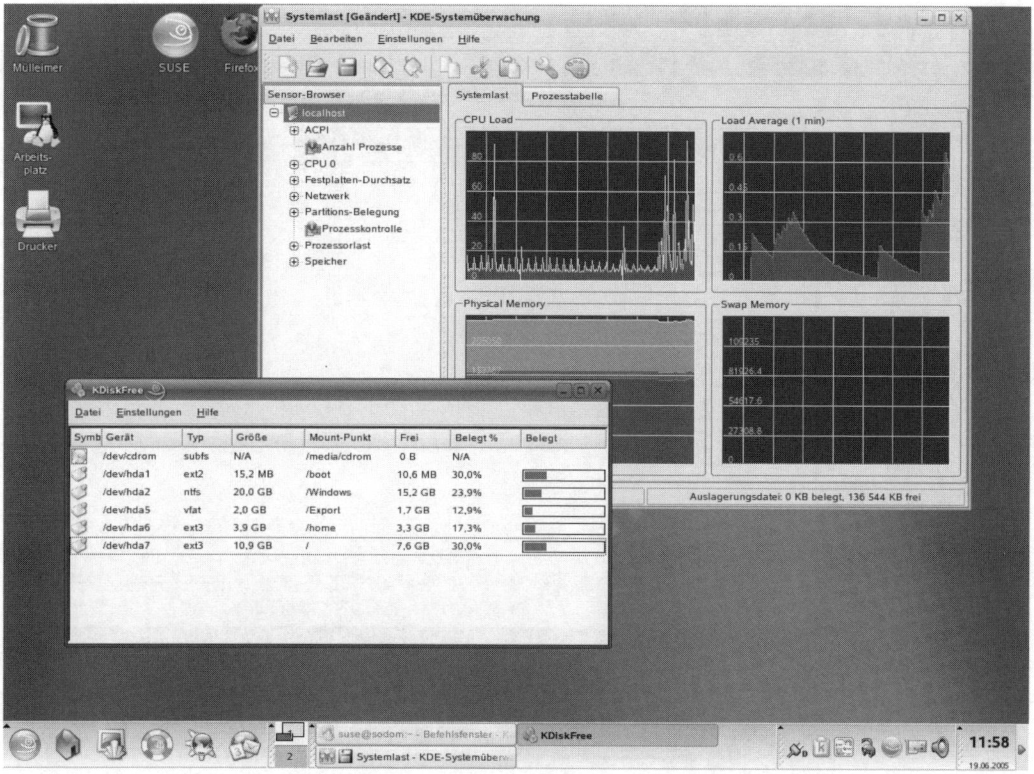


*Abbildung 6.14: Eine Ansammlung von Systeminformationen*

Ein paar andere ganz nette und nützliche Programme in diesem Zusammenhang können Sie in Abbildung 6.15 erkennen.

Um ein Bild ähnlich dem in Abbildung 6.15 zu erhalten, klicken Sie nacheinander wie üblich auf den KDE-Startknopf und dann auf folgende Einträge: System|Dateisystem|KFloppy, System|Aufgabenplaner KCron, System|Überwachung|Druckaufträge, System|Überwachung|KSim, System|Überwachung|Infozentrum und auf System|Anwendungssuche. Haben Sie einen PDA (PalmPilot oder Ähnliches), können Sie diesen auch via Dienstprogramme|Synchronisieren mit Ihrem Desktop abgleichen.

Formatieren Sie Floppies unter Linux für Linux oder alternativ für DOS. Haben Sie einen Druck in Auftrag gegeben, so können Sie hier seinen Status verfolgen und ob alles geklappt hat. Diese kleinen Dienstprogramme sollen Ihnen den Arbeitstag mit KDE erleichtern. Noch viele weitere Tools stehen Ihnen zur Verfügung. Seien Sie mutig! Starten Sie YaST und suchen Sie nach KDE-Tools; Sie werden erstaunt sein, was Sie alles finden werden.

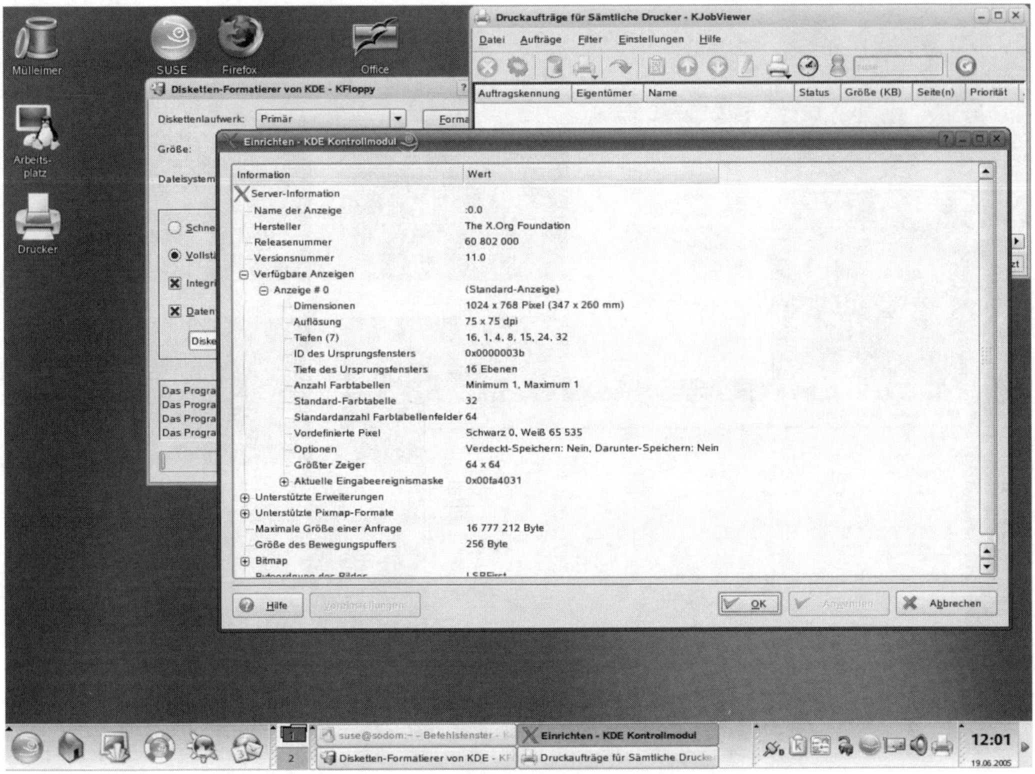


*Abbildung 6.15: Eine Sammlung von weiteren nützlichen Tools*

# Bluetooth – Datenaustausch auf modern

Seit kurzem ist die Bluetooth-Unterstützung mit SuSE Linux hervorragend und vor allem einfach gelöst. In der Regel werden Sie einen kleinen Bluetooth-Adapter haben, der am USB-Port angeschlossen wird. Bevor Sie sich einen neuen kaufen, beachten Sie bitte, dass hier noch bei Weitem nicht alle unterstützt werden. Sehen Sie auf den Webseiten nach, um hier nicht den Falschen zu kaufen.

Stecken Sie ihn einfach mal rein und warten Sie, bis sich `kbluetooth` meldet.

Sie erinnern sich? Unter YaST haben wir den Bluetooth-Support eingestellt. Was macht man nun mit Bluetooth? Nun, Sie können sich zum Beispiel die mit Ihrer Handycam aufgenommenen Fotos ansehen. Legen Sie einfach Ihr Handy in die Nähe des Adapters und schalten Sie im Handy den Bluetooth-Support auf »An«. Nach einer Weile müsste Ihr Handy im Konqueror auftauchen.

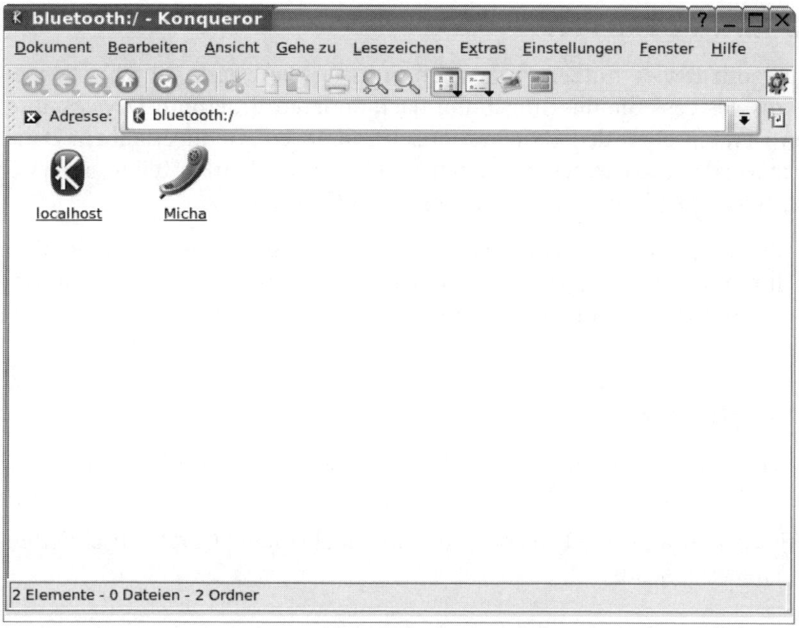


*Abbildung 6.16: Ihr Bluetooth-Handy*

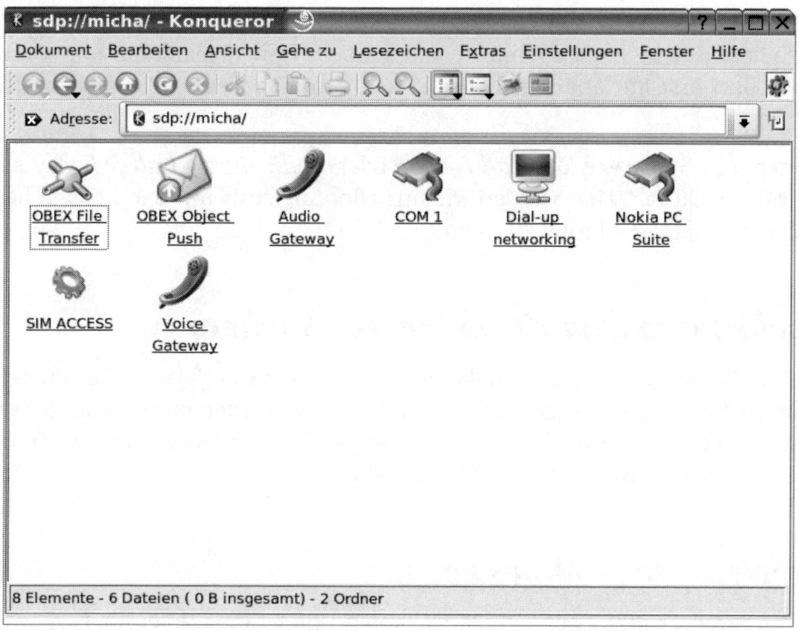


*Abbildung 6.17: Die unterschiedlichen Möglichkeiten*

## Koppeln und Passwörter

Um ein Bluetooth-Device nutzen zu können, müssen Sie es erst einmal »koppeln«. Das ist nichts anderes, als dass Sie die Umgebung nach anderen Bluetooth-Devices abscannen und bestimmten Geräten eben den Datenaustausch mit Ihrem Gerät erlauben. Daher auch das Passwort. Ich würde Ihnen dringend empfehlen, ein Passwort einzustellen, auch wenn es lästig ist, denn mittlerweile gibt es selbst für Bluetooth »Würmer«.

Wenn Sie mal ein wenig Spaß haben wollen, gehen Sie in die Stadt, schalten Sie Ihren Bluetooth-Support an und scannen Sie einfach mal. Sie werden erstaunt sein, mit wie vielen Handys Sie Kontakt aufnehmen können!

## Dateien kopieren

Wenn Sie also eine Verbindung hergestellt haben, können Sie im Konqueror mühelos über *OBEX* Dateien zwischen Handy und PC austauschen.

Natürlich können Sie an Ihren Bluetooth-Adapter auch andere Geräte anschließen. Probieren Sie es doch einfach mal aus.

# Spielen unter Linux? Na klar!

Ein altes Vorurteil lautet: Es gibt keine vernünftigen Spiele unter Linux. Das ist Unsinn und längst überholt. Tatsache ist, dass mittlerweile manche Spiele zuerst auf Linux veröffentlicht werden und dann erst auf anderen Plattformen. Prominentestes Beispiel hierfür ist wohl *Quake3*.

Auch kommerzielle Spiele wie *Railroad Tycoon* oder *Civilization – Call to Power* sind mittlerweile für Linux erhältlich. Hier werden wir uns allerdings nur mit den Spielen beschäftigen, die beim KDE-Standard-System dabei sind.

## Ein bisschen was zum Kombinieren: Klickety

Öfters mal was Neues. Ziel ist es, möglichst alle Steine zu entfernen. Zusammenhängende Steine einer Farbe können weggeklickt werden. Die verbliebenen purzeln dann wieder zusammen. Schaut einfacher aus, als es ist. Das sollte ja nun wohl jeder kennen. Zu finden ist es unter KDE|Spiele|arkade|Klickety (Abbildung 6.18).

## Sprengmeister vor – Minesweeper

Auch von Minesweeper gibt es unzählige Varianten unter Linux. Hier die KDE-Variante (Abbildung 6.19). Sie finden Sie unter KDE|Spiele|Puzzle|KMines.

*Abbildung 6.18: Klicken Sie die Farben weg!*

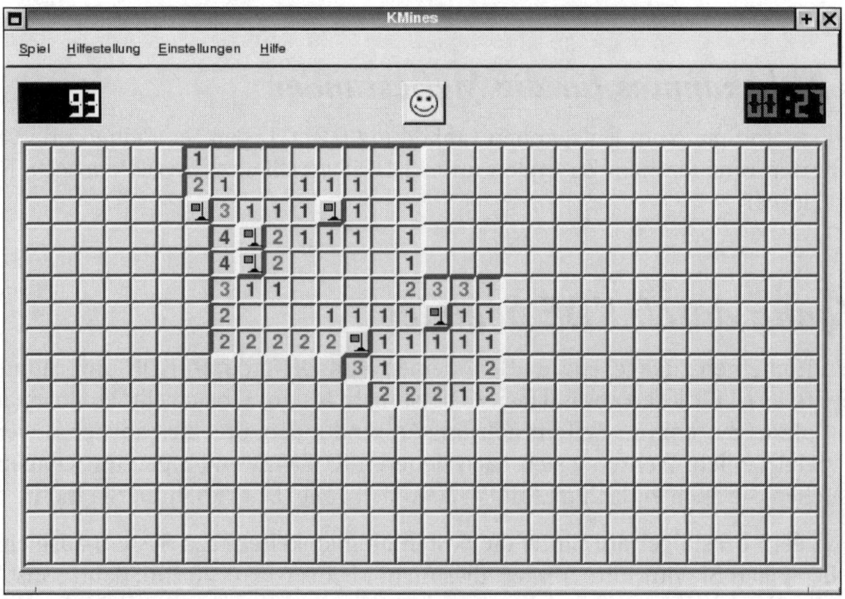


*Abbildung 6.19: Sprengen Sie nach Lust und Laune.*

## Enigma

Ein Spiel zum Ärgern oder auch zum Entspannen. Enigma bietet eine Kombination aus dem bekannten Onyx-Spiel und Sokoban. Sie finden es unter KDE|SPIELE|PUZZLE|ENIGMA.

Versuchen Sie, die Edelsteine auf den grünen Markierungen zu parken. Aber Achtung: Wenn Sie sie an die Wand oder auf einen Zweierhaufen schieben, können Sie sie nicht mehr bewegen.

*Abbildung 6.20: Enigma – ein Spiel für Tüftler*

### Etwas Altbekanntes für die Mußestunden

Patiencen ist ein Spiel zum Entspannen (Abbildung 6.21). Legen Sie Reihen und versuchen Sie, alle Karten umzudrehen. Zu finden unter KDE|SPIELE|KARTENSPIELE|PATIENCEN. Nicht alle Spiele sind lösbar.

## Rundgang durch KDE beendet

Wir haben nun einen zugegebenermaßen kleinen Rundgang durch KDE unternommen. Sie sehen bereits, es ist für jeden etwas dabei. KDE ist mehr als nur einfach ein Windowmanager, es ist ein komplexes System von Systemtools und Anwendungen. Und die Zahl der Anwendungen für KDE steigt täglich. Wenn Sie sich nach neueren KDE-Anwendungen umschauen wollen, dann besuchen Sie doch einfach mal `http//www.kde.org`. Dort erfahren Sie mehr.

KDE bietet dem Umsteiger auf Linux die besten Möglichkeiten, das System ausgiebig zu erkunden. Bedenken Sie nur bitte immer, dies nicht als User `root` zu tun, denn sonst könnten Schäden, die Sie versehentlich anrichten, auch das System zerstören. Viel Spaß beim Durchforsten des KDE-Applikationsdschungels.

Sie sehen, wie oft ich Sie darauf hinweise, mit dem `root`-Account sparsam umzugehen.

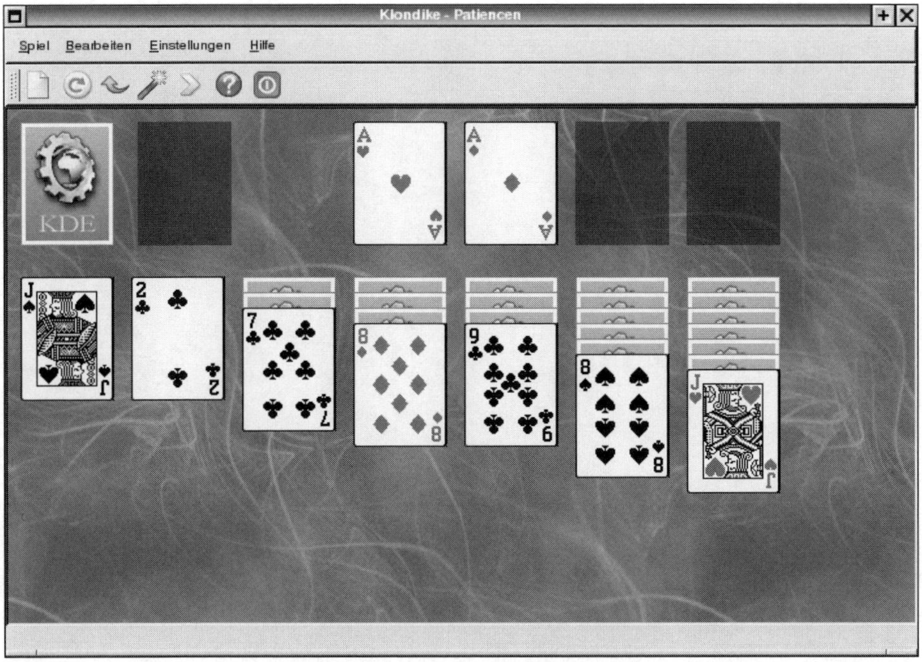


*Abbildung 6.21: Etwas für Geduldige*

Es wäre unfair, hier an dieser Stelle ein anderes, ähnlich geartetes System nicht vorzustellen. Es handelt sich um `gnome`. Da auf der SuSE-CD KDE der Standard ist, bin ich hier auf KDE natürlich intensiv eingegangen. Sollten Sie jedoch Lust haben und neugierig sein, so darf ich Ihnen auf jeden Fall empfehlen, sich das `gnome`-System anzusehen. Es befindet sich ebenfalls auf der SuSE-CD.

Seit der Version 10.0 befindet sich auch ein sehr aktuelles Gnome auf der SuSE DVD. Novell wird bei den nächsten Releases das Gnome Project als sein Default Desktop Environment wählen. Da Novell vor kurzem auch das Software Haus Ximian gekauft hat und dessen Produkte auf dem Gnome System aufsetzen, braucht das nicht zu wundern. Sollten Sie also Zeit und Lust haben, so empfehlen wir Ihnen sich mitGnome auseinanderzusetzen.

Nachdem Sie das System nun installiert haben und KDE starten und bedienen können, wird es Zeit, dass Sie in die »tieferen« Geheimnisse von Linux wie die Befehle, die Dateisysteme sowie die Rechtevergaben eingewiesen werden, kurzum – die *Linux very Basics*.

# Office-Tools für Ihr Büro

7

## In diesem Kapitel

- Ja, auch unter Linux gibt es »Word« und Konsorten
- Erste Schritte mit dem freien Office-Tool
- Kompatibilität, der Austausch mit anderen Office-Programmen

Eines der Hauptargumente gegen Linux der früheren Zeit war die eines fehlenden Office-Programms. Viele Versuche wurden unternommen, auch für Linux eine Office-Alternative zu entwickeln. Meistens sind sie an ein paar Punkten gescheitert. Zum einen waren die verwendeten Formate unter MS Word nicht lesbar (was selten die Schuld von Linux war). Natürlich war auch die Bequemlichkeit der Menschen schuld. Zwei Sätze hörte man hier sehr häufig: »Das haben wir schon immer so gemacht!« und »Das haben wir noch nie anders gemacht.« Natürlich erfordert eine neue Software auch Umstellungen, kein Mensch hat behauptet, man kriegt alles geschenkt. Allerdings sollten die Einsparungen der Lizenzgebühren und einfach die Tatsache, dass es Spaß macht, Billy Boy zu ärgern, einem das wert sein, oder nicht?

## Office-Programme unter Linux

Abgesehen davon versuchten es auch unter Linux ein paar Firmen mit proprietärer Software: ApplixWare und WordPerfect. Wobei ApplixWare gar nicht mal so schlecht abschnitt. Jedenfalls ist von beiden Firmen in der Linux-Welt eigentlich kaum mehr etwas zu hören. Linux spricht weiterhin TeX und eben seit neuestem OpenOffice.

Wenn Sie vorhaben, professionelle Textverarbeitung zu betreiben, so sei Ihnen TeX und die Anschaffung eines Buches zu TeX wärmstens empfohlen!

TeX ist ein sehr mächtiges Satzsystem, das auch heute noch allen gängigen Office-Tools weit überlegen ist. (Alle SuSE-Handbücher werden mit TeX gesetzt!) Allerdings ist TeX alles andere als selbsterklärend und somit für den Desktop der meisten User nicht zu empfehlen.

Es gab unter Linux verschiedene Ansätze von Office-Programmen:

- ✔ TeX
- ✔ WordPerfect
- ✔ StarOffice

- ✔ ApplixWare
- ✔ OpenOffice

um nur die bekanntesten zu nennen.

Sie werden sich hier im Wesentlichen mit OpenOffice beschäftigen.

## OpenOffice – First Steps

Haben Sie brav alles befolgt in den vorangegangenen Kapiteln? Fein, dann haben Sie eine jungfräuliche SuSE vor sich auf dem Bildschirm und erreichen OpenOffice mit KDE| BÜROPROGRAMME|OFFICE SUITE. Eine Quickstartleiste wie in Abbildung 7.1 begrüßt den Neuling.

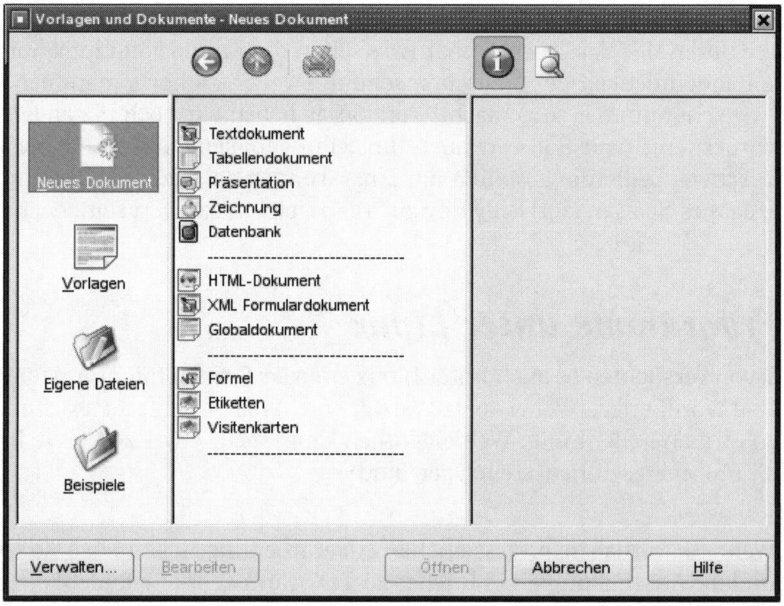


*Abbildung 7.1: Die Office-Suite*

Ein Klick auf NEUES DOKUMENT und anschließend auf TEXTDOKUMENT (und natürlich dem obligatorischen Doppelklick bzw. ↵ oder ÖFFNEN) öffnet ein völlig unbeschriebenes Blatt »Papier«. Ich habe es natürlich sofort beschmieren müssen.

Bevor Sie die leere Seite öffneten, sahen Sie auch, dass OpenOffice (wie MS Office) auch Templates und bestimmte Beispiel-Seiten für Sie vorbereitet hat. Gehen Sie diese in einer ruhigen Minute einfach mal durch. Mir geht es hier hauptsächlich darum zu zeigen, wie man Dokumente zwischen den verschiedenen Betriebssystemen hin und her kopieren kann.

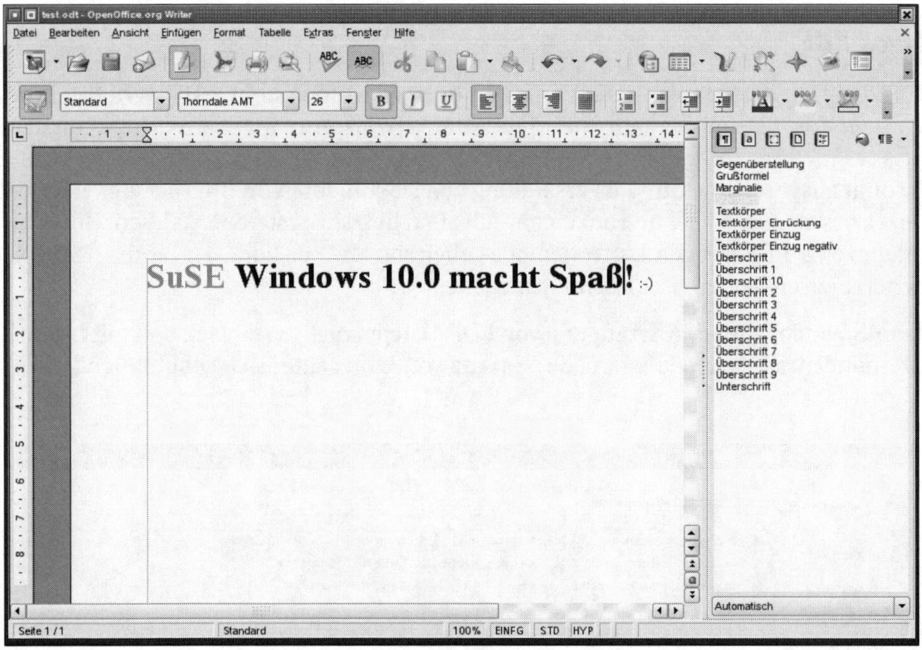


*Abbildung 7.2: A weißes Blattl Papier*

Lassen Sie uns nun unser tolles Dokument so abspeichern, dass es von MS Word gelesen werden kann. Nun, welche Formate versteht Word? Es versteht im Wesentlichen folgende drei Formate:

1. `.doc`
2. `.rtf`
3. `.txt`

Alle diese dürfen Sie ihm anbieten. Ein weiterer Pluspunkt von OpenOffice ist die automatische Erzeugung von PDF-Dateien.

Okay, wählen Sie jetzt einfach DATEI|SPEICHERN UNTER und OpenOffice bietet Ihnen das bekannte Auswahlfensterchen an.

Hier habe ich jetzt einfach mal Windows 97/2000/XP gewählt. Speichern Sie es ab und geben Sie es einem Freund zum Einlesen auf seiner Windows-Mühle. Besser noch, lesen Sie den Mail-Teil im Internet-Kapitel und schicken Sie ihm es gleich als E-Mail.

Wie erzeugt man nun ein PDF? Ganz einfach. Gehen Sie wieder auf unser tolles Dokument und wählen Sie EXPORTIEREN ALS PDF. Sie erhalten wieder das Fensterchen. Geben Sie dem Ganzen einen Namen und ab geht's.

## Adobes PDF

PDF ist ein Dateiformat, das unter dem Copyright von Adobe steht. PDF steht für *Portable Document Format* und das kann man auch so stehen lassen. Einer der Vorteile von PDF ist es, dass es nicht nachträglich verändert werden kann (es sei denn, man lässt dies zu) und sich somit ausgezeichnet für die Versendung von Dokumenten im Internet eignet. Darüber hinaus ist es eben portabel und auf eigentlich allen Betriebssystemen zu lesen. Unter Linux existieren zwei PDF-Reader: Der von Adobe gelieferte `acroread` und der Linux-eigene `xpdf`. Welchen Sie verwenden, ist Geschmackssache.

Unter MS Windows ist eine Erzeugung von PDF-Dateien nicht so einfach und mit Lizenzkosten verbunden. Sie sehen langsam, der Einsatz von Linux kann sich echt lohnen!

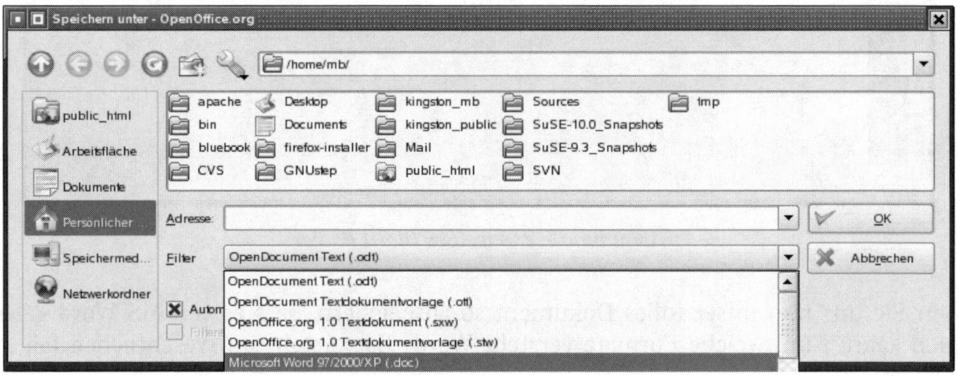


*Abbildung 7.3: Welches Format hätten'S denn gerne?*

Natürlich können Sie Ihr Dokument auch gleich ausdrucken. Drucken unter Linux war früher nicht so ganz einfach. Mittlerweile findet Linux (wie Sie ja bei der Installation schon bemerkt haben dürften) selbst USB-Drucker. Wählen Sie einfach den Drucker aus, den Sie mit YaST installiert haben (siehe Abbildung 7.4). Haben Sie mehrere installiert, genügt ein Klick auf die Combobox, um diese anzuzeigen. Zum Drucken wählen Sie Ihren Drucker und klicken auf [↵].

Unter EIGENSCHAFTEN verbergen sich die druckerspezifischen Einstellungen (siehe Abbildung 7.5). Hier können Sie Ihrem Drucker ein letztes Tuning verpassen oder aber für eine Voransicht eine sparsamere Ausgabe veranlassen. Seit der SuSE 10.0 wird nicht mehr standardmäßig `kprinter` verwendet. Schade eigentlich, denn das Tool war sehr praktisch.

Diese Vorgehensweise ist auf alle Unterbereiche von OpenOffice anwendbar. Die einzelnen Teilbereiche werden jetzt noch kurz vorgestellt.

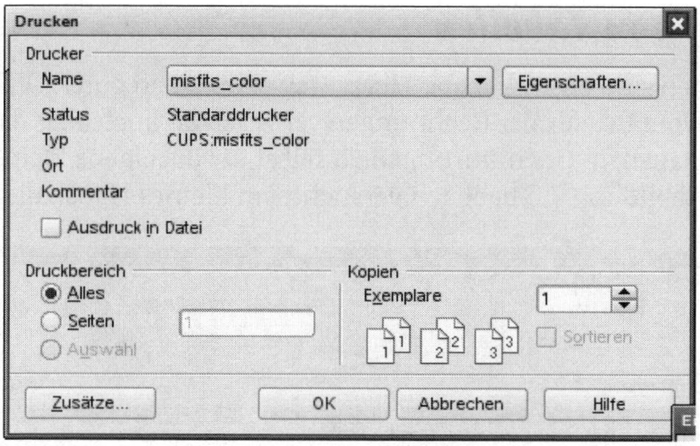


*Abbildung 7.4: Auswahl des* `printers`

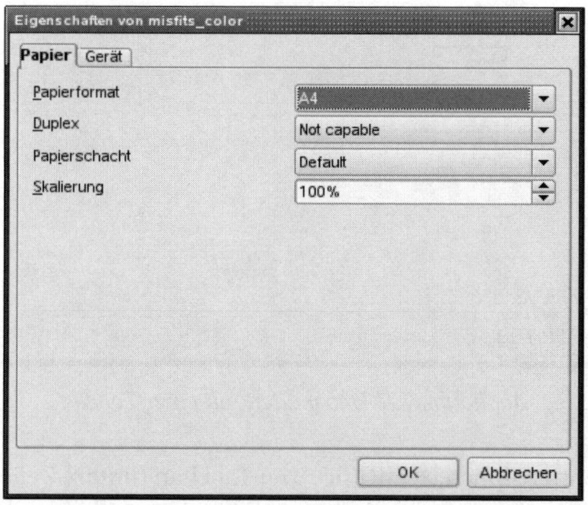


*Abbildung 7.5: Eigenschaften des Druckers*

## Was geschieht hinter den Kulissen?

OpenOffice kann kein PDF erzeugen, aber es bedient sich der Linux-Tools im Hintergrund. Im Grunde geschehen hier zwei Dinge nacheinander.

- ✔ OpenOffice druckt das Dokument in ein PostScript-File aus.
- ✔ OpenOffice ruft nun das Programm `ps2pdf` auf, das aus dem PostScript-File ein PDF macht.

All das geschieht im Hintergrund. Praktisch, nicht?

# Wir kalkulieren in Tabellen

Tabellenkalkulationen sind eigentlich das Herzstück eines jeden guten Office-Programms. Mit ihnen kann man sowohl Briefe oder Rechnungen verfassen als auch alles dazu Notwendige kalkulieren. Auch für Haushalt, Buchführungen, ja selbst für die eigene kleine »DVD-Datei« sind sie einsetzbar. Auf Abbildung 7.6 habe ich versucht, ein kleines Haushaltsbuch darzustellen.

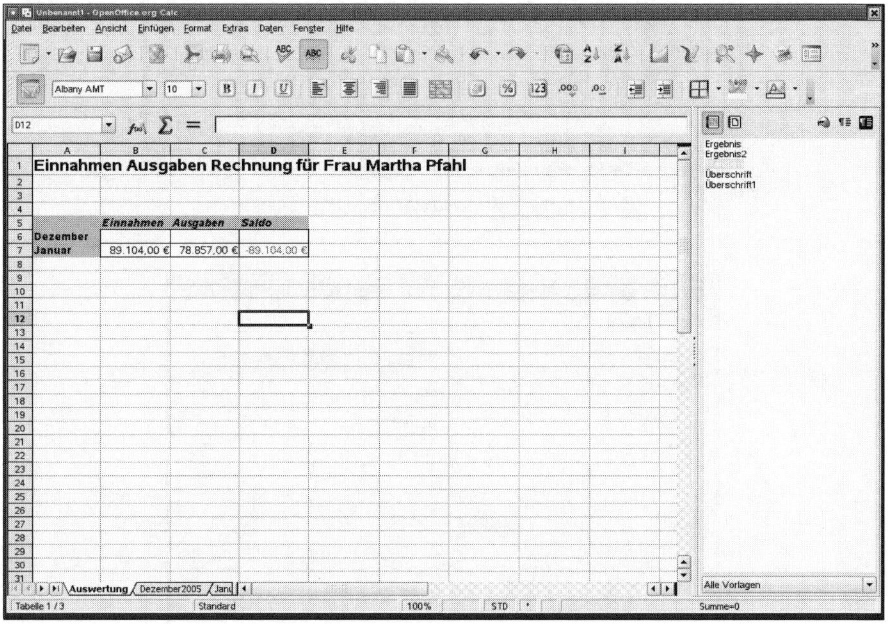


*Abbildung 7.6: Haushalten mit einer Tabelle*

Standardmäßig präsentiert Ihnen OpenOffice drei Tabellen (untere Zeile). Diese habe ich jetzt für unser Haushaltsbuch umbenannt in DEZEMBER 2005, JANUAR 2006 und AUSWERTUNGEN. Ziel ist es nun in diesem Beispiel, die Monatstabellen mit Leben zu füllen und in der Auswertungstabelle darzustellen. Natürlich können Sie das dann in Ihrem richtigen Haushaltsbuch erweitern und erhalten (wenn Sie es richtig machen) jederzeit unter AUSWERTUNGEN die exakten Daten.

Geben Sie einfach die Daten so ein wie auf dem Bild in Abbildung 7.7. Sie brauchen nicht alle Datumsangaben zu tippen. Tragen Sie ein Datum ein, markieren Sie das Feld und ziehen Sie nun das Feld auf (unten rechts am Kreuz). Abbildung 7.7 zeigt Ihnen, wie das geht.

Nun tragen Sie mal Zahlen ein. Natürlich müsste ein richtiges Haushaltsbuch wesentlich genauer sein. Für die Vorführung hier ist es allerdings okay. Wenn es Ihnen gefällt, so verfeinern Sie es doch bitte. Da in den Feldern EINNAHMEN und AUSGABEN eigentlich nur Währungsbeträge stehen können, liegt es nahe, diese auch so zu formatieren. Markieren Sie hierzu alle Felder, die auf € umgestellt werden sollen, und klicken Sie anschließend mit der rechten Maustaste. ZELLEN FORMATIEREN ist genau das Richtige jetzt.

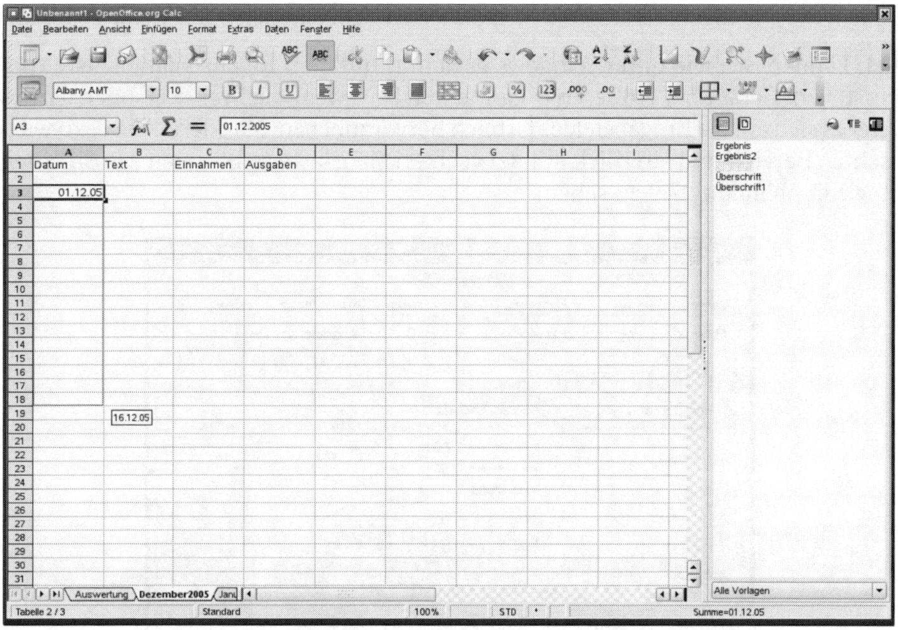


Abbildung 7.7: Aufziehen eines Feldes

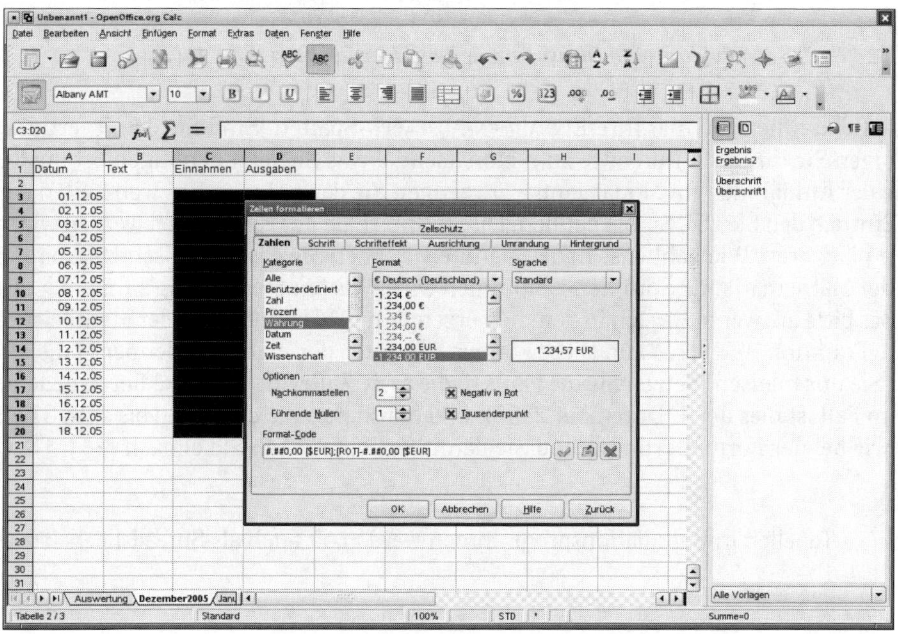


Abbildung 7.8: Zuweisen eines Formats

Hier können Sie alle Eigenschaften dieser markierten Zellen ändern. Wir wählen hier WÄHRUNG.

Natürlich können Sie, wie unter Windows gewohnt, mit dem Eigenschaftenfenster noch viel mehr einstellen. Gerade bei größeren Dokumenten bzw. wenn mehrere Personen darin schreiben, bietet es sich an, die Eingabefelder farblich hervorzuheben. Markieren Sie dazu wieder den gewünschten Bereich und ein Klick mit der rechten Maustaste zeigt Ihnen das Eigenschaftenfenster, wie in Abbildung 7.9 zu sehen.

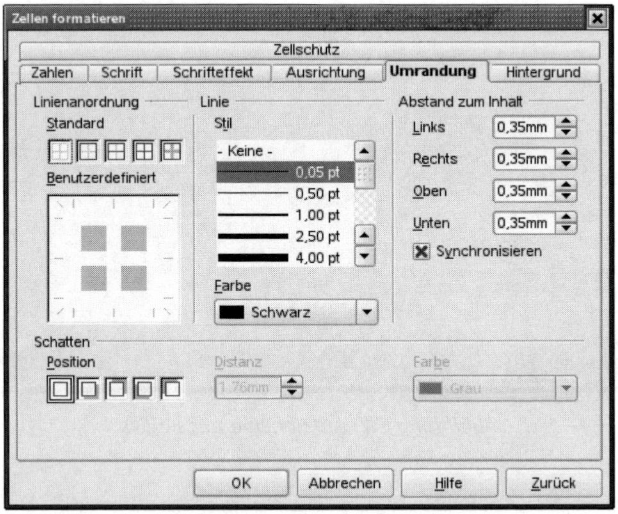


*Abbildung 7.9: Die versammelten Eigenschaften Ihrer Zellen*

Anschließend füllen Sie mal Ihre EINNAHMEN-AUSGABEN-Spalten. Sind Sie damit fertig? Prima, dann folgen Sie mir doch nun bitte zum Monatsende. Was Sie jetzt benötigen, ist die Gesamtsumme der Einnahmen im Monat Januar. Erzeugen Sie dazu eine (oder zwei) Zeilen darunter einen Eintrag, den Sie z.B. SUMME nennen. Direkt unterhalb der Einnahmen werden wir nun die Summe platzieren. Wie geht das? In der Menüleiste sehen Sie das griechische Sigma-Zeichen, das in der Mathematik für Summen genommen wird. Warten Sie, ich zeig's Ihnen: $\sum$. Klicken Sie dieses bitte an, wenn Sie sich in dem neu erzeugten Feld befinden. In der Menüleiste taucht jetzt die Funktion `=SUMME()` auf. Diese können Sie entweder manuell oder per Maus befüllen. Lassen Sie uns mausen. Setzen Sie die Maus in die erste Zelle, die Sie zu addieren gedenken (in unserem Fall ist dies der 1. Dezember 2005), und markieren Sie die Zellen bis zum 31.12.2005 (exakt wie bei der Formatierung). Sind Sie damit fertig, drücken Sie einfach [↵]. That's it.

Tabellen in Kalkulationsprogrammen werden oft auch als Spreadsheets bezeichnet.

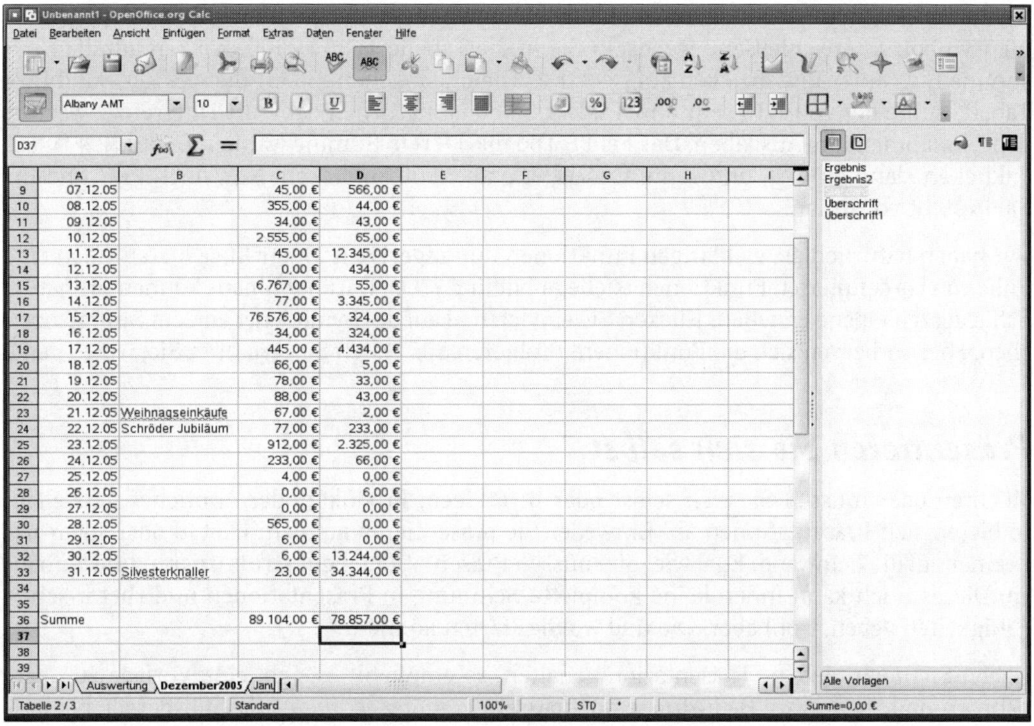

Abbildung 7.10: Gefülltes Spreadsheet

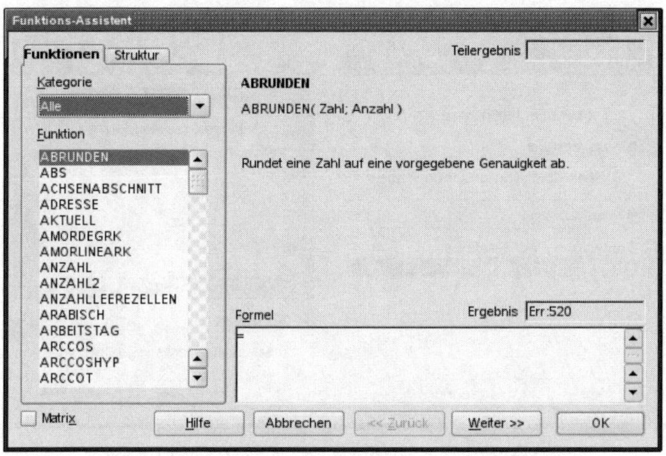


Abbildung 7.11: Die Funktionen von OpenOffice

Okay, Sie sehen bereits jetzt, dass sich Änderungen im Monat direkt auf die Summen unten auswirken. Um diese nun in das Bild von 7.10 zu überführen, gehen Sie auf die Tabelle

AUSWERTUNGEN, markieren die Spalte EINNAHMEN im Januar und wählen das bekannte Summensymbol, Σ. Anschließend wechseln Sie in die Tabelle JANUAR 2006, klicken auf die Endsumme EINNAHMEN und drücken auf [↵]. Das Gleiche machen Sie für die AUSGABEN und Ihre Tabelle sollte der von 7.10 sehr ähneln. Der Saldo ist natürlich dann die Differenz zwischen den Einnahmen und Ausgaben. Das Feld SALDO markieren, Summe wählen, EINNAHMEN JANUAR anklicken, dann ein [-], und dann AUSGABEN JANUAR 2006 anklicken. Nun noch [↵] und Ihr Saldo steht vor Ihnen.

Wir haben natürlich die vielfältigen Funktionen nur angerissen. OpenOffice bietet Ihnen eine Fülle von vordefinierten Funktionen (siehe Abbildung 7.11). Darüber hinaus können Sie natürlich jederzeit eigene erstellen. Klicken Sie einfach mal auf das Symbol neben dem Summenzeichen. Hier verbergen sich die Funktionen. Probieren Sie, testen Sie, erfahren Sie, wie es geht.

## Präsentieren Sie sich selbst

Möchten oder müssen Sie sich selbst oder Ihre Ideen, Produkte oder Ähnliches darstellen, so bieten sich Präsentationen an. Entweder Sie präsentieren auf dem Laptop oder sogar per Beamer auf die Leinwand. Egal wie, Sie müssen Präsentationen gut strukturieren und aufbauen. Dieses Buch kann Ihnen keine komplette Schulung in Präsentationen und rhetorischen Fähigkeiten geben, wohl aber, wie und wo Sie starten können.

Haben Sie noch nie eine Präsentation gehalten, so empfiehlt es sich, eine Vorlage zu übernehmen und sie an Ihre Bedürfnisse anzupassen. *Weniger ist mehr*, das gilt gerade bei Präsentationen.

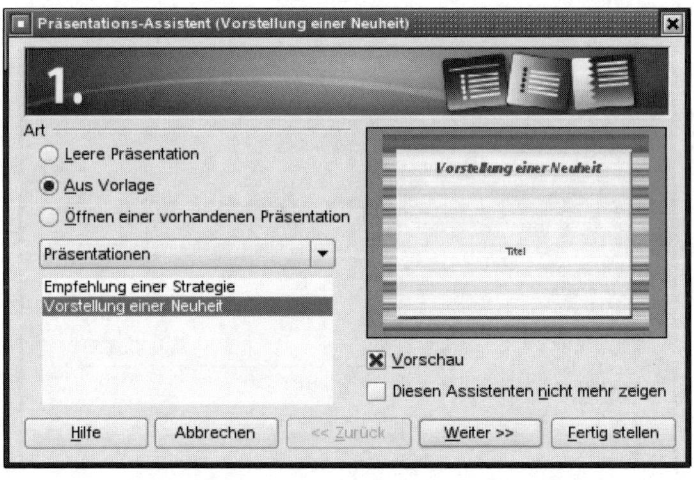


*Abbildung 7.12: Auswahl eines Vorschlags*

Ein so genannter *Wizard* fragt Sie jetzt haarklein, was genau Sie denn machen möchten. Beantworten Sie alles und am Schluss erhalten Sie eine Grobstruktur Ihrer Präsentation.

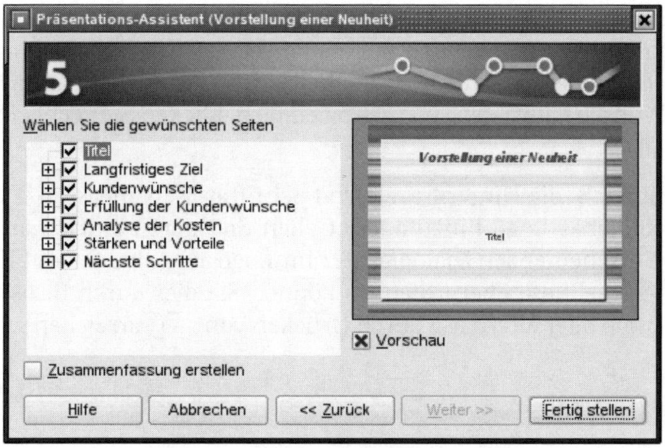


*Abbildung 7.13: Ihr Template ist fertig.*

*Templates* sind so etwas Ähnliches wie Schablonen. Sie erstellen es einmal und können es dann später als Vorlage verwenden. Vielleicht sagt Ihnen das Wort *Formatvorlage* aus dem Word-Jargon etwas. Das ist in etwas das Gleiche.

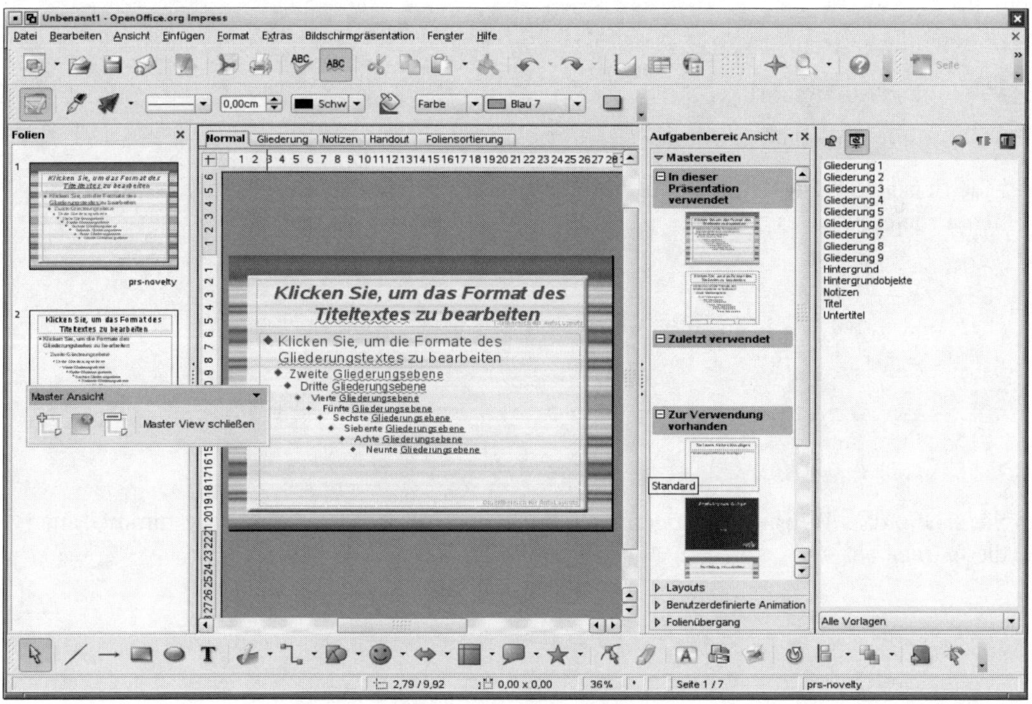


*Abbildung 7.14: Umschalten auf Folien-Master*

Seit der Version 2.0 von OpenOffice hat sich das Layout ein wenig geändert. Waren früher die Knöpfe zur Formatierung rechts angeordnet, so erscheint jetzt das komplette Arbeitsmenü nach dem Fertigstellen des Wizards. Gefällt Ihnen das Layout nicht, dann können Sie dies jederzeit an Ihre Wünsche anpassen. Wie? Ganz einfach, klicken Sie rechts in dem Fenster für Folienmaster.

Hier können Sie nun z.B. die Hintergründe und Schriftgrößen anpassen. Eventuell möchten Sie auch Ihr persönliches Logo hinzufügen. Gehen Sie hierzu einfach auf EINFÜGEN|GRAFIK und wählen Sie im erscheinenden Dialogfenster Ihr Logo aus. Sind Sie mit Ihrer Präsentation fertig oder möchten Sie diese überprüfen, so können Sie dies durch BILDSCHIRMPRÄSENTATION|BILDSCHIRMPRÄSENTATION oder alternativ durch Drücken von F9 erreichen.

## Wie funktioniert HTML?

HTML hat, wie der Name schon sagt, »Markup«-Tags. Dies sind Anweisungen für den Browser, was er mit dem Text oder den Anweisungen zwischen zwei Tags anstellen soll. HTML-Tags sind immer nach dem gleichen Schema aufgebaut. Die Tags stehen zwischen den <>-Klammern. So fangen HTML-Seiten z.B. immer mit folgender Anweisung an: `<HTML>`. Enden tut das Ganze mit demselben Tag, nur mit einem vorangestellten Schrägstrich: `</HTML>`. Nun gibt es noch viele weitere HTML-Tags. Ein paar davon liste ich Ihnen mal eben auf:

- <B>Für Fettschrift </B>
- <I>Für Kursivschrift</I>
- <H1>Für eine Überschrift der Größe 1 </H1>

Eine Beispiel-HTML-Seite, die Sie abtippen und in jedem Browser darstellen lassen können. Probieren Sie es ruhig!

```
<HTML>
<BODY>
<H1>Willkommen auf unserer ersten HTML-Seite </H1>
Diese Seite ist <BR>
<UL>
<LI>klein und</LI>
<LI>völlig unnütz</LI>
</UL></BODY></HTML>
```

Sie sehen, dass Websites erzeugen eigentlich nicht schwer ist. OpenOffice nimmt Ihnen diese Arbeit ab.

## Websites erzeugen leicht gemacht

Nachdem Sie ja evtl. bereits einen Webserver laufen haben (zumindest zeigte ich Ihnen im YaST-Kapitel, wie das geht), können Sie nun die dafür passende Website erzeugen. Websites werden in HTML geschrieben. HTML steht für HyperText Markup Language. Eigentlich wurde HTML konzipiert, um einfach und übersichtlich Informationen im Web (damals nur am CERN) zu präsentieren. Mittlerweile hat sich HTML zu einer Sprache rund um Multimedia im Internet gemausert. Dabei werden eben oft die eigentlichen Wurzeln dieser Sprache vergessen und dass sie dafür eigentlich nicht ausgelegt war.

Okay, fangen wir vorne an. DATEI|VORLAGEN|HTML-DOKUMENT öffnet mal wieder einen Wizard. Ähnlich wie bei den Präsentationen haben Sie hier ein ganzes Bündel voll vorgefertigter Websites. Keine Angst, es gibt auch die Option LEERE SEITE. Alternativ dazu, wenn Sie auf den Wizard verzichten wollen (was Sie früher oder später mit Sicherheit tun werden), können Sie auch auf DATEI|NEU|HTML-DOKUMENT gehen.

In unserem Beispiel wählen Sie Letzteres. Der Wizard ist eigentlich selbsterklärend und den können Sie sich in einer Mußestunde in aller Ruhe ansehen. Ich habe ihn trotzdem der Vollständigkeit halber einmal abgebildet. Bitte sehr.

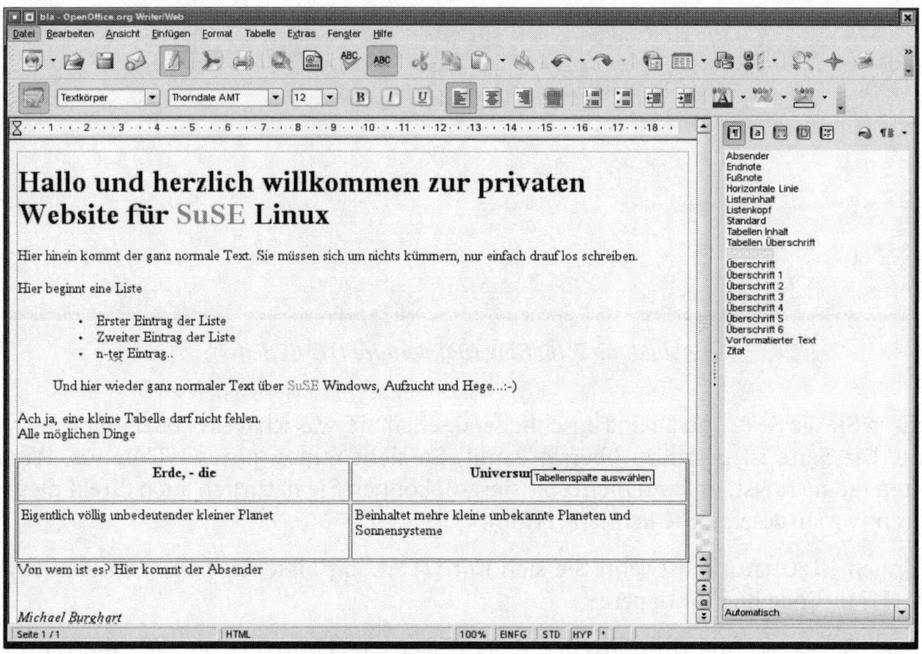


*Abbildung 7.15: Der HTML-Wizard*

Okay, wählen Sie also DATEI|NEU|HTML-DOKUMENT. Haben Sie das? So weit sieht sie aus wie eine normale Office-Seite. Lassen Sie uns diese nun ein wenig mit Leben füllen und ein paar Zeilen eingeben. Schreiben Sie eine Zeile, die Sie als Überschrift für Ihre Site verwenden wollen. Markieren Sie diese vollständig und doppelklicken Sie dann im ABSATZVORLAGEN-Fenster auf den Eintrag ÜBERSCHRIFT 1. Fügen Sie noch weiteren Text hinzu. Sie können sich auch gerne an mein Beispiel in Abbildung 7.16 halten. Ich habe dort eine Überschrift, eine Liste, eine kleine Tabelle und einen Absender angegeben. So weit, so gut, und es sieht eigentlich fast aus wie ein stinknormales Textdokument. Abwarten! Klicken Sie doch bitte mal auf ANSICHT/lHTML. Erschrecken Sie nicht, aber das, was Sie jetzt sehen, ist reines HTML.

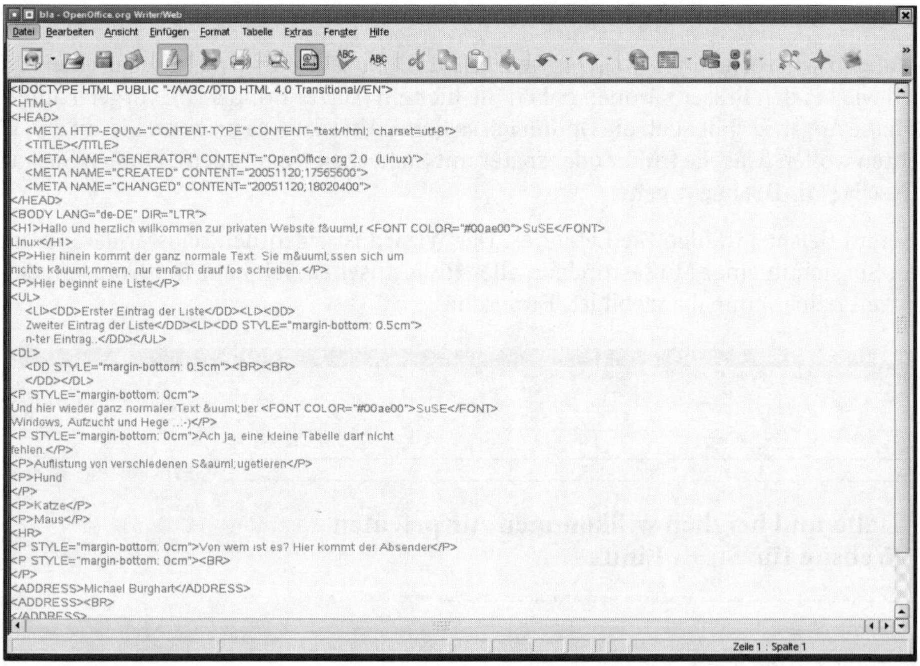


*Abbildung 7.16: Eine rudimentäre HTML-Seite*

Speichern Sie die Seite nun ab und anschließend sehen Sie, was ich weiter oben mit den <>-Tags meinte. Die Seite ist geradezu übersät damit. So sieht reines, pures HTML aus. Wenn Sie möchten (keine Angst, es kann nichts passieren), können Sie natürlich auch direkt diese Seite editieren (vorausgesetzt, Sie kennen HTML).

Sie können jetzt natürlich (wenn Sie sich mit HTML ein bisschen besser auskennen) auch direkt HTML-Code hier eintippen.

Probieren Sie es aus und zum Ansehen schalten Sie einfach wieder um. Wie die Tabelle aussieht, verrate ich Ihnen hier nicht. Ein wenig sollen Sie auch basteln dürfen. Jedenfalls können Sie mit diesem Editor Ihre eigene Website erstellen.

# Weitere Office-Tools

Erst der Einsatz der verschiedensten Hilfsmitteln macht ein Büro komplett. Daher seien hier noch ein paar nützliche kleine Helferlein vorgestellt.

## Acroread

Nachdem OpenOffice PDF-Dateien erzeugen kann, liegt die Vermutung nahe, dass sie unter Linux auch angezeigt werden können. Hierfür existieren zwei Tools. Das eine ist das Original, also der Adobe Acrobat Reader (kurz acroread) und das andere ist xpdf, ein OpenSource-Tool. Welches Sie verwenden, ist Geschmackssache. Ich verwende meistens acroread, aus dem einfachen Grund, dass meine Kunden und Freunde auch den Acrobat Reader unter Windows nutzen (ja, ich habe auch Freunde, die Win-User sind) und ich mir somit sicher sein kann, dass sie einfach identisch ausschauen. Das ist aber schon der einzige Grund. Wählen Sie nun KDE|Büroprogramme|Dokumentenansicht|Acrobat Reader und wählen Sie Ihr soeben erzeugtes PDF aus. Abbildung 7.17 zeigt Ihnen, wie das aussehen könnte.

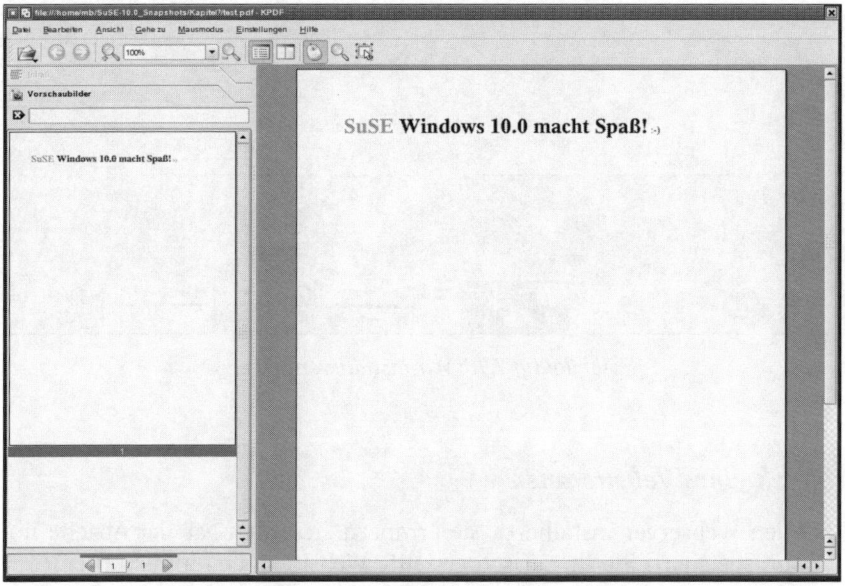


*Abbildung 7.17: Acrobat Reader im Einsatz*

## wine

Ab und zu ist es notwendig (bzw. praktisch), wenn man Windows-Programme unter Linux laufen lassen kann. Dies ist immerhin zum Teil möglich. Die meisten gängigen Windows-Programme sind mehr oder weniger lauffähig. Verlassen würde ich mich allerdings nicht darauf.

Ich möchte Ihnen hier gerne zeigen, wie Sie `wine` starten und installieren können. Starten Sie eine Shell und tippen Sie `winesetup` ein. Das Setup-Programm meldet sich mit dem kleinen Bildschirm, den Sie in Abbildung 7.18 sehen können.

*Abbildung 7.18: Wir installieren* `wine`.

## Wie lege ich eine Website an?

Haben Sie den Webserver installiert? Sie erinnern sich, das war der Apache im YaST-Kapitel. Dann speichern Sie Ihre frisch erstellte Website doch einmal unter `/srv/www/htdocs/index.html` und starten Sie den Webserver, falls er nicht eh schon läuft. Nun können Sie durch Eingabe der URL `http://localhost` Ihre Website im Browser bewundern. Was es mit dieser URL und `localhost` etc. auf sich hat, erfahren Sie weiter hinten. Hier sei nur so viel gesagt, dass Apache automatisch nach der Datei `index.html` in dem oben erwähnten Verzeichnis sucht.

Natürlich können Sie auch die Verzeichnisse ändern bzw. mehrere anlegen. Es ist ja schließlich Linux.

Der Einsatz von `wine` kann zu unerwarteten Ergebnissen führen. Haben Sie auf dem Rechner, auf dem Sie `wine` verwenden, ein Produktiv-Windows-System, so folgen Sie dem Rat von `wine` und legen Sie ein »Fake Windows« an!

Ein Klick auf NEXT bringt Sie ins `wine`-Konfigurationsfenster. Alle Feinheiten von `wine` lassen sich hier justieren, wobei ich Ihnen empfehlen möchte, für die ersten Gehversuche bei den vorgeschlagenen Werten zu bleiben.

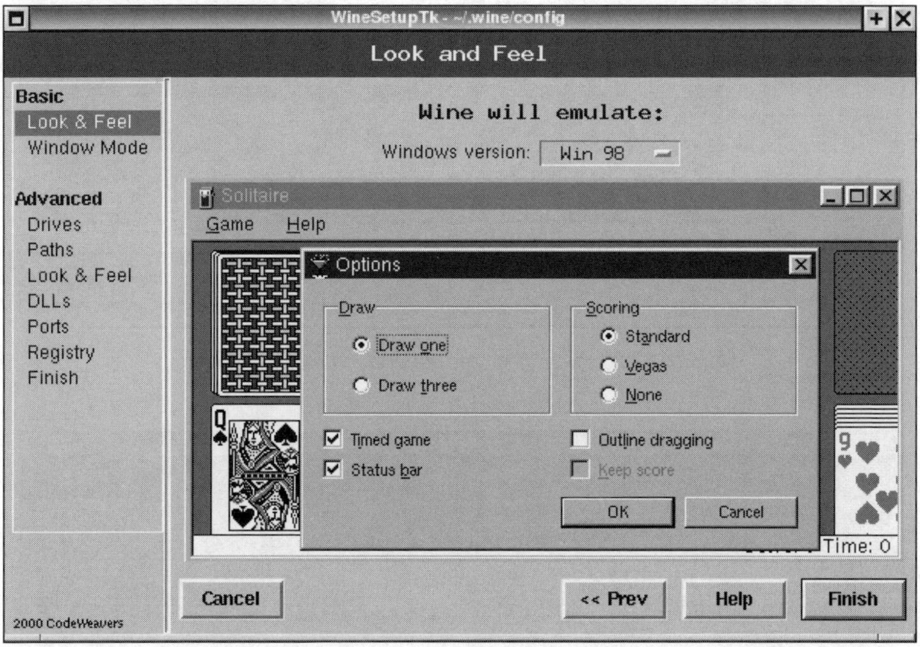


*Abbildung 7.19: Das Look&Feel*

Wie sollen die `wine`-Fenster dargestellt werden? Hier gibt es drei Möglichkeiten (siehe Abbildung 7.20): `managed`, `unmanaged` und `desktop`. `managed` ist die beste Integration von Windows-Applikationen unter X. Das Look&Feel, also das Aussehen der Windows-Applikationen kann allerdings (je nach eingesetztem Windowmanager) variieren. `unmanaged` verwendet das Original-Look&Feel der Windows-Applikationen und `desktop` schließlich lässt alle Windows-Applikationen in einem Desktop laufen (stellen Sie sich das vor wie den Programm-Manager).

Da `wine` ja Windows emuliert, braucht es natürlich auch die Windows-üblichen Laufwerke (`C:\`, `D:\` etc.). Beachten Sie hier Laufwerk `C:\`, das »Fake-Laufwerk« (siehe Abbildung 7.21).

Pfade, die irgendwie wichtig für Windows sind, sollten Sie hier einstellen (siehe Abbildung 7.22). Diese sind abhängig davon, welches Windows-System Sie emulieren.

*Abbildung 7.20:* `managed mode` *oder doch lieber Desktop?*

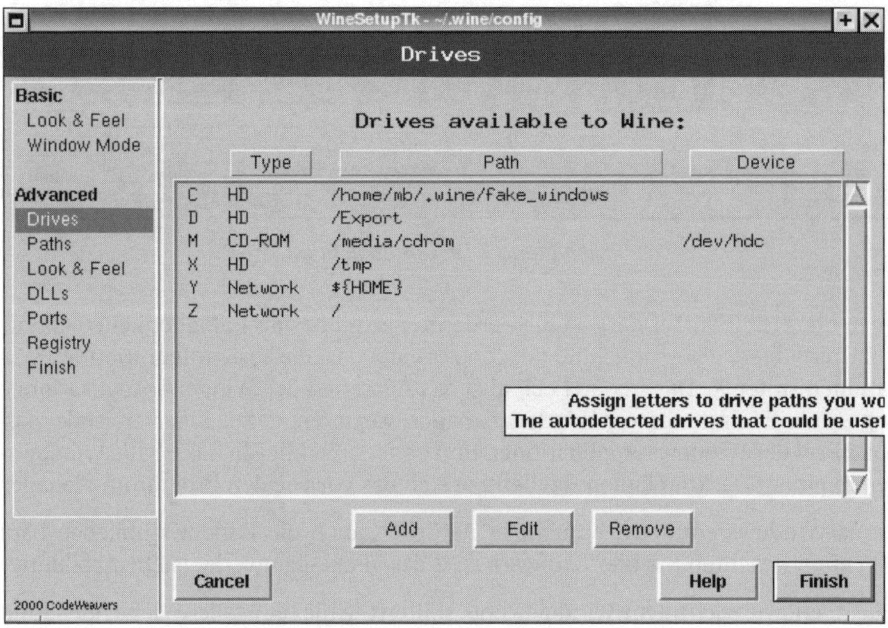


*Abbildung 7.21: Laufwerke für* `wine`

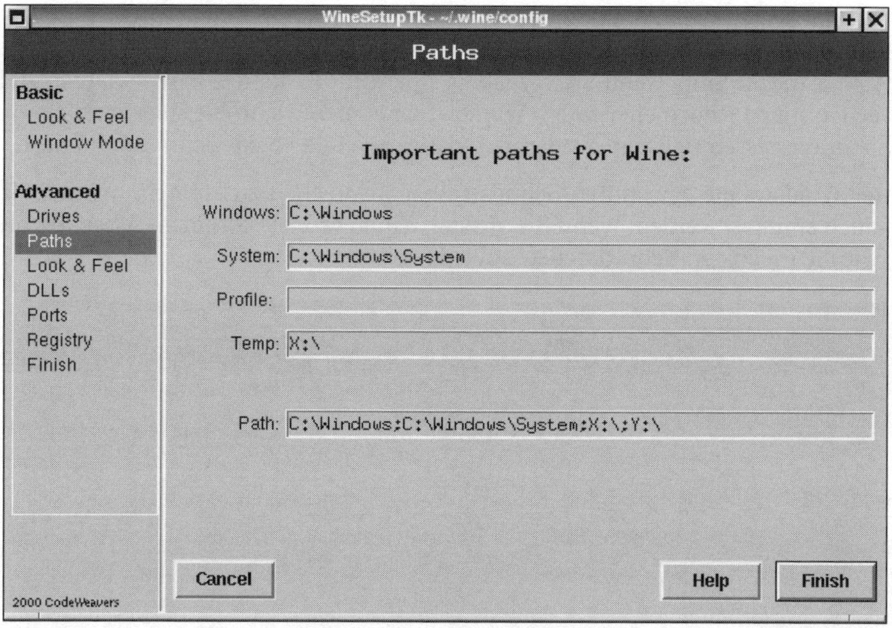


*Abbildung 7.22: Pfade für* `wine`

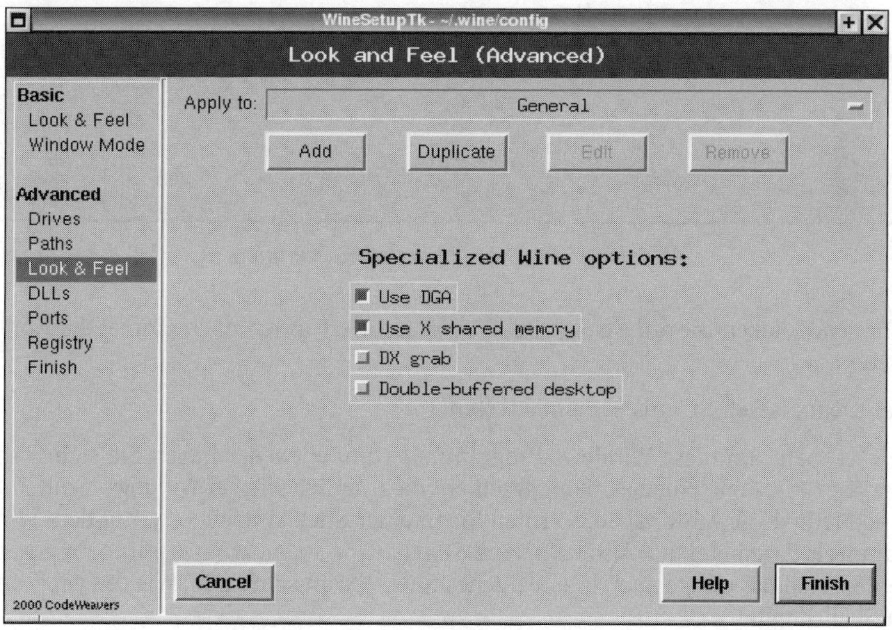


*Abbildung 7.23: Speicheraufteilung und Darstellung*

Lassen Sie am besten die in Abbildung 7.23 dargestelten voreingestellten Werte so bestehen. DGA steht für Direct Graphics Access und ist bei weitem die schnellste Methode. DOUBLE-BUFFERED DESKTOP macht Sinn, wenn Sie vorhaben, OpenGL-(3D-)Spiele in `wine` laufen zu lassen. Da würde ich Ihnen jedoch eher raten, Windows zu booten, wenn Sie spielen möchten, es sei denn, Sie interessieren sich rein akademisch dafür, wie und ob das denn funktioniert.

Um unter Windows die gewohnten Schnittstellen ansprechen zu können, müssen diese natürlich auch emuliert werden. Wenn Sie aus der Windows-Welt kommen, sehen Sie hier sehr genau, wie die jeweiligen Schnittstellen unter Linux heißen.

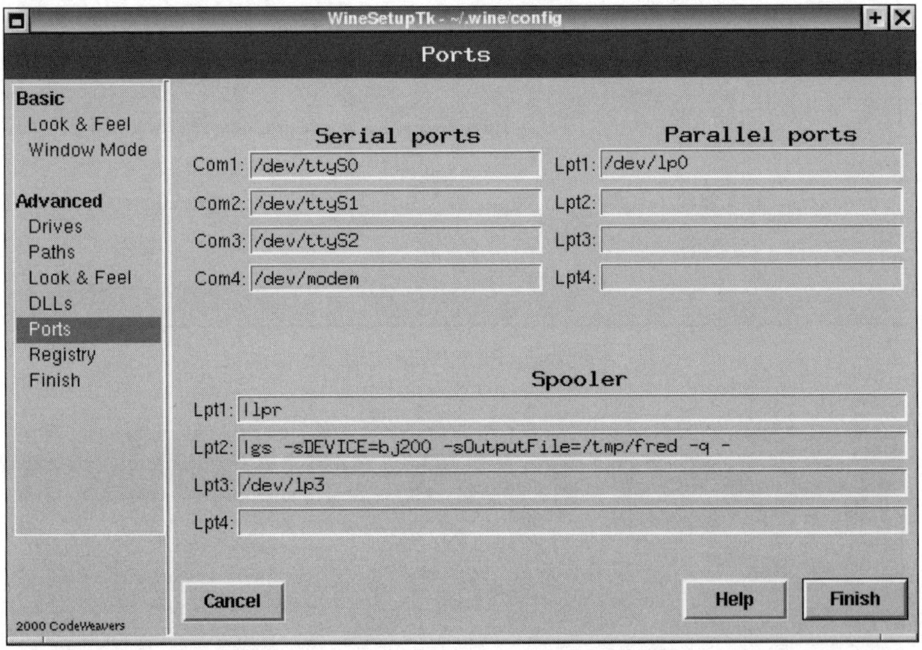


*Abbildung 7.24: Die Schnittstellen-Definitionen*

Anschließend klicken Sie auf FINISH und `wine` präsentiert Ihnen noch einmal die Konfigurationsdatei.

Das war's. Nun lassen Sie uns `wine` mal testen.

Wie startet man nun diese Windows-Programme? Nun, entweder haben Sie sich vorhin für den `desktop mode` entschieden, dann geschieht dies ähnlich wie bei Windows. Sollten Sie die `managed`-Methode gewählt haben, so rufen Sie in einer Shell einfach `wine` mit dem Windows-Programm als Parameter auf. Also z.B.: `wine TextPad.exe` oder `wine winmine.exe`. Natürlich können Sie sich das Ganze auch in ein eigenes Shell-Skript schreiben. Wie das geht, erfahren Sie im Shell-Kapitel.

### Wieso laufen eigentlich nicht alle Windows-Programme unter wine?

Ganz einfach. Bei einer Windows-Installation werden bestimmte *DLLs* (Dynamic Linking Libraries, also so etwas wie dynamische Bibliotheken) auf die Festplatte gespielt. Installieren Sie eine Software, so bringt diese in der Regel ihre eigenen DLLs mit. Der Haken ist, dass diese neue Software auch ab und zu Ihre Original-Windows-Libraries »verbessert«, das heißt Funktionalität hinzufügt! Was für eine Unsitte! Woher soll eine Applikation wie `wine` das vorhersehen? `wine` emuliert eben die Standard-Windows-DLLs und kann mit diesen »verbesserten« Versionen nichts anfangen, was dazu führen kann (und auch häufig tut), dass Applikationen einfach abkacheln. Schieben Sie dafür aber bitte nicht `wine` die Schuld in die Schuhe.

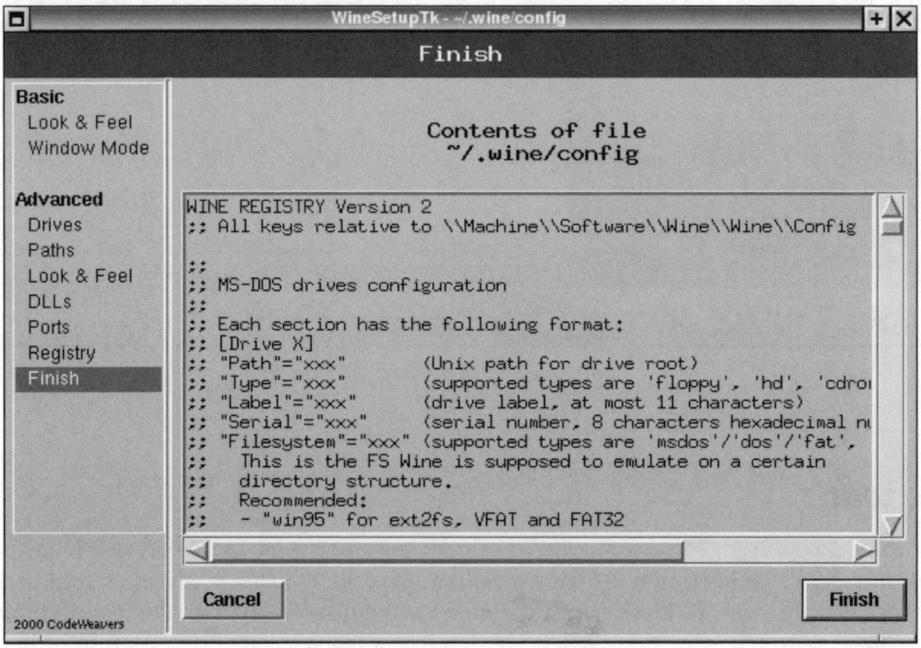


*Abbildung 7.25: That's it!*

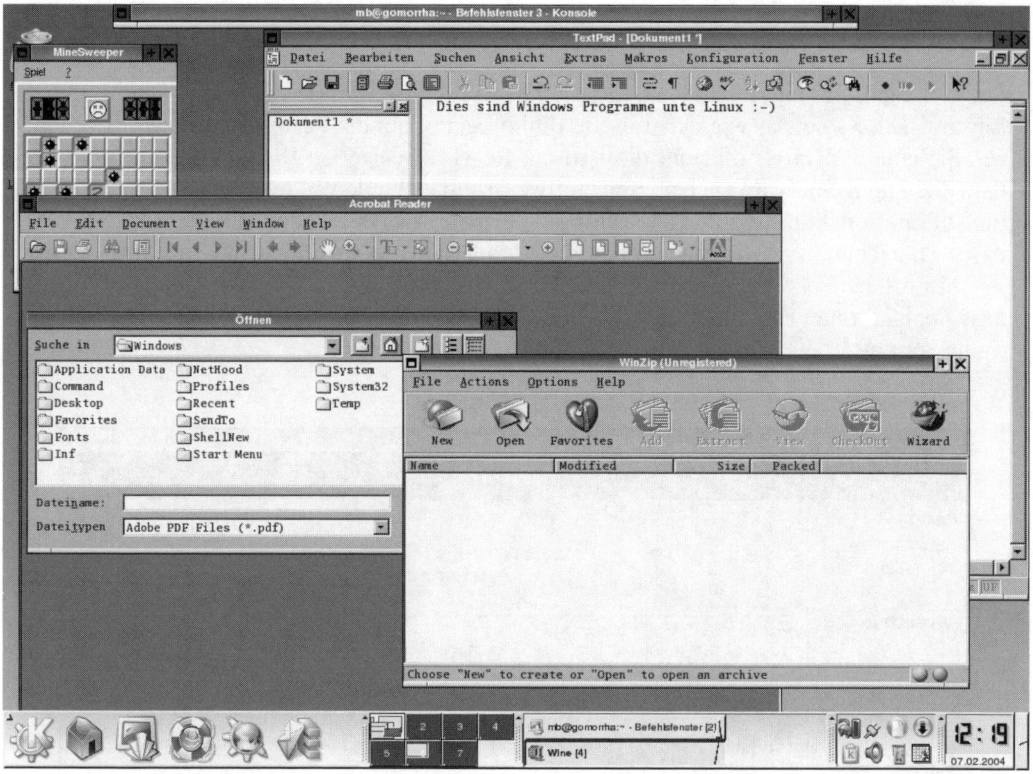


*Abbildung 7.26:* `wine` *in Aktion*

# Das war's

Unser Rundgang durch die Verwendung von Office unter Linux ist damit beendet. Ich wünsche Ihnen nun viel Vergnügen und Sie werden sehen, dass Sie MS Office schneller vergessen, als Sie vermuten. Übrigens: Es gibt OpenOffice auch für Windows! Gehen Sie doch einfach mal auf `http://www.openoffice.org` und laden Sie sich das entsprechende Programm herunter.

# Der erste Kontakt

8

### In diesem Kapitel

- Wozu so viele User?
- Gruppenzwang unter Linux!
- Der `root`-Account – mit Vorsicht zu genießen
- Passwörter – wählen Sie geschickt

Sie haben mittlerweile ja schon mitgekriegt, dass Sie ein Login angeben mussten, also eine Kennung, mit der Sie sich später beim System anmelden können. Wozu braucht man das? Nun ja, Linux ist ein Multiuser-System. Wie soll das System die verschiedenen User ohne Login auseinander halten können? Geht nicht. Jeder User muss sich ordnungsgemäß anmelden und darf dann bestimmte Dinge tun oder eben auch nicht. Haben Sie sich eingeloggt, so landen Sie automatisch in Ihrem `/home`-Verzeichnis. Da die verschiedenen User strikt voneinander getrennt werden müssen, haben Sie die Möglichkeit, bestimmte Rechte für Dateien und Verzeichnisse anzugeben. Eine Datei, die Sie anlegen, gehört Ihnen und Sie können bestimmen, wer sie lesen darf und wer nicht. Lediglich `root` darf alles lesen.

## Jeder Linux-Benutzer hat ein Login

Loggen Sie sich über das X-Window-System ein, sieht das alles ein bisschen anders aus. Dort geben Sie im Display-Manager Ihr Login und Ihr Passwort an und landen dann direkt auf der grafischen Oberfläche. Wenn Sie das »normale« Login einmal kennen lernen möchten, dann schalten Sie mit [Strg]+[Alt]+[F2] auf eine Konsole um, wenn Sie gerade unter X arbeiten (Keine Angst, Sie können jederzeit wieder zurück mit [Alt]+[F7]. Also, Sie haben jetzt ungefähr Folgendes vor sich stehen, wenn Sie eine Standard-SuSE-Installation gemacht haben.

```
Welcome to SuSE Linux 10.0 (i386) - Kernel 2.6.23-4GB (tty5).
linux.mb.de login:
```

Hier geben Sie Ihr Login ein, das Sie in YaST2 bei der Installation vergeben haben. Dann sollten Sie in etwa Folgendes sehen:

```
Last login: Thu Jul 19 14:48:42 from linux.mb.de
Have a lot of fun...
mb@linux:~ >
```

Geben Sie jetzt Folgendes ein: `ls -al` (was diese Optionen bedeuten und mehr zu `ls` erfahren Sie im Kapitel Kommandos unter Linux).

Da sollten Sie jetzt sehr viel sehen. Ich greife mal eine Datei heraus:

```
-rw-r--r--    1 mb  users 1602 Jul  10 02:21   .bashrc
```

So, was sagt uns das jetzt? Sie sehen links insgesamt zehn Zeichen: Striche und Buchstaben wie r und w. Ist hier ein Strich (-), handelt es sich um eine Datei, steht hier ein d, dann handelt es sich um ein Verzeichnis (es gibt noch mehr, aber das ist jetzt nicht so wichtig). Dieser Teil sagt uns also, was für eine Art Datei es ist. Dann folgen neun weitere Striche, die so aufzuteilen sind: Diese neun sind eigentlich 3 x 3, für den Besitzer, die Gruppe (siehe nächsten Abschnitt) und »alle anderen«.

| Datei | | Owner | | | Group | | | Others | | |
|---|---|---|---|---|---|---|---|---|---|---|
| D | - | R | W | X | R | W | X | R | W | X |
| Verzeichnis | Datei | Read | Write | Execute | Read | Write | Execute | Read | Write | Execute |

*Tabelle 8.1: Die Permissions einer Datei*

Sie sehen, man kann für sich selber, für seine Gruppe und für alle anderen bestimmen, ob diese Zugriff (read) auf Ihre Dateien haben. Geben Sie sich selber die Rechte »rwx«, dann dürfen Sie die Datei lesen (r = read), schreiben (w = write) und ausführen (x = execute). Mitgliedern Ihrer Gruppe geben Sie hingegen nur read (r), dann können diese die Datei zwar lesen, aber nicht verändern. Gleiches gilt für »Others«.

Nach diesem kleinen Abstecher wissen Sie nun, wieso Sie ein Login brauchen. Das genaue System der Rechte und Dateiordnung unter Linux folgt später. Es ist wichtig zu wissen, dass Sie ein eigenes Login brauchen und dass Sie auch darauf achten sollten, gerade in größeren Netzen, Ihr Passwort mit Bedacht zu wählen und sich gut zu merken.

## Gruppen - Schubladen für eine User-Kategorie

So, was ein User bzw. ein Login ist, wissen Sie nun. Wozu also noch Gruppen? Wir werden es mal ein bisschen genauer unter die Lupe nehmen.

Sind Sie noch auf der Konsole eingeloggt, dann geben Sie mal Folgendes ein:

```
mb@linux:~ > id
```

Sie sollten in etwa folgendes Resultat erhalten:

```
uid=500(mb) gid=100(users) Gruppen=100(users)
```

Hier sehen Sie endlich, wer Sie eigentlich sind. Haben Sie sich das nicht immer schon mal gefragt? uid steht für User-ID, also Ihre Userkennung in Zahlen. gid steht, wer hätte es gedacht, für Group-ID, und Gruppen sagt aus, in welchen Gruppen Sie eingetragen sind. Ja, Sie können Mitglied mehrerer Gruppen sein.

Folgendes Szenario:

Sie arbeiten im Büro mit verschiedenen Kollegen an einem Projekt. Dieses Projekt sollte unzugänglich sein für alle außerhalb Ihrer Gruppe, aber alle Mitglieder der Gruppe sollen gleichen Zugriff haben. Sie ahnen schon, worauf es hinausläuft, stimmt's? Sie legen eine Gruppe Projekt an und tragen alle User in die Gruppe ein, die Zugriff haben sollen. Zur Sicherheit belegen Sie die Gruppe noch mit einem Passwort. Nun kann jeder User, der dieser Gruppe angehört, mit `chgrp` die Gruppe und damit die Arbeitsumgebung wechseln.

So können Sie beispielsweise Gruppen für Scannen oder Internet aufstellen. Dann können Sie genau festlegen, wer scannen und ins Internet darf bzw. wer nicht.

## Der root-Account – Allmacht und Katastrophe

Das klingt jetzt vielleicht ein bisschen pathetisch, aber es soll Sie auf etwas aufmerksam machen. Gleich vorweg:

*Nutzen Sie niemals den* `root`*-Account zum normalen Login.*

*Loggen Sie sich niemals als* `root` *ein und gehen dann ins Internet!*

Ich sage Ihnen gleich, wieso. Wie Sie oben gesehen haben, können Sie Rechte vergeben. Als normaler User werden Sie nicht in der Lage sein, Systemdateien zu löschen. Probieren Sie mal als »normaler« User folgendes Kommando:

(Erst überprüfen Sie bitte, ob Sie nicht `root` sind. Sicher ist sicher!)

```
mb@linux:~ > id
```

Wenn Sie Folgendes erhalten bzw. wenn Sie nicht `root` sind, dann können Sie weitermachen. Ansonsten loggen Sie sich bitte als User ein, denn sonst ist die Datei gleich weg!

So etwas sollten Sie sehen:

```
uid=500(mb) gid=100(users) Gruppen=100(users)
```

So etwas nicht!

```
uid=0(root)gid=0(root)Gruppen=0(root),1(bin),14(uucp),15(shadow),
16(dialout),17(audio),65534(nogroup),65534(nogroup)
```

Geben Sie nun ein:

```
mb@linux:~ > rm /etc/shadow
```

Sie erhalten etwas in der Art von:

```
rm: remove write-protected file `/etc/shadow'? y
rm: cannot unlink `/etc/shadow': Keine Berechtigung
```

Das heißt, dass Sie als normaler User keinerlei Schaden anrichten können, zumindest nicht am System. Ihre eigenen Dateien können Sie nach Herzenslust löschen. Das interessiert Linux nicht die Bohne. Stellen Sie sich nun mal das Desaster vor, wenn Sie diesen Befehl als `root` eingegeben hätten! Dann wäre die Datei `/etc/shadow` auf Nimmerwiederfinden verloren gegangen! Unter Linux gilt: Was weg ist, ist weg. Es gibt keine »Undo«-Funktion!

Das ist auch schon der Grund, weshalb Sie sich nicht als `root` einloggen sollten, es sei denn, Sie müssen. Zu schnell tippt man aus Versehen das falsche Kommando, und schwupps, ist die Datei weg.

Wieso keine Internetverbindung als `root`? Stellen Sie sich vor, Sie loggen sich über Linux auf einer Website ein. Sicherheitslücken gibt es in jedem System. Findet nun ein pfiffiger Cracker eine auf Ihrem Rechner, dann kann er sich, so lange Sie im Internet surfen, gemütlich auf Ihrem Rechner einloggen, und Sie werden es vermutlich nicht mal merken. Das Fatale daran ist nun, dass er sich mit der gleichen UID einloggt, mit der Sie nun online sind, das heißt, er hat einen `root`-Account auf Ihrem Rechner! Muss ich das weiter ausführen?

Auf Standalone-Maschinen ist das alles nicht so wichtig, da man eh keinerlei Befürchtung haben muss, dass eingebrochen wird, aber man sollte auch hier aus ersterem Grund nicht allzu großzügig mit dem `root`-Account umgehen.

## Das vermaledeite Passwort

Mit den Passwörtern ist es einfach zu doof. Hat man eins gefunden, das man sich merken kann, ist es zu einfach. Dann findet man ein 100% geniales, kann es sich aber nicht merken. Zugegeben, man muss einen Mittelweg finden.

Warum also Passwörter und was sind die Auswahlkriterien? Stellen Sie sich einfach vor, Sie arbeiten in einem Büro mit z.B. 50 Mitarbeitern. Sie gehen zu Tisch und kommen zurück und stellen fest, dass in Ihren PC eingebrochen wurde. Was hat der Täter getan? Er hat natürlich erst mal alle gängigen Passwörter versucht: Name der Freundin/des Freundes, Mutter, Vater, Geburtstag etc. Die meisten sind in der Vergabe von Passwörtern denkbar unkreativ! Und das kann gefährlich werden. Füttert man bestimmte Crackprogramme mit dem Inhalt der Datei `/etc/shadow`, dann versuchen diese Programme, anhand von grammatikalischen Regeln und großen Wörterbüchern Passwörter herauszufinden (es ist nicht so leicht, als normaler User an `/etc/shadow` zu kommen, aber es ist möglich). Alles, was Klartext im Sinne von Wörtern enthält, ist somit auszuschließen, ebenso Kombinationen von Wörtern mit Zahlen, wie z.B.:

```
Kaffee K20affee Kaff10ee99
```

Diese sind durch einfache Berechnung innerhalb von Minuten lösbar! Gut wäre etwas wie:

`1#io?,lk` oder `ymW23#=`

Dies ist schwierig zu behalten, ich weiß. Sie müssen für sich einen Kompromiss finden. Seien Sie kreativ!

# Tu, was ich dir sage! – Kommandos unter Linux

### In diesem Kapitel

- Wozu brauch' ich Befehle, ich hab doch eine grafische Oberfläche?!
- Wildcards können das Leben vereinfachen
- Man kann Befehle verketten. Wie geht das?
- Also gut, welche Befehle gibt es?

## Ist es nötig, Befehle zu kennen?

Auch im Zeitalter der grafischen Oberflächen kommt man nicht darum herum, wenigstens eine Basis der Kommandozeilen-Befehle zu kennen. Linux bietet hier eine Fülle von nützlichen (und lustigen) Tools an, die Ihnen das Leben erleichtern. So hat z.B. DOS ca. 50 Befehle, Linux hingegen Tausende. Das Nette dabei ist, dass Sie diese ganzen Tools »verketten« und so die tollsten Dinge machen können.

Sie begegnen hier Pipes, STDOUT- und STDIN-Umleitungen, kurz Werkzeugen zum Umgang mit den Linux-Basis-Kommandos.

Aber darauf kommen wir in diesem Kapitel. Wenn Sie eine Zeit lang mit Kommandos experimentiert haben, werden Sie feststellen, wie mächtig diese Tools sind. Sicher, zum »normalen« Arbeiten werden Sie sie nicht so oft brauchen (manchmal jedoch schon, wie Sie nachher sehen werden), aber als Administrator, dem es passieren kann, dass er sich von einem Remote-Rechner per `ssh` oder `telnet` einloggen muss, sollten Sie die Grundbegriffe kennen.

Ein paar Kommandos wie `ls` und `cat` werden Sie in diesem Kapitel kennenlernen, weitere wie `pwd`, `cd`, `chmod`, `mkdir` und `rmdir` kommen im Kapitel über Administration an die Reihe Auch auf ein paar andere Kommandso werde ich in diesem Kapitel eingehen.

Unter Linux ist es üblich, dass man den Befehlen so genannte *Optionen* mitgibt. Ein paar davon haben Sie schon gesehen (`ls -al` war z.B. eine solche Option). Ein Befehl ist prinzipiell so aufgebaut:

```
Befehl <Optionen> <Argument>
```

Also z.B.: `ls` (Befehl) `-al` (Optionen) `/etc` (Argument).

Beachten Sie bitte auch, dass zwischen Befehlen und ihren Optionen bzw. Argumenten immer ein Leerzeichen steht! Diese DOS-Unsitte, wo Kommandos wie `cd..` akzeptiert werden, gibt es unter Linux nicht.

### Wo liegt die Mächtigkeit der Befehle?

Sicher haben Sie schon den einen oder anderen Linux-Benutzer über die Kommandozeile reden hören. Dies war früher immer der Punkt, in dem sich ein Linux/UNIX-Benutzer von einem »Mausschieber« (Windows-User) unterschied: die Fähigkeit, aus kleinen Programmen mächtige Tools zu erstellen.

Windows hinkte damals mit seiner Batch-Sprache (Sie erinnern sich an diese dusseligen `.bat`-Dateien?) meilenweit hinter den verknüpfbaren Linux-Tools hinterher.

Praktisch Ihr ganzes SuSE Linux basiert in der Konfiguration auf so genannten Shell-Scripts, also einer Kombination der verschiedenen Tools unter Linux.

Sie werden sehen, dass jedes einzelne ganz nett ist, dass aber der richtige Nutzen erst dann entsteht, wenn man diese einzelnen Programme wie Puzzleteilchen oder Module zusammensteckt.

## Wildcards – Etwas für Faule

Wildcard ist das englische Wort für Joker. Als solche muss man diese auch verstehen. Wildcards können wie Joker alle möglichen Werte annehmen. Dies ist unter DOS auch üblich. Sie kennen sicher die Wildcards `*` und `?` aus der DOS-Welt?!

Ein `*` steht hierbei für alle Zeichen, ein `?` dagegen nur für ein Zeichen. Ein Beispiel aus der Praxis: Sie wollen sich in Ihrem `/home`-Verzeichnis alle Dateien ansehen, die mit `.bash` anfangen (das sind Ihre Einstellungsdateien der Shell; darauf komme ich in einem eigenständigen Kapitel). Dazu würden Sie Folgendes eintippen:

```
mb@linux:~> ls .bash*
```

Hätten Sie beispielsweise eine Serie von Bildern, die sich nur durch die letzte Zahl unterscheiden, also in etwa `Bild1.jpg` bis `Bild9.jpg`, dann können Sie sich alle mit folgendem Kommando anzeigen lassen:

```
mb@linux:~> ls Bild?.jpg
```

Dieses würde `Bild1.jpg` bis `Bild9.jpg` anzeigen. `Bild10.jpg` würde nicht angezeigt werden, da das `?` nur für ein Zeichen steht.

Wildcards werden von den meisten Linux-Kommandos unterstützt. Manchmal können sie auch gefährlich werden, wenn man sie leichtfertig benutzt, siehe weiter unten das Kommando `rm`.

## Wie verkette ich Linux-Kommandos?

Bevor wir in die Tiefen der Kommandos einsteigen, hier ein paar Gelegenheiten, die Ihnen Linux-Befehle bieten. Linux hat die Möglichkeit, Ausgaben des einen Kommandos an das nächste weiterzureichen. Prinzipiell hat jedes Kommando drei Aus- bzw. Eingabe-Möglichkeiten: STDIN (Standardeingabe = Ihre Tastatur), STDOUT (Standardausgabe = Ihr Bildschirm) und STDERR (Standard error = Ihr Bildschirm). Nun können Sie diese Ausgaben unter Linux »verbiegen« oder »umleiten«, das heißt, Sie können sie dahin umlenken, wo Sie sie gerne hätten. Sie erinnern sich an das Kommando `ls`? Dann tippen Sie mal in Ihrem `/home`-Verzeichnis Folgendes ein:

```
mb@linux:~> ls -l /etc/passwd > liste
```

Was sehen Sie? Nichts! Dieses »Größer«-Zeichen leitet die Ausgabe des `ls`-Kommandos in die Datei `liste` um. Alle Ausgaben, die `ls` produziert hat, stehen nun in der Datei `liste`.

Um sich diese anzusehen, tippen Sie mal

```
mb@linux:~> cat liste
```

Nun sehen Sie die gesammelte Passwort-Datei Ihres Rechners.

Das >-Zeichen ist ein Zeichen zum Umleiten der Ausgabe in Dateinamen. Es kann auch andersherum (<) benutzt werden. Das würde bedeuten, dass es Eingaben erwartet.

Eine andere Möglichkeit, Befehle zu verketten, ist mittels der so genannten *Pipe* (|). Sie erhalten die Pipe durch Drücken von [Alt Gr] und der [<>]-Taste. Ein Beispiel gefällig?

```
mb@linux:~> cat /etc/passwd | less
```

Diesmal schicken wir die Ausgabe nicht in eine Datei, sondern »pipen« sie in den Viewer `less`. Jetzt können Sie sich die Ausgabe ansehen, darin blättern und sie nachher mit [q] wieder verlassen. Sie können auch wüstere Konstrukte vornehmen:

```
mb@linux:~> cat /etc/passwd | sort | less
```

Jetzt pipen Sie die Ausgabe von `cat` an das Kommando `sort`, das die Einträge alphabetisch sortiert (natürlich können Sie `sort` auch Optionen mitgeben, wie es zu sortieren hat), und anschließend lassen Sie sich diese sortierte Ausgabe im Viewer `less` anzeigen. Sie sehen, wie mächtig diese Zeichen sind und wie leicht man unter Linux diese Basis-Kommandos zu starken Ketten zusammenfügen kann. Gesteigert wird das Ganze im Shell-Kapitel.

## Dann kann's ja losgehen – Hier die Top-100-Befehle

Natürlich keine 100, aber schon ein paar. Hier gehe ich jetzt auf Linux-System-Kommandos ein. Editoren und andere nützliche Tools werden später vorgestellt.

## cat – ein Allround-Talent zur Dateiausgabe

`cat` steht für *concatenate,* was so viel heißt wie aneinander hängen. Tatsächlich lassen sich mit `cat` zwei Dateien aneinander hängen. `cat` erwartet zwei Dateien als Argumente. Die erste wird gelesen und in die zweite wird geschrieben. Lässt man die zweite aus, leitet `cat` diese Ausgabe an die Standardausgabe (STDOUT); das ist Ihr Bildschirm. Geben Sie mal testhalber Folgendes ein:

```
mb@linux:~> cat /etc/passwd
```

Sie sollten nun die Datei `/etc/passwd` auf Ihrem Bildschirm vorbeiscrollen sehen.

Tippen Sie `cat` ohne Argumente ein, nimmt es für die erste Eingabe die Standardeingabe (STDIN), das ist Ihre Tastatur, und schickt es an die Standardausgabe, also Ihren Bildschirm. Mit anderen Worten: Sie sehen »doppelt«. Es wird einfach die Zeile wiederholt, die Sie eintippen. Abbrechen können Sie das Ganze mit [Strg]+[C] (wie übrigens alle Linux-Befehle).

## ls – Wir lassen uns Dateien anzeigen

`ls` haben Sie ja schon zur Genüge kennen gelernt. `ls` verfügt über umfangreiche Optionen. Tippen Sie mal zum Spaß:

```
mb@linux:~> man ls
```

Sie erhalten die *Manpage* (Hilfe) zum `ls`-Befehl. Sehen Sie, wie viele Möglichkeiten es bietet? Die kann ich hier unmöglich alle aufzählen. Verlassen können Sie die *Manpage* wieder mit [q].

Was sind nun wichtige Optionen? Unter Linux gibt es so genannte versteckte Dateien. Das sind Dateien, die Ihnen das normale `ls` nicht anzeigt. Diese Dateien beginnen unter Linux mit einem Punkt und sind meistens Konfigurationsdateien für bestimmte Kommandos. SuSE installiert beim Anlegen eines Users automatisch eine Reihe von nützlichen Konfigurationsdateien. Um eben diese Dateien anzuzeigen, müssen Sie `ls` eine Option mitgeben: `-a` (für all):

```
mb@linux:~> ls -a
```

Jetzt erhalten Sie eine Liste sämtlicher Dateien Ihres `/home`-Verzeichnisses (vorausgesetzt, Sie befinden sich dort).

```
mb@linux:~> ls -al
```

Macht das Gleiche, nur hat es zusätzlich noch die Option `-l` mitbekommen (Sie sehen, dass man nicht für jede Option ein `-` braucht, man kann sie auch zusammen angeben). Diese Option sorgt dafür, dass Sie eine komplette Liste (`-l` = long) bekommen. Sie können `ls` in Kombination mit einem anderen Tool dazu benutzen, herauszufinden, wie viele Dateien Ihr `/home` umfasst. Rufen Sie dazu `ls` mit der Option `-1` auf (pro Datei eine Zeile) und pipen Sie dieses Ergebnis in das Kommando `wc` (Hat nichts mit Klo zu tun, es heißt *word count*). `wc` akzeptiert eine Option für Zeilen (`-l`). Somit erhalten Sie die Anzahl der Zeilen der Ausgabe von ls, was der Anzahl der Dateien entspricht. Es ist nicht ganz richtig, da zwei spezielle Dateien mitgezählt werden, die sich auf das übergeordnete und das aktuelle Verzeichnis beziehen: ».« und »..«. Genau genommen müsste man also zwei abziehen.

```
mb@linux:~> ls -1 |wc -l
```

Merken Sie schon die Mächtigkeit der Linux-Kommandos?

## rm - Und weg ist das File auf Nimmerwiederfinden!

Was man anlegen kann, kann man auch wieder löschen. Hierfür dient das Kommando rm. rm löscht ohne nachzufragen, was Sie ihm sagen. Setzen Sie rm im Zusammenhang mit Wildcards ein, sollten Sie aufpassen, was Sie tippen. Zu leicht kann es passieren, dass mehr verschwindet, als Sie geplant hatten.

Haben Sie noch die Datei liste aus dem letzten Beispiel? Lassen Sie uns diese jetzt mal entfernen:

```
mb@linux:~ > rm liste
```

Sie sehen, es wird nicht gefragt, nur entfernt.

Wieso ist rm in Zusammenhang mit Wildcards so gefährlich? Stellen Sie sich einfach mal vor, Sie wären als root eingeloggt und tippen Folgendes (BITTE NICHT WIRKLICH MACHEN!).

```
mb@linux:~ > rm -fr *
```

Tja, dann wäre alles weg. Später stellen Sie dann fest, dass Sie nicht in /tmp waren, wo Sie nur aufräumen wollten, sondern z.B. unter /bin. Dort liegen alle Kommandos von Linux, und da es keine Undo-Funktion gibt, wäre Ihr nächster Weg der zu Ihrer Datensicherung, um zu schauen, was noch zu retten ist.

Was bedeuten die Optionen -fr? Nun, -f steht für »force«, das heißt, es wird einfach ausgeführt, ohne nachzufragen. -r steht für rekursiv. Überlegen Sie mal, was Sie damit für einen Schaden anrichten würden, gäben Sie als root diesen Befehl im root-Verzeichnis /!

Tippen Sie niemals, es sei denn, Sie sind sich absolut sicher, rm -fr * als root ein!

Wildcards in Zusammenhang mit Optionen wie -r sind sehr mächtig. Man sollte immer vorsichtig damit umgehen.

## touch me - das Anlegen einer Datei

Es gibt mehrere Möglichkeiten, eine Datei anzulegen. Die herkömmliche ist, einen Editor zu starten, irgendetwas zu tippen und es anschließend zu speichern bzw. ein Dokument mit

StarOffice neu anzulegen. Editoren behandle ich in einem eigenständigen Kapitel, daher hier eine Möglichkeit, eine leere Datei anzulegen. Hier gibt es den Befehl `touch`:

```
mb@linux:~> touch testdatei
```

Anschließend sollte ein `ls` Ihnen zeigen, dass eine Datei mit Namen `testdatei` existiert. Diese Datei hat keinen Inhalt (wie Ihnen `ls -l testdatei` zeigt). Ist die Datei bereits vorhanden, so ändert `touch` die Zugriffszeit auf die Datei. Mit `ls -l` sehen Sie auch den Zeitpunkt des letzten Zugriffs auf die Datei. Diese wird von `touch` dann auf die aktuelle Zeit gesetzt.

```
mb@linux:~ > ls -l testdatei
-rw-r--r--    1 mb     users    0 Jul 22 13:05 testdatei
```

## *Wie bewegend – Dateien verschieben mit mv*

Was es unter DOS nicht gibt, gibt es sehr wohl unter Linux. Sie können eine Datei verschieben. Hierzu dient das Kommando `mv` (für *move*).

Im letzten Beispiel haben Sie eine Datei angelegt (`testdatei`). Diese verschieben wir nun in ein anderes Verzeichnis.

```
mb@linux:~ > mv testdatei /tmp/
mb@linux:~ >
```

Sie sehen, dass die Datei nun im Unterverzeichnis `/tmp` angekommen ist. Da es ja nur ein Test war, werden Sie die Datei mit dem vorhin gelernten Kommando `rm` wieder entfernen.

```
mb@linux:~ > rm testdatei /tmp/
mb@linux:~ >
```

## *Man kann auch nur kopieren*

Etwas zu bewegen, ist eine Möglichkeit. Etwas zu kopieren, die andere, Ihnen sicher aus der DOS-Welt geläufigere Methode. Unter Linux tut `cp` diesen Dienst (`cp` steht für *copy*). Erzeugen Sie wieder die Datei `testdatei` und kopieren Sie sie dann nach `/tmp`. Eine Überprüfung soll dann zeigen, dass die Datei nun in beiden Verzeichnissen vorhanden ist.

```
mb@linux:~ > touch testdatei
mb@linux:~ > cp testdatei /tmp
mb@linux:~ > ls testdatei
testdatei
mb@linux:~ > ls /tmp/testdatei
/tmp/testdatei
```

Sie sehen, die Datei ist nun in beiden Verzeichnissen vorhanden. Entfernen Sie sie wieder aus beiden Verzeichnissen. Wie das geht, wissen Sie ja mittlerweile.

## Es wird gelinkt

Sicher nicht so, wie Sie sich das jetzt denken. Eine sehr starke Möglichkeit unter Linux ist das Linken von Dateien. Stellen Sie sich vor, Sie hätten eine riesengroße Datei von mehreren MB. Nun wollen Sie sie in mehreren Verzeichnissen haben. Die herkömmliche Möglichkeit wäre nun, diese Datei in das andere Verzeichnis zu kopieren. Damit haben Sie nun ein paar Probleme. Erstens braucht die zweite Datei genauso viel Platz wie die erste, und zweitens würde die zweite Datei Änderungen an der *Hauptdatei* überhaupt nicht mitbekommen.

Eine Lösung hierzu ist das so genannte *Linken*. Sie erzeugen in dem Verzeichnis, in das Sie die Datei eigentlich hineinkopieren würden, lediglich einen Link auf die Originaldatei. Erstens hat diese Datei kaum Platzansprüche, zweitens greifen Sie immer auf die Originaldatei zu, wenn Sie den Link lesen. Das bedeutet, dass Sie nicht zwei Dateien immer auf dem aktuellsten Stand halten müssen.

Das Kommando zum Linken lautet `ln`. Viele Systemkommandos sind unter Linux »nur« gelinkte Dateien. So ist z.B. das Kommando `sh` ein Link auf die `bash`-Shell. Jeder Aufruf von `/usr/bin/sh` führt somit zum Aufruf von `/bin/bash`.

Wie sehen nun gelinkte Dateien aus? Hier das eben erwähnte Beispiel mit `sh`:

```
mb@linux:~ > ls -l /bin/sh
lrwxrwxrwx 1 root root 4 Jun 10  2000 /bin/sh -> bash
mb@linux:~ >
```

Sie sehen als erstes Zeichen ganz links ein `l`. Das steht, wie nicht anders zu erwarten war, für »link«. Es ist am Anfang immer sehr schwer einzusehen, wozu man Links braucht. Im folgenden Beispiel legen wir uns einen Link der `/etc/passwd` in unser `/home`-Verzeichnis. Sie müssen dann nicht jedes Mal nach `/etc` wechseln, um die `passwd`-Datei anzusehen. Zugegeben kein sehr praxisorientiertes Beispiel, aber zum Erklären genau richtig:

```
mb@linux:~ > ln -sf /etc/passwd passwd
mb@linux:~ >
```

Was bedeuten nun diese Optionen? `-s` steht für Symbolic Link und `-f` dafür, eventuell bereits existierende Files zu überschreiben.

```
mb@linux:~ > ls -l passwd
lrwxrwxrwx 1 mb users 11 Jul 22 13:19 passwd -> /etc/passwd
```

Sie sehen, dass die Datei `passwd` ein Link auf `/etc/passwd` ist. Jede Änderung, die an `/etc/passwd` vorgenommen wird, bekommen Sie automatisch mit, da es sich um einen Verweis auf die ursprüngliche Datei handelt. Ihren selbst angelegten Link können Sie jederzeit löschen. Die Datei, auf die gelinkt wird, können Sie jedoch nur löschen, wenn Sie dies dürfen. Mit anderen Worten: Entfernen Sie `passwd` aus Ihrem `/home`, so wird nicht `/etc/passwd` gelöscht, sondern nur Ihr Link.

Sie können sich diese Datei mit dem Kommando `less` (ein Viewer, den ich im nächsten Abschnitt erkläre) ansehen.

## less ist more

Was heißt das nun schon wieder? Es gibt unter Linux (und UNIX) einen Dateiviewer mit dem Namen `more`. `more` zeigt Ihnen Dateien an und Sie können mit Leertaste blättern. Haben Sie das Ende der Datei erreicht, kehrt `more` automatisch auf die Eingabezeile zurück. `less` ist eine bessere, erweiterte Form von `more`.

Rufen Sie `less` auf:

```
mb@linux:~ > less passwd
```

Es sollte sich in etwa Folgendes zeigen:

```
root:x:0:0:root:/root:/bin/bash
bin:x:1:1:bin:/bin:/bin/bash
daemon:x:2:2:daemon:/sbin:/bin/bash
lp:x:4:7:lp daemon:/var/spool/lpd:/bin/bash
news:x:9:13:News system:/etc/news:/bin/bash
games:x:12:100::/tmp:/bin/bash
man:x:13:2::/var/catman:/bin/bash
```

Dies ist Ihr Link auf `/etc/passwd`. Den genauen Aufbau dieser Passwort-Datei erfahren Sie im Kapitel über Sicherheit. Beenden können Sie `less` jederzeit mit [q].

## Wir archivieren Dateien – tar und gzip

Ab und zu werden Sie in die Verlegenheit kommen, verschiedene Dateien einzupacken, um sie weiterzugeben. Sicherlich ist Ihnen das System des »Zippens« von DOS her bekannt. Es existiert das altbekannte *pkzip* bzw. *pkunzip*. Unter Linux benötigen Sie hierfür zwei Tools. Das eine (`tar` = tape archive) archiviert die Dateien zu einer großen Datei und anschließend sorgt `gzip` dafür, dass sie auch komprimiert werden. `tar` und `gzip` werden so oft zusammen eingesetzt, dass es für `tar` mittlerweile eine Option gibt, das »getarte« File gleich anschließend zu zippen.

Es gibt unter Linux auch die Möglichkeit, DOS-gezippte Dateien zu lesen. Hierzu dient das Kommando `unzip`.

Aber der Reihe nach.

Führen Sie bitte folgenden Befehl aus:

```
mb@linux:~ > tar czvf  testdatei.tar.gz .bash*
.bash_history
.bashrc
mb@linux:~ >
```

Die Option `c` (create) weist `tar` an, zu archivieren (`z` sorgt dafür, dass `tar` komprimiert), `v` steht für *verbose mode* (das heißt, `tar` ist geschwätzig und sagt, was es tut, eine Option, die übrigens viele Linux-Kommandos unterstützen), `f` gibt an, dass `tar` den Output in die angegebene Datei (`testdatei.tar.gz`) schreibt, `z` steht für Komprimieren, also den anschließenden Aufruf von `gzip`.

Sie erhalten eine komprimierte Datei aller Dateien, die mit `.bash` anfangen, in Ihrem `/home`-Verzeichnis.

Um zu sehen, was sich in dieser Datei befindet, probieren Sie aus, sie probeweise zu entpacken (das empfiehlt sich immer, auch wenn Sie später mal `.tar.gz`-Dateien aus dem Internet holen, erst mal nachzuschauen, was drin ist und wo es sich entpacken würde).

```
mb@linux:~ > tar tzvf testdatei.tar.gz
-rw-r--r-- mb/users 10240 2001-07-22 14:22:00 .bash_history
-rw-r--r-- mb/users  1602 2001-07-10 02:21:52 .bashrc
mb@linux:~ >
```

Wie Sie sehen, hat `tar` alles eingepackt. Sie sehen hier eine neue Option: `t`. `t` steht für *test*, wer hätt's gedacht. Wollen Sie die Dateien tatsächlich auspacken, geben Sie statt der Option `-t` die Option `-x` (für extract) an. Schon packt `tar` die Dateien aus.

Die meisten Linux-Codes und Binaries (das sind ausführbare Programme) werden als `tar.gz` oder auch `.tgz` ausgeliefert. Sie werden also noch sehr häufig im Internet über diese Endungen stolpern. Damit wissen Sie gleich, was es ist, und können versuchen, es auszupacken.

## Was ist das für eine Datei?

Ausführbare Dateien erkennt man unter Linux nicht zwangsläufig an ihren Endungen. Unter DOS ist es üblich, ausführbaren Programmen die Endung `.exe`, `.com` oder `.bat` zu geben (das ist auch notwendig, denn sonst würden sie nicht ausgeführt werden). Linux unterliegt nicht dieser Beschränkung. Sie können ausführbare Programme nennen, wie Sie möchten. Lediglich über die Permissions, also die Berechtigungen, können Sie bestimmen, ob eine Datei ausführbar ist oder nicht. Markieren Sie eine Datei als ausführbar und sie ist kein Programm (wie z.B. `/etc/passwd`), dann erhalten Sie eine Meldung, dass diese Datei nicht ausführbar ist, sonst nichts.

Unter Linux gibt es einen Befehl, um herauszufinden, welcher Dateityp vorliegt. Handelt es sich um reinen Text, eine Grafik oder tatsächlich um ein ausführbares Programm? Hierzu dient der Befehl `file`. Lassen Sie uns ihn eben mal ausprobieren.

Ich habe hier mal `file` auf drei verschiedene Dateien angewandt: auf `/etc/passwd`, auf `/bin/bash` und auf unser `.tar.gz file. testdatei.tar.gz. file` sagt Ihnen ganz genau, um welchen Dateityp es sich handelt:

```
mb@linux:~ > file /etc/passwd
/etc/passwd: ASCII text
mb@linux:~ > file /bin/bash
/bin/bash: ELF 32-bit LSB executable, Intel 80386, version 1,
dynamically linked (uses shared libs), stripped
mb@linux:~ > file testdatei.tar.gz
testdatei.tar.gz: gzip compressed data, deflated, last modified:
Sun Jul 22 14:2
7:30 2001, os: Unix
mb@linux:~ >
```

Falls Sie sich also nicht sicher sind, was für eine Art Datei Sie bekommen haben, lohnt es sich fast immer, einmal `file` darüberzujagen.

## Bewegen im Verzeichnisbaum

Diesem Kommando werden Sie später im Administrationskapitel nochmals begegnen, daher werde ich es hier nur kurz anreißen. `cd` wechselt die Verzeichnisse. Sie können `cd` einen absoluten Pfad angeben, wie z.B. `cd /etc`, oder aber Sie geben `cd` einen relativen Pfad an: `cd tmp`. Relativ bezieht sich immer auf Ihren momentanen Standpunkt im Filesystem. Das bedeutet, `cd tmp` würde, falls Sie sich in Ihrem `/home`-Verzeichnis befinden, schauen, ob es ein Verzeichnis `/home/mb/tmp` gibt und gegebenenfalls dorthin wechseln. Existiert solch ein Verzeichnis nicht, bringt Ihnen `cd` eine Fehlermeldung, dass es nicht in das angegebene Verzeichnis wechseln kann.

Geben Sie `cd` ohne Parameter ein, landen Sie wieder in Ihrem `/home`-Verzeichnis.

## Anlegen und Entfernen von Verzeichnissen

Auch dieses Kommando taucht später im Administrationskapitel wieder auf. `mkdir` legt ein Verzeichnis an und `rmdir` entfernt es wieder.

## Wo bin ich eigentlich?

Sollten Sie einmal den Überblick verlieren, so zögern Sie nicht, folgendes Kommando einzutippen:

```
mb@linux:~ > pwd
/home/mb
mb@linux:~ >
```

`pwd` (*print working directory*) sagt Ihnen exakt, wo genau Sie sich gerade im Verzeichnisbaum befinden. Dies sollte der erste Befehl sein, bevor Sie gefährliche Dinge wie `rm -fr *` eingeben. Nur zu Ihrer eigenen Sicherheit.

## Uff - Geschafft!

So, jetzt haben Sie verschiedene Befehle kennen gelernt, um für den täglichen Umgang mit Linux fürs Erste gerüstet zu sein. Dies sind die grundlegenden Kommandos. Wenn Sie neugierig sind, dann gehen Sie doch mal auf Entdeckungsreise in Verzeichnisse wie `/usr/bin` oder, da Sie ja wahrscheinlich unter X arbeiten werden, nach `/usr/X11R6/bin`. Dort stehen Unmengen an ausführbaren Programmen. Aber Achtung! Rufen Sie nicht einfach irgendein Programm auf! Lesen Sie *vorher* die jeweilige Dokumentation (*Manpage, info* oder SuSE-Hilfe).

# Wir gehen ins Internet

10

### In diesem Kapitel

- Beachten Sie die Netiquette!
- Wir richten uns Firefox ein
- Wow, die erste URL
- Mails werden verschickt
- Noch ein paar nützliche Dienste

Seien Sie doch mal netiquette! Aber wie verhält man sich im Netz? Viele Leute, die neu hinzustoßen, wissen nichts über das Verhalten im Internet. Da es sich hierbei um eine Art anarchistische Gemeinschaft handelt, ist es sehr wichtig, sich gegenseitig zu achten!

Im Prinzip könnten Sie sehr viel anstellen, und keiner könnte Ihnen etwas anhaben. Viele dieser kleinen Regeln entstanden zu Zeiten, in denen Bandbreite noch teuer und Riesen-Mails nicht möglich waren. So war es (und ist es nach wie vor) verpönt, dass man in Mails mehr gequoted hat als nötig.

Um dem Empfänger leichter klar zu machen, auf welchen Abschnitt seiner Mail man sich bezieht, ist es üblich diesen Teil zu »quoten«, was nichts anderes als zitieren bedeutet.

Stellen Sie sich einfach vor, wie aufgebläht durch »Nicht-Information« diese Mail mit der Zeit wird! Auch beim Chatten gelten Verhaltensregeln, diese sollten Sie einhalten, wenn Sie nicht mit Ihren neuen Chatpartnern im Clinch liegen wollen.

Dies ist übrigens eine Regel, die die meisten Windows-Mailer gnadenlos übersehen. Rücksichtslos hängen sie jedes Mal die alte Mail mit an.

Lesen Sie doch mal folgende Seite durch, nachdem Sie Ihren Firefox (wie gleich beschrieben) eingerichtet haben.

`http://www.albion.com/netiquette/`

Sie finden dort am Schluss auch ein nettes Quiz, ob Sie auch alles verstanden haben.

# Mozilla - Firefox

Vor einigen Jahren erfand eine Firma mit Namen *Netscape* einen Webbrowser. Dieser Browser wurde firmenintern liebevoll *Mozilla* getauft, wurde jedoch unter dem Namen Netscape bekannt. Netscape entwickelte sich vom reinen Webbrowser mehr und mehr zu einem Allround-Talent in Sachen Internet. Mittlerweile kann Mozilla Mails verschicken (wie Sie gleich sehen werden), Dateien via FTP von anderen Rechnern herunterladen (*downloaden*), verschiedene Programme (darunter Java) starten, Netnews lesen und noch vieles mehr.

Der Firefox-Browser basiert auf den öffentlichen Quellen zu Mozilla.

Wir werden nun Firefox an die lokalen Bedürfnisse anpassen und die ersten Gehversuche unternehmen.

Bei einer Standard-SuSE-Installation ist Firefox normalerweise mit vorinstalliert. Ansonsten starten Sie YaST2 (wie im YaSt-Kapitel beschrieben) und installieren das Paket »Firefox«.

Unter KDE gehen Sie einfach links auf KDE|INTERNET|WEBBROWSER|FIREFOX und klicken es an. Nach einer Weile sollte Firefox starten, so wie in Abbildung 10.1 zu sehen ist. Alternativ können Sie auch `Alt`+`F2` drücken und in das Befehlsfenster `firefox` eintippen.

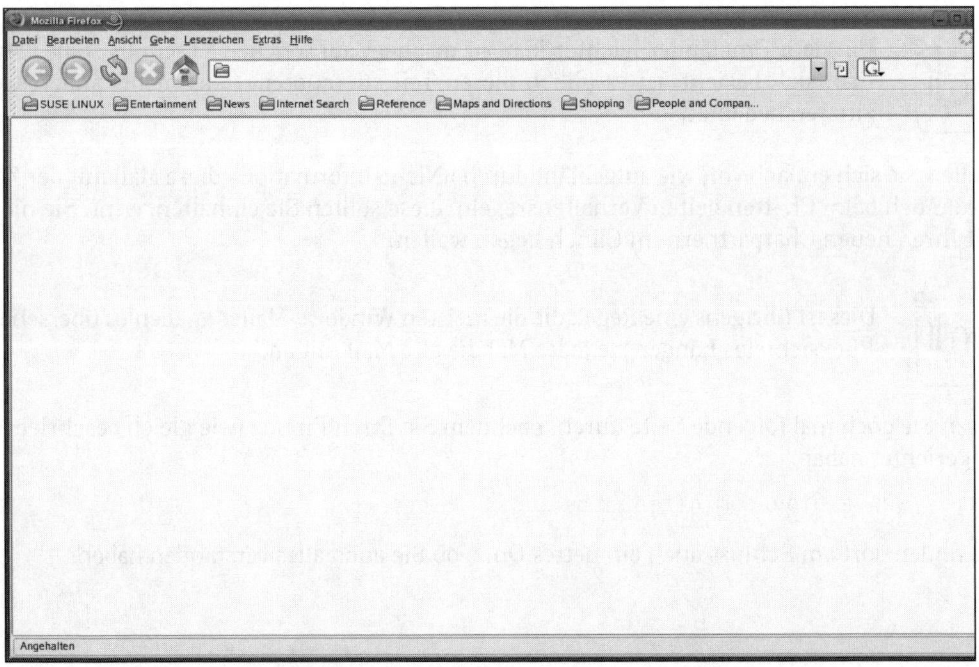


*Abbildung 10.1: Firefox nach dem ersten Start*

## Firefox erst einmal konfigurieren

Wie jeder vernünftige Linux-Freak wollen Sie Firefox natürlich erst einmal konfigurieren. Wählen Sie dazu in der Firefox-Menüleiste BEARBEITEN|EINSTELLUNGEN. Sie sollten nun ein Einstellungsfenster ähnlich dem in Abbildung 10.2 sehen.

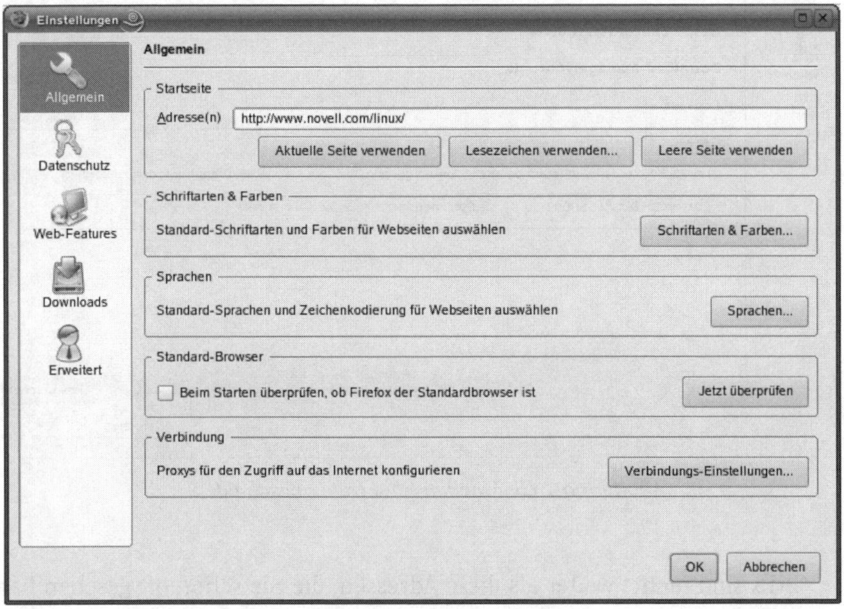


*Abbildung 10.2: Die Details*

Unter KDE müssen Sie die Icons nur einmal anklicken, im Gegensatz zu Windows. Sonst haben Sie ganz schnell zwei Firefoxs auf Ihrem Desktop.

Ganz oben können Sie ALLGEMEINES einstellen. Hier steht z.B. die Seite, mit der Firefox starten soll. Wenn Sie hier eine URL aus dem Internet wählen, lädt Firefox diese bei jedem Start.

Auch manchmal ganz nett zu wissen ist, wie viel Platz Firefox auf Ihrer Platte »verbraten« darf. Firefox tendiert dazu, standardmäßig sehr viel zu beanspruchen, sei es an Arbeitsspeicher oder Festplattenspeicher. Zügeln Sie Firefox, wie in Abbildung 10.3 dargestellt.

Und wozu ist Firefox nun da? Gehören Sie wirklich zu denjenigen, die noch nie eine Website gesehen haben? Gratulation! Wie haben Sie das geschafft? Spaß beiseite, natürlich können Sie hier nun eine URL (*Unified Resource Locator*) eingeben und, wenn sie existiert, zeigt Firefox sie Ihnen an. Ich habe hier eine Linux-Website aufgerufen: `http://ww.slashdort.org`.

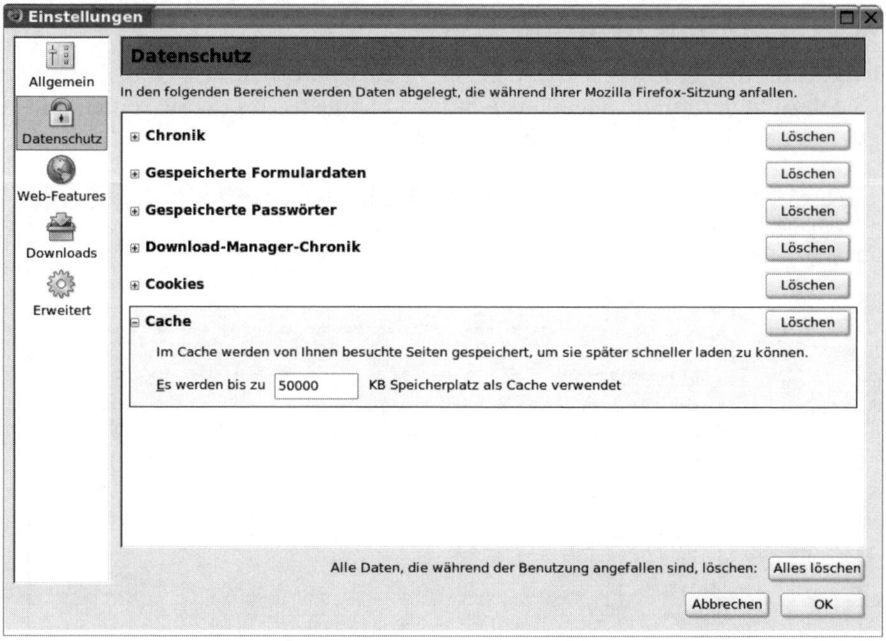


*Abbildung 10.3: Machen Sie Firefox bescheiden.*

URLs sind nichts weiter als diese Adressen, die Sie schon oft gesehen haben, also das mit: `http//www.irgendwas.de`.

Leider befindet sich auf der SuSE Linux 10.0 nicht der `thunderbird`-Mailer. Dieser arbeitet hervorragend mit Firefox zusammen und es lassen sich auch Programme wie Enigmail ganz einfach einbinden. Bei Enigmail handelt es sich um ein PlugIn für mit GPG verschlüsselte Mails. Auf die Verschlüsselung von E-Mails gehe ich im Kapitel über Sicherheit detaillierter ein. Ich würde Ihnen empfehlen, folgende Kombination für Web und E-Mail zu installieren:

- ✔ Firefox
- ✔ Thunderbird mit Enigmail-PlugIn
- ✔ GPA, ein Tool zur Verwaltung von Public Keys

Nachdem bei der SuSE 10.0 leider kein Thunderbird dabei ist, gehe ich hier auf die Installation und Konfiguration eines ähnlich mächtigen Mailers, Evolution, etwas näher ein.

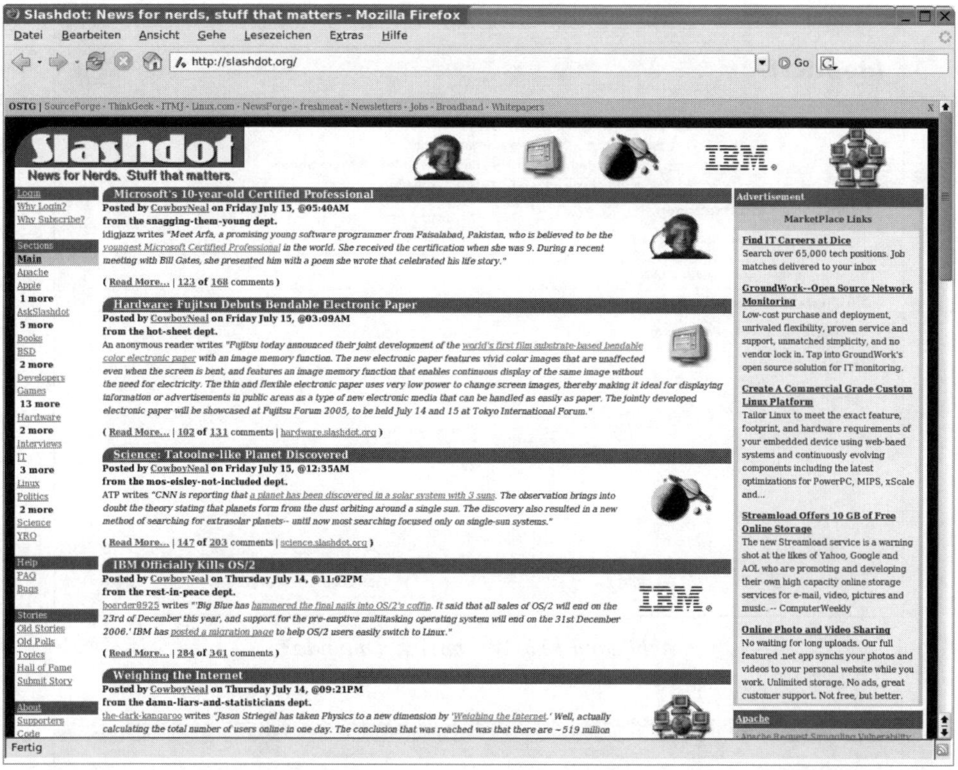


Abbildung 10.4: Firefox in Aktion!

# Evolution

Bevor Sie `evolution` verwenden können, müssen Sie es natürlich auf dem mittlerweile bekannten Wege erst einmal installieren.

Um einen neuen E-Mail-Account einzurichten, drücken Sie [F2]. Im dann erscheinenden Eingabefenster geben Sie `evolution` ein (siehe Abbildung 10.5). Befolgen Sie nun brav die Anweisungen

Ein Klick auf VOR bringt Sie zur Angabe Ihres zuständigen Servers, von dem Sie Ihre Mails abholen. Hier gibt es im Wesentlichen zwei Alternativen: `pop3` oder `imap`. Haben Sie einen Webmail-Account (`gmx.de`, `hotmail.com`, `web.de`), dann ist dies in der Regel ein `pop3`-Account. Geben Sie hier Ihren `pop3`-Server ein.

Im nun erscheinenden Fensterchen (siehe Abbildung 10.6) sagen Sie Evolution, wann es nach neuen Mails sehen soll. Sie können auch einstellen, dass abgeholte Mails weiterhin auf dem Server verbleiben.

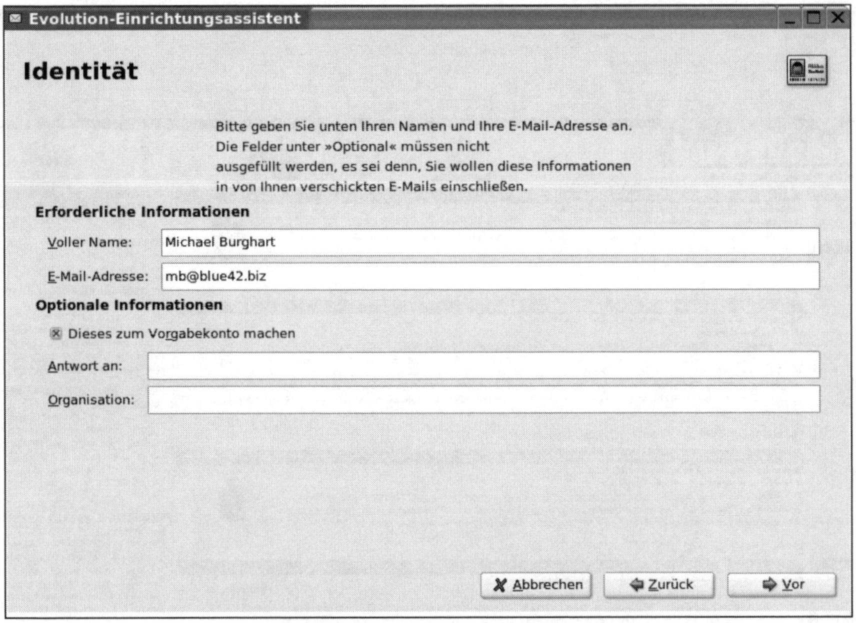


*Abbildung 10.5: Wer bin ich denn nun?*

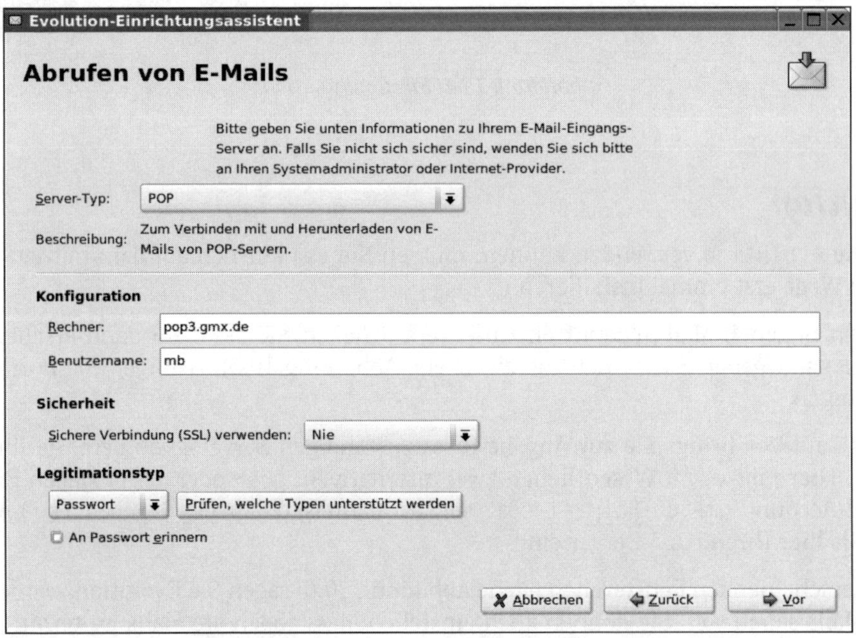


*Abbildung 10.6: Wo kommt denn nun die Mail her?*

Wie wird die E-Mail verschickt? Die meistgenutzte Möglichkeit ist via SMTP. Geben Sie hier Ihren SMTP-Server an, diesen erfahren Sie von Ihrem Provider.

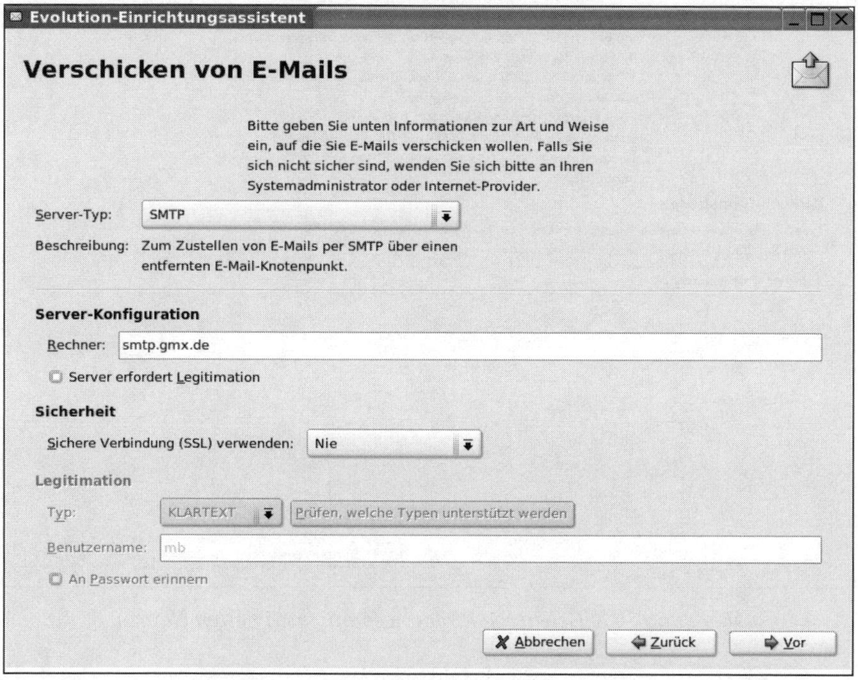


*Abbildung 10.7: Wie geht die Mail raus?*

In der Regel bieten die Provider »POP3« für eingehenden Mailverkehr und »SMTP« für den ausgehenden Mailverkehr an. Genaueres hierzu erfahren Sie in den netten Briefchen, die Ihnen Ihr Provider bei Vertragsabschluss in die Hand gedrückt hat. Wie Sie die Benutzung von E-Mail einrichten, erfahren Sie im YaST-Kapitel.

Jetzt müssen Sie `evolution` nur noch mitteilen, unter welchem Namen er diese Einstellungen speichern soll. Sie könnten ja durchaus mehrere POP3- und andere Mailaccounts mit `evolution` verwalten.

So, nun noch einmal auf VOR klicken und Sie können auf einer hübschen Weltkarte Ihre Zeitzone auswählen.

*Subject* ist eine Betreffzeile, und in das große Fenster tippen Sie Ihren Text. Absenden genügt, und die Mail ist unterwegs an ihren Empfänger. Manchmal erfordert es ein bisschen Tuning, um das Mailen einzustellen. Aber alle Einstellungen, die Sie benötigen, sind im Firefox-Mailer und in den `sendmail`-Einstellungen unter YaST2 zu finden.

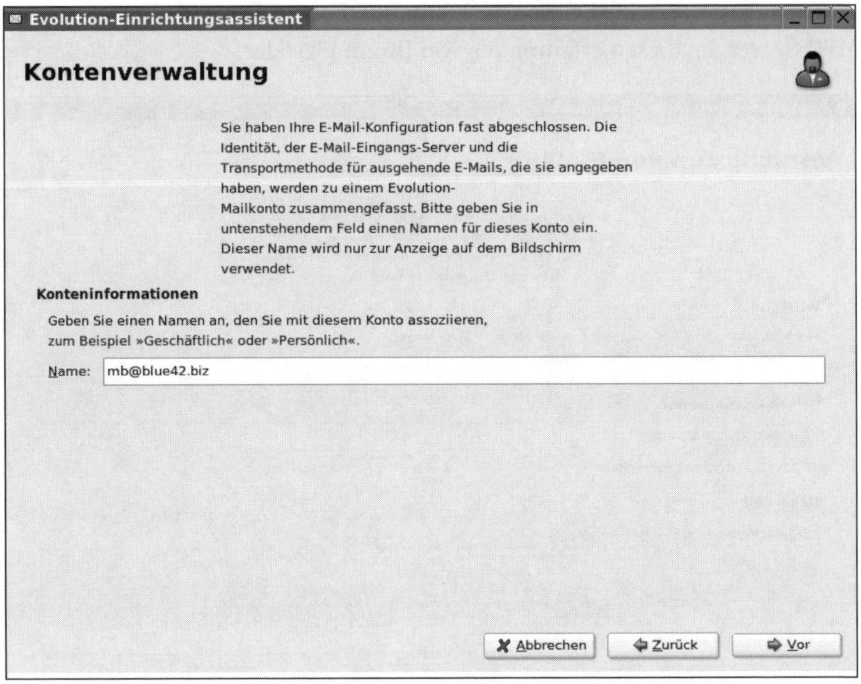


*Abbildung 10.8: Geben Sie Ihrem Account einen netten Namen.*

### *Wie setzt sich eigentlich so ein E-Mail-Account zusammen?*

Sie erinnern sich, dass wir im YaST-Kapitel unserem Rechner den Namen `linux` und die Domain `mb.de` gegeben haben? Hätten wir jetzt einen User `mb` auf diesem Rechner, so wäre seine Adresse `mb@linux.mb.de`. Da wir aber ein privates Netz verwenden und die Domain `mb.de` eine rein private ist, könnten wir mit dieser Adresse zwar Mails verschicken, aber keiner könnte darauf antworten.

Echte E-Mail-Accounts haben eine echte IP-Nummer und eine echte Domain.

Ein E-Mail-Account setzt sich zusammen aus *User@Name.Domain*.

# Andere Mailer

Ich werde Ihnen hier noch ein paar andere Mailer vorstellen. Teilweise sind diese auch textorientiert. Erschrecken Sie nicht, diese sind den grafischen in vielerlei Hinsicht überlegen, von der Geschwindigkeit mal gar nicht zu reden. Ich zeige Ihnen hier noch zwei populäre Mailer: `mutt` und `pine`.

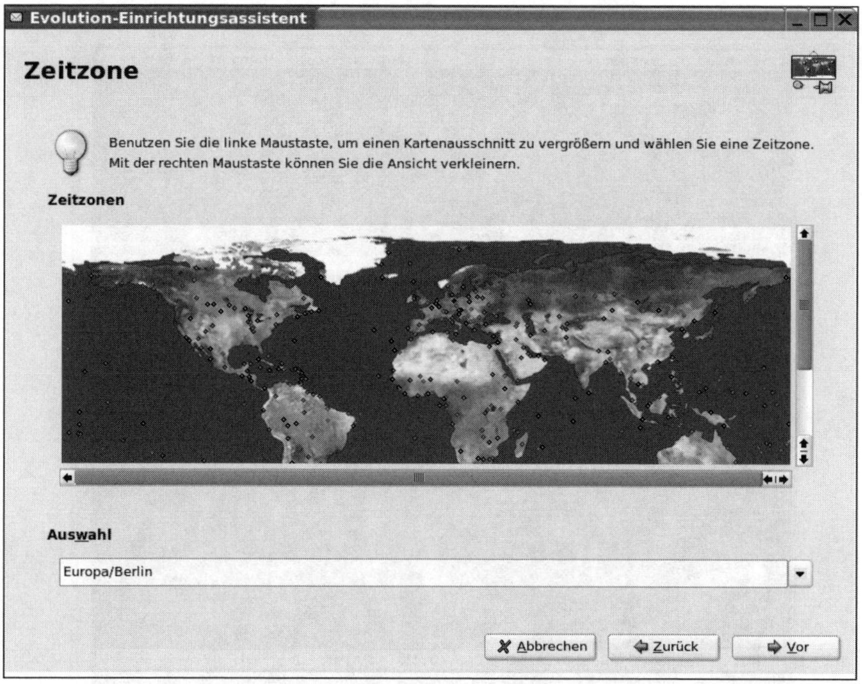


*Abbildung 10.9: Wo wohne ich?*

## mutt – Textbasiert, aber sehr stark

Zur Abwechslung mal ein textbasierter Mailer. Abbildung 10.10 zeigt ein geöffnetes Konsolenfenster mit dem Mailer `mutt`.

Öffnen Sie eine Shell (Konsole) und tippen Sie:

```
mutt
```

und schon kann's losgehen. `mutt` bietet Ihnen kein Konfigurationstool an. Gesteuert wird es einzig und allein durch sein Konfigurationsfile `.muttrc`.

Die Namensgebung und der Aufbau der Datei `.muttrc` ist wie die meisten Konfigurationsdateien unter Linux aufgebaut. Das `rc` am Ende weist auf eine Konfigurationsdatei hin. Der `.` davor macht die Datei zu einer unsichtbaren Datei, das heißt, sie wird mit `ls` nicht angezeigt (nur mit `ls -a`).

Dieser Mailer erfordert schon ein bisschen mehr Kenntnis der Dokumentation, wobei man sagen muss, dass die mitgelieferte `mutt`-Dokumentation sehr ausführlich ist. Im Hilfe-Kapitel erfahren Sie mehr darüber, wie man Dokumentationen unter Linux liest.

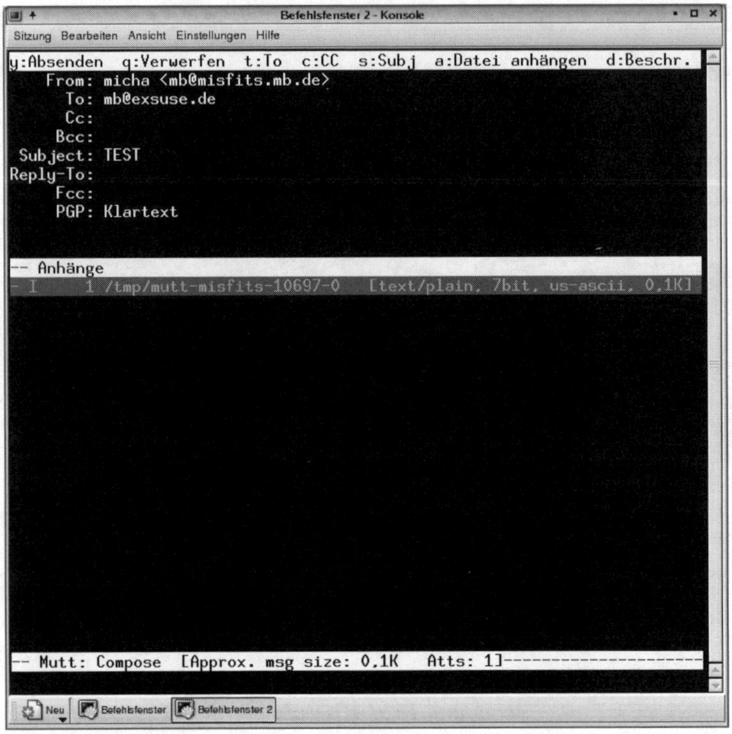


*Abbildung 10.10:* `mutt` *in einem Konsolenfenster*

Vielleicht haben Sie ja schon mal etwas von dem sagenumwobenen Editor `vi` gehört? (er wird in dem Kapitel über Editoren ausführlich beschrieben)? Prima, denn in `mutt` editieren Sie standardmäßig im `vi`. Drücken Sie [m], und in der Kommandozeile werden Sie nach der Adresse gefragt (*To:*). Geben Sie diese ein, und Sie können im `vi` Ihre Nachricht schreiben. Beenden Sie `vi` wie gelernt mit [Esc]+`:wq`. Drücken Sie jetzt auf [y], wird Ihre Nachricht verschickt. Eine Nachricht aus der Liste wählen Sie mit [↵].

## pine – Noch ein textbasierter Mailer

`pine` ist auch ein Dinosaurier unter den Mailern. Abbildung 10.11 zeigt `pine` in Aktion. `pine` bietet den Vorteil eines recht guten eingebauten Konfigurationscenters. Sie können allerdings auch gerne in guter alter Linux-Manier die Datei `.pinerc` editieren. Manche »Feinheiten« lassen sich sogar nur hier einstellen.

Das war's erst mal an Mailern. Nun zu etwas komplett anderem.

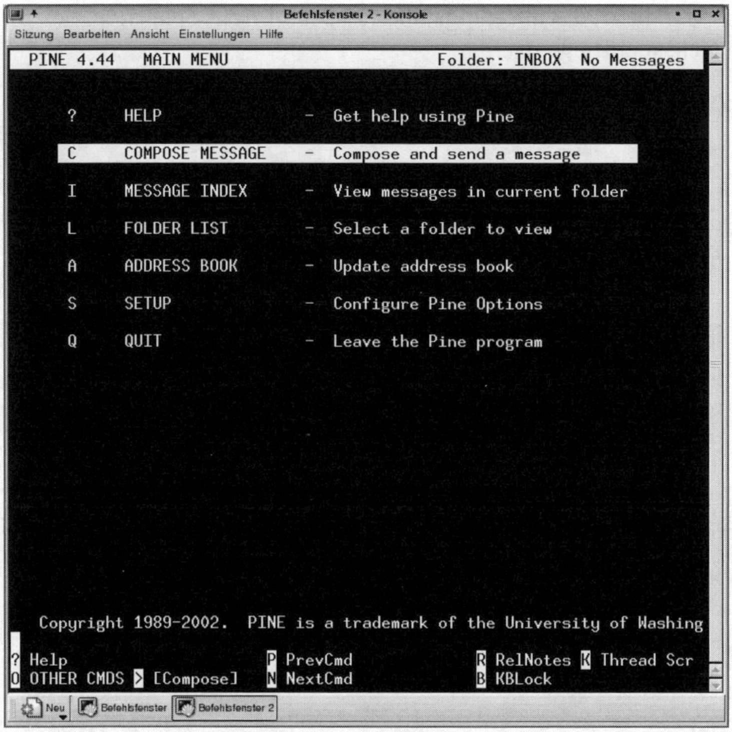


*Abbildung 10.11: `pine` steht für »`pine` is not elm«.*

# Chatten – Kommunikation des 21. Jahrhunderts

Fast jeder hat es schon mal gehört. Was aber ist das nun? Es ist eigentlich etwas Uraltes. Ende der 80er-Jahre wurde ein Kommunikationsforum im Internet geschaffen, das sich *IRC, Internet Relay Chat* nannte. Damals dümpelte es, mehr oder weniger nur an Universitäten bekannt, vor sich hin.

## IRC

Mit dem Internet-Boom ungefähr ab 1992 wurde es dann einer breiteren Schicht zugänglich und rasch entwickelte es sich zu einem weltweiten Kommunikationsnetz. Wie funktioniert es? Es gibt mehrere Server, die untereinander gelinkt sind (d.h. verbunden). Man kann sich unter einem Nick (für Nickname = Spitzname) anmelden. Es gibt unterschiedliche »Channels« (eine abgeschlossene Gruppe von Chattern), denen man sich anschließen kann, und so kann man sich dann mit Freunden aus aller Welt unterhalten. Starten Sie mit KDE|INTERNET|KOMMUNIKATION|KSIRC.

Man kann noch viel mehr, das allerdings überlasse ich Ihrem Spieltrieb. Seien Sie vorsichtig: IRC hat schon viele süchtig gemacht.

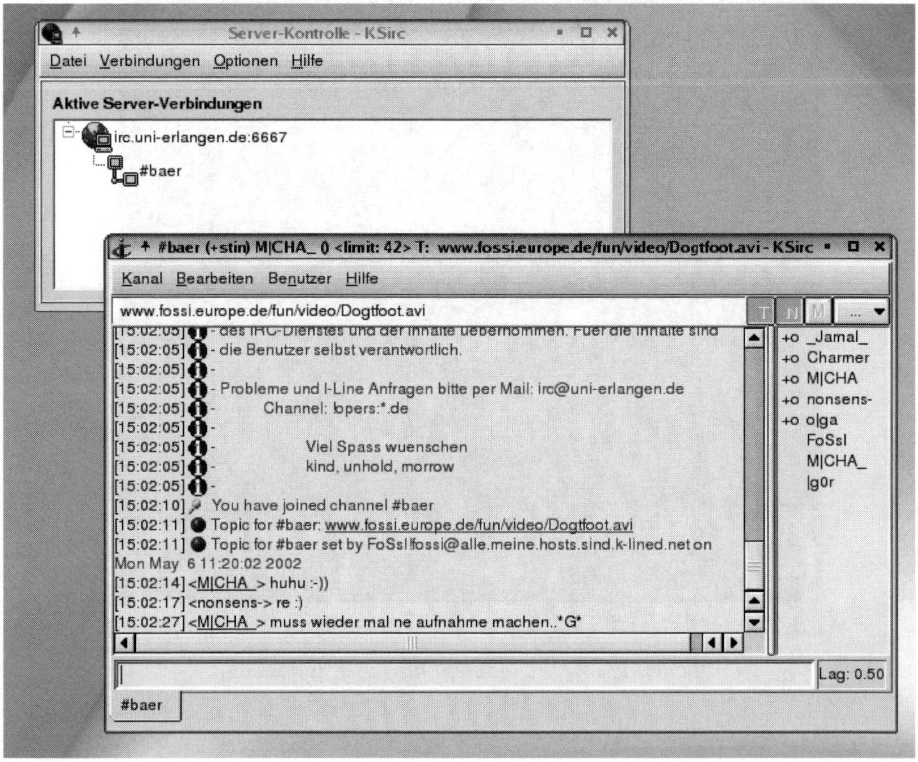


*Abbildung 10.12:* `ksirc` *– ein IRC-Client unter Linux*

## ICQ

Mehr ein Spielzeug als ein wirklich gutes Chat-System. Da es aber mittlerweile weit verbreitet ist, sollte man es nicht übersehen. ICQ bietet ähnlich wie IRC dem Benutzer an, mit anderen Benutzern zu kommunizieren. Während bei IRC die reine Kommunikation immer im Vordergrund stand, bietet ICQ schon Möglichkeiten, sich gezielt Gesprächspartner im Netz zu suchen.

So kann man in einem kleinen Suchfenster einschränken, mit wem man sprechen will. Eine Angabe wie »Alle Mädels mit grünen Haaren im Raum Nürnberg, die Türkisch sprechen und 'ne Harley fahren« wird Ihnen das gewünschte Ergebnis liefern.

Führen Sie mal KDE|INTERNET|KOMMUNIKATION|KXICQ2 aus, und Sie können Ihren Wunschpartner »zusammenstellen«, wobei ich glaube, dass obige Liste nicht gerade viel Output produziert.

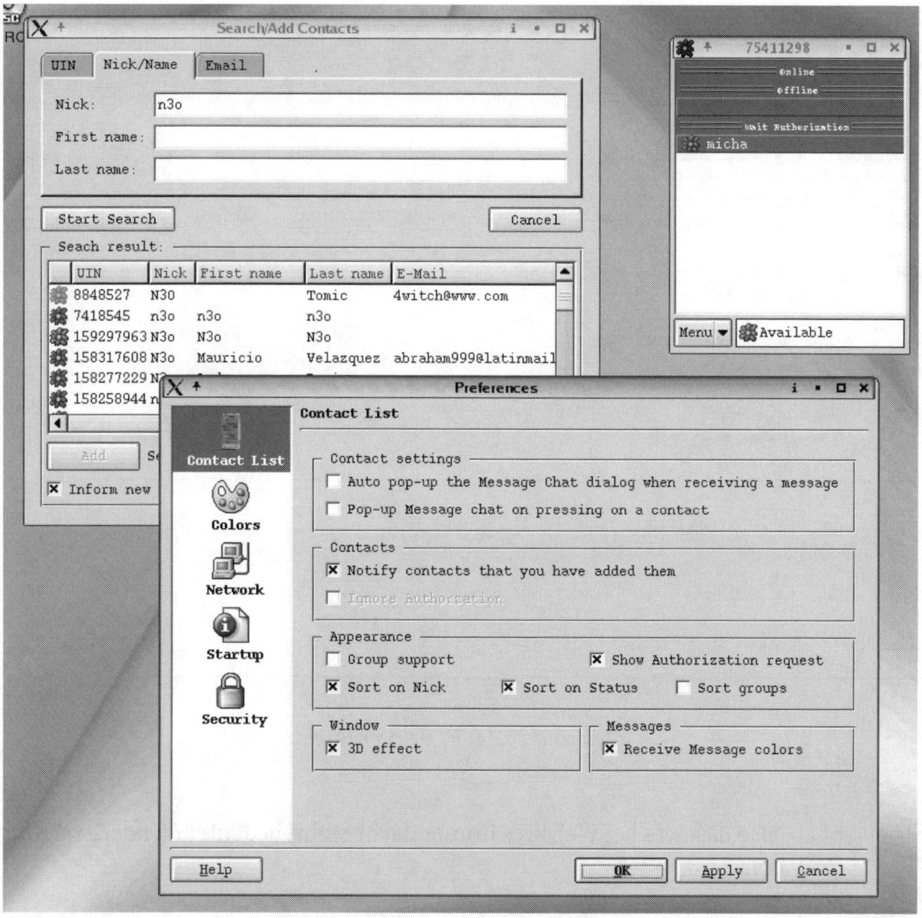


*Abbildung 10.13: ICQ in Aktion*

# FTP – Wo kriege ich die Software her?

FTP steht für *File Transfer Protocol,* und das sagt eigentlich schon aus, was es tut. Es transportiert Files, also Dateien, und ist somit dazu gedacht, Dateien aus dem Internet auf den heimischen Rechner zu transportieren.

Abbildung 10.14 zeigt Ihnen Firefox mit einem aktiven Connect zu `ftp://ftp.suse.com`. Wie Sie sehen, steht am Anfang nicht *http*, sondern *ftp*.

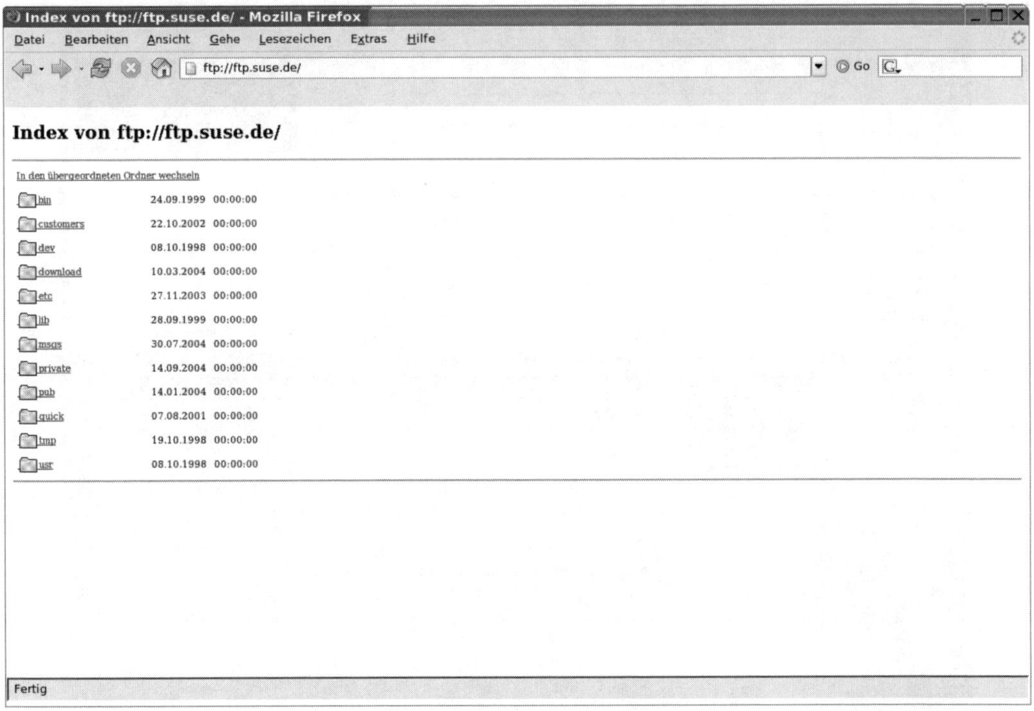


*Abbildung 10.14: FTP unter Firefox*

VORSICHT TECHNIK!

`http`, also das, was bei Websites immer davor steht, bedeutet *HyperTextTransport-Protocol*.

Firefox erkennt mittlerweile selber, ob es sich um einen FTP oder HTTP (also Webserver) handelt. Von `ftp.suse.com` können Sie sich übrigens fehlende Software für Ihren Rechner downloaden. Sie können auch YaST2 dazu verwenden. Wenn Sie aber mal ein Feeling davon bekommen wollen, wie es »vor YaST2« ging, dann probieren Sie es mal hier.

VORSICHT TECHNIK!

Diese Technik funktioniert nur bei Paketen, die die »autoconf«-Methode unterstützen. Alle Möglichkeiten kann ich hier nicht auflisten.

Es gibt noch mehrere FTP-Clients unter Linux. Zu den grafischen gehört noch `xftp`. Ein sehr starker, textbasierter FTP-Client ist `ncftp`. Probieren Sie sie ruhig mal aus.

### Was mache ich nun mit einem .tgz-File?

Wenn Sie sich aus dem Internet ein Linux-Paket holen, so werden diese meistens als `.tgz`- (oder `.tar.gz`-)Dateien angeboten oder als `.rpm`-Dateien. Bei den `.tgz`-Dateien handelt es sich um die *Sourcen*, das heißt, Sie müssten diese Programme erst noch konfigurieren. Die anderen sind RPM-Pakete, und wenn es keine Systemprogramme sind, stehen die Chancen gut, dass Sie sie einspielen können.

Ich beschreibe Ihnen kurz anhand einer Sitzung mit einem `.tgz`-File, was Sie im »Normalfall« tun müssen.

| Beschreibung | Befehl |
|---|---|
| Auspacken des `.tgz`-Files | `tar xzvf` *`DATEINAME`* |
| Wechseln in das Verzeichnis | `cd` *`DATEINAME`* |
| Ausführen des Konfigurationstools | `./configure` |
| Kompilieren | `make` |
| Installieren (geht nur, wenn Sie `root` sind) | `make install` |
| Und testen | *`DATEINAME`* |

*Auspacken und Installieren einer `.tgz`-Datei*

Eine RPM-Datei installieren Sie wie folgt. Öffnen Sie ein Konsolenfenster und tippen Sie (als User `root`) Folgendes ein:

```
rpm -e DATEINAME
```

Sollte das nicht gehen, fügen Sie noch die Optionen `-force -nodeps` hinzu.

Sie können übrigens beide Pakete auch jederzeit gefahrlos mit YaST2 installieren.

## Die neuesten Nachrichten

Auch eines der ältesten Kommunikationsforen im Internet: *News*. Stellen Sie sich News wie eine Art schwarzes Brett vor. Sie können Nachrichten hinhängen und sehen (bzw. hoffen), dass jemand drauf antwortet. Abbildung 10.15 zeigt Ihnen einen Linux-Newsreader, `knode`.

News sind in so genannten Newsgroups sortiert. Sie haben zwei Möglichkeiten: Entweder Sie downloaden sich die News auf Ihren Rechner und lesen Sie dann offline, oder Sie verbinden sich mit einem *Newsserver* (auch *NNTP-Server* genannt). `knode` ist ein NNTP-Newsreader. In beiden Fällen sollten Sie bestimmte Newsgroups abonnieren, andernfalls kann es Ihnen passieren, dass Sie gigabyteweise Daten lokal speichern. Wenn Sie per NNTP lesen, sind Sie aus dem Schneider, Sie müssen nur länger warten.

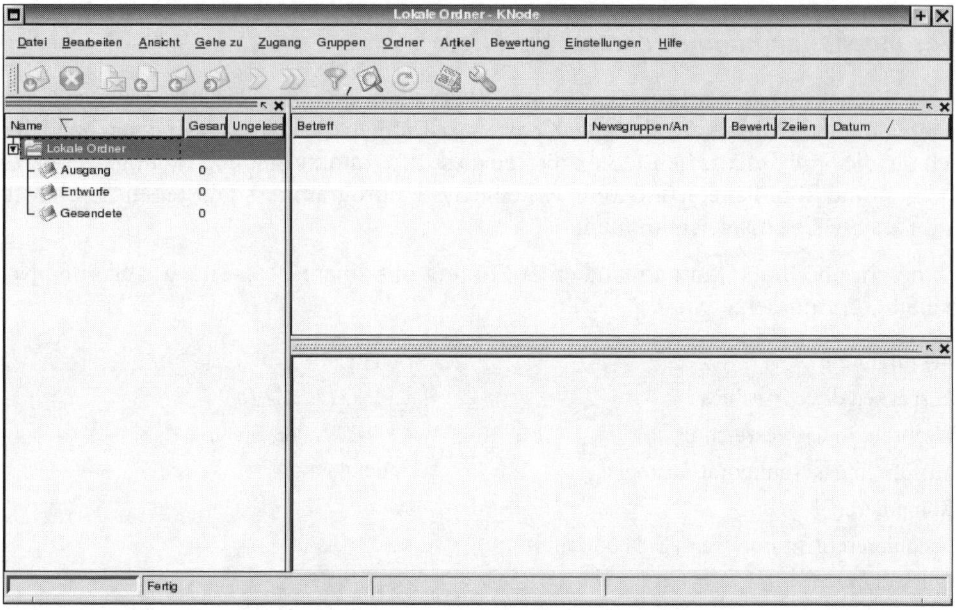


*Abbildung 10.15: Ein sehr nützlicher Newsreader*

In den jeweiligen Newsgroups dürfen Sie nun *posten*, also schreiben. Manche Newsgroups sind *moderiert*, das heißt, dass es einen Moderator gibt, der sich die Beiträge ansieht und dann freigibt (oder auch nicht).

Starten Sie `knode` über KDE|INTERNET|USENET-NEWS LESEN.

Bevor Sie sich im IRC oder im Usenet austoben, bitte ich Sie, sich einmal die *Netiquette* anzusehen.

# Es gibt noch viel mehr

... im Internet, was Sie noch erforschen können. Nun haben Sie ein paar Hilfsmittel an der Hand, um sich ein bisschen im Netz bewegen zu können. Bestimmte Websites bieten Ihnen Videos an, Unmengen PlugIns stehen für Firefox zur Verfügung, so dass Sie es in eine Multimedia-Zentrale verwandeln können, und probieren Sie auch mal ein paar Suchmaschinen aus. Tippen Sie dort einen Begriff ein und sehen Sie sich die Ergebnisse an. Ein paar Suchmaschinen sind z.B.: `www.google.de`, `www.altavista.com` und `www.yahoo.de`. Die SuSE-Seiten sind unter `www.suse.de` und die SuSE-Online-Support-Datenbank unter `sdb.suse.de` zu finden. Weitere nützliche und lustige Linux-Websites werden im letzten Teil des Buches genannt. Viel Spaß beim Surfen!

# Die Shell – Nein, hier kann man nicht tanken

11

## In diesem Kapitel

- Okay, wozu brauche ich eine Shell?
- Ui, was man damit alles machen kann!
- Und man kann sie sogar programmieren!
- Job-Control – ja, so etwas geht unter Linux

Was ist nun eine Shell? Die Schnittstelle zwischen Mensch und Computer, also das, was Sie auf Ihrem Bildschirm sehen, wird im Allgemeinen Kommandozeileninterpreter genannt.

Unter X erhalten Sie eine Shell, wenn Sie ein Konsolen-Fenster starten. Auf der Kommandozeilenebene haben Sie direkt Zugriff auf eine Shell.

Das heißt nichts anderes, als dass dieses Programm darauf wartet, Befehle von Ihnen entgegenzunehmen. Sie beenden den Befehl mit der [↵]-Taste. Danach führt der Rechner diesen Befehl aus. Diese Schnittstelle verwandelt jeden eingegebenen Befehl in Kommandos für Ihren Rechner.

Dieser Kommandozeileninterpreter war bei den meisten Betriebssystemen ins System integriert und konnte nicht geändert werden. Die UNIX-Entwickler trennten dies, so dass nun die Möglichkeit bestand, verschiedene Interpreter zu verwenden. Dieses Programm wurde *Shell* (= Schale) genannt, da es eher eine komplette Arbeitsumgebung darstellte als nur einen reinen Kommandozeileninterpreter. In der heutigen Zeit der grafischen Oberflächen spielt die Shell nicht mehr so eine große Rolle, aber man sollte auch heute ihre Möglichkeiten nicht unterschätzen (so sind z.B. die meisten Linux-Kommandos zum Starten der verschiedensten Dienste nach wie vor Shell-Kommandos). Unter DOS existiert auch ein Kommandozeileninterpreter, den Sie erhalten, wenn Sie den DOS-Prompt aufrufen. Das Programm heißt unter DOS `command.com`.

Mit der Zeit wurden viele Shells entwickelt. Teils wurden alte Systeme übernommen und neuere Features hinzugefügt, teils wurden Shells von anderen Systemen für Linux kompiliert (d.h. übersetzt in eine Sprache, die Linux versteht). Die geläufigste und wahrscheinlich auch die Standard-Shell unter Linux nennt sich `bash`. `bash` steht für *bourne again shell*. Die bourne-Shell war eine der ersten Shells unter UNIX.

## Globbing – Sie werden es nicht mehr missen wollen

Die Shell soll den User ja beim Umgang mit Dateien und den System-Befehlen unterstützen, daher wurde sie mit immer mehr Annehmlichkeiten ausgestattet. Eine der wohl nützlichsten ist das *Globbing*. Die Eingabe von langen Pfadnamen beispielsweise kann zur Qual werden. Denken Sie mal, Sie müssten Folgendes eingeben:

```
mb@linux: ~> cd /usr/X11R6/lib/X11/xmcd/config
```

So, und jetzt rechnen Sie mal die Anzahl der Zeichen aus, die Sie tippen müssten. Genau, es sind 32, wenn ich mich nicht verzählt habe. So, und jetzt tippen Sie mal Folgendes:

```
mb@linux:~>cd/u[⭾]X11R[⭾]l[⭾]X[⭾]xmc[⭾]co[⭾]
```

Schaut zwar verwirrend aus, aber Sie verstehen schon, was ich meine, oder? Für [⭾] drücken Sie immer einmal auf die *Tabulatortaste*. Sie haben sich elf Zeichen Tipparbeit erspart!

Das ist Globbing! Die Datei- bzw. Pfadnamen werden automatisch ergänzt, und zwar nach folgendem Schema: Existiert nach dem Drücken von [⭾] nur eine Möglichkeit, wird diese angezeigt. Existieren zwei oder mehr Möglichkeiten, bringt Sie die Shell so weit, wie es eindeutig ist, danach müssten Sie wieder einen Buchstaben eingeben. Drücken Sie jetzt nochmals auf [⭾], dann präsentiert Ihnen die Shell alle Varianten, die passen würden. Sie werden sich sehr, sehr schnell an dieses Feature gewöhne. Glauben Sie mir! Mir passiert es jedes Mal, wenn ich an einem DOS-Rechner sitze, dass ich `dir C:\WI`[⭾] drücke.

## Zeitsprünge sind möglich!

Nun, da Sie wissen, wie man sich viel Tipparbeit ersparen kann, hier ein Tipp, um das Ganze noch mehr abzukürzen. Die `bash` bietet eine Funktion *History* an. Sie ahnen es wahrscheinlich bereits: Sie haben damit die Möglichkeit, Befehle zu wiederholen, die Sie schon mal getippt haben.

```
mb@linux:~> ls /etc/passwd
```

Wenn Sie jetzt auf die [↑]-Taste gehen, erscheint derselbe Befehl noch einmal. So können Sie durch Ihre History springen und den passenden Befehl auswählen.

Eine andere Möglichkeit sind die so genannten *Bangs*. Geben Sie beispielsweise

```
mb@linux:~> !ls
```

ein, dann wird der erste gefundene Eintrag, der mit `ls` anfängt, geholt und sofort ausgeführt. Halten Sie das für riskant? Ich schon!

Machen Sie es so:

```
mb@linux:~> !ls:p
```

Dann sagt Ihnen die Shell vorher, was sie zu tun gedenkt, und Sie müssen den Befehl nur noch mit *bang bang*, also mit `!!`, abschicken (oder eben nicht).

Dies sind übrigens nicht gerade typische `bash`-Features. Viele Shells unterstützen den Bang-Mechanismus. Eine andere Eigenschaft der `bash`, wenn dieser Modus mit hineinkompiliert wurde, ist eine Zeichenkette (also einen Befehl) zu suchen.

```
mb@linux:~> [Strg] [R]

(reverse-i-search)`':
```

Hier tippen Sie jetzt den Befehl. Wundern Sie sich nicht über andere Befehle, die vorbeiscrollen. Sobald Ihr Befehl dabei ist, können Sie ihn abschicken.

# Shell-Scripts sparen viel Arbeit

Hier geht es jetzt um die Erstellung von Shell-Scripts. Das sind Programme, die Ihnen viel Arbeit abnehmen können.

Ja, ich gebe es zu, jetzt wird es ein wenig technisch. Aber keine Angst, es ist nicht halb so schlimm, wie Sie vielleicht denken mögen. Wir werden alles ganz langsam durchgehen und am Ende werden Sie ein kleines Programm geschrieben haben. Sie werden die Nützlichkeit von Shell-Scripts sicher erkennen. Und so schwer ist es ganz bestimmt nicht. Also, denn man los!

## Wie entwickelt sich so ein Shell-Script?

Meistens aus der Faulheit und Bequemlichkeit der Benutzer. Shell-Scripts sind dafür da, bestimmte Tätigkeiten stupide zu wiederholen und dem Benutzer ein irgendwie geartetes Ergebnis vorzulegen. Haben Sie Lust, jeden Tag dieselben zehn Kommandos einzugeben, oder wollen Sie nicht lieber Ihre Logfiles z.B. per Script checken lassen und im Ernstfall z.B. eine Mail geschickt bekommen? Sehen Sie!

Ein anderer Bereich, wo Shell-Scripts nach wie vor eingesetzt werden, ist z.B. unter SuSE, um das System hochzufahren. Alle so genannten *init*-Scripts unter `/etc/rc.d/` sind Shell-Scripts. Warum? Nun ja, sie sind einfach zu warten und sie sind plattformunabhängig. Das heißt, wenn auf der Plattform Linux läuft, braucht man sich um die Scripts keine Sorgen zu machen. Würde man das Ganze z.B. kompilieren (also eine Binärdatei daraus erzeugen), dann müsste man diese Datei für jede Plattform (also PC, Mac, PowerPC etc.) anpassen. Shell-Scripts haben hier klare Vorteile.

# Okay, jetzt aber ans Eingemachte

Worum Sie jetzt nicht herumkommen, ist die Benutzung eines Editors. Hier gibt es jetzt nun wieder wahre Glaubenskriege unter Linux-Usern. Die einen schwören auf `vi`, wieder andere sind für `emacs`. Beide sind hervorragende Editoren. Unter KDE gibt es auch einen. Dieser nennt sich `kedit` und ist zu finden unter START|EDITOREN|KEDIT:TEXTEDITOR. Ich selber benutze für »mal eben was editieren« grundsätzlich `vi`, einfach aus dem Grund, dass er schnell zu starten und schnell wieder zu beenden ist. Aber entscheiden Sie selbst. Ich verwende jetzt in meinem Beispiel den `vi`. Erklärung zu `vi` finden Sie im Kapitel zu den Editoren, wobei ich die wenigen Befehle, die ich hier brauchen werde, erkläre.

## Private Verzeichnisordung schaffen

Wir werden zuerst ein Verzeichnis `bin` anlegen und dort dann unsere Programme ablegen.

Es ist der Linux-Weg, Dateien nach Funktion zu sortieren, und nicht nach Namen. So sind beispielsweise unter `/usr/bin` Binärdateien (also kompilierte ausführbare Programme) zu finden. Konfigurationsdateien suchen Sie dort vergebens (diese stehen unter `/etc`). So weiß man nahezu immer, was sich in den verschiedensten Verzeichnissen verbirgt.

Ebenso sollte man sein `/home` organisieren und für seine Scripts und andere Programme ein `bin`-Verzeichnis anlegen (und dieses nachher auch in der *PATH*-Variablen eintragen, aber darauf komme ich dann schon noch).

Das Verzeichnis `bin` liegt dann in Ihrem `/home`-Verzeichnis. Bitte nicht mit dem Verzeichnis `/bin` verwechseln! In diesen Beispielen bin ich als User *mb* eingeloggt und lege somit mein `bin`-Verzeichnis in meinem `/home` ab. Der absolute Pfad zu meinem `bin`-Verzeichnis wäre somit: `/home/mb/bin`.

Ich gehe davon aus, dass Sie sich in Ihrem `/home`-Verzeichnis befinden (also in `/home/mb/` in meinem Beispiel). Für »mb« müssten Sie eben Ihren gewählten Usernamen einsetzen. Die Kommandos `pwd` und `cd`. werden im Kapitel über Dateiverwaltung über Linux beschrieben. Bei Fragen sehen Sie jetzt einfach schnell einmal nach. Jetzt aber los!

```
mb@linux:~>  mkdir bin
```

## Was wollen wir nun programmieren?

Folgendes Szenario. Sie haben schon viel geschrieben und gemacht mit Ihrem Linux, haben viele Verzeichnisse angelegt. Nun wollen Sie eine Datei bzw. eine Gruppe von Dateien (z.B. alle Bilder) finden. Dazu könnten Sie beispielsweise das hier eingeben:

```
mb@linux:~ > find /home/mb -iname "*jpg*"
```

Was tut diese Zeile? Sie durchsucht beginnend mit `/home/mb` alle Verzeichnisse nach Dateien, die die Endung `.jpg` haben (also Grafikdateien im Format *JPG*).

Natürlich könnten Sie das auch dahingehend erweitern, dass nicht nur nach `.jpg`-Dateien, sondern auch nach `.gif`-Dateien gesucht wird. Besser noch: Geben Sie eine Command-Line-Option ein, um den User entscheiden zu lassen.

Sie wollen jetzt ab und zu nachschauen, ob sich da was geändert hat, und sich dazu alle Dateien alphabetisch geordnet ausgeben lassen. Das geht so:

```
mb@linux:~ > find /home/mb -iname "*jpg*" | sort | less
```

Was passiert hier? Die Ausgabe von `find` wird umgeleitet in das Tool `sort`, dort wird es alphabetisch sortiert und in den `less`-Viewer gepiped, so dass Sie es sich ansehen können. Ist doch schon mal ganz nett, aber schon ein bisschen lästig, immer diesen Rattenschwanz eintippen zu müssen. Daher werden wir das Ganze nun in ein Shell-Script umwandeln und noch ein paar andere Feinheiten hinzufügen.

Gehen Sie in Ihr neu geschaffenes `bin`-Verzeichnis und öffnen Sie einen Editor (ich werde im Beispiel hier `vi` verwenden, Sie können gerne jeden anderen Editor verwenden, siehe oben).

```
mb@linux:~ > cd bin
mb@linux:~/bin >
mb@linux:~/bin >vi suchen
```

Ich habe unser kleines Programm jetzt mal `suchen` genannt (Abbildung 11.1).

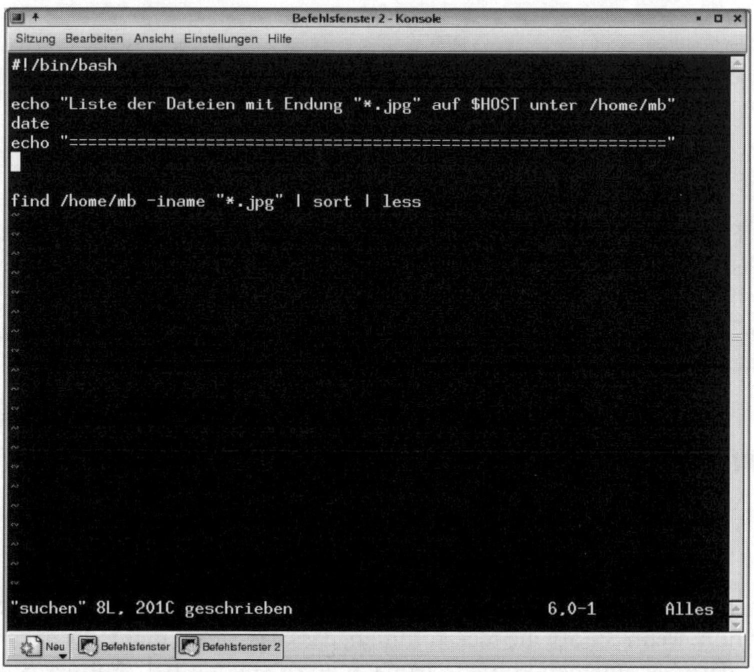


*Abbildung 11.1: So sieht unser Script in `vi` aus.*

Speichern Sie das Programm mit [Esc]+:wq, wie Sie in Abbildung 11.1 sehen können. vi hat mehrere Modi. Zwischen den Modi kann man mit [Esc] hin- und herschalten (weitere Einzelheiten zu vi im Editor-Kapitel; bei Fragen lesen Sie bitte dort nach).

## Nun die Details

Was steht nun alles in dem Programm? Die erste Zeile, die so genannte *Bang*-Zeile (Sie erinnern sich an das *!* aus der Einführung oben?) teilt Linux mit, dass es sich um ein Shell-Script handelt. Es wird /bin/bash aufgerufen und der Rest des Programms wird dann von bash ausgeführt. echo gibt einfach nur eine Zeichenkette auf dem Bildschirm aus. date sagt Ihnen, wann dieser Bericht generiert wurde. Anschließend sehen Sie unsere Kommandozeile von vorhin.

## Wer darf was wann warum

Um dieses Programm nun ausführbar zu machen, müssen wir die *Permissions* setzen. Sie erinnern sich, dass Sie das »x«-Flag brauchen (für eXecutable)? Das geht so:

```
mb@linux:~/bin > chmod 755 suchen
```

Was diese Zahlen bedeuten, sehen Sie in der kleinen Tabelle 11.1.

| Type | Owner | | | Group | | | Others | | |
|---|---|---|---|---|---|---|---|---|---|
| | Read | Write | Execute | Read | Write | Execute | Read | Write | Execute |
| | 4 | 2 | 1 | 4 | 2 | 1 | 4 | 2 | 1 |

*Tabelle 11.1: Dateirechte in Zahlen*

Das sind die Permissions, die jedes File unter Linux haben kann (*read, write* und *execute*). Sie sehen, dass jedem Flag eine Zahl zugeordnet ist. Nun müssen Sie nichts weiter tun als addieren. Wollen Sie z.B., dass der Owner (also Sie) alle Rechte auf die Datei hat, dann geben Sie ihm die »7« (4+2+1). Die Gruppe darf die Datei lesen und ausführen, das ergibt dann »5« (4+1). Gleiches gilt für alle anderen.

## Weiter im Text

Damit haben Sie Ihre Datei ausführbar gemacht und können nun tippen:

```
mb@linux:~/bin > ./suchen
```

Sie bekommen nun eine Liste aller Dateien, die auf .jpg enden, und das Ganze auch noch sortiert. Was nun, wenn Sie auf die Idee kommen, dass das Script nicht nur nach .jpg suchen soll, sondern dass Sie angeben können, wonach es zu suchen hat? Mit der Shell-Programmierung ist das kein Problem. Sie können das Script so ändern, dass Sie ihm *Argumente* mitgeben können. Das bedeutet, dass das Script dann nach den angegebenen Werten sucht. In Abbildung 11.2 sehen Sie erst mal einen Screenshot des Programms. Öffnen Sie wieder Ihren Editor und tippen Sie das Script ab. Erklärung folgt gleich.

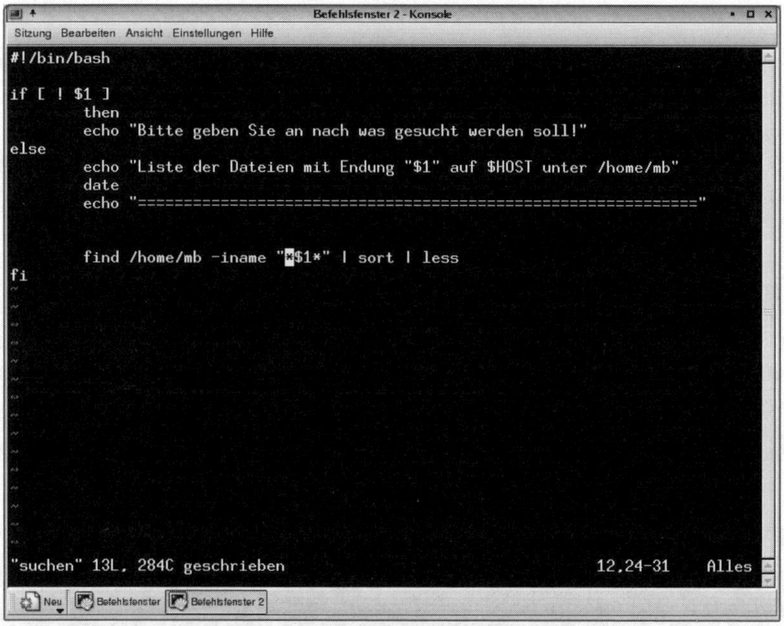


*Abbildung 11.2: Leichte Änderungen*

Wie Sie sehen, habe ich ein paar neue Kommandos dazu geschrieben. Die erste »komische« Zeile ist:

```
if [ ! $1 ]
```

`if` ist, wie Sie sicher wissen, Englisch und heißt »wenn«. Hier wird offensichtlich eine Bedingung abgefragt. Und das, was in den Klammern steht, ist die Bedingung. Wenn das erfüllt ist, geht das Programm zum nächsten Schritt:

```
then
echo "Bitte geben Sie an, wonach gesucht werden soll!"
```

Nicht weiter schwer. Das soll es eben tun, wenn die `if`-Bedingung erfüllt ist. Andernfalls geht es zu `else` (Englisch für »sonst«). Nach dem `else` erkennen Sie das ursprüngliche Programm. Das komische fi am Ende ist ein umgedrehtes `if` und bildet das Ende der `if`-Bedingung.

Was bedeutet nun der Inhalt der Klammer? Sie können Shell-Scripts Argumente mitgeben (Sie erinnern sich an die gängigen Linux-Befehle? `ls -l` *dateiname*. Hier ist *dateiname* das Argument). So, und genau das haben wir in unser Shell-Script implementiert. `$1` steht für das erste Argument, also den Dateinamen.

$0 existiert auch und enthält den Namen des Scripts selbst.

Und was ist ! $1? Nun, das ! bedeutet »nicht«. Das heißt also nichts anderes, als dass dieser Teil ausgeführt wird, wenn $1 nichts ist, also kein Argument übergeben wurde, ansonsten wird das ausgeführt, was unter else steht (es würde der Satz kommen »Bitte geben Sie einen Dateinamen ein!«). Analog können Sie natürlich auch mehrere Argumente übergeben, diese landen dann in $2 - $<*sovielsiewollen*>.

## Noch ein paar Verfeinerungen

Jetzt wollen Sie vielleicht wissen, welche Bilder seit dem letzten Aufruf des Programms neu hinzugekommen sind? Mit ein bisschen mehr Programmierarbeit lässt sich dieser Wunsch leicht erfüllen.

In Abbildung 11.3 habe ich Ihnen eine erweiterte Form des Scripts abgebildet. Sehen Sie sich dieses mal in Ruhe an. Ich werde es dann natürlich ausführlich erläutern.

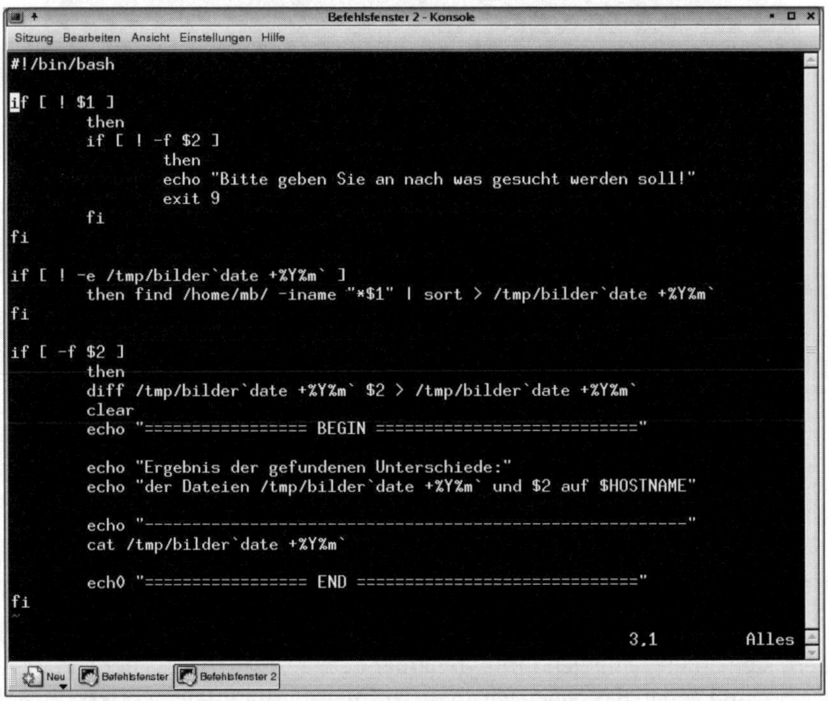


*Abbildung 11.3: So, nun suchen wir nach Unterschieden in den Dateien.*

Was passiert hier nun? Zuerst wird abgefragt, ob `$1` gesetzt ist. Wenn nicht, bricht das Programm ab. (Probieren Sie, hier auch noch eine Fehlermeldung einzubauen!) Anschließend wird `$2` überprüft. Hier muss nun die Datei eingegeben werden, mit der Sie die aktuelle Liste vergleichen wollen. Das ist natürlich die Datei, die Sie letzten Monat erstellt haben.

``if [ ! -e /tmp/bilder`date +%Y%m`]`` überprüft, ob eine Datei für diesen Monat existiert (`-e` für »exists«). Sollte diese Bedingung zutreffen (also keine Datei existieren), wird eine angelegt.

`if  [ -f $2 ]` schaut, ob `$2` auch eine reguläre Datei ist (`-f` für file). Ist es eine Datei, wird ein `diff` ausgeführt. `diff` sucht nach Unterschieden in zwei Dateien und gibt die Änderungen aus. Hierbei steht das > für Neueinträge und das < für Einträge, die nicht mehr enthalten sind. Dieses Ergebnis wird mit dem >-Operator in die Datei ``/tmp/ergebnis`date +%Y%m` `` umgeleitet und anschließend auf dem Bildschirm ausgegeben. Das ist alles.

## Wir setzen der Shell die Krone auf

Sie haben jetzt gesehen, wie mächtig Shell-Kommandos sind. Sie können sich hier sehr viel Arbeit ersparen. Wenn dieses Kommando jeden Monat aufgerufen werden soll, dann können Sie das auch an `cron` abgeben. `cron` ist ein Programm, das sich um die Ausführung von Aktionen zu bestimmten Zeiten kümmert. Ab da brauchen Sie sich nicht mehr darum zu kümmern.

Experimentieren Sie ruhig ein bisschen mit Shell-Kommandos. Aber tun Sie dies bitte nicht als `root`, bis Sie genau wissen, was Sie tun.

# Wir kontrollieren Jobs

Sie wissen bereits, dass Linux ein Mutltitasking-System ist. Nun, was bedeutet dies? Das bedeutet, dass Sie mehrere Kommandos gleichzeitig laufen lassen können. Die Shell bietet Ihnen die Möglichkeit, Programme in den Hintergrund zu schieben (in den Background). Dort laufen sie dann weiter. Sie können sie jederzeit wieder in den Vordergrund holen.

Starten Sie eine Shell (ein `xterm` unter X) und tippen Sie Folgendes ein:

```
mb@linux: ~> xterm &
```

Ein weiteres `xterm` erscheint, aber Sie können in dem ursprünglichen `xterm` weitere Befehle eingeben. (Erinnern Sie sich an den DOS-Command-Prompt. Dort können Sie immer nur einen Befehl eingeben, warten und dann den nächsten eingeben.) Das Zeichen `&` schiebt Prozesse (gestartete Programme) in den Hintergrund. Wollen Sie wissen, welche Prozesse in Ihrer Shell laufen, so tippen Sie:

```
mb@linux: ~> jobs
```

Sie erhalten etwas wie:

```
[1] Running   xterm&
```

Wenn Ihr Programm im Hintergrund läuft und auf Eingaben wartet, würden Sie etwas sehen wie:

```
[1] Stopped (tty output)       irgendeinjob&
```

Sie können nun jederzeit diesen Prozess wieder in den Vordergrund holen. Die aktuelle Prozessnummer steht am Anfang in Klammern. Tippen Sie nun:

```
mb@linux: ~> fg %1
```

`bg` steht für Background und `fg` für Foreground (also Hintergrund und Vordergrund).

Anschließend ist der im Hintergrund gestartete Prozess wieder im Vordergrund. Um ihn wieder in den Hintergrund zu schieben, müssen Sie wieder eine Möglichkeit der Eingabe erhalten. Daher halten Sie den Prozess an

```
mb@linux: ~> Strg+Z
```

und schieben ihn anschließend mit `bg` wieder in den Hintergrund.

Natürlich ist es nicht unbedingt sinnvoll, alle Programme in den Hintergrund zu schieben, aber stellen Sie sich vor, Sie müssten ein lang laufendes Programm starten, das viel rechnen soll. Haben Sie Lust, so lange zu warten, bis es fertig ist? Hier würde sich das lohnen.

## Und das alles ist erst der Anfang!

Sie können noch viel mehr mit der Shell anstellen. Alleine die *Manpage* zur `bash` ist über 60 Seiten lang ohne jeglichen Schnickschnack. UNIX und Linux sind ja bekannt für ihre kryptischen Befehle, Fehlermeldungen etc. Ich sehe das anders. Die Ausgaben, die Linux produziert, sind klar, kurz und prägnant und sagen genau aus, was passiert. Es ist nur eine Übungssache und Sie werden sehen, wie leicht Sie damit umgehen können.

# Editoren unter Linux – Ein Glaubenskrieg

12

### In diesem Kapitel

- Wozu man einen Editor braucht
- Welche Editoren es gibt
- Okay, dann wollen wir das mal probieren

Dateien bestehen aus Zeichen. Im Falle von Textdateien (wie Konfigurationsdateien oder Shell-Scripts) aus puren *ASCII*-Zeichen. ASCII-Zeichen sind die »normalen« Text-Zeichen, aus denen Schrift besteht. Es gibt dann noch *Binär*-Zeichen. Das ist unlesbarer Text.

## Der Editor – Oder wie man Dateien bearbeitet

Zum Editieren eben dieser Textdateien wie Konfigurations-Files etc. benötigt man einen Editor. Anders geht's nicht. Als Administrator werden Sie des Öfteren Systemdateien anpassen müssen. Sei es, dass Sie eine neue Festplatte einhängen und dies Linux mitteilen wollen (das geht über die Datei `/etc/fstab`) oder Ähnliches. Immer werden Sie dazu eine Datei editieren müssen.

Alle UNIX-Systeme haben einen Standard-Editor: `vi`.

Es empfiehlt sich, zumindest die Basis-Kommandos von `vi` zu lernen, denn z.B. bei einem Linux-Crash steht Ihnen nur der `vi` zur Verfügung, da er klein und schlank ist und auf jede Rettungsdiskette passt. Auch wenn `vi` klein ist, unterschätzen Sie nie seine Möglichkeiten. Wenn es Sie nicht abschreckt, sich unzählige Tastenkürzel zu merken, dann können Sie `vi` auch für alles Weitere einsetzen.

## Welche Editoren gibt es denn sonst noch?

Es gibt geradezu eine Unmenge an Editoren für Linux. Zu den bekanntesten zählen:

- ✔ `vi`
- ✔ `emacs`
- ✔ `joe`
- ✔ `kate`

Alle diese Editoren haben eines gemeinsam: Sie können Dateien editieren und schreiben. Sie können nach Textstrings suchen, diese ersetzen und noch viel mehr. Arbeiten Sie erst einmal mit Editoren, werden Sie sehr bald mit den so genannten *Puffern* konfrontiert werden. Ein Editor schreibt nicht gleich alles auf Festplatte, sondern hält Ihren zu editierenden Text in einem Puffer. Erst wenn Sie das Kommando zum Speichern geben, wird der Inhalt des Puffers (engl: buffer) auf die Platte geschrieben. Moderne und gute Editoren erlauben es, mehrere Puffer gleichzeitig zu bearbeiten und zwischen diesen Text zu kopieren und zu löschen.

Alle Details dieser Editoren hier zu erklären, würde den Rahmen dieses Buches deutlich sprengen. Der Editor `emacs` verfügt sogar über eine eigene Programmiersprache, `lisp`. Mit `lisp` können Sie diesen Editor auf alles anpassen. Es gibt nahezu kein Modul, das es nicht für `emacs` gibt.

Ich werde hier hauptsächlich auf `emacs` und `vi` eingehen. Diese beiden Editoren sind nicht gerade selbsterklärend. Die Bedienung von `kate` ist wie die meisten KDE-Programme eigentlich selbsterklärend. Aber keine Angst, die Basiskommandos werde ich auch dort beschreiben.

## vi – Einer der Dinosaurier unter den Editoren

`vi` zählt mit zu den bekanntesten Editoren unter UNIX-Systemen, was wohl daran liegt, dass er auf allen UNIX-Systemen zu finden ist. Er stammt aus einer Zeit, in der Textterminals das Maß der Dinge waren, und daher rührt auch seine teilweise merkwürdige Syntax. Ziel war es eben, einen Editor zu schreiben, der auf allen UNIX-Plattformen läuft.

### Starten von vi

Sie können den `vi` mit verschiedenen Optionen starten. Starten Sie ihn alleine, sehen Sie etwas, was Abbildung 12.1 ähneln sollte.

Sie können dem `vi` auch als Argument einen Dateinamen übergeben (die Ausgabe sehen Sie in Abbildung 12.2) mit

```
mb@linux:~> vi /etc/passwd
```

### vi kennt verschiedene Modi

Da `vi` nur über die Tastatur bedient werden kann, kennt er drei verschiedene Modi.

- ✔ *Befehlsmodus (visual command mode)*: Hier werden alle Eingaben als Befehle interpretiert.
- ✔ *Einfügemodus (text mode)*: Die Eingaben werden als Texteingaben interpretiert.
- ✔ *Zeilenbefehlsmodus (collon command mode)*: Für komplexe Befehle. Diese Befehle sind sehr komplex und werden hier nicht behandelt.

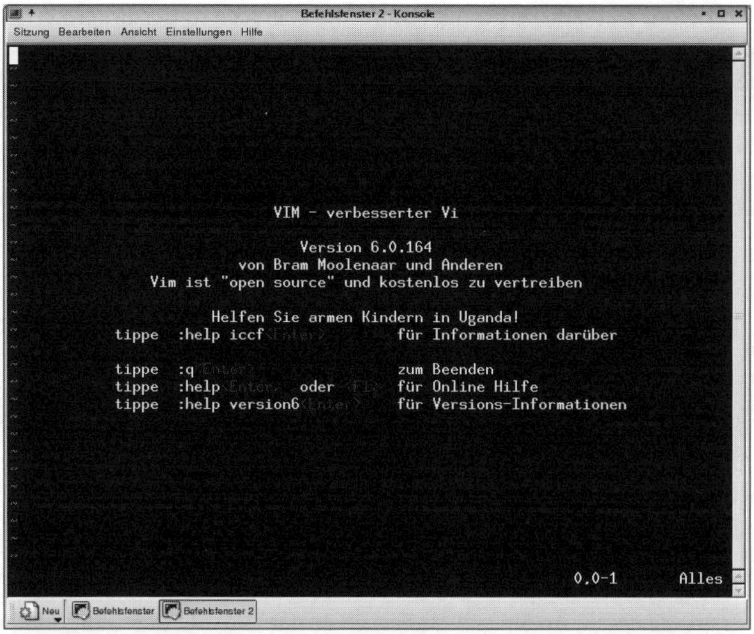


*Abbildung 12.1: Der `vi` nach dem Start – spartanisch und einfach*

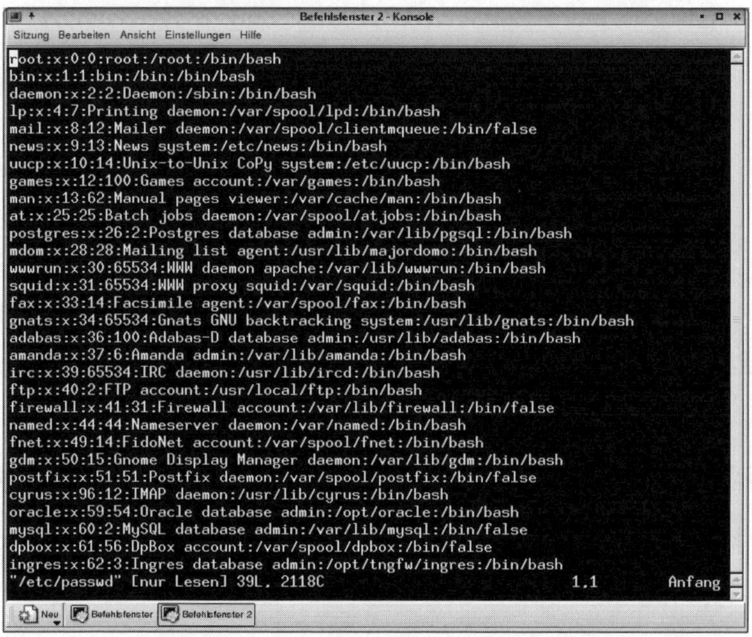


*Abbildung 12.2: Wir editieren `/etc/passwd`.*

Wenn Sie vi mit einer Datei als Argument starten, sehen Sie in der untersten Zeile Informationen über die Datei, in diesem Fall, dass Sie /etc/passwd *readonly* geöffnet haben (als User dürfen Sie sie nur lesen, nicht aber in ihr schreiben). Nach dem Start von vi befindet sich dieser automatisch im Befehlsmodus. Hier gibt es vier wichtige Befehlstypen, die Sie in der untersten Zeile eingeben können:

| Kommando | Ergebnis |
|---|---|
| [/] | Vorwärtssuche |
| [?] | Rückwärtssuche |
| [:] | Ausführen eines Kommandos |
| [!] | Ausführen eines Shell-Kommandos |

*Tabelle 12.1: Suchen in* vi

Geben Sie einfach das Zeichen des Befehls in die Kommandozeile ein und bestätigen Sie dies mit [↵]. Suchen wir z.B. mal nach dem Passwort-Eintrag für *Oracle*. Geben Sie in der Befehlszeile Folgendes ein:

/Oracle [↵]

vi springt nun an die Stelle in /etc/passwd, wo er das Wort *Oracle* zum ersten Mal findet. Wollen Sie denselben Begriff weitersuchen, tippen Sie n (für »next«) ein.

Geben Sie im Kommando-Modus einen Buchstaben ein, wird dieser als Befehl erkannt. In den Textmodus kommen Sie, indem Sie einen der folgenden Buchstaben eintippen:

| Kommando | Ergebnis |
|---|---|
| [i] | Text vor dem Cursor einfügen |
| [a] | Text hinter dem Cursor einfügen |
| [I] | Text am Beginn der aktuellen Zeile einfügen |
| [A] | Text am Ende der aktuellen Zeile einfügen |

*Tabelle 12.2: Einfügen von Zeichen unter* vi

Wenn Sie nicht sicher sind, in welchem Modus Sie sich befinden, drücken Sie einfach mehrmals nacheinander [Esc].

Sobald Sie sich einmal im Textmodus befinden, müssen Sie nicht mehr [↵] drücken, um es abzuschicken. Sie editieren direkt im Buffer. Wie kommt man nun wieder in den Kommando-Modus? Drücken Sie einfach [Esc].

## Wir bewegen uns im Puffer

Jetzt haben Sie gelernt, wie man eine Datei öffnet. Wie bewege ich mich nun im vi? Sie haben hier zwei Möglichkeiten. Es gibt Standardtasten im vi. Diese sollten Sie sich merken. Unter SuSE sind diese Tasten auf dem Cursorblock abgebildet, so dass Sie sich im vi mit diesen bewegen können. Es kann Ihnen aber immer mal wieder passieren, dass Sie in einer Umgebung landen, in der das nicht der Fall ist, daher sollten Sie sich die Basis-Kommandos zum Bewegen im Puffer merken.

| Kommando | Ergebnis |
|---|---|
| j | Eine Zeile hoch |
| k | Eine Zeile runter |
| h | Ein Zeichen nach links |
| l | Ein Zeichen nach rechts |

*Tabelle 12.3: Im Puffer bewegen unter* vi

Sie können natürlich auch mehr als nur ein Zeichen wandern.

| Kommando | Ergebnis |
|---|---|
| w | Ein Wort vorwärts |
| b | Ein Wort rückwärts |
| Strg+D | Eine halbe Seite nach unten |
| Strg+U | Eine halbe Seite nach oben |
| Strg+F | Eine Seite nach unten |
| Strg+B | Eine Seite nach oben |

*Tabelle 12.4: Seitenweise blättern im* vi

## Textbearbeitung

Jetzt können Sie jederzeit nachlesen, wie Sie sich im vi bewegen können. Wie editieren Sie nun den Text bzw. löschen ihn? Wie bewegt und verschiebt man ganze Blöcke und Puffer? Wie kann ich einen bestimmten Bereich suchen?

| Kommando | Ergebnis |
|---|---|
| d+d | Löscht die aktuelle Zeile (3dd löscht die aktuelle Zeile und zwei weitere) |
| d+G | Löscht alles von der aktuellen Zeile bis zum Dateiende |
| d+^ | Löscht rückwärts von der Cursorposition bis zum Beginn der Zeile |
| d+$ | Löscht von der Cursorposition bis zum Ende der Zeile |
| x | Löscht das Zeichen unter dem Cursor |
| X | Löscht das Zeichen rechts vom Cursor |

*Tabelle 12.5: Textbearbeitung im* vi

Sie haben gesehen, dass man Befehlen wie dd eine Nummer voranstellen kann. Dann bezieht sich der Befehl auf die angegebene Zeilenzahl, sprich die Anzahl von Zeilen (bzw. Buchstaben), die Sie eingeben, wird gelöscht. Ein ganz wichtiger Befehl ist u. Damit können Sie den letzten Schritt wieder rückgängig machen.

## Wie konfiguriere ich vi?

Linux- und UNIX-typisch hat auch vi eine eigene Konfigurationsdatei. Unter Linux beginnen die meisten Konfigurationsdateien mit einem ».«; im Fall von vi ist dies die Datei .exrc, die in Ihrem /home-Verzeichnis liegt.

Sie können auch direkt in vi Einstellungen vornehmen, nur gehen diese nach Beenden der aktuellen Sitzung verloren. Wollen Sie diese Änderungen dauerhaft machen, müssen Sie sie in .exrc eintragen.

Hier ein paar Konfigurationsbeispiele. In vi beginnen Sie eine Konfigurationsanweisung mit:

```
:set
```

| Kommando | Ergebnis |
|---|---|
| all | Eine Liste aller set-Befehle und deren aktueller Status |
| errorbell | Piept, wenn ein Fehler auftritt |
| ignorecase | Groß/-Kleinschreibung wird beim Suchen ignoriert |
| number | Zeigt die aktuelle Zeilennummer in der linken Spalte |
| showmode | Zeigt in der rechten unteren Zeile den aktuell eingestellten Modus |

*Tabelle 12.6: Die set-Kommandos von vi*

Jedes dieser set-Kommandos kann ausgeschaltet werden, indem Sie »no« davor schreiben, wie z.B. :set nonumber.

SuSE liefert allerdings eine bereits ordentlich vorkonfigurierte vi-Umgebung, in der Sie eigentlich nichts einstellen müssen. Wenn Sie mehr über vi wissen wollen, dann empfehle ich Ihnen, die *Manpage* zu vi zu lesen. Mehr zur Linux-Dokumentation im Kapitel über Hilfe.

## Ein paar Standard-Kommandos für vi

### Text einfügen

| Kommando | Ergebnis |
|---|---|
| a | Text am Cursor einfügen |
| A | Text am Ende der aktuellen Zeile einfügen |
| I | Text am Anfang der aktuellen Zeile einfügen |

| Kommando | Ergebnis |
|---|---|
| `i` | Text vor dem Cursor einfügen |
| `o` | Eine neue Zeile unterhalb der aktuellen einfügen |
| `O` | Eine neue Zeile oberhalb der aktuellen einfügen |

*Tabelle 12.7: `vi`-Standard-Kommandos*

## Text löschen

| Kommando | Ergebnis |
|---|---|
| `D` | Löscht den Rest der Zeile vom Cursor bis zum Zeilenende |
| `d`+`d` | Löscht die aktuelle Zeile |
| `d`+`w` | Löscht das Wort vom Cursor bis zum Ende des Wortes |
| `x` | Löscht das Zeichen unter dem Cursor |

*Tabelle 12.8: Texte löschen unter `vi`*

## Text ändern

| Kommando | Ergebnis |
|---|---|
| `C` | Ändert den Text bis zum Ende der aktuellen Zeile |
| `c`+`c` | Ändert die aktuelle Zeile |
| `c`+`w` | Ändert das nächste Wort |
| `J` | Verbindet die aktuelle mit der nächsten Zeile |
| `r`+`x` | Ändert den Buchstaben unter dem Cursor in »`x`« (`x` steht für ein beliebiges Zeichen) |
| `~` | Ändert die Groß/-Kleinschreibung des Buchstabens unter dem Cursor |

*Tabelle 12.9: Texte ändern unter `vi`*

## Cursor bewegen

| Kommando | Ergebnis |
|---|---|
| `$` | Bewegt den Cursor zum Ende der Zeile |
| `:` | Wiederholt den letzten `f`- oder `F`-Befehl |
| `^` | Bewegt den Cursor zum Anfang der Zeile |
| `E` | Bewegt den Cursor zum Ende des Wortes |
| `f`+`x` | Bewegt den Cursor zum ersten Erscheinen des Buchstabens »`x`« in der aktuellen Zeile |
| `F`+`x` | Bewegt den Cursor zum letzten Erscheinen des Buchstabens »`x`« in der aktuellen Zeile |
| `H` | Bewegt den Cursor in die erste Zeile des Bildschirms |
| `h` | Bewegt den Cursor ein Zeichen nach links |

| Kommando | Ergebnis |
|---|---|
| j | Bewegt den Cursor eine Zeile nach unten |
| K | Bewegt den Cursor eine Zeile nach oben |
| L | Bewegt den Cursor zum Ende des Bildschirms |
| l | Bewegt den Cursor ein Zeichen nach rechts |
| M | Bewegt den Cursor in die Mitte des Bildschirms |
| N+G | Bewegt den Cursor in die Zeile »N« |
| w | Bewegt den Cursor zum Beginn des folgenden Wortes |

*Tabelle 12.10: Cursorbewegung unter* `vi`

## Text blättern

| Kommando | Ergebnis |
|---|---|
| Strg+B | Blättert eine Seite rückwärts |
| Strg+U | Blättert eine halbe Seite rückwärts |
| Strg+F | Blättert eine Seite vorwärts |
| Strg+D | Blättert eine halbe Seite vorwärts |

*Tabelle 12.11: Blättern unter* `vi`

## Text suchen

| Kommando | Ergebnis |
|---|---|
| /+ *string* | Sucht von oben nach unten den Text *string* |
| ?+ *string* | Sucht von unten nach oben den Text *string* |
| n | Sucht das nächste Vorkommen des Textes *string* |

*Tabelle 12.12: Text suchen unter* `vi`

## Doppelpunkt-Kommandos

| Kommando | Ergebnis |
|---|---|
| :+ ! *command* | Führt den Shell-Befehl *command* aus |
| :+ e *dateiname* | Bearbeitet die Datei *dateiname* |
| :+ f | Zeigt den Dateinamen und die aktuelle Zeilennummer an |
| :+ N | Bewegt den Cursor in die Zeile *N* |
| :+ q | Beendet `vi` |
| :+ q+ ! | Beendet `vi`, ohne die Änderungen zu speichern |

| Kommando | Ergebnis |
| --- | --- |
| [:]+[r] *dateiname* | Hängt den Inhalt der Datei *dateiname* hinter der aktuellen Zeile an |
| [:]+[w] *dateiname* | Schreibt den Inhalt des Puffers in die Datei *dateiname* |
| [:]+[w]+[q] | Speichert die Änderungen des Puffers und beendet `vi` |

*Tabelle 12.13: Die Doppelpunkt-Kommandos unter* `vi`

### Sonstige Kommandos

| Kommando | Ergebnis |
| --- | --- |
| [Strg]+[L] | Neuzeichnen des Bildschirms, z.B. bei Problemen mit dem Terminal |
| [u] | Macht den letzten Befehl rückgängig |
| [Esc] | Beendet den Eingabe-Modus und wechselt in den Sicht-Modus |

*Tabelle 12.14: Sonstige Kommandos für* `vi`

## Das ist vi

Jetzt haben Sie ein bisschen was über einen der mächtigsten Editoren der UNIX-Welt gelernt. Sie können diesen Abschnitt jetzt jederzeit als kleines Nachschlagewerk für Ihre ersten Erkundungstouren dieses Editors verwenden. Die Tastaturcodes sind zugegebenermaßen kryptisch, aber wenn Sie sich erst einmal daran gewöhnt haben, sehr schnell einzugeben.

Aber keine Bange, am Ende dieses Kapitels stelle ich Ihnen eine KDE-Variante eines Editors vor. Jetzt aber zum zweiten Dinosaurier: `emacs`.

# emacs – weit mehr als »nur« ein Editor

`emacs` ist mehr die eierlegende Wollmilchsau der UNIX-Welt. Richtig, eigentlich ist es »nur« ein Editor. Aber was für einer! Er hat seine eigene Programmiersprache, hat unzählige Module. Sie können beispielsweise `emacs` anstelle der `bash` als Shell verwenden. Schalten Sie einfach unter `emacs` in den *Shell-Modus*. `emacs` hat auch einen eigenen Mailer und noch vieles mehr. Aber wir wollen uns erst mal mit `emacs` als Editor beschäftigen. Die weiteren Fähigkeiten reiße ich höchstens kurz an.

Eigentlich hat `emacs` keinen eigenen Mailer, wohl aber ist es möglich, in `lisp` (eine sehr gute Programmiersprache) Module für `emacs` zu entwickeln. Daher ist auch so viel für `emacs` verfügbar.

## Die verschiedenen Modi des emacs

`emacs` kennt zwei verschiedene Modi. Diese nennen sich *major modes* und *minor modes*. Auf Deutsch hieße das in etwa Hauptmodus und Untermodus.

### Die Hauptmodi (major modes)

Es gibt drei Gruppen von major modes. Gruppe eins umfasst beispielsweise den *Lisp-Modus* (die `emacs`-eigene Programmiersprache). Hierunter fallen auch alle programmiersprachenspezifischen Modi wie *C Mode, C++ Mode* etc. Zur zweiten Gruppe gehören Modi zum Editieren von Text: *Text mode, nroff mode, TeX mode*. Die übrigen major modes sind nicht für das direkte Bearbeiten gedacht, sondern für die Puffer reserviert, die `emacs` selbst für spezielle Aufgaben anlegt. Der normalste major mode ist der *Fundamental mode*. Hier sind alle Default-Einstellungen auf Standard-Werte gesetzt. Sobald Sie spezielle Arten von Text editieren, sollten Sie auf den jeweiligen Mode umschalten. `emacs` erkennt manchmal selber, um welchen Dateityp es sich handelt, und schaltet in den jeweiligen Modus um.

### Untermodi (minor modes)

Untermodi sind optionale Modi, das heißt, sie können eingeschaltet und abgeschaltet werden und beeinflussen nicht den Hauptmodus. Zu den Untermodi gehören die verschiedensten Formatierungsanweisungen wie z.B. der *autofill mode*. `emacs` setzt hier die Zeilenumbrüche selber. Diese Untermodi setzen sich zusammen aus dem Modusnamen mit einem angehängten »mode«. Einschalten kann man diese Modi mit der Tatenkombination [Meta]+[X]. Die meisten PCs haben keine [Meta]-Taste (UNIX-Workstations haben eine solche). SuSE Linux verwendet daher die [Esc]-Taste als [Meta]-Taste. Geben Sie den Modi keine zusätzlichen Argumente, schalten Sie den jeweiligen Modus ein bzw. wieder aus.

Hier ein paar Beispiele:

| Kommando | Ergebnis |
|---|---|
| Autofill mode | Sie brauchen keine Zeilenumbrüche einzugeben. Sie werden von `emacs` automatisch eingefügt. |
| Overwrite mode | Eingegebene Zeichen überschreiben den vorhandenen Text, anstatt ihn vor sich her zu schieben. |
| Auto Save mode | Der Inhalt des Puffers wird automatisch und regelmäßig gespeichert, damit bei einem Absturz nicht so viele Daten verloren gehen. |
| Line Number mode | Zeigt Ihnen ständig die Zeilennummer an, in der Sie sich befinden. |

*Tabelle 12.15: Verschiedene minor modes von* `emacs`

## So sieht er also aus, der emacs

In Abbildung 12.3 sehen Sie einen großen Bereich. Das ist der *Puffer*. Hier können Sie Text eingeben. Haben Sie emacs mit einem Dateinamen als Argument gestartet, sehen Sie hier den Inhalt der Datei. Die letzte Zeile, die Sie sehen, ist der Minibuffer. Hier gibt Ihnen emacs Meldungen aus und hier geben Sie auch Ihre Befehle an emacs weiter. Dieses große Fenster, unter emacs *Frame* genannt, können Sie in weitere Puffer aufspalten. Natürlich können Sie auch mehrere Frames (also Hauptfenster) öffnen. Die allerletzte Zeile ist die *Modeline*. Hier zeigt Ihnen emacs immer den Namen des aktuellen Puffers, Haupt- bzw. Untermodi und ob sich in dem Puffer noch ungespeicherte Daten befinden.

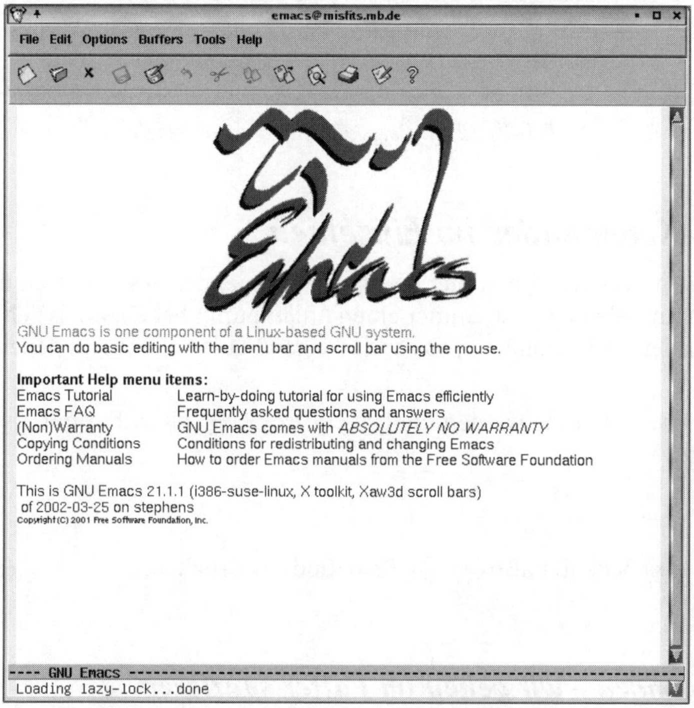


*Abbildung 12.3: Der emacs in seiner Grundeinstellung*

## Wir editieren eine Datei

emacs ist sehr komplex und wie schon erwähnt, können nicht alle Einzelheiten zu emacs hier beschrieben werden. Es gibt umfangreiche Bücher nur über emacs. Sollten Sie vorhaben, emacs öfter zu benutzen, würde ich Ihnen zur Anschaffung eines solchen Buches raten. emacs selber hat auch ein hervorragendes *Tutorial* integriert, das Sie Schritt für Schritt durch die Bedienung führt. Hierbei lernen Sie an virtuellen Beispielen alles, was Sie über die Benutzung von emacs wissen müssen.

Für die ersten Gehversuche unter emacs hier eine kleine Anleitung:

| | |
|---|---|
| *Text einfügen* | Einfach drauflos schreiben! Jedes druckbare Zeichen kann einfach eingegeben werden. Gehen Sie mit den Cursor-Tasten oder der Maus an die Stelle, an der Sie Text eingeben wollen, und los! |
| *Text löschen* | [Entf] löscht den Text unter dem Cursor, [←] das Zeichen links vom Cursor. Diese Voreinstellung wurde von SuSE bereits vorgenommen. |
| *Zeilenende* | [↵] fügt einen Zeilenumbruch in Ihr Dokument ein. |
| *Marke bewegen* | Die praktischste Möglichkeit, die Marke zu verschieben, ist, sich mit den Cursor-Tasten zu bewegen. Natürlich können Sie auch die Maus nehmen. Klicken Sie dazu einfach an die Stelle, an der Sie editieren möchten. |
| *Text suchen* | Hier entfaltet emacs seine ganze Pracht. Sie können nach allem suchen und wirklich komplexe Suchanweisungen geben. Wenn Sie einfach nur einen Textstring suchen wollen, geben Sie [Strg]+[S] ein und tippen Sie den Text in den Minibuffer. |

*Tabelle 12.16: Basiskommandos für emacs*

## Die emacs-Kommandos im Einzelnen

Genau wie bei vi werde ich Ihnen hier die Basis-Kommandos des emacs an die Hand geben, damit Sie bei Ihren Gehversuchen immer einen Anlaufpunkt haben, um Befehle nachzuschlagen. Es sei auf jeden Fall empfohlen, das emacs-eigene Tutorial durchzugehen.

Im emacs-Manual werden die [Strg]- bzw. [Meta]-Tasten mit [C] und [M] abgekürzt.

[C]+[X] bedeutet also [Strg]-Taste und [X] drücken.

### Cursorbewegungen – wir gehen im Puffer spazieren

| Kommando | Ergebnis |
|---|---|
| [Strg]+[a] | Gehe zum Zeilenanfang (beginning-of-line) |
| [Strg]+[e] | Gehe zum Zeilenende (end-of-line) |
| [Strg]+[f] | Rücke ein Zeichen vor (forward-char) |
| [Strg]+[b] | Gehe ein Zeichen zurück (backward-char) |
| [Esc]+[f] | Rücke ein Wort vor (forward-word) |
| [Esc]+[b] | Gehe ein Wort zurück (backword-word) |
| [Strg]+[n] | Gehe eine Zeile nach unten. Es wird in der letzten Zeile eine neue Zeile erzeugt. |

| Kommando | Ergebnis |
|---|---|
| Strg+p | Gehe eine Zeile nach oben (previous-line) |
| Esc+r | Gehe zum linken Rand |
| Esc+< | Gehe zum Anfang des Puffers (beginning-of-buffer) |
| Esc+> | Gehe zum Ende des Puffers (end-of-buffer) |
| Esc+x *goto-char* | Lese Zahl X und gehe zum Zeichen x (emacs fragt Sie hier nach dem Zeichen; statt *goto-char* geben Sie hier das gesuchte Zeichen ein) |
| Esc+x *goto-line* | Lese Zahl X und gehe zu Zeile Nummer x (emacs fragt Sie hier nach der Zeile; statt *goto-line* geben Sie hier die Zeile an) |
| Entf | Lösche das Zeichen unter der Marke (delete-backward-char) |
| Strg+d | Lösche Zeichen nach der Marke (delete-char) |
| Strg+k | Lösche bis zum Zeilenende (kill-line) |
| Esc+d | Lösche bis zum Ende des nächsten Wortes (kill-word) |
| Esc+Entf | Lösche bis zum Beginn der vorangehenden Wortes (backward-kill-word) |

*Tabelle 12.17: Cursorbewegungen im emacs*

## Hilfe! emacs hat auch davon viel zu bieten

Es gibt kaum einen Editor, der Ihnen so viel Hilfe zur Verfügung stellt wie emacs. Das hat jedoch auch den Nachteil, dass man den Wald vor lauter Bäumen nicht mehr sieht. Im Zweifelsfall sehen Sie hier nach und konsultieren die hier vorgestellten Hilfe-Befehle.

Grundsätzlich beginnen alle Hilfe-Funktionen unter emacs mit C-h (also Strg+H). Geben Sie dreimal hintereinander C-h ein, so erhalten Sie eine Hilfe zu den Hilfe-Funktionen. Mit C-h C-h erhalten Sie eine Liste der möglichen Hilfe-Optionen. Suchen Sie es sich aus. Wählen Sie eine der angebotenen Möglichkeiten durch Drücken des jeweiligen Buchstabens.

Was ein regulärer Ausdruck ist, erfahren Sie später in diesem Kapitel.

| Kommando | Ergebnis |
|---|---|
| Strg+h a *regexp* ↵ | Zeigt alle Kommandos, auf die der reguläre Ausdruck *regexp* passt (command-apropos). |
| Strg+h b | Tastenbelegungen, die allgemein gültig sind, bzw. solche, die zu dem gewählten Hauptmodus und den Untermodi gehören, werden angezeigt. |
| Strg+h f *funktion* ↵ | Zeigt die Dokumentation zu der angegebenen Lisp-Funktion. |

| Kommando | Ergebnis |
|---|---|
| [Strg]+[h] [i] | Startet den info-Browser. (info ist ein Hilfesystem. Mehr dazu im Kapitel über die Hilfe.) Die gesamte emacs-Dokumentation ist im info-Format erstellt. |
| [Strg]+[h] [k] *taste* | Zeigt den zu *taste* gehörigen Befehl incl. seiner Dokumentation. |
| [Strg]+[h] [l] | Zeigt eine Beschreibung der letzten 100 eingegebenen Zeichen an. |
| [Strg]+[h] [m] | Zeigt die Dokumentation zum aktuell gewählten Hauptmodus. |
| [Strg]+[h] [n] | Zeigt die Änderungen an der emacs-Dokumentation. Die neuesten Einträge stehen hierbei ganz oben. |
| [Strg]+[h] [p] | Findet *packages* über eingegebene Schlüsselwörter. |
| [Strg]+[h] [s] | Zeigt die aktuellen Einträge der Syntax-Tabelle incl. ihrer Bedeutung. |
| [Strg]+[h] [t] | Startet das interaktive emacs-Tutorium. Nicht vergessen, unbedingt ausführen! |
| [Strg]+[h] [v] *var* + [↵] | Zeigt die Dokumentation zur Variablen *var*. |
| [Strg]+[h] [w] *kommando* + [↵] | Zeigt an, welche Taste den Befehl *kommando* startet. |
| [Strg]+h [Strg]+[f] *funktion* + [↵] | Startet Info und sucht die Stelle in der emacs-Dokumentation, wo die Funktion *funktion* beschrieben ist. |
| [Strg]+h [Strg]+[k] *taste* | Startet Info und sucht in der emacs-Dokumentation die Stelle, an der die Tastenkombination *taste* beschrieben ist. |

*Tabelle 12.18: Hilfe zu* emacs

## Just visiting – emacs-Jargon für »Datei öffnen«

Ein Editor ohne die Möglichkeit, Dateien zu bearbeiten, wäre kein Editor. Unter emacs nennt sich das allerdings nicht »Datei öffnen«, sondern »visiting«. Aber nachdem auch Puffer und Dateien sehr oft verwechselt werden, schreibe ich jetzt auch hier von Dateien öffnen, schließen und speichern.

### Dateien öffnen

| Kommando | Ergebnis |
|---|---|
| [Strg]+[x] [Strg]+[f] | Datei öffnen (find file) |
| [Strg]+[x] [Strg]+[r] | Datei nur zum Lesen öffnen (find-file-read-only) |
| [Strg]+[x] [Strg]+[v] | Datei anstelle der zuletzt geöffneten öffnen (find-alternate-file) |
| [Strg]+[x] [4] [Strg]+[f] | Datei in neuem Fenster öffnen. Das aktuelle Fenster bleibt dabei erhalten. (find-file-other-window) |
| [Strg]+[x] [5] [Strg]+[f] | Datei in neuem Frame öffnen. Der aktuelle Frame bleibt erhalten. (find-file-other-frame) |

*Tabelle 12.19: Dateien öffnen unter* emacs

### Dateien speichern

| Kommando | Ergebnis |
|---|---|
| Strg+x Strg+s | Speichere aktuellen Puffer in die zugehörige Datei (save-buffer). |
| Strg+x s | Speichere einige oder alle Puffer (save-some-buffers). |
| Esc+~ | `emacs` vergisst, dass der aktuelle Puffer geändert wurde (not-modified). |
| Strg+x Strg+w | Speichere den Puffer in die angegebene Datei (write-file). |
| Esc+ x `set-visited-file-name` | Verknüpft den aktuellen Puffer mit einer anderen Datei. |
| Esc+x `revert-buffer` | Alle nicht gespeicherten Änderungen werden verworfen. Dieses Kommando ist sehr gefährlich, daher müssen Sie es auch mit `yes` bestätigen. |

*Tabelle 12.20: Dateien speichern unter* `emacs`

## Das war emacs

Sie haben jetzt eine kleine Anleitung und die wichtigsten Kommandos gesehen, um Ihre ersten eigenständigen Schritte mit `emacs` zu unternehmen.

`emacs` bietet weitaus mehr als nur dies. Wenn Sie viele Texte editieren wollen und dabei auch ganze Bereiche verschieben oder neue Fenster anlegen möchten, ist `emacs` der Editor Ihrer Wahl. Seine beliebige Konfigurierbarkeit macht ihn zu einem der stärksten Editoren unserer Zeit.

# Editieren geht auch grafisch - kate

`kate` ist ein einfacher, kleiner Editor, der leicht zu bedienen ist. Von der Funktionalität kommt er weder an `vi` noch an `emacs` heran. Für den Linux-Einsteiger ist er jedoch zu empfehlen, da er sehr intuitiv bedienbar ist und viele Tastenkombinationen aus der Windows-Welt entlehnt wurden.

Sie starten `kate`, indem Sie auf KDE|DIENSTPROGRAMME|EDITOR|KATE gehen. Alternativ können Sie ihn auch mit Strg+F2 und der Eingabe von `kate` starten. Bewundern Sie `kate` in Abbildung 12.4.

Die Titelleiste von `kate` zeigt Ihnen den Namen der aktuell editierten Datei incl. Pfad an. Zum Editieren brauchen Sie nichts Besonderes zu beachten. Tippen Sie einfach in dem Fenster drauflos.

Unterhalb des Eingabefensters, also in der letzten Zeile, erkennen Sie den aktuellen Modus von `kate` und Ihre aktuelle Position im Text. `kate` kennt nur zwei Modi: *Eingabemodus* und *Überschreibmodus*. Die Abkürzungen hierfür lauten *INS* (für insert) und *OVR* (für overwrite). Diese Modi können Sie durch Drücken der Taste Entf jederzeit ändern.

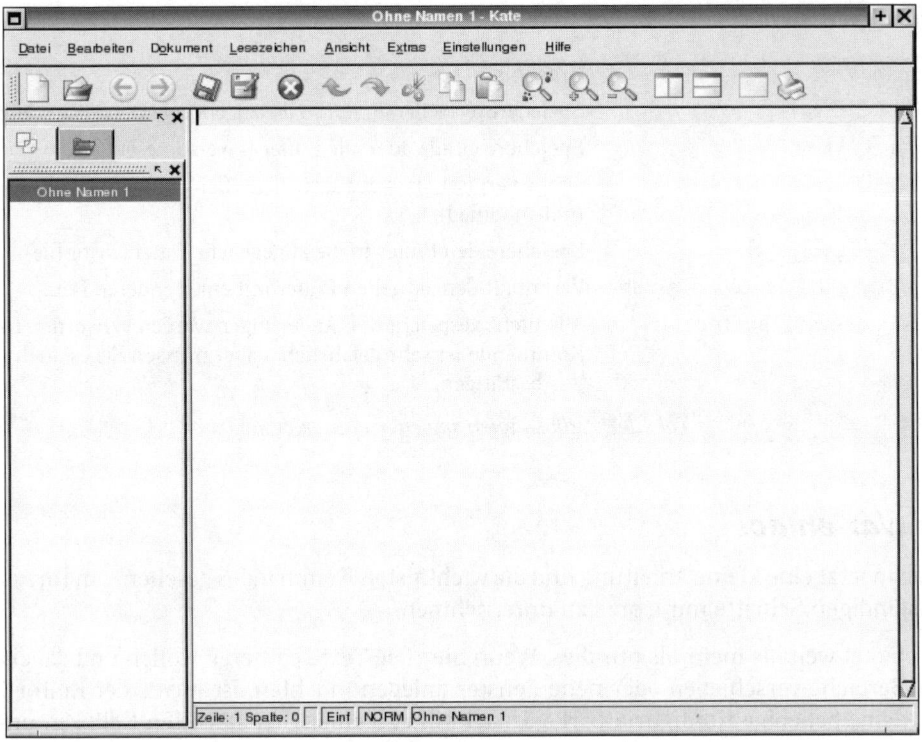


*Abbildung 12.4: Starten Sie* `kate` *ohne Argumente, sollte das so aussehen.*

Wollen Sie Ihren Text speichern, so klicken Sie auf DATEI|SPEICHERN, soll der Text unter einem andern Dateinamen gespeichert werden, so wählen Sie DATEI|SPEICHERN UNTER.

Eine Datei laden ist auch kein Problem. Lassen Sie uns (mal wieder) die `/etc/passwd` laden: Wählen Sie hierzu DATEI|ÖFFNEN. In der Dateiauswahlbox klicken Sie sich durch bis zu `/etc` und wählen dort die Datei `passwd` aus. Sollte die Datei zu groß sein, um in das Editierfenster zu passen, so verwendet `kate` automatisch Scrollbalken. In Abbildung 12.5 sehen Sie `kate` mit geöffneter `/etc/passwd`.

Sicher erinnern Sie sich noch, dass Sie als normaler User die Datei `/etc/passwd` nicht ändern dürfen. (Oder sind Sie als `root` drin? Dann nichts wie raus und rein als User!) Editieren Sie `/etc/passwd` nach Herzenslust und versuchen Sie anschließend mit DATEI|SPEICHERN zu speichern. Na?

`kate` bietet Ihnen noch eine Reihe weiterer Funktionen wie SUCHEN|ERSETZEN an. Klicken Sie auf BEARBEITEN und schauen Sie nach, was sich dahinter verbirgt. Einer der großen Vorteile von `kate` ist seine einfache Handhabung, und das macht ihn gerade für Anfänger sehr nützlich. Wenn Sie mehr Texte editieren wollen, werden Ihnen die Möglichkeiten von `kate` bald nicht mehr genügen.

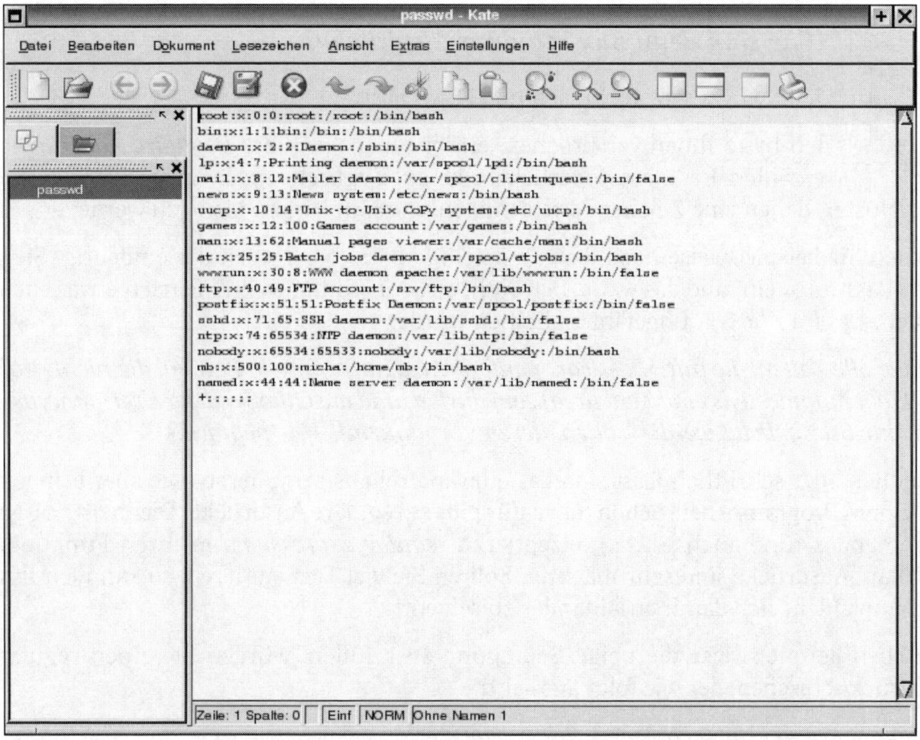


*Abbildung 12.5:* `kate` *mit geöffneter* `/etc/passwd`*-Datei*

# Reise durch die Editoren beendet

Sie haben jetzt drei unterschiedliche Editoren kennen gelernt. In Ihrer Zeit als Linux-Administrator werden Sie sich für einen davon (oder einen ganz anderen) entscheiden müssen. Suchen Sie ruhig auf der beiliegenden SuSE-DVD, und vielleicht erweckt ein ganz anderer Editor Ihr Interesse. Wichtig bei der Wahl des Editors ist nicht alleine die Funktionalität, sondern mehr, ob man damit umgehen kann. Seien Sie offen und lassen Sie sich nicht abschrecken. Viel Spaß.

### Was sind denn nun reguläre Ausdrücke?

Jetzt wird's sehr technisch und etwas abstrakt.

Ich hatte Ihnen versprochen, ein bisschen was über *Reguläre Ausdrücke* zu erzählen. Reguläre Ausdrücke, oder auf Englisch *regular expressions* (*regexp*) sind Muster, denen eine Zeichenkette genügen muss, um »gefunden« zu werden.

Suchen Sie beispielsweise nach dem Textstring »Passwort«, so ist das eindeutig. Sie geben »Passwort« ein, und das war's. Schwieriger wird es nun, wenn Sie nach etwas suchen wollen, was im Klartext ungefähr so heißen würde:

*»Finde alle Zeilen, die mit »Passwort« anfangen, dann kommen Zahlen, die nicht größer als 9 (aber mindestens eine Zahl lang) sein dürfen, und anschließend der Username, wobei hier nur User gelistet werden sollen, deren Vorname mit »M« beginnt.«*

Mündlich oder schriftlich lässt sich das einwandfrei ausformulieren, wie aber bringe ich das einem Programm bei? Sehen Sie, dafür gibt es reguläre Ausdrücke. Die meisten UNIX-Kommandos (und auch `emacs`) akzeptieren *regular expressions* in ihren Funktionen. Reguläre Ausdrücke sind sehr mächtig. Sollten Sie viel Text editieren, so kann ich Ihnen nur empfehlen, sich damit auseinander zu setzen.

Um eben beispielsweise die obige Bedingung zu erfüllen, würden Sie einen regulären Ausdruck schreiben, der wie folgt aussieht:

```
^(Passwort)[0-9]+.+[A-M]*
```

Schaut schrecklich aus, nicht wahr? Was heißt das nun alles? Das »^« steht für den Anfang des Textstrings, der Text muss also mit »Passwort« anfangen, damit er von diesem Ausdruck erkannt wird. Wörter wie » Passwort« werden nicht erkannt, da hier ein führendes Leerzeichen enthalten ist. Die *eckigen Klammern* geben einen *Bereich* an, in diesem Fall alles von 0 bis 9. Das »+«-Zeichen dahinter sagt, dass alles, was in der Klammer vorkommt, *mindestens einmal vorkommen muss* (=> mindestens eine Zahl). ».+ « heißt, dass danach *alle Zeichen vorkommen dürfen* (=> mindestens einmal), und zum Schluss kommt wieder ein Bereich der Buchstaben von A bis M.

Ich will und kann Ihnen hier in diesem Buch nicht die volle Komplexität von regulären Ausdrücken erklären. Ich wollte Ihnen ein Beispiel geben, damit Sie wissen, worum es sich handelt, wenn Sie ein Editor mal danach fragen sollte. Es gibt viele Bücher, die nichts anderes als reguläre Ausdrücke behandeln.

Die wichtigsten Befehle liste ich Ihnen abschließend in der Tabelle auf.

| Kommando | Ergebnis |
|---|---|
| . | Steht für jedes Zeichen |
| [] | Steht für einen Bereich. So steht z.B. [0-9] für die Menge aller Zahlen von 0-9 und [A-Z] für das gesamte Alphabet (allerdings nur Großbuchstaben) |
| ^ | Textanfang |
| $ | Textende |
| + | Das vorangegangene Zeichen (oder die Menge) muss mindestens einmal vorkommen |
| ? | Das vorangegangene Zeichen (oder die Menge) darf nicht oder maximal einmal vorkommen |
| * | Das vorangegangene Zeichen (oder die Menge) darf entweder gar nicht oder unendlich oft vorkommen |

*Befehle für reguläre Ausdrücke*

Damit sollten Sie in der Lage sein, ein paar reguläre Ausdrücke zu erstellen. Seien Sie nicht beunruhigt, wenn das schwierig ist. Reguläre Ausdrücke sind alles andere als trivial und erfordern viel Verständnis für Grammatik und sehr viel Übung. Nur, falls Sie mal jemand darauf anspricht, wissen Sie zumindest, worum es sich dabei handelt. Reguläre Ausdrücke sind bei längeren Textbearbeitungen eine sehr große Hilfe.

# Multimedia unter Linux

13

## In diesem Kapitel

- Wie sieht es aus mit Sound und Linux?
- Brennen von MP3, WAV und normalen CDs
- Fernglotzen mit SuSE
- Eine Digicam – zeigen Sie sich im Netz!
- Haben Sie ein DVD?
- DVB – Fernsehen der neuen Generation!

Sie erinnern sich sicher noch an die Installation Ihrer Soundkarte?! Sie sehen, dass YaST2 sie ordnungsgemäß erkannt hat. Selbstverständlich können Sie diese auch nutzen.

## xmms – Das Universaltalent unter den Sound-Programmen

Eines der vielseitigsten Programme überhaupt ist das auch in der Windows-Welt bekannte xmms. xmms bietet weit mehr als nur Sound. So kann es MPEG-Dateien anzeigen und mehr. Starten Sie xmms mit KDE|MULTIMEDIA|SOUND|XMMS.

*Abbildung 13.1: Ein MP3-Player*

Was bietet Ihnen nun xmms? Lassen Sie es uns einfach mal der Reihe nach durchgehen. Eines der netten Features ist die Möglichkeit, Playlists anzulegen. Oben rechts sehen Sie ganz klein und gut getarnt ein kleines Knöpfchen mit der Aufschrift PL, die Playlist. Draufklicken und Sie haben ein weiteres Fenster, bisher ohne Inhalt.

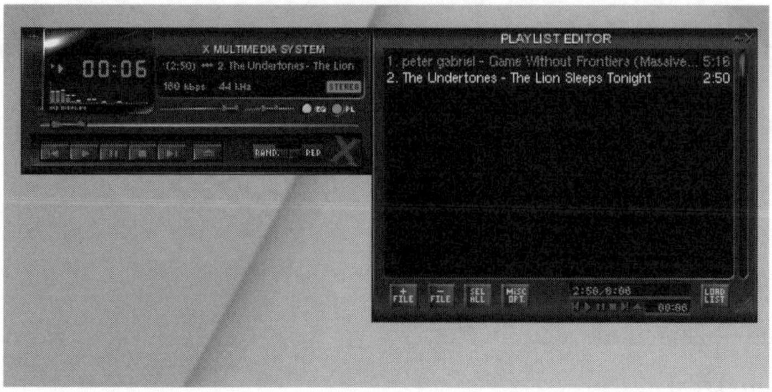


*Abbildung 13.2: Playlists – Ihre MP3s abrufbereit*

Ganz links unten ist ein weiteres Knöpfchen. Klicken Sie es sanft an und wählen Sie ein Verzeichnis mit MP3s oder einzelne Dateien aus. Na ja, ansonsten ist das Ding zu bedienen wie ein gewöhnlicher CD-Player. Ein Mausklick ins Fenster von `xmms` stellt ein Kontextmenü zur Verfügung. Klicken Sie mit der rechten Maustaste einmal ins Hauptfenster von `xmms` und spielen Sie ein wenig herum.

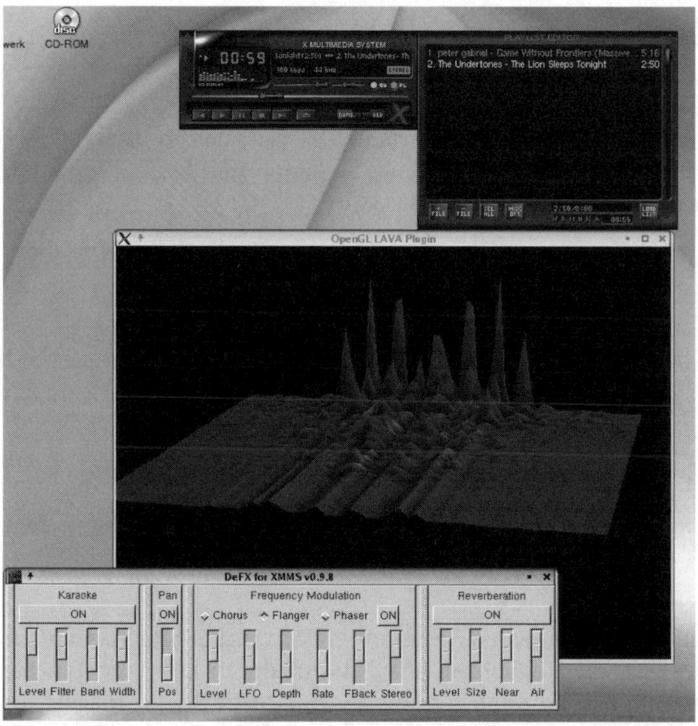


*Abbildung 13.3: Voll aufgedrehter* `xmms` *mit Visualisierungs-PlugIn*

xmms bietet Unmengen an PlugIns und Optionen an. Gehen Sie mal auf die Website und stöbern Sie ein bisschen.

Infos zu xmms finden Sie unter http://www.xmms.com. Hier finden Sie auch zusätzliche *Skins* und *PlugIns*. Installieren Sie mit YaST2 das Paket xmms-plugins, und Sie können sich so richtig austoben!

Die rechtliche Seite des Downloadens von MP3s über das Netz ist nicht sicher. Was Sie hier tun, machen Sie auf eigene Verantwortung!

## Audiogalaxy – stellen Sie sich Ihr Archiv zusammen

Wo kriegt man nun die Sounds her? Nun, auch hierzu gibt es verschiedene Möglichkeiten. Eine der bekanntesten ist wohl *Napster*. Allerdings auch nicht gerade die schnellste. Eine Alternative dazu war dann gnutella. Richtig angenehm, gerade in Verbindung mit einer schnellen DSL-Leitung, ist dann wiederum *Audiogalaxy*.

Die Idee dahinter ist eine ähnliche wie bei Napster, allerdings ist die Realisierung angenehmer und verbraucht nicht so viele Ressourcen. Darüber hinaus ist die Qualität und die Wahrscheinlichkeit, dass die Dateien ankommen, auch wesentlich höher. Sie legen sich einen Linux-User an (nachdem Sie eingeloggt sind, sind Sie ja bereits angemeldet) und starten den Satelliten. Legen Sie noch ein Share-Verzeichnis an und los geht's.

Gehen Sie doch einmal spaßeshalber auf:

http://www.audiogalaxy.com

und folgen Sie den Links zum Download des Satelliten. Sie sollten sich als Linux-Neuling dort für die »static«-Version entscheiden. Sie haben dann weniger Kleinarbeit. Verfahren Sie wie folgt:

1. **Laden Sie http://www.audiogalaxy.com.**
2. **Gehen Sie auf DOWNLOAD SATELLITE.**
3. **Dann auf DOWNLOAD THE SATELLITE.**
4. **Klicken Sie nun auf SATELLITE STATIC.**
5. **Speichern Sie das .tgz-File auf Ihrem Desktop.**
6. **Klicken Sie es an.**
7. **Speichern Sie es irgendwo in Ihrem persönlichen Verzeichnis.**

Nun folgen Sie der Datei german_readme.txt. Im Endeffekt müssen Sie nur zwei Dateien erstellen: account.txt und shares.txt. Mehr dazu im README.

*Abbildung 13.4:* `audiogalaxy.com`

### Was ist static?

Sie habe unter Linux die Möglichkeit, entweder die im System bereits installierten *Libraries* (`.DLL` unter Windows) zu verwenden oder aber eine Version zu installieren, die diese Funktionalität hineinkompiliert hat.

Erstere ist schneller und kleiner, hat aber den »Nachteil«, dass sie exakt zu der verwendeten Library in Ihrem System passen muss.

Letztere funktioniert immer.

## xmcd – der Motif-CD-Player

Beachten Sie die Copyrights der zu kopierenden Programme!

Einer der besten und vielseitigsten CD-Player unter Linux ist nach wie vor `xmcd`. Er wird von YaST2 nicht automatisch installiert. Bitte holen Sie dies jetzt nach. Anschließend müssen Sie nur noch ein kleines Script ausführen, und schon läuft's. Keine Angst, ich zeige Ihnen genau, was Sie eingeben müssen.

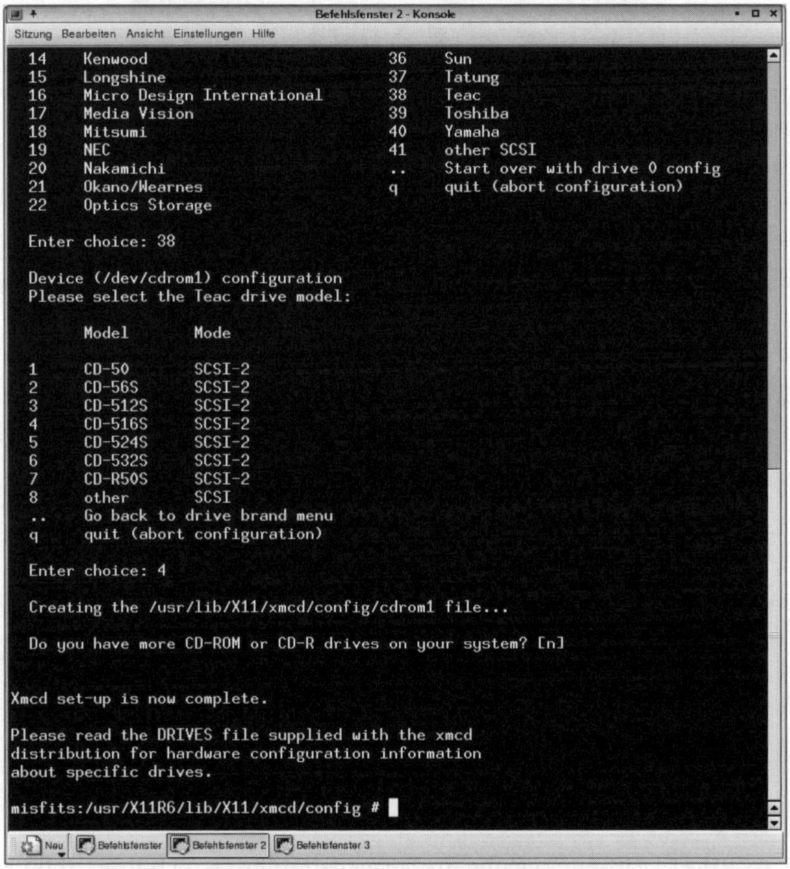


*Abbildung 13.5: Installation von* `xmcd`

Wechseln Sie ins Verzeichnis `/usr/X11R6/lib/X11/xmcd/config` und rufen Sie dort das Script `config.sh` auf. Als Erstes werden Sie gefragt, ob Sie CDDB verwenden wollen. Dies ist eins der umfangreichsten CD-Autor/Band-Archive weltweit. Es sorgt dafür, dass Ihre CDs sofort erkannt werden. Ich würde dies bejahen. Beachten Sie allerdings, dass `xmcd` dann jedes Mal, wenn Sie eine CD wechseln, eine Internet-Verbindung aufbauen wird.

CDDB ist wohl eine der größten Sound-Datenbanken im Internet. Gehen Sie ruhig mal auf `http://www.cddb.com`.

Sie werden nun eine Reihe von Dingen gefragt. Geben Sie hier nur Ihr CD-ROM-Laufwerk ein. Sind Sie fertig, drücken Sie [Alt]+[F2] und geben xmcd ein. Nun einfach eine CD rein und los geht's!

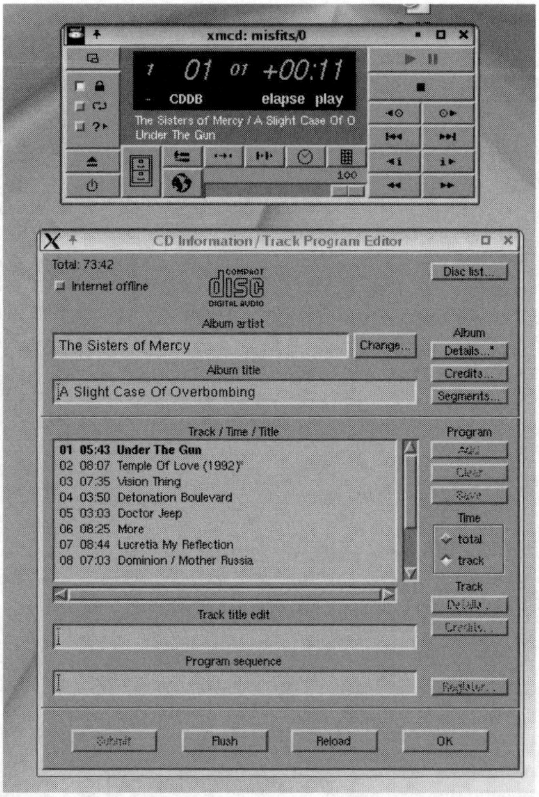


*Abbildung 13.6: xmcd mit per CDDB gefundener Liste der CDs*

Jetzt startet xmcd die CDDB-Anfrage und im Normalfall sollte er auch Ihre CD finden. Klicken Sie einmal auf den Dateikasten unten und Sie sehen Ihre CD. Was will man mehr?!

## CDs rösten

Einen Brenner zu besitzen ist mittlerweile das Normalste der Welt. Wohl jeder Computer-Eleve verfügt heutzutage darüber. Allerdings ist das Brennen von CDs unter Linux noch nicht ganz so simpel wie unter Windows. Na ja, das ist nicht ganz richtig. Das einzige Problem, das Sie haben könnten, ist, dass Ihr Brenner noch nicht gefunden, unterstützt oder von dem jeweiligen Programm erkannt wird. Aber die Anzahl an nicht unterstützten Geräten ist schon verschwindend gering.

## xcdroast – dieses Programm nimmt Sie hier wörtlich

Bevor Sie xcdroast zum ersten Mal starten, fordert es Sie auf, dies als Superuser root zu tun. Im ersten Fenster scannt xcdroast nach der passenden Hardware und präsentiert anschließend ein Fenster, um diesen »root-Modus« wieder zu aktivieren. Es ist zu empfehlen, dies zu tun.

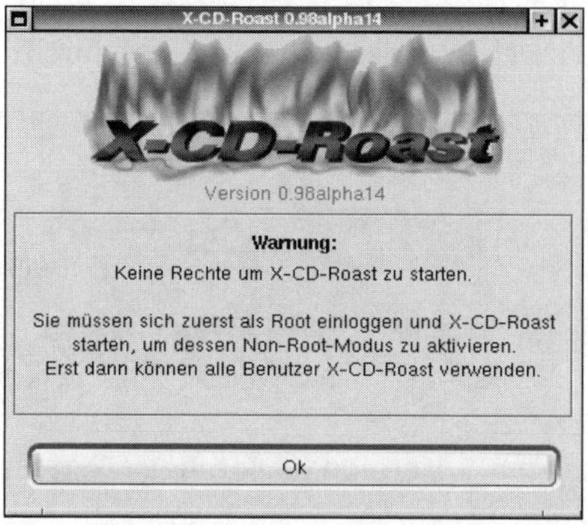


*Abbildung 13.7: Sie dürfen xcdroast noch nicht starten.*

Was passiert hier nun? xcdroast muss das SBIT setzen. Was ist das nun wieder? Im Kapitel über Befehle unter Linux erkläre ich es. Hier nur so viel: Ein Programm mit gesetztem SBIT läuft unter der UID des Owners! (Dies kann sehr gefährlich sein! Sehen Sie hierzu bitte einmal im Kapitel über Sicherheit im Netzwek nach) Wenn Sie als User mb das Programm xcdroast starten, läuft es mit Rechten des root-Benutzers. Was das bedeutet, wissen Sie ja mittlerweile. *Achtung!*

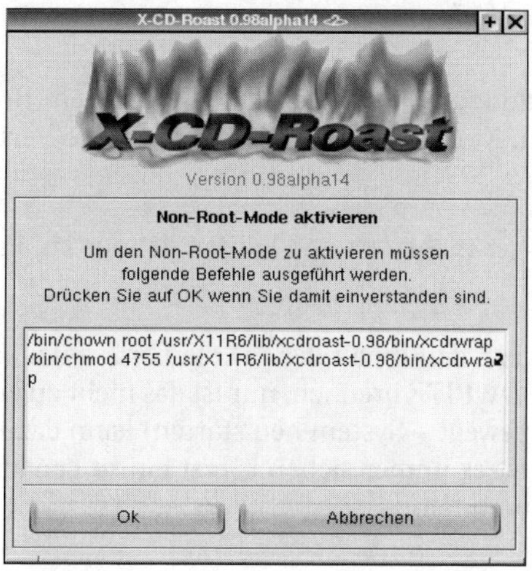


*Abbildung 13.8: xcdroast setzt das SBIT!*

Im Rechner in Abbildung 13.8 sind zurzeit keine DVD/CD-Brenner aktiv. Daher ist hier ein Screenshot der Version 8.0 verwendet worden (vom Layout hat sich eh nichts geändert).

Anschließend können Sie `xcdroast` ganz normal über KDE|MULTIMEDIA|CD|XDROAST starten. Erst einmal will es natürlich konfiguriert werden. Scannen Sie Ihr System und schauen Sie, ob `xcdroast` alles findet. Wir gehen es der Reihe nach mal durch:

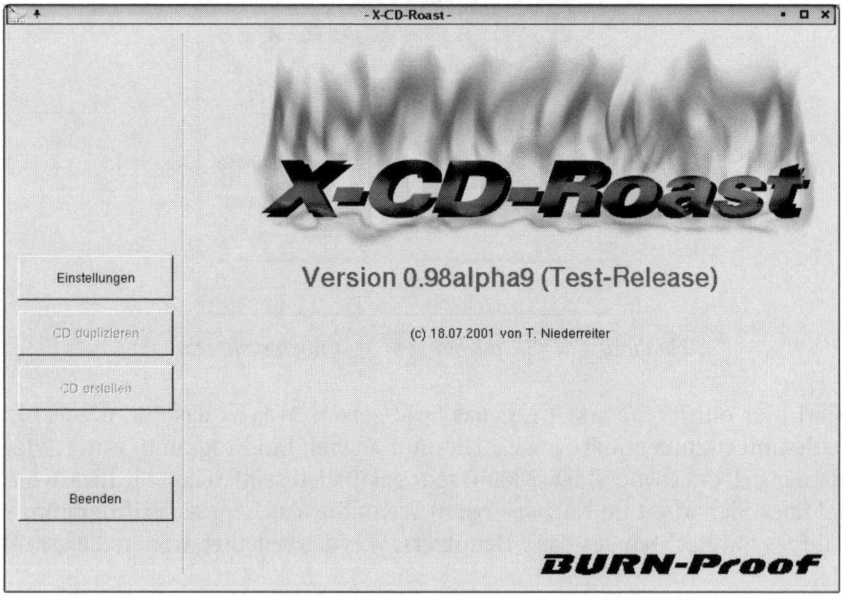


*Abbildung 13.9: Das `xcdroast`-Startmenü*

Im Startmenü (siehe Abbildung 13.9) sollten Ihre Festplatten, Brenner und CD-ROM-Laufwerke erkannt worden sein. Nun müssen Sie noch ein `/image`-Verzeichnis anlegen.

Natürlich muss es nicht `/images` heißen. Ist nur ein Vorschlag von mir.

Dieses Verzeichnis dient dazu, den Inhalt der CD temporär aufzubewahren. Sie können auch direkt von CD-ROM nach CDWRITE brennen, nur ist das nicht zu empfehlen. Die kleinste Störung (Sie haben die Maus bewegt – System neu starten) kann dazu führen, dass das Ergebnis unbrauchbar wird. Daher ist es immer sicherer, erst ein so genanntes »image« zu erzeugen und dies anschließend zu brennen.

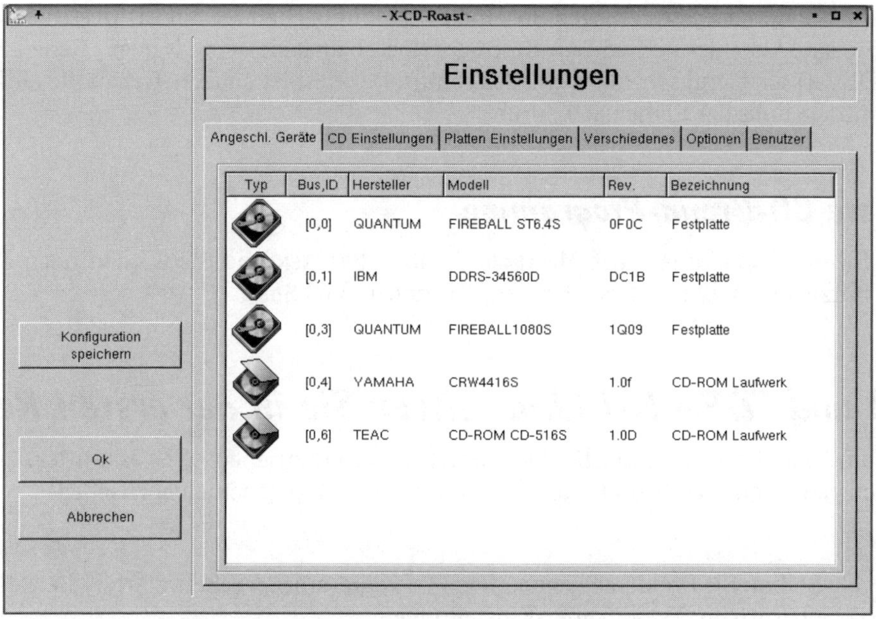


*Abbildung 13.10: Die erkannten Laufwerke*

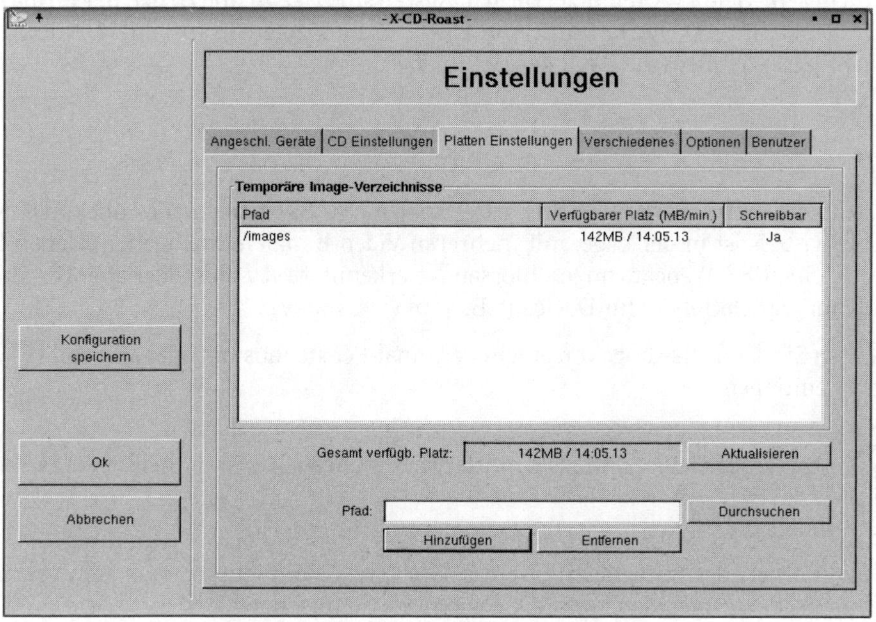


*Abbildung 13.11: Ein Verzeichnis für Images*

Speichern Sie nun das Setup. Legen Sie eine CD ein und gehen Sie auf CD Duplizieren. Links sehen Sie eine Liste der gefundenen Einträge. Noch haben sie keine Namen. Gehen Sie nun auf CDDB abfragen, und schwupps ist alles gefüllt. Der Rest ist einfach. Gehen Sie einfach die Menüeinträge links der Reihe nach durch.

### Weitere CD-Brenn-Programme

Gehen Sie auf Suche unter KDE|Multimedia|Cd|Dvd Brennen und Sie werden noch ein paar andere nützliche Tools zum Erstellen von CDs finden. Viel Spaß!

## ARD und ZDF – Bei Linux sitzen Sie in der ersten Reihe

War es am Anfang noch sehr umständlich, unter Linux fernzusehen, so ist es mittlerweile ganz alltäglich geworden, sich beim Erstellen von Scripts die Tagesthemen anzusehen.

Sollten Sie Probleme haben, Ihre TV-Programme zu sehen, starten Sie YaST2 und überprüfen Sie die Tuner-Einstellungen.

Es gibt nicht sehr viele TV-Chipsätze. Die gängigsten sind *BT848* und *BT878* der Firma *Hauppauge*. Ich denke, Ihre TV-Karte wurde von YaST2 ordnungsgemäß installiert. Nutzen Sie sie nun. Wichtig ist vor allem die Wahl des richtigen Tuners.

### xawtv

`xawtv` sieht zwar sehr spartanisch aus, ist es aber nicht. Sie erreichen es über KDE|Multimedia|Video|xawtv. Es ist in der Lage, mit mehreren Video-Kanälen umzugehen. Haben Sie beispielsweise eine USB-Webcam angeschlossen, so erkennt `xawtv` dies, oder aber Sie starten es alternativ mit der Option `-d` für Device (z.B. `xawtv -d /dev/video1`).

Das müssten Sie dann allerdings von einem Terminal-Fenster aus tun oder aber mit [Alt]+[F2] und `xawtv` eintippen.

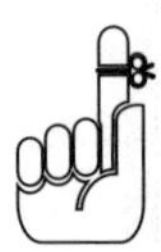

Die Video-Devices, wie Sie mittlerweile sicherlich wissen, heißen `/dev/video0` – `/dev/video?`.

Leider funktioniert das mitgelieferte Screen-Grabbing-Tool nicht, so dass kein vernünftiger Screenshot produziert werden konnte. Es gab nur »Gerausche«.

## kwintv – die K-Alternative

Leider war es auf der aktuellen SuSE nicht möglich, das Programm ordnungsgemäß zu installieren. Der YaST2-Menüpunkt ist offensichtlich noch zu neu.

`kwintv` hat eine angenehme Fähigkeit: Es scannt hervorragend nach Programm-Kanälen. Man kann es durchaus verwenden, um nach Kanälen zu scannen und diese dann für `xawtv` zu verwenden. Das Grabbing, also das Fotografieren des Bildschirms als Grafikdatei oder als Film ist allerdings noch nicht so toll ausgereift und hängt auch stark von der verwendeten Grafikkarte ab.

### Video unter Linux

Es erfordert immer noch etwas Handarbeit, wenn man keine neue Video-Karte installiert hat. Versorgen Sie sich mit allen benötigten Unterlagen über Ihre Video-Karte und starten Sie YaST2. Gehen Sie dort auf HARDWARE|TV KARTEN|BEARBEITEN|BEARBEITEN|DETAILS. Dort finden Sie eine Liste der zur Verfügung stehenden *Kernel-Module*. Sie müssen diese gegebenenfalls noch anpassen. Das ist nun wahrlich nichts für Neulinge. Sollte Ihre Karte aus irgendeinem Grund nicht funktionieren, wenden Sie sich direkt an den SuSE Support. TV Karten sind zwar mittlerweile weit verbreitet, dennoch müssen Sie manchmal Hand anlegen. Es kann sein, dass Sie direkte Modul-Parameter brauchen.

# Wir präsentieren uns im Netz der Netze

Viele, wenn nicht die meisten von Ihnen, werden bereits eine Digital-Kamera besitzen. Vor ein paar Jahren noch unerschwinglich, haben sich langsam Modelle mit durchaus passablem Speicher und guter Qualität eingeschlichen. Die meisten Kameras besitzen einen USB-Anschluss (teilweise noch USB 1, aber das kann uns egal sein). SuSE Linux erkennt in der Regel Ihre USB-Kamera als SCSI-Device. Nicht erschrecken, das ist nichts Schlimmes. Stecken Sie einfach einmal Ihre Kamera über das mitgelieferte USB-Kabel an den Rechner an. KDE sollte dann (nach einer Weile) ein Icon ähnlich dem in Abbildung 13.12 zeigen.

Als erfahrener Linuxer können Sie mittlerweile Devices »lesen«. `/dev` ist eh klar und `sda1` steht für die erste Partition auf der ersten SCSI-Platte, richtig erkannt. Kurz gesagt Ihr Kameraspeicher. Klicken Sie mal darauf, dann sollten Sie, wenn Sie dem Pfad folgen, irgendwann auf Ihre Bilder stoßen.

Natürlich können Sie diese Bilder genauso wie jede andere Grafik mit Grafikprogrammen wie `gimp` bearbeiten. Auch meine kleine Tochter Iñana wollte natürlich gleich mal mit der neuen Kamera abgelichtet werden und stand gerne Modell.

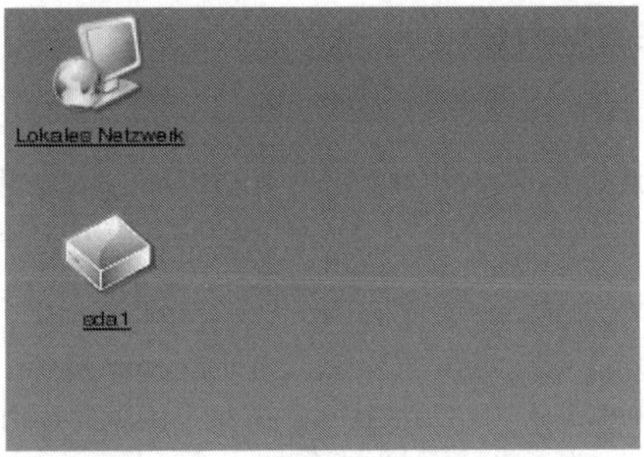


*Abbildung 13.12: Ein gefundenes Kamera-Laufwerk*

Manche Kameras haben noch keinen USB-Anschluss. Kein Beinbruch. In jedem Elektronik-Bastelmarkt gibt es mittlerweile für ein paar Euro einen kleinen USB-Multicard-Reader. Damit können Sie dann alle gängigen Formate lesen und schreiben. Auch diese Geräte werden unter YaST (KDE) gefunden und als SCSI-Device angezeigt.

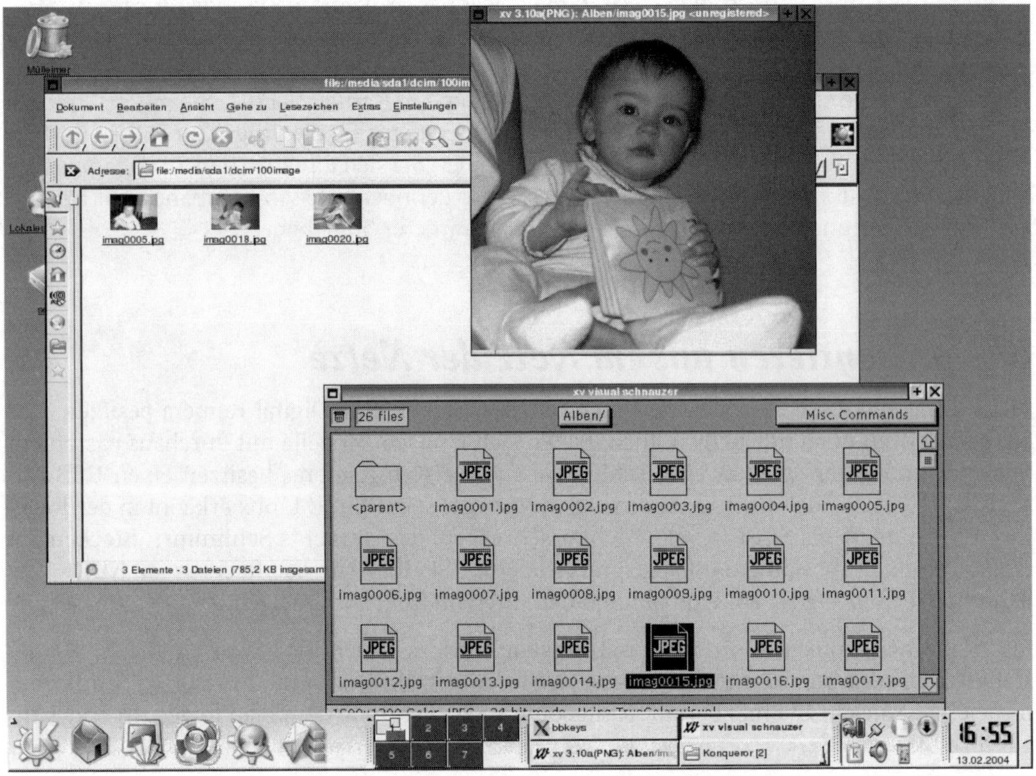


*Abbildung 13.13: Eine erste Bildersammlung*

Natürlich geht bei einem USB-Anschluss das Ganze auch anders herum. Sie können Ihre Digicam auf dem gleichen Wege selbstverständlich auch als Webcam verwenden.

## DVDs und Video-Dateien

Achtung! Der folgende Teil ist sehr technisch und erfordert schon einiges an Linux-Know-how. Sie können nicht viel kaputtmachen, aber schnell verzweifeln. Sie müssen die Programme selber kompilieren und installieren!

Die rasche Zunahme von DVDs führte natürlich auch dazu, dass man sich diese auch unter Linux ansehen möchte. Zudem wird von den meisten Tests nicht gerade empfohlen, sich einen DVD-Player zu kaufen.

Ein gewöhnlicher Linux-Rechner mit einem DVD-Laufwerk und einem vernünftigen Anschluss bietet exakt das Gleiche. Darüber hinaus vereinfacht er die Installation von SuSE Linux 10.0 erheblich. Nur noch eine DVD einlegen, einfach herrlich!

Welche Software gibt es nun für DVD? Am bekanntesten und besten ist *IMHO xine*.

### Seltsame Abkürzungen

Oft werden Sie über Abkürzungen wie *ROTFL, AFAIK, IMHO, BTW* etc. stolpern. Wofür stehen diese seltsamen Zeichen? Zaphod Beeblebrox würde behaupten, es seien eben »nur seltsame Zeichen«:

Wer kennt nicht Zaphod Beeblebrox, den Präsidenten der Galaxis aus »The Hitchhiker's Guide To The Galaxy« von Douglas Adams? Diese Geschichte mindestens einmal gelesen zu haben, war zur SuSE-Anfangszeit eines der Einstellungskriterien für Entwickler.

Nein, sie haben natürlich eine Bedeutung. Hier ein Auszug:

| Abkürzung | Bedeutung | Übersetzung |
|---|---|---|
| ROTFL | Rolling On The Floor Laughing | Am Boden liegen vor Lachen |
| AFAIK | As Far As I Know | Soweit ich weiß |
| IMHO | In My Humble Opinion | Meiner bescheidenen Meinung nach |
| BTW | By The Way | Nebenbei gesagt |

### xine

Mittlerweile ist `xine` bei SuSE 10.0 standardmäßig mit integriert. Abbildung 13.14 zeigt `xine` in voller Pracht beim Abspielen einer SVCD.

Die Bedienung von `xine` ist eigentlich selbsterklärend. Legen Sie eine DVD/SVCD oder Ähnliches ein und starten sie. Es kann allerdings sein, dass es mit manchen selbst gebrannten CDs nicht klappt, in solch einem Fall empfiehlt es sich, direkt auf die `xine`-Seite zu schauen oder sich in einer lokalen Linux User Group nach Codecs und evtl. Patches umzuhören. Die Website finden Sie unter:

`http://xine.sourceforge.net`

Möchten Sie `xine` selber »from scratch« installieren, dann bleibt Ihnen nichts anderes übrig, als auf die Website von `xine` zu gehen und das Programm zu holen. Sie brauchen folgende zwei Pakete:

✔ `xine-lib-0.9.9.tar.gz`

✔ `xine-ui-0.9.9.tar.gz`

Dann müssen Sie noch YaST2 bemühen und unter SOFTWARE|SOFTWARE INSTALLIEREN LÖSCHEN|SUCHEN `gcc` eingeben und ihn installieren.

Entpacken Sie nun die beiden Dateien in Ihr `/home`-Verzeichnis (oder wo Sie es gerne hätten).

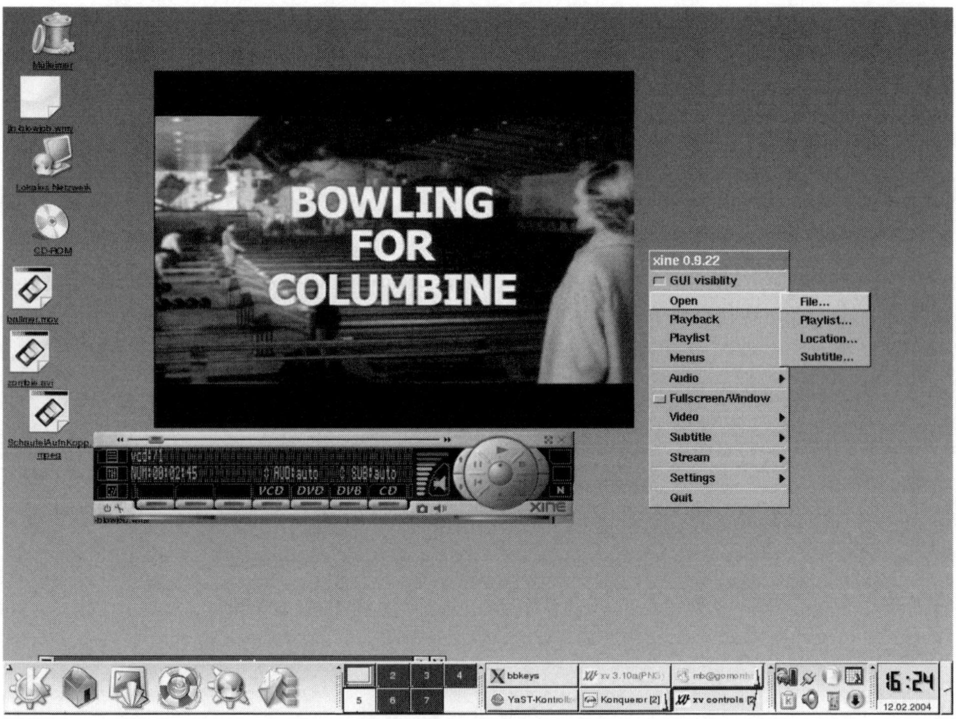


*Abbildung 13.14: `xine` in Aktion*

Nun wechseln Sie in das Verzeichnis der `lib`-Dateien und geben nacheinander Folgendes ein:

- ✔ `./configure`
- ✔ `make`
- ✔ `make install` (hierfür müssen Sie `root` sein)

Es besteht auch die Möglichkeit, sich Kopien von DVDs zu erstellen. Da das allerdings rechtlich ein schwankender Boden ist, wird hier nicht darauf eingegangen. Der geneigte Leser wird es schon finden.

Die gleiche Prozedur wiederholen Sie für den `ui`-Teil.

## RealPlayer

KDE|MULTIMEDIA|VIDEO|REALPLAYER startet den allseits bekannten RealPlayer. Beantworten Sie die äußerst wichtigen Fragen und Sie können loslegen!

Natürlich können Sie auch RealVideos mit demselben Programm starten.

*Abbildung 13.15: RealPlayer mit BR3-Netradio*

**Seien Sie vorsichtig!**

Sie installieren hier Dateien in ein laufendes Linux-System! Es handelt sich dabei um Libraries, also die »wichtigsten« Bestandteile Ihres Systems. Sie greifen damit sehr tief ein. Dies ist wirklich nur etwas für Experten. Ich würde Ihnen empfehlen, sich einer lokalen Linux User Group anzuschließen. Dort wird Ihnen geholfen. Eine Liste der Linux User Groups finden Sie unter `http://www.linux.de`.

## mplayer

Ulkigerweise ist einer der besten Video/DVD/SVCD-Player nicht bei einer Standard-SuSE-Installation dabei. Das hat mich schon sehr verwundert. Egal. Starten Sie einen Konqueror (klicken Sie dazu unten in Ihrer Menüleiste auf das Icon mit dem Zahnrad), geben Sie die URL einer Suchmaschine ein (z.B. `www.yahoo.de`, `www.google.de` oder Ähnliche) und geben Sie dort `mplayer suse 10.0 rpm` ein und schicken Sie die Abfrage ab.

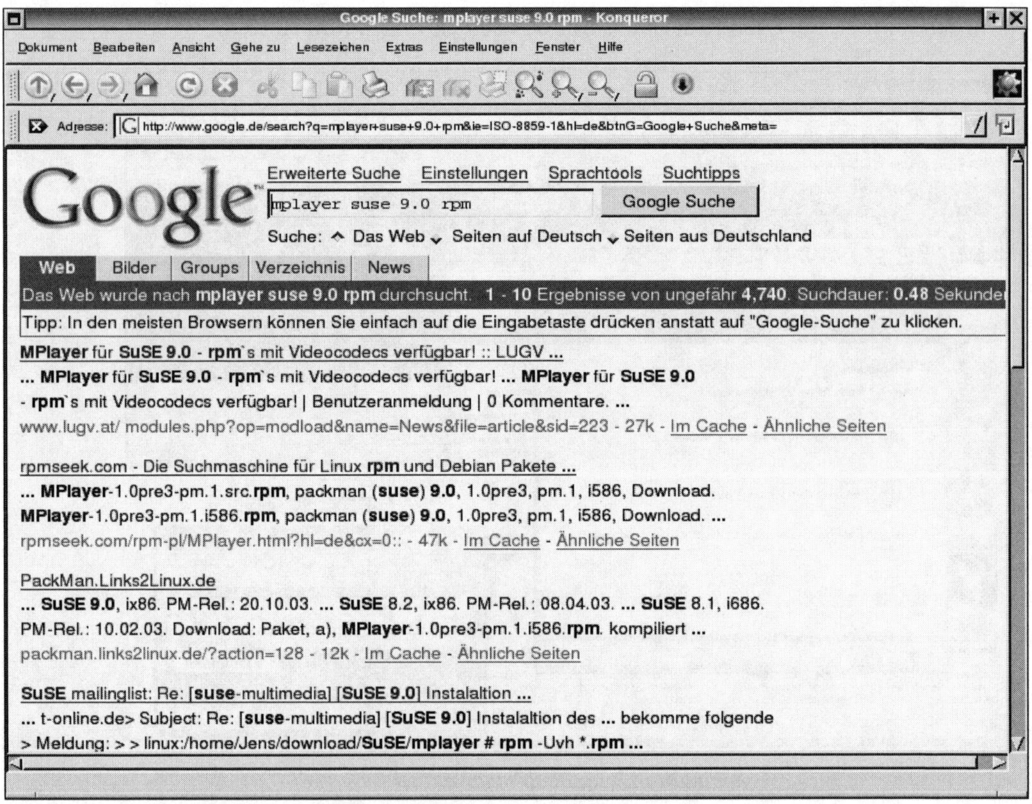


*Abbildung 13.16: Die Suche nach dem `mplayer`*

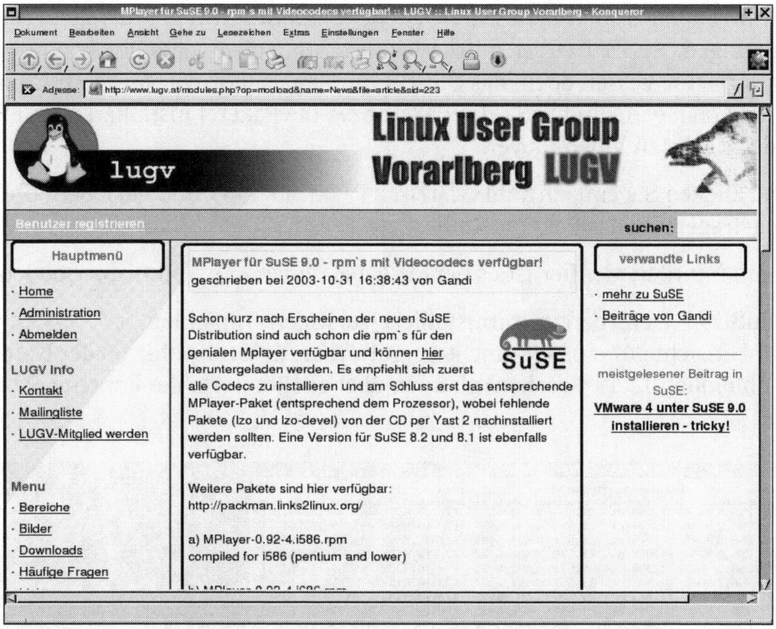

Abbildung 13.17: `mplayer` gefunden!

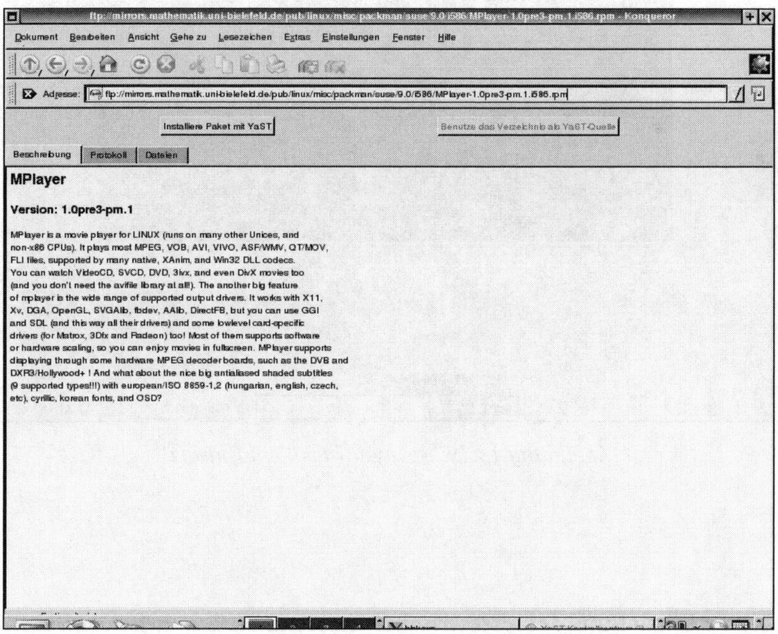

Abbildung 13.18: `mplayer` wird von YaST automatisch installiert.

Klicken Sie nun auf die erfolgreiche Suche (siehe Abbildung 13.17) und folgen Sie den Installationsanweisungen. SuSE 10.0 ist mittlerweile so konzipiert, dass der `konqueror` erkennt, wenn Sie ein `rpm` (Sie wissen doch, das SuSE-Linux-Paket-Format) aus dem Internet ziehen. Lassen Sie den `konqueror` und YaST das Paket (bzw. die Pakete) installieren und Sie verfügen über einen der stärksten Video-Player.

Anschließend klicken Sie einfach auf INSTALLIERE PAKET MIT YAST und nach dem üblichen `root`-Passwort-Abgefrage wird das Paket installiert.

`mplayer` ist ein Multitalent. Hier ist es gerade dabei, einen `.avi`-Film abzuspielen.

Auch wenn SuSE `xine` etc. bereits mitinstalliert, sei Ihnen empfohlen, `mplayer` zu installieren. Er ist in jeder Hinsicht gut einstell- und konfigurierbar. Er ist sowohl von der Kommandozeile (wie auf der Abbildung 13.19 zu sehen) als auch über ein komfortables Fontend, dem `gmplayer`, zu bedienen.

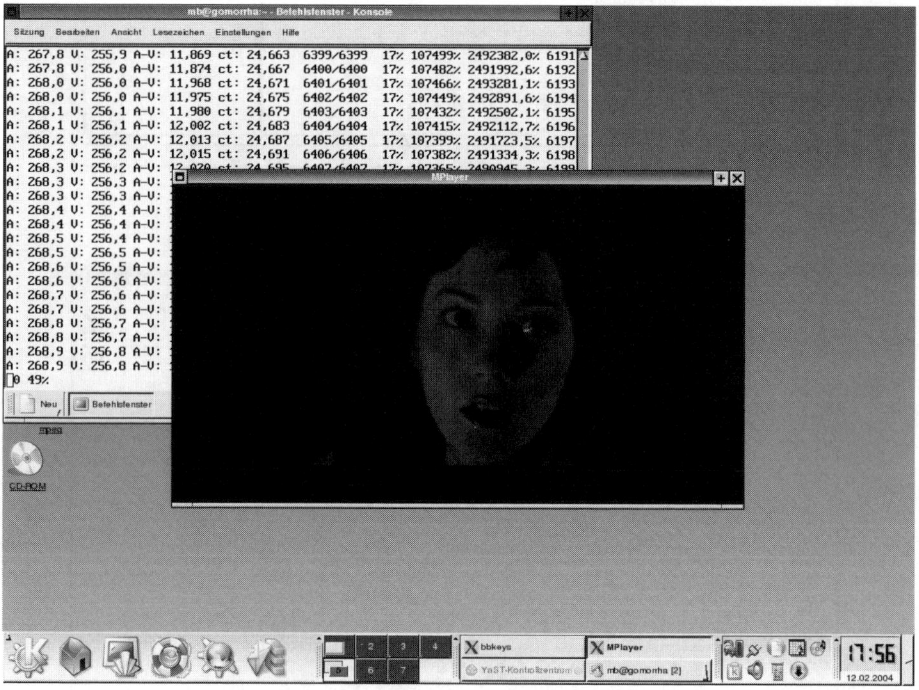


*Abbildung 13.19: `mplayer` in vollem Einsatz*

# DVB

Spätestens seit der Umstellung der terrestrischen Sender auf DVB dürfte der Begriff jedermann bekannt sein. Es gibt hier genauer gesagt drei Varianten:

- ✔ DVB-T Terrestrisches DVB
- ✔ DVB-C Kabel DVB und
- ✔ DVB-S Satelliten DVB

Als Beispiel sei hier einmal DVB-S gewählt, da dies bislang die beste Unterstützung bietet. Um DVB empfangen zu können, benötigen Sie erst einmal eine DVB-Karte. Hier gibt es zwei Varianten: die preiswerten (ohne Hardware Decoding) und die teuren (mit Hardware Decoding).

### Hardware-Decoding, was ist das?

Eigentlich ganz einfach. DVB ist eine sehr rechenintensive Prozedur. Das werden Sie dann merken, wenn Sie eine einfache DVB-Karte installieren. Ihre Prozessorleistung wird auf ca. 100% ansteigen.

Bei den Hardware-Decoding-Karten ist in der Regel ein MPEG2-Decoder onboard, der Ihrer CPU diese rechenintensiven Schritte abnimmt.

## Das Scannen

Um nun die Vielfalt der neuen Programme nutzen zu können, müssen Sie erst einmal einen Scan durchführen. Die dafür benötigten Programme sind in der SuSE 10.0 bereits enthalten. Starten Sie YaST und suchen Sie nach DVB. Installieren Sie das Gefundene und anschließend wechseln Sie ins Verzeichnis `/usr/share/dvb`.

Hier gibt es nun wiederum Unterverzeichnisse für DVB-S, DVB-T und DVB-C. Wechseln Sie ins Verzeichnis `DVB-S` und sehen sich beispielsweise (mit einem Editor Ihrer Wahl) die Datei `Astra-19E` an.

Dies sind die Einstellungen des jeweiligen Satelliten. Einen Scan führen Sie wie folgt aus:

```
dvbscan -C -X0 dvb-s/Astra-19E
```

Bei den Screenshots werden Sie bemerken, dass das Tool bei mir `scan` und nicht `dvbscan` heißt; lassen Sie sich hiervon bitte nicht irritieren. Die Optionen etc. sind ansonsten völlig identisch.

Sollten Sie eine Darstellung wie in Abbildung 13.20 sehen, so ist alles richtig. Brechen Sie das Ganze ab (es dauert sonst sehr lange) mit [Strg]+[C]. Wiederholen Sie den Befehl leicht abgewandelt.

```
dvbscan -C -X0 dvb-s/Astra-19E > /root/.xine/channels.conf
```

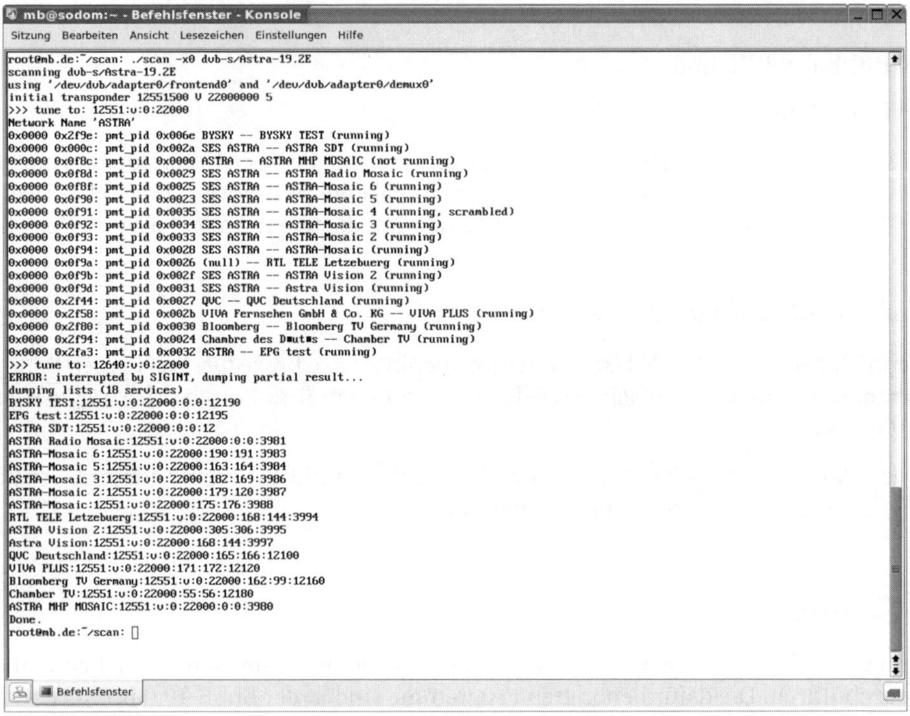


*Abbildung 13.20: Der DVB-Scan*

Nun erzeugt `dvbscan` eine Channel-Liste. Anschließend probieren Sie direkt aus, ob die Channels ordentlich geschrieben wurden; vorher würde ich Ihnen empfehlen, mal einen Blick hineinzuwerfen.

Am einfachsten klappt das mit `xine`, bzw. wenn Sie sich (wie ich hier) auf der Konsole befinden, mit `fbxine`.

```
fbxine dvb://34
```

Dieser Befehle öffnet den Kanal 34. Alternativ öffnen Sie die Datei `/root/.xine/channels.conf` und suchen nach z.B. `ARD`. Den gefundenen String können Sie alternativ zu einer Zahl auch eingeben, also so:

```
fbxine dvb://ARD
```

`xine` stellt noch eine Vielzahl von Optionen bereit. Hat das Ganze diesen Test bestanden, so können Sie nun auch unter X mit dem Tool `xine` ganz nach Herzenslust die Filme Ihrer Wahl ansehen.

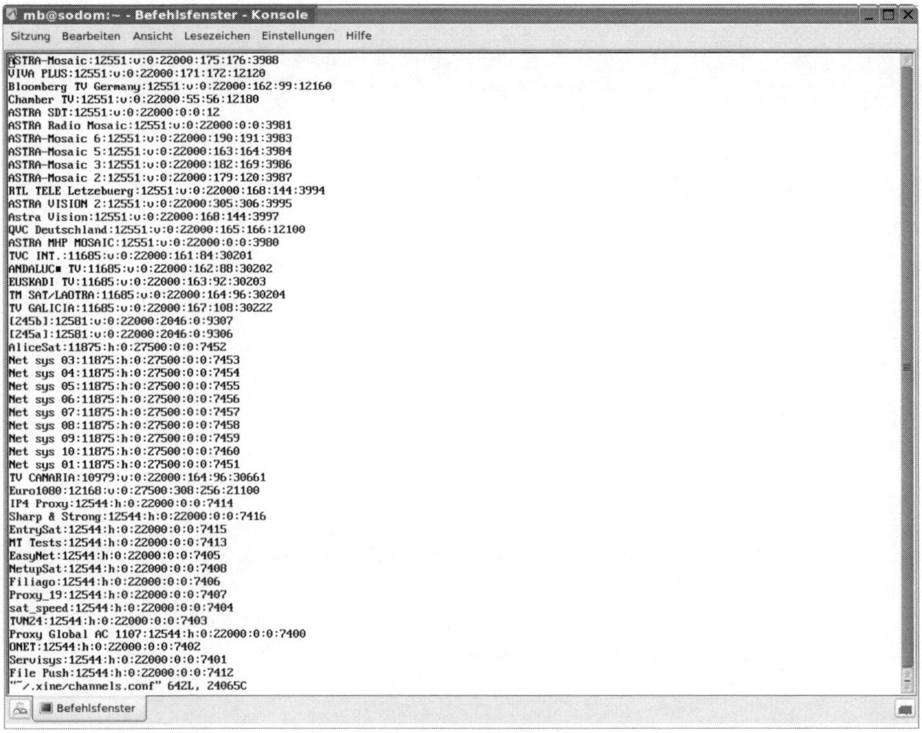


*Abbildung 13.21: Die Channel-Liste*

# Viel Spaß

Einen kleinen Einblick in die gängigsten Linux-Multimedia-Programme sollten Sie nun haben. Gerade im Bezug auf MP3 und DVD gibt es noch viele rechtliche Grauzonen, weshalb solche Programme nicht auf CDs enthalten sein können. Hierbei helfen aber hoffentlich die weiterführenden Links. Die allermeisten Informationen erhalten Sie unter:

`http://www.explotits.org/v4l`

Viel Spaß im neuen Multimedia-Zeitalter.

# Teil III

# System und Administration

*»Das erinnert mich an meine Windows 95-Installation auf dem 386er letzte Woche!«*

## *In diesem Teil ...*

Sie haben bereits ein Gefühl für das Neue und Unbekannte entwickelt. Natürlich bietet Ihnen Linux noch viel mehr!

Begeben Sie sich in die tiefen Abgründe eines Linux-Gurus und erfahren Sie die Grundlagen von Dateisystemen und Rechten unter Linux. Das Internet, eines der gefragtesten Themen heute überhaupt, ist mit Linux eines der leichtesten Übungen. Bauen Sie Ihr persönliches kleines Netzwerk auf und werden Sie Ihr eigener SysAdmin! Wie ist Linux aufgebaut? Was sind diese Server, von denen alle reden? Und, gerade in Zeiten dicker Bandbreiten wie DSL, ist ein Thema immer interessanter: Security! Sichern Sie Ihr System ab und sehen Sie, wie Sie jederzeit über den aktuellen Stand Ihres Linux-Systems informiert werden können. Dieser Teil gibt Ihnen einen Überblick, was hinter den Kulissen noch alles möglich ist.

# Dateiverwaltung? – Dateisysteme unter Linux

14

### In diesem Kapitel

- Wozu brauchen wir Dateisysteme und was genau ist das?
- Zurechtfinden im Verzeichnis-Dschungel von Linux
- Kommandos zum Bearbeiten von Dateisystemen
- Besitzansprüche – Die Rechte der Verzeichnisse

Linux wäre nicht Linux, gäbe es nicht auch hier eine Auswahl unter verschiedenen Filesystemen. Aber keine Panik.

## Natürlich gibt es verschiedene Filesysteme

Gebräuchlich sind eigentlich nur drei Filesysteme:

- ✔ `ext2fs` – das Extended 2 Filesystem
- ✔ `ext3fs` – das neue Extended Filesystem (journaling filesystem)
- ✔ `reiserfs` – ein Journaling Filesystem von Hans Reiser

Linux unterstützt selbstverständlich auch Nicht-Linux-Filesysteme. Zu den bekanntesten darunter zählen wohl `VFAT` und `NTFS`. Da Linux diese unterstützt, ist es eben möglich, Windows-Verzeichnisse unter Linux zu bearbeiten. Eine Tatsache, die andersherum unmöglich ist. Okay, wozu also verschiedene Filesysteme? Beide haben ihre Vor- bzw. Nachteile. `ext2fs` ist das ältere, sehr stabile Filesystem, das unter Linux seit Jahren eingesetzt wird. Es ist für die meisten zu empfehlen und wird auch bei der Installation standardmäßig vorgeschlagen. Ich gehe gleich näher darauf ein. Vorher noch ein Wort zu `reiserfs`. `reiserfs` ist ein so genanntes *Journaling Filesystem*. Was heißt das nun wieder? Es führt ein Journal über die Transaktionen, die vorgenommen werden. Kommt es zu einem Systemabsturz, muss normalerweise das gesamte Filesytem einem Check unterworfen werden. Dieser nennt sich `e2fsck` (extended 2 filesystem check). Bei größeren Platten kann das durchaus Stunden dauern. Ein Journaling Filesystem repariert sich anhand des Journals schneller und es tritt kein Datenverlust auf. Sie können den Rechner also »einfach ausschalten« (dies ist z.B. sehr sinnvoll bei Servern mit großen Platten oder RAID-Systemen). Es bleibt Ihnen überlassen, welches Sie wählen. Die Behandlung von Betriebssystem-Seite her ist die gleiche.

## Verzeichnisse, Partitionen und Mountpoints

Gut. Fangen wir bei den Festplatten an. Eine Festplatte darf maximal vier *primäre Partitionen* enthalten, also kann die Festplatte in vier Bereiche aufgeteilt werden. Dies ist keine Linux-Beschränkung, sondern liegt im *BIOS* (Basic Input Output System) der i386-Architektur (also Intel-Rechner, kurz PCs) begründet. Sie haben allerdings die Möglichkeit, die vierte Partition als eine so genannte *Extended Partition* anzulegen. In dieser wiederum können Sie so viele *logische Laufwerke* anlegen, wie Sie möchten. Dadurch haben Sie die Möglichkeit, mehr als vier Partitionen zu erstellen.

Stellen Sie sich eine Festplatte wie einen Kuchen vor, den man in verschiedene Stücke unterteilen kann. Auf jedes dieser Stückchen muss nun ein Dateisystem gespielt werden, das das jeweilige Betriebssystem erkennt. `VFAT` beispielsweise für Windows bzw. `ext2fs` für Linux.

### Wohin mit den Partitionen?

Jetzt müssen Sie Linux nur noch klar machen, was Sie mit dieser Partition anstellen wollen. Bei der Installation hat YaST2 das alles für Sie erledigt. Befinden Sie sich gerade unter KDE? Gut. Dann drücken Sie mal auf [Alt]+[F2]. Sie erhalten ein Befehlseingabefenster. Geben Sie hier nun `konsole` ein. Alternativ können Sie auch unten in der Leiste auf die »Muschel« klicken.

Geben Sie hier nun bitte `mount` ein, Sie sollten etwas sehen wie in Abbildung 14.1.

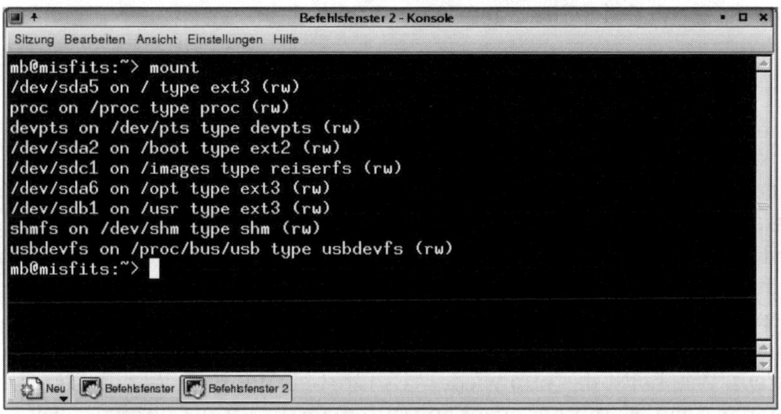


*Abbildung 14.1: Der Befehl `mount` in einer KDE-Konsole*

Ja, ich weiß, bei mir steht da sehr viel drin. Lassen Sie sich aber davon nicht verwirren. Ich schnappe mir zwei Zeilen heraus und erkläre sie.

```
/dev/sda5 on / type ext2 (rw)
/dev/sdb1 on /usr type ext2 (rw)
```

Was sagt uns nun diese Zeile? Das Device `/dev/sda5` ist im Verzeichnisbaum an die Stelle »`/`« gemountet und das Device `/dev/sdb1` an die Stelle »`/usr`«.

`/dev/sda5` steht (Sie erinnern sich vielleicht?!) für die 5. Partition auf der ersten SCSI-Platte (`/dev/sda`) und `/dev/sdb1` für die 1. Partition auf der zweiten SCSI-Platte. Wenn wir nun noch wissen, dass es wie erwähnt nur vier primäre Partitionen gibt, wissen wir, dass `/dev/sda5` ein logisches Laufwerk in der erweiterten 4. Partition ist (`/dev/sda4`).

Nun gut. Unter Linux ist der Verzeichnisbaum streng hierarchisch geordnet. Sie werden keine unterschiedlichen Laufwerksbuchstaben finden. Die Philosophie hier ist eine andere als bei Windows. Alle benötigten Partitionen werden in einen einzigen Baum (der mit »`/`« beginnt) hineingehängt (= *gemountet*). Dabei können sich diese Partitionen lokal auf Ihrem Rechner befinden oder ganz entfernt auf einem Rechner in den Staaten, auf den Sie Zugriff haben (ob das bei so einer Distanz nun auch Sinn macht, sei mal dahingestellt).

Sind Sie eingeloggt und bewegen Sie sich mit den üblichen Kommandos (die Sie gleich kennen lernen werden) durch das Dateisystem, wissen Sie nie (es sei denn, Sie schauen nach), auf welchem Rechner Sie sich gerade befinden. Das hat den großen Vorteil, dass Sie sich auf jedem Linux-Rechner, den Sie sehen werden, gleich zurechtfinden werden, da er nach exakt dem gleichen Prinzip aufgebaut ist. Sie müssen nicht erst suchen, unter welchem Laufwerk Programm »xy« abgespeichert ist. Sie können davon ausgehen, dass es im selben Verzeichnis ist, wenngleich dieses auch z.B. über das Netz per NFS gemountet ist. Über NFS können Sie sich im Netzwerk-Kapitel schlau machen.

## Wozu eigentlich so viele Partitionen?

Zugegeben, das ist eine schwierige Frage und auch immer eine des persönlichen Geschmacks. Es gibt viele Argumente, die für eine bestimmte Aufteilung sprechen. Wenn Sie eine Standardinstallation vorgenommen haben, hat YaST2 Ihnen diese Aufgabe abgenommen. Wenn Sie später vorhaben, intensiver mit Linux zu arbeiten, empfehle ich Ihnen, sich mit der Partitionierung vertraut zu machen, denn dann sollten Sie ein bisschen aufteilen. Ich gebe Ihnen mal ein Beispiel und erkläre Ihnen die Gründe für solch eine Struktur.

Als Administrator gerade bei größeren Systemen und richtigen Arbeitsrechnern sollten Sie versuchen, die Schreibvorgänge auf die Partition, die das Betriebssystem erhält, zu minimieren. Klar, es kann im Regelfall nichts passieren, allerdings was ist wenn? Es ist einfach zu vermeiden, also sollte man das auch tun. Eines der Verzeichnisse, in das am meisten geschrieben wird, ist wohl zweifellos das `/home`-Directory.

Das `/home`-Verzeichnis ist die Heimat der User. Das Verzeichnis des Users `mb` ist demnach unter `/home/mb` zu finden.

Es empfiehlt sich also schon, dieses auf eine eigene Partition auszulagern. Verzeichnisse, in die viel geschrieben wird bzw. die sich oft ändern, sind: `/usr`, `/var` und `/opt`. Eine Aufteilung wie die folgende würde das Problem lösen: Als Beispielrechner wähle ich einen Rechner mit einer IDE-Festplatte und installiertem Windows.

| Partition | Mountpoint | Beschreibung |
|---|---|---|
| /dev/hda1 | /windows | Die Windows-Partition |
| /dev/hda2 | /boot | Hier liegen Ihre Kernel. |
| /dev/hda3 | swap | Ihre Swap-Partition. Eine Swap-Partition wird nicht gemountet! |
| /dev/hda4 | extended partition | Diese wird auch nicht gemountet. |
| /dev/hda5 | /usr | Hier liegen unten anderem die ausführbaren Programme. |
| /dev/hda6 | /opt | Die meisten kommerziellen Pakete befinden sich hier. |
| /dev/hda7 | /var | var steht für variabel, also für Logdateien und Spoolverzeichnis. |
| /dev/hda8 | /home | Hier wohnen die User. |

*Tabelle 14.1: Beispiel-Partitionierung*

Das sind viele Partitionen, das ist richtig. Dies ist aber die Möglichkeit, um dem Verzeichnis »/« unnötige Schreibvorgänge zu ersparen. Es hat noch einen Vorteil. Stellen Sie sich vor, Sie machen ein Update und wollen natürlich Ihr /home behalten. Was, wenn etwas passiert und aus Versehen Ihr /home überschrieben wird? So können Sie sichergehen und beim Update einfach die Partition nicht mounten lassen und sie später, wenn dann alles wieder funktioniert, gefahrlos wieder einhängen.

Wie gesagt, Sie müssen nicht so partitionieren. Sie können auch die Standard-Installation beibehalten. Bevor Sie darangehen und Ihre Platten partitionieren, lesen Sie bitte genau den nächsten Abschnitt.

## Wie erstelle ich Partitionen?

Also gut, ich verrate Ihnen nun, wie das geht. Eines vorweg, wenn Sie neu partitionieren, müssen Sie neu installieren!

Starten Sie YaST2 und gehen Sie ins Menü SYSTEM:

Klicken Sie hier (siehe Abbildung 14.2) auf PARTITIONIEREN und wenn Sie trotz Warnung weitermachen wollen, auf JA. Sie erhalten nun eine Liste der in Ihrem System zur Verfügung stehenden Festplatten. Wenn Sie bereits Partitionen erstellt haben, sollten Sie diese hier sehen. Haben Sie eine Windows-Partition, lassen Sie sie einfach stehen bzw. bauen Sie sie ein. Haben Sie nur eine Partition angelegt, auf der lediglich Windows läuft, müssten Sie sich erst mal mit dem Tool fips beschäftigen, das Ihnen die Platte partitioniert. Ich gehe jetzt für das Beispiel davon aus, dass Sie eine jungfräuliche Platte haben.

Beim Partitionieren ist äußerste Vorsicht geboten! Zu leicht löscht man hier benötigte Daten. Aber keine Angst, solange Sie nicht in dem inzwischen bekannten »grünen Fenster« das finale OK gegeben haben, macht YaST2 noch nichts, und Sie können jederzeit abbrechen.

Wie groß sollen die Partitionen werden? Das hängt natürlich auch davon ab, wie groß Ihre Festplatte ist. Ich gebe Ihnen hier ein Beispiel:

| Mountpoint | Größe in MB |
|---|---|
| `/` | ca. 200 |
| `Swap` | 128 |
| `/usr` | ca. 1000 |
| `/opt` | ca. 1000 |
| `/var` | ca. 200 |
| `/home` | der Rest |

*Tabelle 14.2: Größe der Beispiel-Partitionierung*

Lassen Sie mich Ihnen nun zeigen, wie so etwas funktioniert.

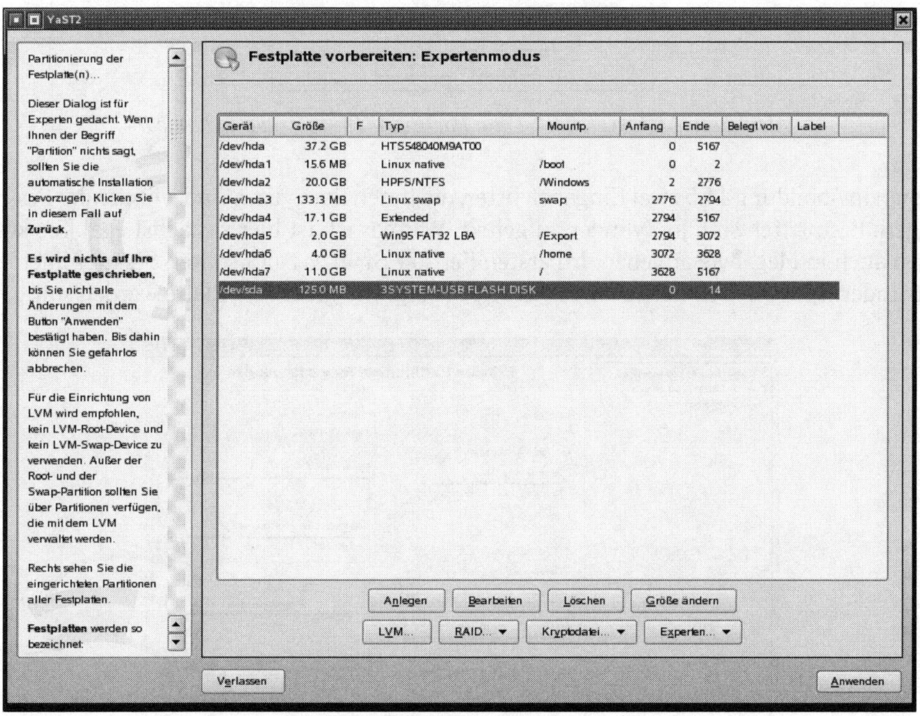


*Abbildung 14.2: Welche Festplatte darf's denn sein?*

Nachdem Sie die Festplatte ausgewählt haben, die Sie partitionieren möchten, und in Abbildung 14.2 auf ANLEGEN geklickt haben, erhalten Sie die Plattenauflistung, die Sie in Abbildung 14.3 sehen. Klicken Sie hier auf die gewünschte Festplatte und auf OK.

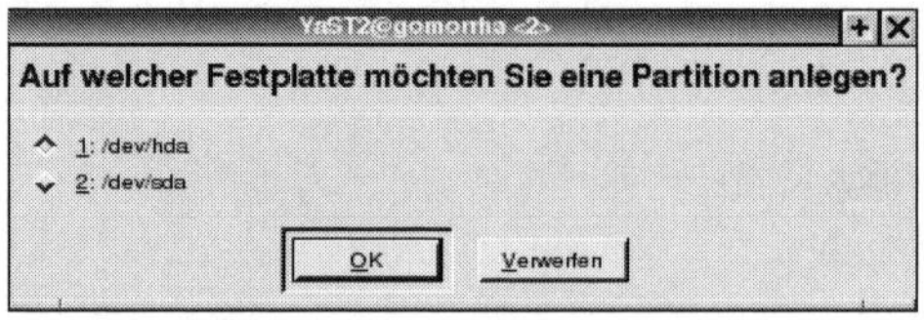


*Abbildung 14.3: Auf welcher Platte soll eine Partition angelegt werden?*

Sie werden nun gefragt, was für eine Partition Sie anlegen möchten. Wählen Sie PRIMÄRE PARTITION oder ERWEITERTE PARTITION aus, wie in Abbildung 14.4 zu sehen. Bedenken Sie, dass Sie nur vier primäre Partitionen anlegen können! Vergessen Sie die Swap-Partition nicht. Diese sollte 128 MB groß sein.

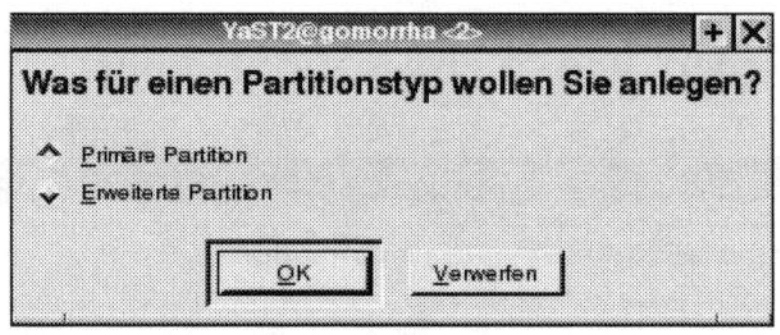


*Abbildung 14.4: Welche Art von Partition? Primär oder extended?*

Sie sehen in Abbildung 14.5 zwei Eingabefenster, die Ihnen Start- bzw. Endzylinder der Festplatte anzeigen. Festplatten sind in Zylinder aufgeteilt. Was das ist, ist hier zunächst egal. Sie können Größen auch in Megabyte angeben. Im ersten Fenster STARTZYLINDER sollten Sie im Allgemeinen nichts ändern! Im zweiten Fenster ENDE geben Sie ein, wie groß Ihre Platte werden soll.

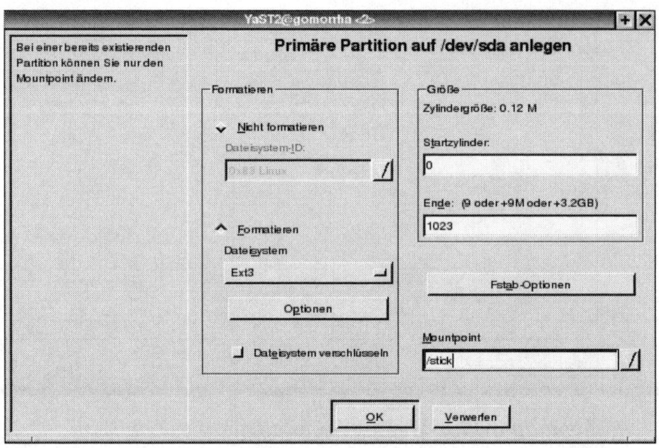


*Abbildung 14.5: Die Details Ihrer Partition*

Geben Sie hier beispielsweise Folgendes ein:

```
+200M
```

dann wird diese Partition 200 MB groß. Als Mountpoint wählen Sie hier / aus, als Filesystem `ext2fs`. Dann klicken Sie auf OK. Wiederholen Sie diesen Punkt, bis Sie die ersten drei Partitionen angelegt haben. Wenn Sie nach der vierten Partition gefragt werden, wählen Sie bitte ERWEITERTE PARTITION. Hier sagen Sie nur OK und ändern nichts an den Werten! Siehe auch Abbildung 14.6.

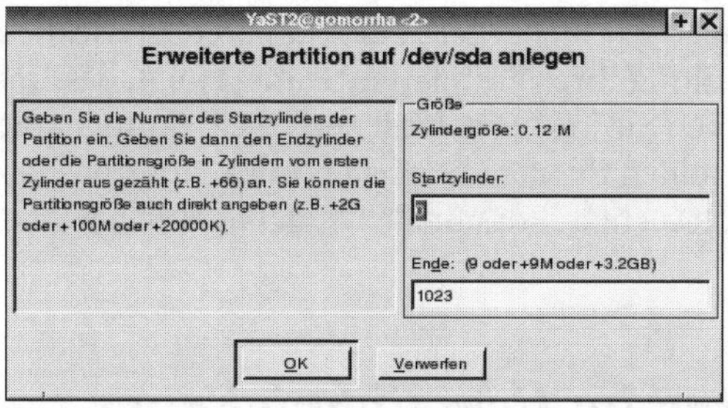


*Abbildung 14.6: Das Anlegen einer erweiterten Partition*

Sind Sie fertig mit Partitionieren? Dann sollten Sie einen Bildschirm ähnlich dem in Abbildung 14.7 vor sich haben.

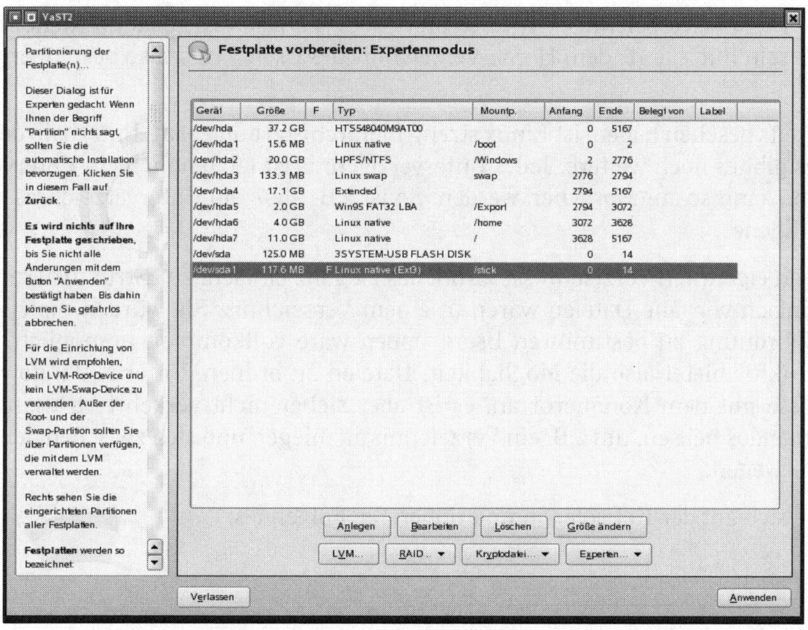


*Abbildung 14.7: Die soeben angelegten Partitionen bewundern*

In der linken Spalte sehen Sie den Gerätenamen, also z.B. `/dev/sda2`, gefolgt vom *Startzylinder* der *Partition*, dem *Endzylinder*, der *Größe*, ob die *Partition formatiert* werden soll (das »F«), das Dateisystem (`ext2fs`) sowie den *Mountpoint*.

Na, war doch gar nicht so schwierig! Folgen Sie jetzt dem normalen Installationspfad, dann wird YaST2 Ihre Platte so aufteilen, wie Sie dies angegeben haben.

**Seien Sie vorsichtig!**

Ein Wort noch zur Sicherheit. Partitionieren ist wirklich Low-Level-Eingreifen in die Aufteilung Ihrer Festplatten. Daraus folgt, dass man hier auch viel falsch machen kann. Bitte ziehen Sie im Zweifelsfall noch die Dokumentationen zu Rate. Wenn Sie sich nicht sicher sind, folgen Sie dem normalen Installationsweg und lernen Sie den Rest später. Solange Sie noch nicht auf das finale OK geklickt haben, ist noch nichts passiert.

# Wir bewegen uns im Verzeichnisbaum

Egal ob Sie nun den herkömmlichen Installationsweg oder den mit eigener Partitionierung gegangen sind, Sie haben auf jeden Fall ein *Dateisystem* auf Ihrem Rechner. Dies gilt es nun zu erkunden.

Das »`/`«-Verzeichnis wird auch oft »`root`«-Verzeichnis genannt. Nicht zu verwechseln mit `/root`, dem Home-Verzeichnis des Users `root`, also des Superusers.

Wie Sie bereits gesehen haben, ist Linux streng hierarchisch aufgebaut. Unterhalb des »`/`«-Verzeichnisses gibt es noch weitere. Jedes Unterverzeichnis ist letztendlich ein Unterverzeichnis von »`/`« und kann so angesprochen werden. So ist z.B. `/usr` ein Unterverzeichnis von »`/`« in der ersten Ebene.

Wozu dienen eigentlich Verzeichnisse? Nun, das ist ganz einfach: zur Strukturierung. Stellen Sie sich einfach vor, alle Dateien wären in einem Verzeichnis. Sie würden nie etwas finden und die Zuordnung zu bestimmten Usergruppen wäre vollkommen unmöglich. Eine Verzeichnisstruktur bietet also die Möglichkeit, Dateien zu ordnen. Unter X-Window legen Sie Verzeichnisse mit dem Konqueror an, es ist aber sicher nicht verkehrt zu wissen, wie die Basiskommandos heißen, um z.B. ein Verzeichnis anzulegen und sich zwischen den Verzeichnissen zu bewegen.

Loggen Sie sich auf der Konsole ein und tippen Sie Folgendes:

```
mb@linux:~ > pwd
/home/mb
mb@linux:~ >
```

pwd ist ein Linux-Kommando und gibt Ihnen an, in welchem Verzeichnis Sie sich aktuell befinden (pwd = *print working directory*).

Geben Sie nun Folgendes ein und tippen Sie anschließend wieder pwd. Jeden Befehl unter Linux schicken Sie mit [↵] an das System zur Ausführung.

```
mb@linux:~ > cd /etc
mb@linux:/etc > pwd
/etc
mb@linux:/etc >
```

Wie Sie sehen, zeigt Ihnen Linux jetzt, dass Sie sich im Verzeichnis /etc befinden. Wie haben Sie das gemacht? Na klar, mit cd (*change directory*). Wenn Sie in ein Verzeichnis wechseln möchten, geben Sie einfach den kompletten Pfad ein (/etc in diesem Fall), und damit wechseln Sie in das Verzeichnis. Alle Angaben, die mit »/« beginnen, nennt man *absolute Pfadangabe*. Es gibt dann noch *relative Pfadangaben*. Unter Linux gibt es standardmäßig ein Verzeichnis /tmp für temporäre Dateien. Viele User legen sich in ihr /home-Verzeichnis auch ein persönliches Verzeichnis tmp an. Wenn Sie sich in Ihrem /home-Verzeichnis befinden, haben folgende zwei Befehle verschiedene Auswirkungen.

```
mb@linux:~ > cd tmp/
mb@linux:~/tmp > pwd
/home/mb/tmp
mb@linux:~/tmp > cd /tmp/
mb@linux:/tmp > pwd
/tmp
mb@linux:/tmp >
```

Sehen Sie den Unterschied? Sie landen in zwei verschiedenen Verzeichnissen, je nachdem, wie Sie den cd tmp-Befehl eintippen. Geben Sie /tmp ein, geht Linux den absoluten Pfad, also nach /tmp. Geben Sie nur tmp ein, sucht Linux ein Verzeichnis tmp im relativen Pfad, wo Sie sich gerade befinden, und Sie landen in Ihrem eigenen tmp-Verzeichnis. Eines noch: Geben Sie einfach cd ein, ohne Parameter, landen Sie automatisch wieder daheim in Ihrem /home-Verzeichnis; praktisch, wenn man jederzeit wieder zurückkann, oder?

Nun, da Sie gelernt haben, wie man Verzeichnisse wechselt, wie legt man sie nun an bzw. entfernt sie wieder? Dazu dienen die Kommandos mkdir und rmdir (*make directory* bzw. *remove directory*). Lassen Sie es uns probieren:

```
mb@linux:/tmp > mkdir TEST
mb@linux:/tmp > cd TEST
mb@linux:/tmp/TEST > pwd
/tmp/TEST
mb@linux:/tmp/TEST >
```

Sie haben ein Verzeichnis TEST angelegt, sind dorthin gewechselt und haben den altbekannten Befehl pwd eingegeben, um sich zu vergewissern, dass Sie auch dort gelandet sind. So können Sie innerhalb Ihres /home-Verzeichnisses Ordnung schaffen, indem Sie sinnvolle Verzeichnisse anlegen, z.B. eines für Texte, eines für Arbeit etc.

Wie wird man nun das Verzeichnis wieder los? Ganz einfach.

```
mb@linux:~ > rmdir TEST
mb@linux:~ >
```

Danach ist das Verzeichnis wieder verschwunden. Sollten sich darin noch Dateien befinden, wird Sie Linux darauf hinweisen. Erwarten Sie aber nicht noch mehr Sicherheitsabfragen.

```
mb@linux:~ > rmdir TEST
rmdir: TEST: Das Verzeichnis ist nicht leer
mb@linux:~ >
```

Natürlich sind das bei weitem nicht die einzigen Befehle, die Sie lernen werden, aber zum Bewegen im Dateisystem, und darum geht es in diesem Kapitel, sind sie erst einmal wichtig. Sie erinnern sich noch an den `ls`-Befehl von Kapitel 9 (`ls` = list)? Erkunden Sie doch einfach mal die Verzeichnisstruktur. Gehen Sie in ein Verzeichnis und tippen Sie `ls`.

## Die Permissions – wem gehört das Verzeichnis?

Wie Sie schon gesehen haben, hat jede Datei unter Linux, und ein Verzeichnis ist nichts weiter als eine spezielle Datei, bestimmte Rechte. Genauer gesagt ist unter Linux alles eine Datei (Sie haben ja schon gesehen, dass sogar die Festplatten im Filesystem einen Namen haben, wie `/dev/sda2` z.B.).

Geben Sie in Ihrem `/home`-Directory folgenden Befehl ein:

```
mb@linux:~ > ls -ld tmp/
drwxr-xr-x   2 mb   users    5120 Jul 10 13:21 tmp/
mb@linux:~ >
```

dann erhalten Sie etwas, das dem oben gezeigten entspricht (also diese seltsamen Zeichen `drwxr-xr-x` meine ich). (Vorausgesetzt natürlich, Sie haben ein `tmp`-Verzeichnis in Ihrem `/home`-Directory. Wie Sie eines anlegen können, lesen Sie bitte oben nach.)

Sie erinnern sich an die Tabelle aus Kapitel 8? Sie sehen, dass das erste Zeichen ein »d« ist. Das bedeutet, dass es sich bei der »Datei« `tmp` um ein Verzeichnis handelt. Genau wie bei Dateien können Sie nun Verzeichnisse für bestimmte Benutzer sperren bzw. für andere öffnen. Sie sehen hier, dass der Besitzer alles machen darf (`rwx`), die Gruppe nur ausführen (also hineinwechseln) und lesen darf. Gleiches gilt für `others`. Wollen Sie es nur für sich lesbar machen, so dass kein anderer drauf zugreifen kann, geben Sie Folgendes ein:

```
mb@linux:~ > chmod 700 tmp/
mb@linux:~ > ls -ld tmp/
drwx------   2 mb     users    5120 Jul 10 13:21 tmp/
mb@linux:~ >
```

Sie können das chmod-Kommando auf zwei Wegen füttern. Entweder geben Sie die Rechte mit »r«, »w« und »x« für die jeweiligen Benutzer an, oder über den Weg der *Oktalzahlen*. Das Kommando das ich oben getippt habe, würde ausgeschrieben so aussehen:

```
mb@linux:~ > chmod u+rwx go-rwx tmp/
```

Seien wir mal froh, dass chmod (wird im Kapitel über Administration noch genauer beschrieben) auch Oktalzahlen akzeptiert. Hierbei enspricht

- ✔ r = 4
- ✔ w = 2
- ✔ x = 1

Daraus folgt, wenn ich die Rechte -rwx------ für eine Datei anlegen möchte, addiere ich hier die drei Werte (da ich ja »r«, »w« und »x« vergeben möchte) und erhalte 7. Nachdem ich der Gruppe und den Others sämtliche Rechte entziehen will, erhalten diese freundlicherweise die 0. 7+0+0 = 700. q.e.d.

Dieses Kommando gibt Ihnen vollen Zugang und verwehrt ihn allen anderen. So können Sie Ihre Privatsphäre schützen.

# TCP/IP – oder die Kommunikation der Rechner

15

### In diesem Kapitel

- Wie Rechner mithilfe von Protokollen kommunizieren
- Aufbau von Netzwerken
- Ein kleines Beispiel-Netzwerk

In den 70ern kam man zu der Überzeugung, dass es Sinn machen würde, wenn sich die Rechner miteinander unterhalten und z.B. gemeinsam ein bestimmtes Problem in Angriff nehmen könnten. Dazu musste erst ein System geschaffen werden, das es den Rechnern ermöglicht, miteinander zu kommunizieren. Also musste eine Art Sprache entwickelt werden. Diese Gemeinsamkeit ist die Protokollfamilie, über die UNIX-Rechner damals kommuniziert haben. *TCP/IP* steht für *Transmission Control Protocol/Internet Protocol*. Das gesamte Internet baut auf TCP/IP auf.

TCP/IP ist ein offenes Netzwerk-Protokoll. Das heißt, dass die Spezifikationen veröffentlicht sind und jederzeit aus dem Internet abgerufen werden können. Linux als Sprössling des Internets kann hervorragend mit TCP/IP umgehen, ja TCP/IP ist mehr oder weniger die Basis des Systems.

## Paketpost

Die Technik, die heute eingesetzt wird, wurde in den 60er-Jahren entwickelt: die *Paketvermittlung*. Die Paketvermittlung war ein Ansatz des US-Militärs, ein ausfall- und störungssicheres Netzwerk-System zu schaffen. Die Paketvermittlung teilt alle Nachrichten in kleine Pakete und schickt diese dann mit *Absender* und *Empfänger* sowie dem *Inhalt* versehen über das Netz.

Auf diesem Weg werden die Pakete von anderen Rechnern gelesen und auf den richtigen Weg geleitet (*geroutet*). Solche Rechner heißen *Router*. Der Clou ist, dass sich alle Rechner miteinander unterhalten und sich so gegenseitig über defekte Computer informieren können. Daraufhin wird dann eine Umleitung gewählt. Die Pakete müssen nicht unbedingt in der richtigen Reihenfolge weitergeleitet werden; es auch kann passieren, dass unterschiedliche Pakete mit derselben Botschaft über unterschiedliche Rechner laufen. Diese Dezentralisierung führt dazu, dass Pakete auch ankommen, wenn ein oder mehr Rechner ausgefallen sein sollten.

Die Pakete suchen sich ihren Weg selbst, es muss also nichts verwaltet und kontrolliert werden. Benutzt wird diese schnelle Straße von allen Arten von Paketen, seien es Dateien, Sound, Animationen, E-Mails etc.

### Was ist die Grundlage für Netzwerke unter Linux?

Ich habe bei der Installation kurz angerissen, was Sie einzugeben haben, wenn Sie ein kleines Netzwerk aus zwei Rechnern aufbauen wollen. Hier erfahren Sie nun, was es mit diesen »komischen Zahlen« und deren Einstellung auf sich hat.

TCP/IP baut auf einer weltweit einmaligen *IP-Adresse* auf. Die IP-Adresse besteht aus einer 32 Bit langen Zahl und ist in vier 8 Bit lange Zahlen durch Punkte unterteilt. Eine 8-Bit-Zahl kann Werte von 0 bis 255 annehmen. Wenn man nun vier dieser 8-Bit-Zahlen nimmt, reichen die Zahlenwerte des Internets von 0.0.0.0 bis zu 255.255.255.255. Sie müssen jetzt nicht nachrechnen, die Anzahl der möglichen Adressen im Internet ist *4.294.967.295*, zumindest theoretisch. Praktisch werden nicht alle Zahlen benutzt, so dass die tatsächliche Anzahl ein wenig kleiner ist.

Diese 32-Bit-Zahl wird nun in zwei Teile geteilt, einen *Netzwerkteil* und einen *Maschinenteil*. So ist es möglich, für einen Netzwerkteil eine feste Netzwerkadresse zu vergeben und die einzelnen Rechner dieses Netzwerkes anhand der gleichen Netzwerkadresse zu erkennen.

Es gibt drei verschiedene Klassen von Netzwerken im Internet:

| Netzwerk | Beschreibung |
|---|---|
| Class A | Hier ist der Netzwerkanteil der Adresse nur ein Byte lang. Damit kann jedes der 126 Class-A-Netzwerke jeweils 16 Millionen Rechner zulassen. Die Class-A-Netzwerke reichen von 1.0.0.0 bis 127.0.0.0. |
| Class B | Hier ist der Netzwerkanteil zwei Byte lang. Dadurch gibt es 16.329 Netzwerke mit jeweils 65.024 Rechnern. Der Adressraum geht von 128.0.0.0 bis 191.255.0.0. |
| Class C | Hier können die zwei Millionen Netzwerke nur jeweils 254 Rechner verwalten. Die Adressen reichen hier von 192.0.0.0 bis 223.255.255.0. |

*Netzwerkklassen unter TCP/IP*

## Netzwerkmasken

*Netzwerkmasken* ermöglichen es nun, ein Netzwerk logisch aufzuteilen. Sie können sich diese Masken wie Schablonen vorstellen. Schieben Sie die Netzwerkmaske über eine beliebige IP-Adresse und Sie erkennen, wohin die jeweilige IP gehört. Netzwerkmasken verhindern, dass Daten an die falschen Rechner gelangen. Sie verhindern auch, dass Daten, die für das lokale Netzwerk bestimmt sind, ins Internet gelangen.

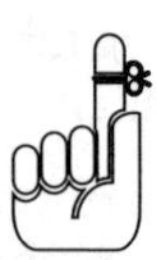

Sie sollten niemals einfach irgendeine Adresse wählen! Sie erhalten Ihre IP-Adresse von Ihrem Internet-Provider.

Die Netzwerkmaske füllt normalerweise den Netzwerkteil mit 255 auf. Ein Class-A-Netzwerk hat somit die Netzwerkmaske 255.0.0.0, Class B 255.255.0.0 und Class C 255.255.255.0.

Es gibt im Internet verschiedene freie Adressen. Dies sind Adressen, die im Internet keine Verwirrung stiften, falls sie versehentlich mal dorthin geroutet werden, da sie ganz einfach ignoriert werden. Für den Aufbau eines privaten Netzes daheim ist es daher notwendig, sich eine solche Adresse zu nehmen.

| Klasse | Freier Bereich |
|---|---|
| Class A | 10.0.0.0 bis 10.255.255.255 |
| Class B | 173.16.0.0 bis 173.31.255.255 |
| Class C | 192.168.0.0 bis 192.168.255.255 |

*Tabelle 15.1: Freie Netzwerkadressen unter TCP/IP*

## Nameserver

*Nameserver* sind diejenigen Rechner, die aus diesen unleserlichen IPs lesbare Namen machen. Diese Namen sind ausschließlich für die menschlichen Leser gedacht, Computer arbeiten nur mit der IP. Der Nameserver ist an eine verteilte Datenbank angeschlossen und kann die Namen daher immer auflösen. Dies nennt sich *address resolution*.

## Ein privates kleines Netzwerk

Lassen Sie uns nun als Letztes ein eigenes privates kleines Netzwerk aufbauen.

Sie brauchen dazu natürlich zwei Rechner mit eingebauten Netzwerkkarten. Starten Sie YaST2 wie im YaST-Kapitel beschrieben und installieren Sie auf jedem Rechner diese Netzwerkkarte mit den nun beschriebenen Werten.

Sollten Sie keine zwei Rechner haben, so können Sie dieses Kapitel beenden, es sei denn, Sie interessieren sich für die Theorie und wie man es machen würde.

### Unser Gateway-Rechner

Sie haben zwei Rechner und werden sicher irgendwann auch die Lust verspüren, im Internet zu surfen. Daher sollten Sie jetzt schon auswählen, welches Ihr *Gateway* in die große weite Welt des Internets werden soll. Fangen wir mit diesem Rechner an. In den speziellen Kapiteln sehen Sie, wie Sie diesen Rechner weiter konfigurieren, so dass Sie vollen Zugriff aufs Internet haben und alle Dienste nutzen können.

Wie Sie oben gesehen haben, *dürfen* Sie für ein privates Netzwerk nicht irgendeine IP aussuchen, sondern müssen eine aus dem reservierten Bereich nehmen.

Ich werde hier ein Class-C-Netz aufbauen, da Sie schätzungsweise nicht mehr als 254 Rechner in Ihrem Netzwerk haben werden. Alternativ können Sie auch daheim ein Class-A-Netzwerk aufbauen. Wohlgemerkt, nur mit dem reservierten Teil.

Starten Sie YaST2 und tragen Sie folgende Werte ein:

| Variable | Wert |
|---|---|
| IP-Adresse | `192.168.0.1` |
| Netzmaske | `255.255.255.0` |
| Gateway | `192.168.0.1` |
| DNS | Leer lassen, da Sie keinen haben. |
| Domain | `zuhause.de` |
| Rechnername | `gateway` |

*Tabelle 15.2: Beispielkonfiguration eines Gateways*

Sie tragen hier als *Default Gateway* erst mal das Gateway selber ein.

Einzelheiten zum Bedienen der verschiedenen Editoren erfahren Sie im zugehörigen Kapitel.

Öffnen Sie nun mit einem Editor die Datei `/etc/hosts` und fügen Sie folgende Zeilen (für den zweiten Rechner, den wir gleich einrichten werden) hinzu:

```
192.169.0.2    linux.zuhause.de linux
192.168.0.1    gateway.zuhause.de gateway
```

So, das war's für den ersten Rechner. Nun folgt die Workstation:

## Die Arbeitsstation

Starten Sie YaST2 und tragen Sie folgende Werte ein:

| Variable | Wert |
|---|---|
| IP-Adresse | `192.168.0.2` |
| Netzmaske | `255.255.255.0` |
| Gateway | `192.168.0.1` |
| DNS | Leer lassen, da Sie keinen haben. |
| Domain | `zuhause.de` |
| Rechnername | `linux` |

*Tabelle 15.3: Beispielkonfiguration einer Workstation*

Editieren Sie die Datei `/etc/hosts` und tragen Sie Folgendes ein:

```
192.169.0.2    linux.zuhause.de linux
192.168.0.1    gateway.zuhause.de gateway
```

(Ja, das ist exakt das Gleiche, was auch in der anderen `/etc/hosts` steht.)

Sie haben nun ein kleines Netzwerk aufgebaut. Nachdem YaST2 die Netzwerke neu gestartet hat (und sich hoffentlich nicht beschwert hat), können Sie nun Ihr Netzwerk testen.

Loggen Sie sich auf dem Gateway ein und tippen Sie folgenden Befehl:

```
mb@gateway:~> ping 192.168.0.2
```

Sie sollten nun, wenn alles funktioniert, eine Ausgabe ähnlich der in der Abbildung 15.1 sehen.

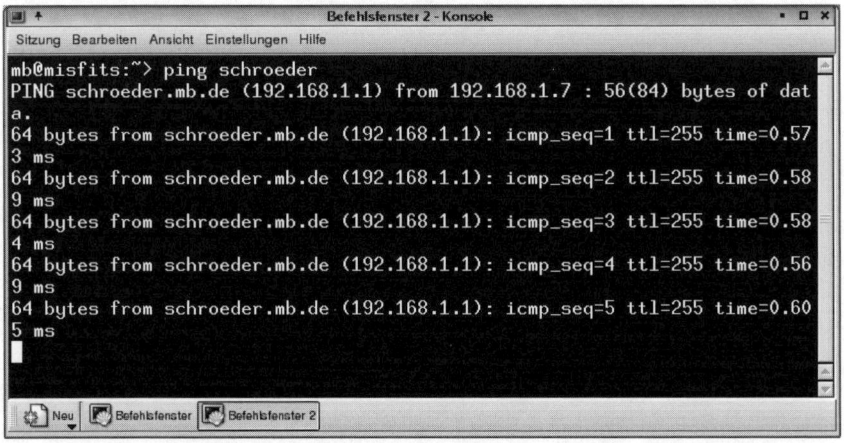


*Abbildung 15.1: Ausgabe des `ping`-Kommandos*

`ping` prüft, ob ein Rechner physisch erreichbar ist. Natürlich stehen bei Ihnen andere Zahlen und andere Rechner-Namen. Sie haben ein kleines Netzwerk! Nun können Sie sich z.B. von dem Gateway aus auf `linux` einloggen.

`mb@gateway:~> telnet 192.168.0.2` oder

`mb@gateway:~> telnet linux`

Sie erhalten den Login-Prompt der anderen Maschine. Das war's schon! Sehen Sie, das war doch mehr als einfach. Viel Spaß beim Experimentieren.

# Als Server stets zu Diensten

16

### In diesem Kapitel

- Apache – der Webserver unter Linux
- DHCP – oder Rechner einfach nur anschließen
- Samba – Verbindung zur Windows-Welt
- Misc, also weitere Server

Mittlerweile hat ja schon fast jeder etwas vom World Wide Web gehört. Seit Anfang der 90er-Jahre ist das WWW der populärste Teil des Netzes. War das Internet bis dato noch ein paar Freaks und Hochschulen vorbehalten, so schwappte es ab da über die breite Masse, die es sofort aufnahm. Minütlich wuchs die Zahl der Websites, und mittlerweile surft fast jeder ab und zu mal im Netz. Linux bietet Ihnen wirklich einen Großteil der Server an, die Sie benötigen, um einen Webserver, einen Mailserver oder z.B. einen Samba-Server aufzusetzen. Doch der Reihe nach.

## Der Netzindianer – Apache

Wie können Sie nun Ihre eigene Website aufsetzen? Mit Linux ist das ganz einfach. SuSE Linux installiert den Webserver Apache standardmäßig mit. Wir brauchen ihn nun »nur« noch zu konfigurieren.

#### Wieso dieser indianische Name?

Wissen Sie, woher *Apache* seinen zugegebenermaßen komischen Namen für einen Webserver hat?

Ein Team von Entwicklern arbeitetet an dem Projekt, einen Webserver zu bauen. Er wurde am Anfang liebevoll »a patchy server«, also ein »geflickter Server« genannt. Daraus wurde dann Apache.

Wieder ein Beitrag aus der Kategorie »useless knowledge«.

### Apache-Konfiguration

Die Konfigurationsdatei für den Apache-Webserver liegt unter:

```
/etc/apache2/httpd.conf
```

Seit SuSE Linux 9.3 wird der Apache 2 standardmäßig installiert. Es ist jedoch auch noch ein Apache 1 auf den CDs. Einfach YaST starten und Apache 2 gegen 1 austauschen (wenn Sie ihn brauchen).

Dies ist die Hauptkonfigurationsdatei von Apache. Sie können einen Ausschnitt aus dieser Datei in Abbildung 16.1 bewundern. Wie bei den meisten Linux-Konfigurationsdateien bedeuten die # ein Auskommentieren der jeweiligen Zeile.

Alle Optionen, die hier nicht erwähnt werden, sollten Sie so lassen bzw. sich genau merken, so dass Sie sie im Zweifelsfall wieder umstellen können.

| Option | Bedeutung |
|---|---|
| `Port:` | Dies ist der Kanal, auf dem der Server lauscht, ob Anfragen kommen. Der Default-Port für HTTP ist 80; lassen Sie es einfach dabei. |
| `HostnameLookups` | Soll Apache die IPs der jeweiligen Rechner mitloggen oder deren Domain? |
| `User:` | Geben Sie hier an, unter welcher UID (also als welcher User) Apache laufen soll. `nobody` ist die richtige Wahl (hat kaum Rechte) und sollte voreingestellt sein. |
| `Group:` | Die GID des Apache. Belassen Sie die Voreinstellung. |
| `ServerAdmin:` | Hier wird der Admin der Website eingetragen. Er erhält Mail von Apache bei besonderen Vorkommnissen oder wenn ein User an Postmaster oder Webmaster schreibt. |
| `ServerRoot:` | Das Hauptverzeichnis, in dem der Server laufen soll. In dessen Unterverzeichnis sind die Logfiles, die Konfigurationsfiles und die Fehler-Dateien aufbewahrt. Auch diesen Wert können Sie so lassen. |
| `ErrorLog:` | In dieser Datei werden alle Fehler mitprotokolliert. Geben Sie einen relativen Pfad an, also ohne den / am Anfang, dann bezieht Apache das auf das `ServerRoot`-Verzeichnis. |
| `PIDFile:` | Hier wird die PID(Process-ID)-Datei angelegt. Diese fungiert als Lock-Datei, damit nicht zwei Server gleichzeitig laufen, und sie wird beim Beenden benötigt. |
| `ServerName:` | Tragen Sie hier ein, wie sich der Server nennen soll. Ist er auskommentiert, benutzt Apache den Hostnamen. |
| `Timeout:` | Anzahl der Sekunden, die der Server wartet, bevor er die Übertragung abbricht. |
| `DocumentRoot:` | In diesem Verzeichnis liegen die eigentlichen Internet-Seiten. Sie können nur ein `DocumentRoot` angeben. Die Datei `index.html` in diesem Verzeichnis gilt als Hauptseite, die angewählt wird, wenn Sie nur den Hostnamen eingeben. |
| `DirectoryIndex` | Gibt die Index-Datei an, die automatisch beim Aufrufen eines Verzeichnisses aufgerufen wird. Der Standard-Wert ist `index.html`. |
| `ErrorDocument:` | Hier können Sie die Webseiten festlegen, die bei einem Fehler angezeigt werden. Die Syntax ist: `ErrorDocument` *`Fehlernummer Dateiname`*. |

*Tabelle 16.1: Variablen für die Apache-Konfiguration*

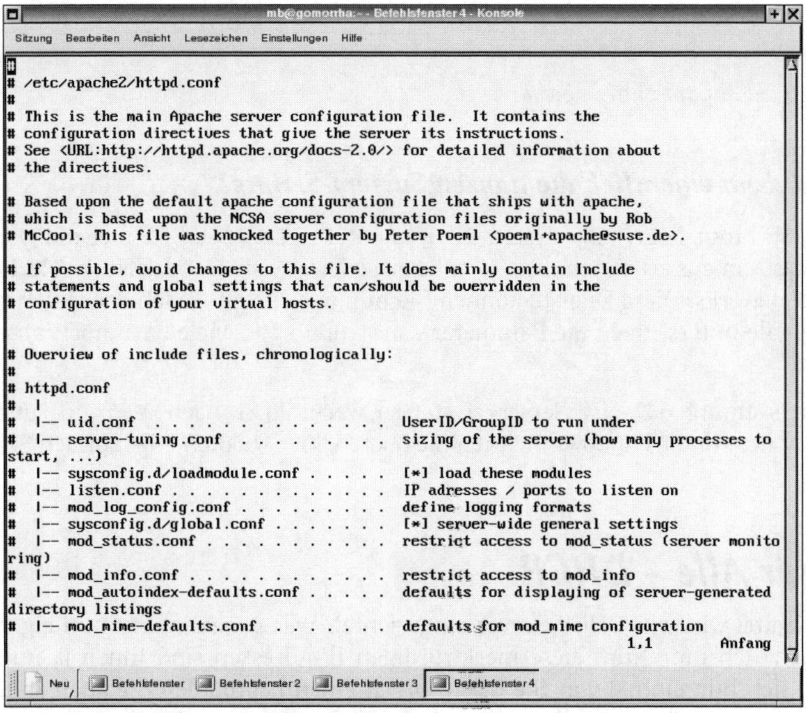

mb@gomorrha:~ - Befehlsfenster 4 - Konsole

Sitzung Bearbeiten Ansicht Lesezeichen Einstellungen Hilfe

```
#
# /etc/apache2/httpd.conf
#
# This is the main Apache server configuration file.  It contains the
# configuration directives that give the server its instructions.
# See <URL:http://httpd.apache.org/docs-2.0/> for detailed information about
# the directives.

# Based upon the default apache configuration file that ships with apache,
# which is based upon the NCSA server configuration files originally by Rob
# McCool. This file was knocked together by Peter Poeml <poeml+apache@suse.de>.

# If possible, avoid changes to this file. It does mainly contain Include
# statements and global settings that can/should be overridden in the
# configuration of your virtual hosts.


# Overview of include files, chronologically:
#
# httpd.conf
#  |
#  |-- uid.conf . . . . . . . . . . . . . .  UserID/GroupID to run under
#  |-- server-tuning.conf . . . . . . . . .  sizing of the server (how many processes to
start, ...)
#  |-- sysconfig.d/loadmodule.conf . . . . .  [*] load these modules
#  |-- listen.conf . . . . . . . . . . . . .  IP adresses / ports to listen on
#  |-- mod_log_config.conf . . . . . . . . .  define logging formats
#  |-- sysconfig.d/global.conf . . . . . . .  [*] server-wide general settings
#  |-- mod_status.conf . . . . . . . . . . .  restrict access to mod_status (server monito
ring)
#  |-- mod_info.conf . . . . . . . . . . . .  restrict access to mod_info
#  |-- mod_autoindex-defaults.conf . . . . .  defaults for displaying of server-generated
directory listings
#  |-- mod_mime-defaults.conf . . . . . . .  defaults for mod_mime configuration
                                                                    1,1          Anfang
```

Neu | Befehlsfenster | Befehlsfenster 2 | Befehlsfenster 3 | Befehlsfenster 4

*Abbildung 16.1: Ein Ausschnitt aus* `/etc/httpd/httpd.conf`

## *Sie starten den Webserver*

Tippen Sie in Netsacpe mal `localhost` in das Eingabefenster.

Unter SuSE Linux liegen die Webseiten standardmäßig unter `/srv/www/htdocs`. Hier befindet sich eine Datei `index.html`. Dies ist die Datei, die geladen wird, wenn Sie in einen Browser den Hostnamen Ihres Rechners eintippen. Analog verhält es sich auf anderen Websites. Natürlich kann Apache mehr. Er kann mehrere Sites mit einem Server verwalten (*Virtual Domains*) und vieles mehr. Wollen Sie zu Hause einen kleinen Webserver aufsetzen, dann editieren Sie `/srv/www/htdocs/index.html` und legen Sie eventuell weitere `.html`-Dateien an, auf die Sie sich auf Ihrer Website beziehen können.

In der Datei `/srv/www/htdocs/index.html` steht auch standardmäßig das SuSE-Hilfe-System!

Um den Webserver nun neu zu starten, gibt es unter SuSE Linux das Kommando `rcapache2 restart`.

```
root@linux:~> rcapache2 restart
```

### Wo sind denn eigentlich die ganzen System-Scripts?

Unter SuSE Linux liegen alle System-Scripts unter `/etc/rc.d`. Die meisten werden Sie anhand des Namens erkennen. `rcnetwork` beispielsweise steuert das Hoch-/Herunterfahren des Netzwerks. Diese Dienste können Sie nun jeweils mit verschiedenen Parametern aufrufen. Alle unterstützen die Parameter `start` und `stop`, viele dazu noch `status` und `restart`.

Um einen bestimmten Dienst (Server) zu starten, wechseln Sie nach `/etc/rc.d` und starten den Dienst neu. Unter Windows müssten Sie booten, hier »booten« Sie nur den Server.

## Einer für Alle - DHCP

Im YaST-Kapitel wird ein DHCP-Server eingerichtet. Was genau ist das nun eigentlich und wozu brauche ich ihn? Nun, diese merkwürdigen IP-Adressen sind Ihnen ja nun geläufig. Stellen Sie sich nun einmal vor, Sie haben privat einen Laptop den Sie auch ab und zu ins Firmennetzwerk einhängen wollen. Sie müssten jedes Mal diese IP-Adressen verändern (es sei denn natürlich, die Netze daheim und im Büro wären identisch). Tja und mit DHCP ist es nun möglich, die Rechner einfach ans Netz anzuschließen und sich die IP selber zu holen. Praktisch, oder?

### Was ist eine MAC-Adresse?

Gleich vorweg, Sie hat nichts mit den gleichnamigen Apfeltaschen-Rechnern zu tun. Die MAC-Adresse ist eine eindeutige Kennzeichnung von Netzwerkkarten. Tippen Sie mal den Befehl `/sbin/ifconfig`. Da sehen Sie dann Ihre persönliche MAC-Adresse; und über diese erfolgt die Authentifizierung.

### Die Konfiguration

Eigentlich besteht die Konfiguration nur aus der Datei `/etc/dhcp.conf`. Mit YaST haben Sie diese Datei erstellt. Damit Sie einmal sehen wie so etwas aussieht, habe ich Ihnen einen Screenshot in Abbildung 16.2 beigefügt.

Pro Rechner existiert eine Zeile. Sie können auch die verschiedensten Szenarien mit DHCP erzeugen. Beispielsweise dürfen sich Ihre Rechner nur nach einer Authentifizierung eine (festgelegte) IP-Adresse holen; andere wiederum (z.B. Ihre Freunde bei einem Besuch) erhalten wahllos eine Adresse aus einem bestimmten Bereich zugewiesen (diesen Bereich haben Sie mit YaST bei der Einrichtung des DHCP-Servers angegeben, in unserem Beispiel den Bereich von 192.168.0.50 bis 192.168.0.180). Diese Authentifizierung geschieht in der Regel über die so genannten MAC-Adressen.

Wie verwendet man DHCP?

Eigentlich ganz einfach. Sehen Sie doch mal geschwind im YaST-Kapitel nach, wo Sie der Netzwerkkarte eine IP zuweisen. Dort gibt es auch das Kontrollkästchen AUTOMATISCHE ADRESSVERGABE ÜBER DHCP. Aktivieren Sie es und schon holt sich Ihr Rechner seine IP vom DHCP-Server (vorausgesetzt natürlich, Sie haben den DHCP-Client aktiviert).

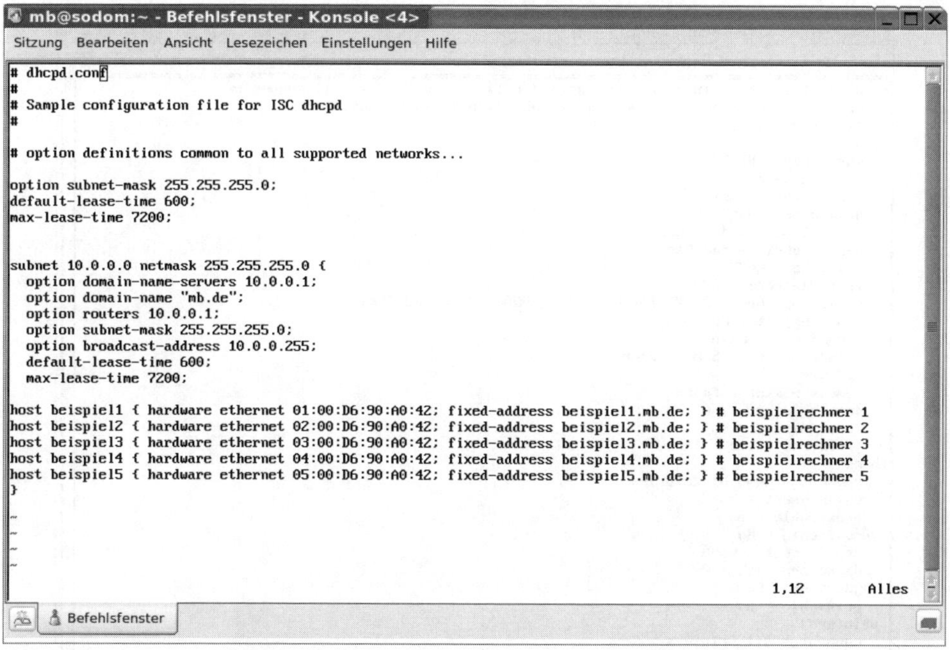


*Abbildung 16.2: Ein Ausschnitt aus* `/etc/dhcpd.conf`

# Tanze Samba mit mir

Linux ist sehr kooperativ und verständnisvoll, was andere Betriebssysteme anbelangt. *Samba* ist einer der Hauptakteure. Samba ermöglicht es Ihnen, Ihre Linux-Verzeichnisse Windows-Servern zugänglich zu machen. Sie können auch Samba-Drucker unter Linux für die angeschlossenen Windows-Rechner freigeben.

Viele Angestellte ahnen gar nicht, dass in ihrer Firma längst ein Linux-Fileserver läuft und dass nur die Frontends (also die Clients) Windows-Kisten sind. Jedenfalls bestätigten viele Tests, dass Samba-Server die besseren, weil schneller als Windows-Server sind. Auch Samba ist sehr komplex, aber ich werde Ihnen ein Konfigurationsfile geben, mit dem Sie Ihr `/home`-Verzeichnis und Ihren Drucker für Windows freigeben.

## Die Konfigurationsdatei

Sie liegt, wie nicht anders zu erwarten, im `/etc/samba`-Verzeichnis und heißt `smb.conf`. Abbildung 16.3 zeigt alle Einträge in `/etc/samba/smb.conf`, die für einen kleinen Samba-Server notwendig sind.

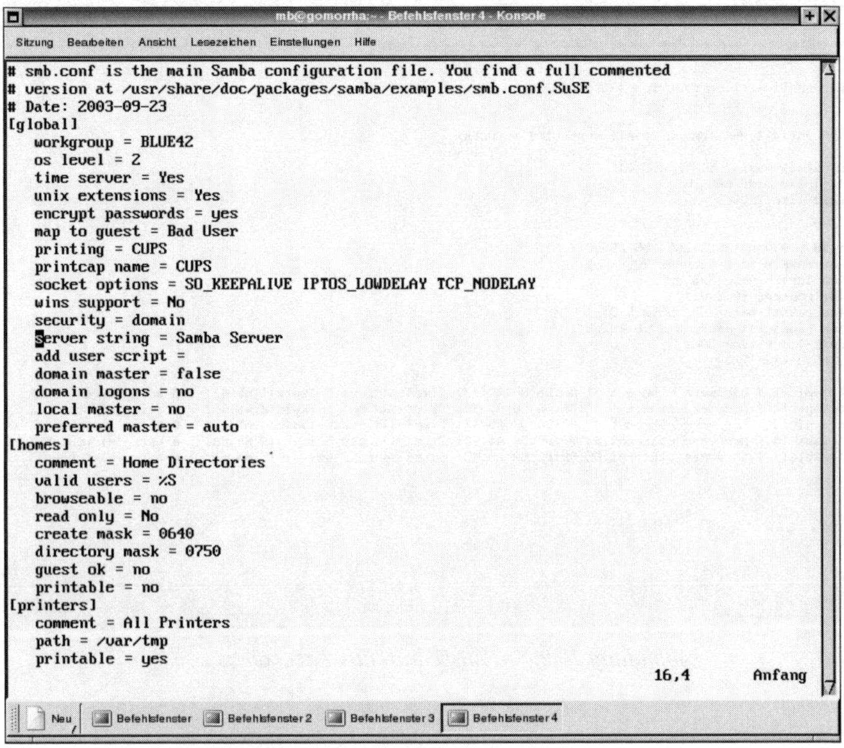


*Abbildung 16.3: Die Datei* `/etc/smb.conf`

Alles was mit einem `;` beginnt, ist ein Kommentar. Ich habe fast alle Kommentare entfernt (damit es auf eine Seite passt). Lediglich den Winsserver-Eintrag habe ich gelassen. Wenn Sie die Option `Winsserver` aktivieren, müssen Sie hier die IP des Servers angeben. Natürlich müssen Sie die Bezeichnungen für die zu exportierenden Verzeichnisse auf Ihren Rechner anpassen.

Ferner hat Windows hier auch Zugriff auf den lokalen Drucker »HP LaserJet 4«. Unter Windows müssen Sie dann diesen Drucker unter ARBEITSPLATZ|NEUER DRUCKER|NETZWERK-DRUCKER installieren. Doch zuerst müssen Sie noch eine Kleinigkeit erledigen.

So, jetzt müssen Sie nur noch einen Samba-User anlegen.

```
root@linux:~> smbpasswd -a USER
```

`-a` steht hier für *add*, also Hinzufügen. Geben Sie dem User, also sich selbst, nun ein Passwort. Natürlich können Sie auch mehreren Usern ein Samba-Passwort zuweisen und deren `/home`-Verzeichnisse exportieren.

Jetzt editieren Sie noch `/etc/smbusers` und fügen folgende Zeile hinzu:

```
mb = micha
```

Natürlich ist das mein Eintrag. Der linke Login ist der Linux-Login, und dieser wird dem Login `micha` auf der Windows-Kiste zugeordnet. Haben Sie auf beiden Maschinen den gleichen Login, können Sie sich diesen Eintrag sparen.

Das war's. Wie gehabt, restarten Sie nun den Samba-Server:

```
root@linux:~> rcsamba stop
root@linux:~> rcsamba start
```

Und nun sollte er laufen. Probieren Sie von Ihrem Windows-Rechner jetzt, auf die freigegebenen Shares Ihres Linux-Rechners zuzugreifen.

Falls Samba nicht starten will, starten Sie doch mal folgendes Kommando als `root`: `touch /var/lock/samba/STATUS..LCK`

# Noch mehr Server

Natürlich war auch das nur ein Ausschnitt aus der Unmenge an Serverdiensten, die Linux so anbietet. Linux beinhaltet sämtliche Software, die Sie zum Aufsetzen eines Mailservers benötigen. YaST2 nimmt Ihnen hier bei der Konfiguration von `sendmail` viel Arbeit ab. Auch einen FTP-Server unter Linux aufzusetzen, erweist sich als nicht sonderlich schwierig. Darüber hinaus können Sie Ihren Linux-Rechner auch als Server für Apple- und Novell-Netzwerke einsetzen.

Seien Sie auf der Hut bei allen Serverdiensten, die Sie aufsetzen und bei denen Sie vorhaben, sie über das Internet freizuschalten. Ein wichtiger Aspekt hierbei ist die Sicherheit. Apache beispielsweise ist sehr mächtig und ich konnte Ihnen hier in Kürze nur das »Gröbste« erklären. Für einen Webauftritt sollten Sie sich vorher noch über ein paar Sicherheitsaspekte im Kapitel Sicherheit informieren.

# Sicherheit im Netzwerk nicht vernachlässigen

17

### In diesem Kapitel

- Was kümmert mich Sicherheit?
- Schon wieder diese Passwörter!
- Trojaner, Angriffe und Sicherheit im Netz
- Daemonen, Dienste und Netzwerk-Wrapper
- GnuPG – Sicherheit beim Verschlüsseln

Wieso und vor allem wovor muss ich meinen Rechner schützen?

Nun, das ist eigentlich ganz einfach und schnell erklärt. Schicken Sie wahllos jegliche Post als Postkarte? Würden Sie jedem alles erzählen und Ihre persönlichen Daten zeigen? Natürlich nicht! Und um dies zu gewährleisten, gerade in einem so offenen System wie dem Internet, sollten Sie einige Vorsichtsregeln beachten, wenn Sie daran teilnehmen wollen.

Nicht nur Ihre persönlichen Daten verdienen es, geschützt zu werden. Es gibt immer wieder böswillige Menschen, die nichts anderes tun, als andere Rechner zu suchen, um ihnen Rechenzeit zu stehlen oder diese Rechner gar als Plattform für einen Angriff auf einen anderen Rechner missbrauchen zu wollen. Das bringt nur Ärger mit sich, daher sollten Sie dies vermeiden.

Der Aufbau eines gewaltigen Netzwerks wie das Internet bringt Millionen von Menschen in die Versuchung, sich auf Ihrem Rechner umzusehen; warum und wofür auch immer.

Sicherheit gewinnt daher immer mehr an Bedeutung. Einen geflügelten Satz aus der IT-Branche möchte ich dazu hier kurz anmerken:

*Der einzige wirklich sichere Rechner ist derjenige, der nicht mit dem Netz verbunden ist, der sich in einem geschlossenen Raum befindet und dessen Netzstecker gezogen ist.*

Sicherheit ist ein fortlaufendes und immerwährendes Thema. Sie können nicht davon ausgehen, einmal alles eingerichtet zu haben, und dann in Lethargie verweilen. Nichts gibt's! Sie müssen permanent wachsam und auf neue, mögliche Probleme vorbereitet sein.

## Sicherheit beginnt im kleinen Kreis

Sie werden es nicht glauben, aber 80% aller Angriffe auf Firmennetzwerke erfolgen nicht über das Internet, sondern vom lokalen Firmennetz aus. Es macht wenig Sinn, eine ultramoderne Firewall (ich komme noch drauf, was das ist) aufzubauen, an die jeder rankommt und von der jeder sogar noch das Passwort kennt. »Normale« User haben nichts am Server verloren! Solche Rechner gehören eingesperrt und nur der Systemadministrator hat den Schlüssel und kennt das `root`-Passwort.

## Das leidige Thema Passwörter

Auch hierüber habe ich bereits ein paar Worte verloren. Das einzig wirklich Wichtige an Ihrem Passwort muss sein, dass es schwer zu erraten ist! Schließlich schützt dieses Passwort Ihre ganz persönlichen Dateien vor unerlaubtem Zugriff von außen.

### Die Wahl des richtigen Passwortes

Sehr viele User verwenden als Passwort den Namen ihres/r Freundes/Freundin, der Eltern, ihren Geburtstag oder ähnlich »sinnvolle« Passwörter. Dass diese in Sekundenschnelle gecrackt werden, brauche ich Ihnen wohl nicht mehr zu erzählen. Wählen Sie Passwörter, die keiner errät! Immer gut sind Kombinationen aus Zahlen, Buchstaben und Sonderzeichen. Wenn sich z.B. Napoleon ein Passwort aussuchen müsste, wären Waterloo und Elba wohl die letzten Wörter, die er wählen sollte. Kombiniert er beide zu ElbaWaterloo, würde das das Erraten schon erschweren. Nun noch ein paar zufällig dazwischen gestreute Zahlen und Sonderzeichen ergibt El%9b$aWat_er#loo. Das wäre selbst für einen geübten Passwort-Cracker eine harte Nuss.

Sie sehen schon, worauf ich hinaus will. Machen Sie es Ihren potenziellen Angreifern nicht zu einfach.

### Passwörter verschlüsseln ist sehr schwer

Wenn Sie an einem Standalone-System arbeiten, müssen die Sicherheitsvorkehrungen nicht so drastisch sein.

Es ist nicht einfach, ein Passwort vernünftig zu verschlüsseln. Nun hatten die meisten UNIX-Systeme allerdings ein Problem: Die Datei `/etc/passwd` musste für die verschiedensten Programme lesbar sein. Allerdings befanden sich in dieser Datei auch die Passwörter. In den Anfangstagen von UNIX hielt man diese Verschlüsselung für so sicher, dass man es wagen konnte, `/etc/passwd` für alle lesbar zu machen. Theoretisch ist das völlig korrekt, bis eben auf einen kleinen Schönheitsfehler. Wählen Sie ein normales Wort, ist es ein Leichtes, alle Wörter aus einem Wörterbuch nach demselben Algorithmus zu verschlüsseln und das Ergebnis schlicht und ergreifend zu vergleichen. Kommt bei der Verschlüsselung der gleiche String raus – bingo! Solche Programme sind von jedem Anfänger der Informatik in wenigen Stunden programmierbar. Es ist also wirklich ein Leichtes, an diese Informationen zu gelangen.

Eine andere Möglichkeit wäre es, sein Passwort nie zu ändern. Auch das ist nicht gerade besonders geschickt. Stellen Sie sich einfach vor, Sie hätten einmal einem Angestellten Ihr Passwort verraten und jetzt, da er entlassen wurde, wird er alles versuchen, Ihnen eins auszuwischen. Also vergessen Sie auch diese Idee. Ändern Sie Ihr Passwort, und zwar regelmäßig!

## Wir verstecken die Passwort-Einträge

Auf den meisten der heute üblichen UNIX-Systeme und natürlich auch auf SuSE Linux wird ein neues System eingesetzt, das die Passwörter selber in einer nur für `root` lesbaren Datei aufbewahrt. Es wurde *shadowed password files* getauft. Wie Sie in Abbildung 17.1 sehen, befindet sich zwischen den ersten beiden Doppelpunkten ein »x«. In einer `/etc/passwd` ohne Shadow-System würden hier die Passwörter stehen. So jedoch kann ein Cracker mit der `/etc/passwd` eigentlich nicht viel anfangen.

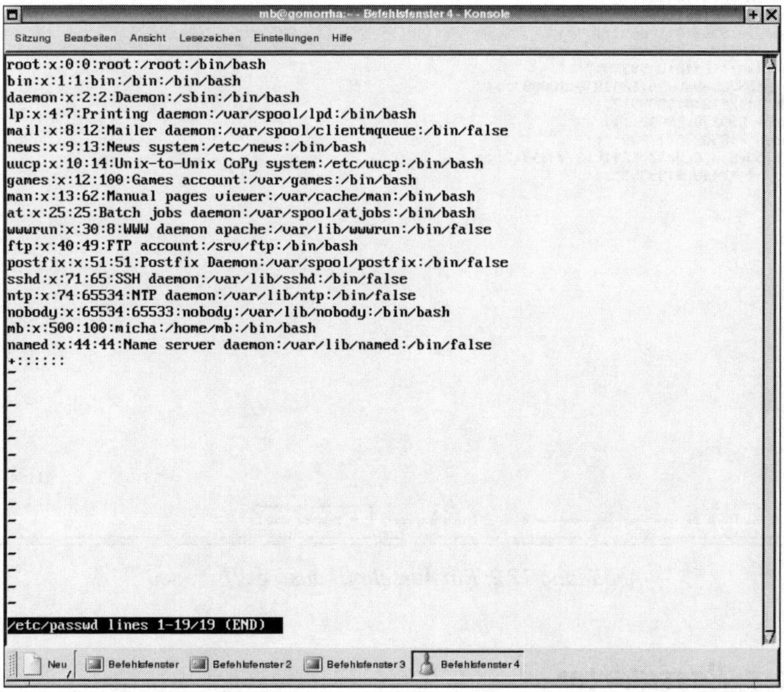


*Abbildung 17.1: Eine `/etc/passwd` mit Shadow-System*

Darüber hinaus bietet es noch viele andere Möglichkeiten (die Sie, wie in Abbildung 17.1 zu sehen ist, unter YaST2 einstellen können). Sie können einstellen, wann Sie aufgefordert werden, ein neues Passwort zu erstellen, und wie lange das alte gelten soll. Denken Sie nun nicht, Sie könnten das System so einfach überlisten und das alte Passwort noch einmal eingeben. Pustekuchen.

Jetzt, da Sie wissen, wie man gute Passwörter aussucht, können Sie jederzeit das Programm `passwd` aufrufen, um Ihr Passwort zu verändern. `passwd` ändert standardmäßig das Passwort des Users, der `passwd` aufruft. Lediglich als `root` können Sie mit `passwd` *`User`* das Passwort eines anderen Users ändern.

In Abbildung 17.2 sehen Sie einen kleinen Ausschnitt aus `/etc/shadow`. In der ersten Zeile steht der `root`-Eintrag. Das, was zwischen dem ersten und dem zweiten Doppelpunkt steht, ist das codierte Passwort.

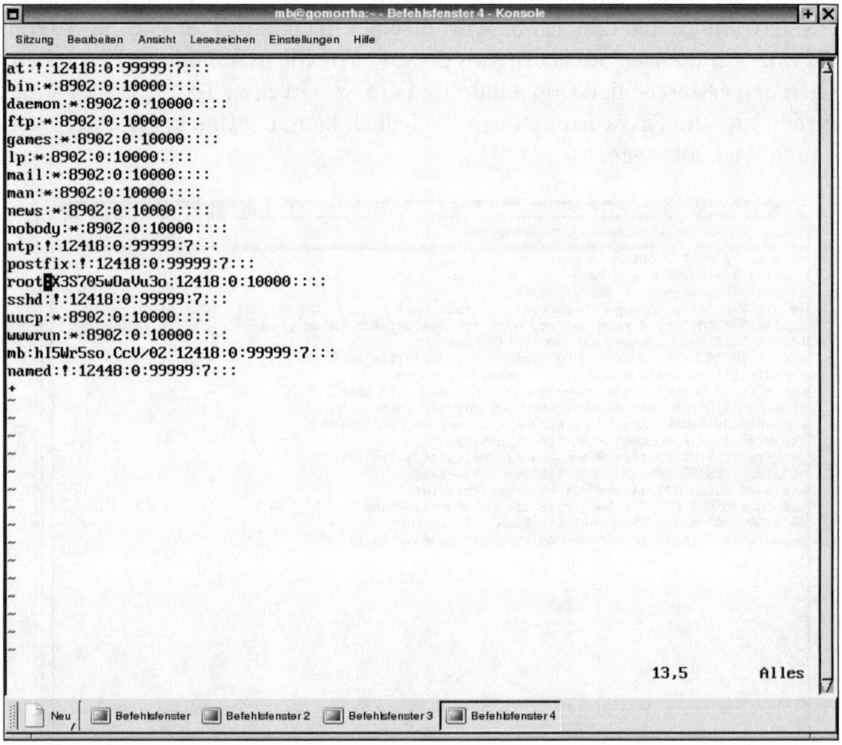


*Abbildung 17.2: Ein Ausschnitt aus `/etc/shadow`*

## Besondere Passwörter

In Abbildung 17.2 sehen Sie auch Einträge, die im zweiten Feld (also zwischen erstem und zweitem Doppelpunkt) einen * stehen haben. Dieser Stern verhindert, dass sich User unter diesem Login anmelden. Dies ist z.B. für Systemdienste vorgesehen. Stehen keinerlei Zeichen zwischen den Doppelpunkten, so ist kein Passwort erforderlich. So etwas wird (leichtsinnigerweise) häufig für Gast-Accounts vorgesehen. Es ist sehr gefährlich, etwas Derartiges zu verwenden, und wenn man es unbedingt braucht, sollte man es in einer streng kontrollierten Umgebung einsetzen.

## Es geht auch anders

Es gibt noch einen Mechanismus, mit dem man sich ohne Anmeldung übers Netz auf einem anderen Rechner einloggen kann. Es handelt sich hierbei um die so genannten »r«-Utilities wie `rlogin`, `rsh` usw. Dazu benötigt der User eine Datei `.rhosts`. Diese Datei enthält pro Maschine den jeweiligen Rechnernamen plus dazugehörigem Login. Es ist sicherer, als es aussieht, da verschiedene Mittel eingesetzt werden, um den Servernamen des Clients und die TCP-Adresse zu überprüfen. Auch werden auf diese Weise keine Passwörter im Klartext über das Netz übertragen. Allerdings vergisst man häufig leichtsinnigerweise, alte Einträge zu löschen. Oft wird auch die Kennung weitergegeben, um Freunden oder Mitarbeitern Zugriff auf das System zu gewähren.

Dieser Mechanismus ist auf keinen Fall mehr zu empfehlen!

## Für Linux sind Sie nichts weiter als eine Nummer

In den nächsten Abschnitten geht es um den Hintergrund der Sicherheit unter Linux.

Das UID(User ID)- und GID(Group ID)-Feld sorgt für die Systemsicherheit im laufenden System, nachdem Sie sich angemeldet haben. Da es entscheidend ist, dass nicht zwei exakt gleiche UIDs im Umlauf sind, kümmert sich das Programm `useradd` darum, dass dies nicht vorkommt. Sie haben also mit Ihrer UID eine eindeutige Nummer. Vorsichtig sollten Sie sein, wenn User mit der UID 0 auftauchen, denn damit haben diese User automatisch `root`-Rechte!

Die GID erlaubt das Zusammenführern mehrerer User zu einer Gruppe. Ist der User Mitglied der Gruppe, kann er Verzeichnisse, die z.B. dieser Gruppe zugänglich sind, betreten und je nach gesetzten Permissions ausführen, lesen oder auch schreiben. Die Gruppen werden, wer hätte es gedacht, in `/etc/group` definiert. Einen Ausschnitt aus `/etc/group` sehen Sie in Abbildung 17.3.

Hier enthält das erste Feld den Gruppennamen, das zweite ein verschlüsseltes Gruppenpasswort, im dritten Feld ist die GID versteckt und der letzte Eintrag enthält eine Liste der User, die Mitglied dieser Gruppe sind.

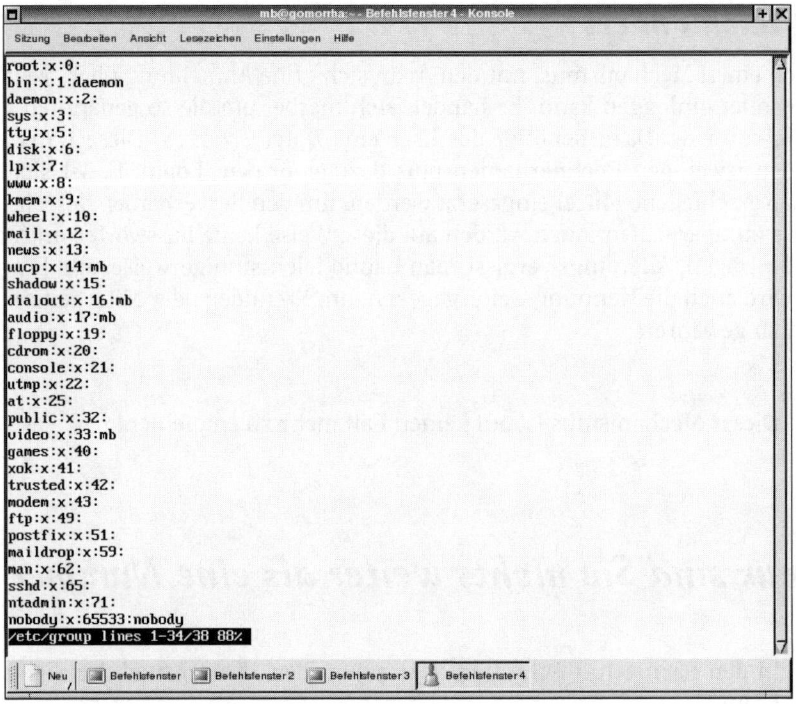


*Abbildung 17.3: Ein Ausschnitt aus* `/etc/group`

# Die Eroberung Trojas

*Hacker* sind Spezialisten, die Sicherheitslücken in Ihrem System entdecken, ohne dem System schaden zu wollen. *Cracker* sind Menschen, die das Gleiche tun und Ihr System für ihre Interessen missbrauchen. Die Hackerehre verbietet es, einem System Schaden zuzufügen. Verwechseln Sie daher nie Hacker mit Cracker!!

Sicher haben Sie schon von den »Trojanischen Pferden« gehört oder sind gar vor Ihnen gewarnt worden. Was ist ein Trojaner? Dies ist ein Programm, das nach außen völlig harmlos aussieht und sich genauso verhält wie ein bestimmtes, bekanntes Programm. In Wahrheit allerdings ist es ein Programm, das unter diesem Deckmäntelchen auf Ihrem Rechner wüten und je nach Typ sehr viel anstellen kann.

Stellen Sie sich einmal vor, Sie schreiben ein Programm, das den Login-Prompt einer Linux-Kiste imitiert. Nun richten Sie es so ein, dass die User, wenn sie sich anmelden, nicht mit dem Original-Login des Rechners, sondern mit Ihrem Trojaner verbunden sind. Ahnungslos tippen sie ihr Passwort ein. Der Trojaner kann natürlich damit nichts anfangen und sagt was von »wrong password«. Nun tippt der User das Passwort nochmals ein, da er denkt, sich vertippt zu haben. Was macht nun der Trojaner? Er verbindet ihn anstandslos beim zweiten Login-Versuch mit dem Rechner, auf dem er sich ursprünglich einloggen wollte. Der User denkt, alles sei in Butter, er habe sich nur vertippt. Die Wahrheit allerdings ist, dass sich der Trojaner das Passwort gemerkt hat und nun der Besitzer des Trojaners alle Zeit der Welt hat, diesen Computer zu knacken, da der User nicht den geringsten Verdacht hat!

Dies ist ein zugegeben altes Beispiel eines Trojaners. Anderes Szenario: Ein User schreibt ein Programm, nennt es `ls` und legt es in sein `bin`-Verzeichnis. Nun fordert er den Systemadministrator auf, mal in seinem `/home` nachzusehen, weil »da was nicht stimmt«. Ahnungslos tippt der SysAdmin `ls`, und schwupps wird der Trojaner ausgeführt und nicht das eigentliche `/bin/ls`!

Warum? Es gibt ein paar Vorsichtsmaßnahmen dagegen. Zuständig für das Suchen von Programmen ist (wie unter DOS) die PATH-Variable (wie man Environment-Variablen setzt, darauf komme ich später). Eine alte Unsitte ist es, das aktuelle Verzeichnis in die PATH-Variable aufzunehmen. Da haben wir den Salat! Sollte sich der SysAdmin nun im `/home`-Verzeichnis eines Users befinden, so führt er nicht das vermeintliche `/bin/ls` aus, sondern eben das `ls` des Users! Daher sollte sich der aktuelle Pfad *niemals* im PATH von `root` befinden!

Es gibt noch einen äußerst heiklen Mechanismus. Unter Linux kann man das SUID- und/oder das SGID-Bit setzen.

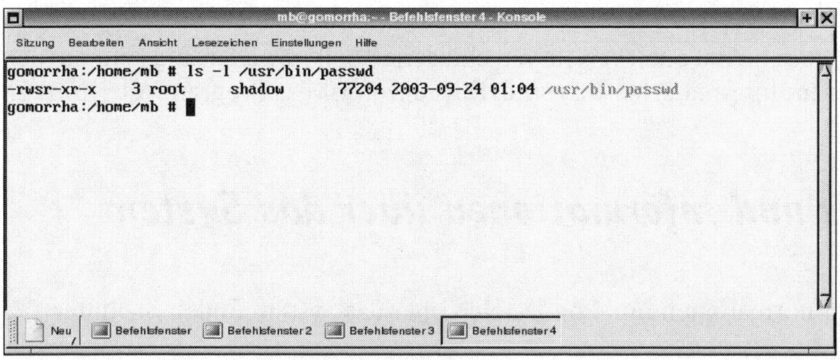


*Abbildung 17.4: Das gesetzte SUID-Bit bei* `/usr/bin/passwd`

Wie Sie in Abbildung 17.4 sehen, steht hier `-rwsr-xr-x`. Dieses »s« anstelle des »x« für den Inhaber (in diesem Fall `root`) ist das gesetzte SUID-Bit. Was tut es nun? Wie Sie sehen können, darf jeder dieses Programm ausführen. Sobald Sie `/usr/bin/passwd` starten, läuft es als User `root`! Ein Programm mit gesetztem SUID-Bit läuft immer unter der UID des Besitzers, also in diesem Fall `root`. Das ist ein sehr mächtiger Mechanismus und sollte wirklich nur an Programme gegeben werden, denen man hundertprozentig vertraut. Wenn jemand in der Lage ist, einen Trojaner zu schreiben und dessen SUID-Bits zu setzen, dann verfügt das Programm jedes Mal über alle Rechte des jeweiligen Benutzers, wenn es ausgeführt wird.

In einem richtigen, großen Netzwerk ist es die Aufgabe des SysAdmins, zu überwachen, dass keine neuen Programme mit SUID-Bit auftauchen. Das erfordert allerdings schon sehr viel Know-how und Spürsinn. Es gibt auch eine idiotensichere Möglichkeit. Dabei müssen Sie sich allerdings darauf verlassen können, dass Ihre Linux-Distribution »sauber« ist. Bei der mitgelieferten SuSE Linux können Sie davon ausgehen. Kurz nachdem Sie sich das erste Mal eingeloggt haben, führen Sie folgendes Kommando aus, um eine Liste aller Programme mit gesetztem SUID-Bit zu erhalten:

```
root@linux:~> find / -type f -perm +6000 -exec ls -l {} \;  | sort >/root/
master.uid
```

Dieser Befehl hangelt sich durch Ihren Verzeichnisbaum und legt eine Liste aller gefundenen Programme unter `/root/master.uid` ab. Sie können nun regelmäßig dieses Kommando ausführen und es in eine andere Datei umleiten:

```
root@linux:~> find / -type f -perm +6000 -exec ls -l {} \;  | sort >/tmp/
periodic
```

Mit `diff` können Sie nun die Unterschiede der beiden Dateien feststellen und somit kontrollieren, ob sich ein neues SUID-Programm dazugeschmuggelt hat:

```
root@linux:~> diff /root/master.uid /tmp/periodic
```

Falls keine Ausgabe erfolgt, ist alles in Ordnung. Dann hat `diff` keinerlei Änderungen entdeckt. Sie können dies auch alles in ein kleines Shell-Script packen. Wie das geht, steht im Shell-Kapitel.

Natürlich gibt es hierzu auch bereits verschiedene Tools, die allerdings nur auf der SuSE-Vollversion oder im Internet erhältlich sind. Eins davon ist das Programm `tripwire`.

## Logfiles und Informationen über das System

Informationen und Log-Dateien über das System finden Sie unter `/var/log`.

Eine der wichtigsten Aufgaben, und das kann man nicht oft genug sagen, ist das Kontrollieren der Logfiles Ihres Linux-Systems. Es gibt hierbei ein paar, die Ihre Aufmerksamkeit ganz besonders verdienen. Hier sind zum einen die Dateien `/var/run/utmp` und `/var/run/wtmp`. `utmp` sagt Ihnen, wer gerade am System angemeldet ist, und `wtmp`, wer sich erfolgreich beim System angemeldet hat, außerdem enthält diese Datei Informationen über das System, so z.B. wann es das letzte Mal heruntergefahren wurde und Ähnliches. Es ist klar, dass ein normaler User keinen Zugriff auf diese Dateien haben sollte. Sie sind auch mit `less` und `cat` unlesbar. Sie benötigen zum Lesen von `/var/run/wtmp` das Programm `last` und für `/var/run/utmp` das Programm `whois`.

Informationen über das System stehen unter `/var/log`, darunter auch die Datei `/var/log/messages`. Hier stehen alle Ausgaben, die der `syslogd`-Daemon ausgibt. Sie ist der erste Punkt zum Nachsehen! Sie finden hier auch Dateien, die den Mailausgang sowie den WWW-Verkehr mitloggen.

# Aufpassen im Internet!

Die bislang erläuterten Sicherheitsvorkehrungen gelten allgemein. Sie sind auf Standalone-Rechnern genauso anzuwenden wie auf Rechnern, die tagtäglich ans Internet angeschlossen sind. Für Rechner, die mit dem weltweiten Netz verbunden sind, gelten aber zusätzliche Regeln. Hier ist noch wesentlich mehr Vorsicht geboten!

Viele Leute denken: »Warum sollte gerade ich betroffen sein?« Tatsache ist, dass die wenigsten Angreifer etwas gegen Sie persönlich haben. Die meisten scannen einen gewissen Netzwerkbereich, um zu sehen, ob angreifbare Rechner in diesem Netz zu finden sind. Ihnen ist es egal, wem der Rechner gehört, es geht ihnen nur darum, fremde Rechenzeit zu missbrauchen oder die gefundenen Rechner als Plattform für andere Übergriffe zu benutzen. Wenn Sie Glück haben, ist es ein Hacker, der Sie anschließend auf Ihre Sicherheitslücken hinweist.

Machen Sie mal ein klitzekleines Rechenbeispiel. Das Internet umfasst Hunderte von Millionen Maschinen. Zu dem Zeitpunkt, da Sie dieses Buch lesen, sind mit Sicherheit einige Millionen gleichzeitig im Internet. Wäre jetzt nur ein Zehntel Prozent daran interessiert, einen Rechner für einen Einbruch zu finden, so wären das noch Hunderttausende Personen, die zurzeit damit beschäftigt sind, Maschinen zu finden, in die sie einbrechen können.

Dies sollte deutlich machen, wieso Sicherheit extrem wichtig ist.

## Server, Dienste und Daemonen

Um zu verstehen, wie das Internet aufgebaut ist und funktioniert, ist es nun an der Zeit, Ihnen ein bisschen was zu *Daemonen* zu erklären.

Es gibt unter Linux und UNIX nicht nur Daemonen, nein, auch Zombies! Dies sind Prozesse, die keinen Mutterprozess mehr haben und daher nicht beendet werden können. Sie hängen im System herum, bis sich irgendwer um sie kümmert oder das System neu gestartet wird.

Anwendungen, die im oder über das Internet laufen, besitzen zwei Teile. Sie haben sicher schon mal von Client-Server gehört. Was ist das nun? Auf Ihrem Rechner läuft beispielsweise ein `telnetd` (das ist der Daemon, der das Programm `telnet` überwacht). Das istnun der Server. Will sich nun eine Person von einem entfernten Rechner einloggen (das wäre dann der Client), so unterhalten sich diese beiden Programme unter Verwendung einer bestimmten Sprache (dem *Protokoll*) über einen bestimmten Port. Sie bauen eine Verbindung auf (*Handshake*), und anschließend stellt sich der Client vor. Hat der Server in seiner Konfigurationsdatei einen Eintrag für den Client, ist dieser also autorisiert, diesen Dienst zu verwenden, so stellt der Server die Verbindung zum lokalen Rechner her. Dies ist vergleichbar mit einem Telefongespräch. Der Anrufer (Client) ruft an, eine Verbindung kommt zustande (Handshake) und der Anrufer stellt sich vor (Autorisierung). Kennen sich die beiden, kommt ein Gespräch zustande. Ist es nur »falsch verbunden« oder kennt der Angerufene den Anrufer nicht, wird das Gespräch in der Regel beendet.

Linux stellt Ihnen eine Fülle der verschiedensten Server-Dienste zur Verfügung. Diese sind in der Datei `/etc/services` aufgelistet. Einen kleinen Ausschnitt dieser Datei können Sie in Abbildung 17.5 sehen.

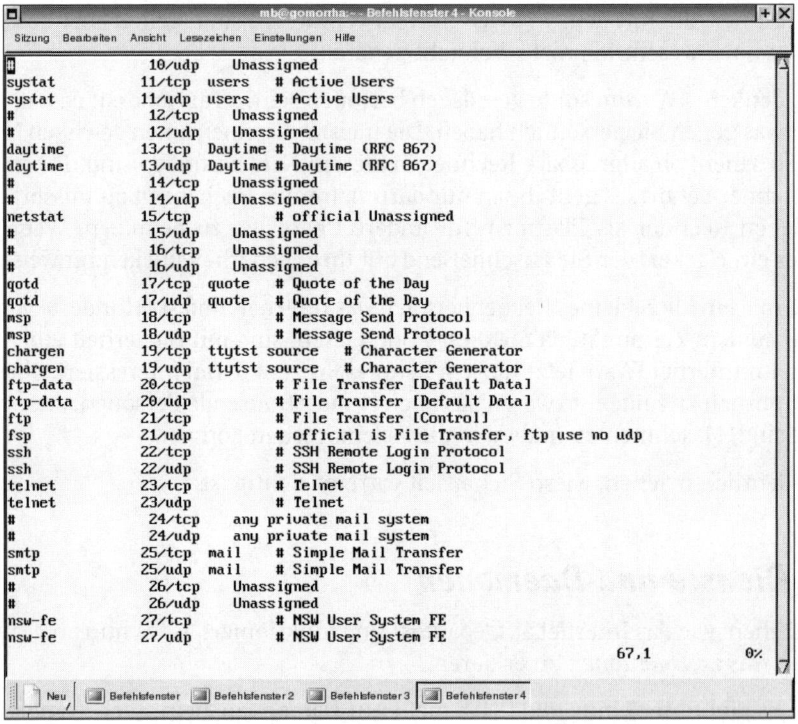


```
#               10/udp    Unassigned
systat          11/tcp    users     # Active Users
systat          11/udp    users     # Active Users
#               12/tcp    Unassigned
#               12/udp    Unassigned
daytime         13/tcp    Daytime # Daytime (RFC 867)
daytime         13/udp    Daytime # Daytime (RFC 867)
#               14/tcp    Unassigned
#               14/udp    Unassigned
netstat         15/tcp              # official Unassigned
#               15/udp    Unassigned
#               16/tcp    Unassigned
#               16/udp    Unassigned
qotd            17/tcp    quote     # Quote of the Day
qotd            17/udp    quote     # Quote of the Day
msp             18/tcp              # Message Send Protocol
msp             18/udp              # Message Send Protocol
chargen         19/tcp    ttytst source    # Character Generator
chargen         19/udp    ttytst source    # Character Generator
ftp-data        20/tcp              # File Transfer [Default Data]
ftp-data        20/udp              # File Transfer [Default Data]
ftp             21/tcp              # File Transfer [Control]
fsp             21/udp              # official is File Transfer, ftp use no udp
ssh             22/tcp              # SSH Remote Login Protocol
ssh             22/udp              # SSH Remote Login Protocol
telnet          23/tcp              # Telnet
telnet          23/udp              # Telnet
#               24/tcp    any private mail system
#               24/udp    any private mail system
smtp            25/tcp    mail      # Simple Mail Transfer
smtp            25/udp    mail      # Simple Mail Transfer
#               26/tcp    Unassigned
#               26/udp    Unassigned
nsw-fe          27/tcp              # NSW User System FE
nsw-fe          27/udp              # NSW User System FE
                                                    67,1          0%
```

*Abbildung 17.5: Dies ist zugegebenermaßen ein kleiner Ausschnitt aus* `/etc/services`.

In `/etc/services` bedeutet die erste Spalte den Namen des Dienstes, die zweite gibt die Portnummer an, gefolgt von einem »/« und dem Protokoll (`tcp` oder `udp`, beides Protokolle im Internet). Manchmal gibt es auch für einen Dienst einen `tcp`- und einen `udp`-Eintrag. Einträge mit einem # davor sind Kommentarzeilen. Steht dieses # vor einem Dienst, wird dieser nicht ausgeführt. Er ist »auskommentiert«.

Alle Portnummern unterhalb von 1024 können nur von `root` vergeben werden. Sie können daher darauf vertrauen, dass auf Maschinen mit einem verantwortungsbewussten SysAdmin die Dienste den entsprechenden Portnummern zugeordnet sind (wenn sie aktiviert sind).

Es gibt nun zwei Möglichkeiten, einen Dienst mit einem Port zu verbinden. Entweder man startet den Daemon während des Systemstarts, oder man überlässt das Starten einem anderen Daemon, dem `inetd`.

Früher gab es einfach weniger Serverdienste, so dass es nichts ausmachte, wenn gleichzeitig mehrere Daemonen auf Anfragen warteten (auch wenn niemals welche kamen). Mittlerweile gibt es eine Menge von Daemonen und es macht einfach keinen Sinn, die System-Ressourcen mit Hunderten von Daemonen zu verschwenden, die eigentlich nichts tun. Sinnvoller wäre es, einen Daemon zu haben, der die eingehenden Anrufe überwacht und dann je nach dem gewünschten Dienst den entsprechenden Dienst startet (und auch wieder beendet, wenn er nicht mehr gebraucht wird). Darüber hinaus bietet das Starten über den `inetd` auch noch weitere Möglichkeiten, Ihr System sicherer zu machen.

Mittlerweile installiert SuSE Linux per Default den `xinetd`. Der »alte« `inetd` ist besser zu erklären (und auch noch auf der CD dabei), daher habe ich ihn hier gelassen.

Natürlich hat auch der `inetd` seine eigene Konfigurationsdatei (Abbildung 17.6). Diese heißt, wie nicht anders zu erwarten, `/etc/inetd.conf`.

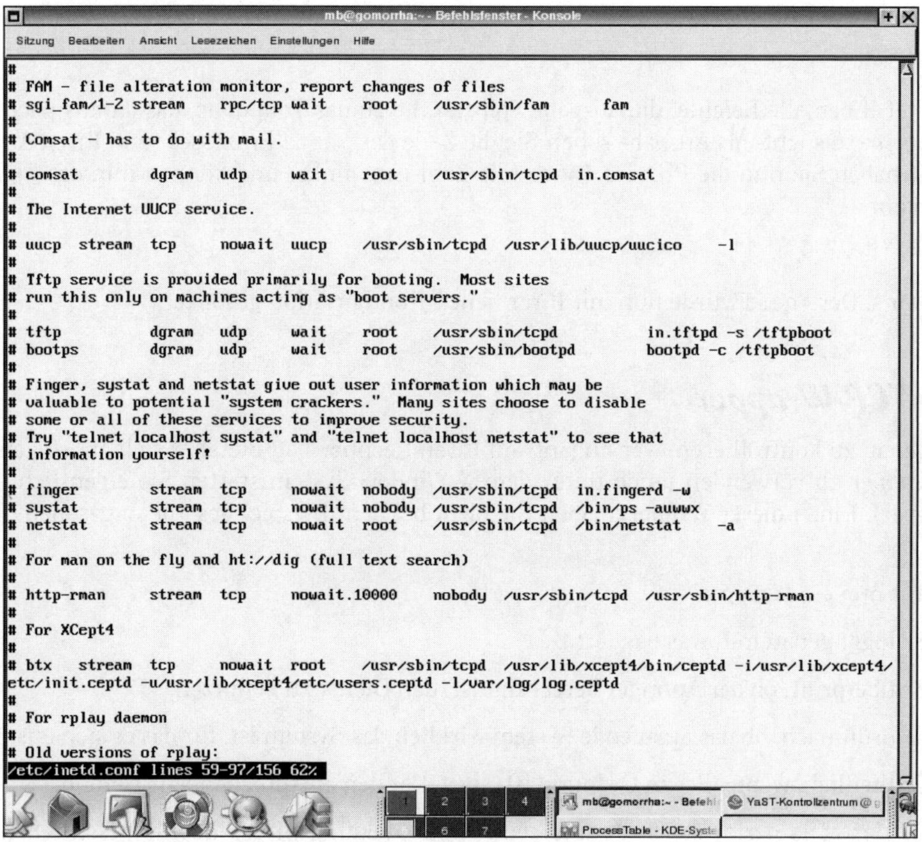

```
#
# FAM - file alteration monitor, report changes of files
# sgi_fam/1-2 stream  rpc/tcp wait    root    /usr/sbin/fam      fam
#
# Comsat - has to do with mail.
#
# comsat        dgram   udp     wait    root    /usr/sbin/tcpd  in.comsat
#
# The Internet UUCP service.
#
# uucp  stream  tcp     nowait  uucp    /usr/sbin/tcpd  /usr/lib/uucp/uucico    -l
#
# Tftp service is provided primarily for booting.  Most sites
# run this only on machines acting as "boot servers."
#
# tftp          dgram   udp     wait    root    /usr/sbin/tcpd          in.tftpd -s /tftpboot
# bootps        dgram   udp     wait    root    /usr/sbin/bootpd        bootpd -c /tftpboot
#
# Finger, systat and netstat give out user information which may be
# valuable to potential "system crackers."  Many sites choose to disable
# some or all of these services to improve security.
# Try "telnet localhost systat" and "telnet localhost netstat" to see that
# information yourself!
#
# finger        stream  tcp     nowait  nobody  /usr/sbin/tcpd  in.fingerd -w
# systat        stream  tcp     nowait  nobody  /usr/sbin/tcpd  /bin/ps -auwwx
# netstat       stream  tcp     nowait  root    /usr/sbin/tcpd  /bin/netstat    -a
#
# For man on the fly and ht://dig (full text search)
#
# http-rman     stream  tcp     nowait.10000    nobody  /usr/sbin/tcpd  /usr/sbin/http-rman
#
# For XCept4
#
# btx   stream  tcp     nowait  root    /usr/sbin/tcpd  /usr/lib/xcept4/bin/ceptd -i/usr/lib/xcept4/
etc/init.ceptd -u/usr/lib/xcept4/etc/users.ceptd -l/var/log/log.ceptd
#
# For rplay daemon
#
# Old versions of rplay:
/etc/inetd.conf lines 59-97/156 62%
```

*Abbildung 17.6: So richten Sie den* `inetd` *ein.*

Sie sehen hier z.B. die Zeile:

```
# ftp stream tcp nowait root /usr/sbin/tcpd   in.ftpd
```

Sie sehen als Erstes, dass der entsprechende Dienst auskommentiert wurde, dass der Dienst nicht warten soll (`nowait`), dann kommt der Benutzername, unter dem der Dienst läuft, und am Ende `/usr/sbin/tcpd in.ftpd`. Hierbei ist `in.ftpd` der eigentliche FTP-Daemon, den Sie starten wollen. Der `tcpd`-Daemon ist ein so genannter *Wrapper* (= Verpackung). Dieser kann wiederum durch eine Konfigurationsdatei entscheiden, ob der Anfragende diesen Dienst starten darf oder nicht. Ich komme im nächsten Abschnitt auf diesen Wrapper zurück.

Um Ihr System abzusichern, kommentieren Sie alle Dienste, die Sie nicht brauchen, in `/etc/services` und `/etc/inetd.conf` aus. Danach müssen Sie den `inetd` neu starten (oder das System rebooten, da das aber Windows-Manier ist, werde ich den anderen Weg kurz erklären). Mit dem Signal `SIGHUP` (oder Signal 1) veranlassen Sie das Programm, neu zu starten. Nun müssen Sie erst mal die PID des `inetd` herausfinden. Hierfür dient folgender kleiner und praktischer Befehl:

```
root@linux:~> ps aux | grep inetd
```

`ps` listet Ihnen alle Befehle, die Ausgabe »pipen« Sie an das Tool `grep`, das daraus nach dem String `inetd` sucht. Als Ausgabe sehen Sie die Zeile des `inetd`-Prozesses (und Ihren Aufruf). Somit haben Sie nun die PID des `inetd` (die Zahl ganz links) und können ihm das Signal 1 schicken:

```
root@linux:~> kill -1 PID
```

Das war's. Der `inetd` wurde nun mit Ihrer neuen Konfiguration gestartet.

## Der TCP-Wrapper

Um genau zu kontrollieren, wer Zugang auf Ihren Rechner hat, bietet es sich an, so genannte *Wrapper* zu verwenden (auch unter dem X-Window-System starten Sie eigentlich einen Wrapper). Einen dieser Wrapper haben Sie oben bei dem Beispiel des `inetd` gesehen. Es ist der `tcpd`.

Was tut nun ein Wrapper?

- ✔ Er loggt genau mit, was passiert.
- ✔ Er überprüft, ob der Anfrager berechtigt ist, den Dienst zu benutzen.
- ✔ Er prüft nach, ob das anrufende System wirklich das System ist, für das es sich ausgibt.
- ✔ Schließlich, wenn alles in Ordnung ist, startet er den entsprechenden Daemon.

Sobald der `tcpd` gestartet wurde und seine erste Meldung in das Logfile geschrieben hat, überprüft er zwei Dateien: `/etc/hosts.allow` und `/etc/hosts.deny`. Existieren diese beiden Dateien nicht, dann gibt es keine Zugriffskontrolle. Wird ein passendes Pärchen von Daemon und Client in /etc/hosts.allow gefunden, wird der Dienst genehmigt. Findet der tcpd einen Eintrag in /etc/hosts.deny, wird er abgelehnt. Der Dienst wird auch genehmigt, sollte in beiden Dateien kein Eintrag vorhanden sein.

Probieren Sie mal Folgendes aus. Editieren Sie die Datei /etc/hosts.deny und schreiben Sie folgende Zeile rein. Kommentieren Sie alle anderen Zeilen allerdings aus.

```
ALL: ALL
```

Dies blockiert alle Dienste (das erste ALL) von allen Rechnern (das zweite ALL). Damit ist Ihr Rechner sehr sicher, vielleicht etwas zu sicher. Möchten Sie nun allen Benutzern Ihrer privaten Domain den Zugriff gestatten, so editieren Sie die Datei /etc/hosts.allow und fügen folgenden Eintrag hinzu (und kommentieren evtl. vorhandene aus):

```
ALL: LOCAL,. @zuhause.de
```

Damit erhalten alle Rechner, deren Domainnamen keinen Punkt (.) enthalten, sowie alle Rechner der Domain zuhause.de (also Ihrer) Zugriff auf den Rechner.

Ein anderes Beispiel wäre:

```
ALL EXCEPT in.fingerd : zuhause.de EXCEPT gateway.zuhause.de
```

Das erlaubt allen Rechnern der Domain zuhause.de den Zugriff auf alle Dienste. Dem Rechner gateway.zuhause.de werden jedoch nach wie vor alle Dienste verweigert.

Der tcpd-Wrapper ist ein mächtiges Tool und bietet noch sehr viel mehr Möglichkeiten, die Ausführung (und Verhinderung) von Diensten einzustellen. Wenn Sie Genaueres wissen wollen, so sei Ihnen die *Manpage* von *host_access* empfohlen, wo Sie alles Weitere nachlesen können.

## Ein paar spezielle Dienste

Lassen Sie mich auf ein paar spezielle Dienste eingehen, die auf Ihrem Rechner meistens vorhanden sind und die nicht ganz ungefährlich sind.

### Network File System - kurz NFS

Von manchen auch scherzhaft als »Nightmare File System« bezeichnet.

Legen Sie auf Sicherheit Wert, so sollten Sie unbedingt auf den Einsatz von NFS verzichten und es durch Samba ersetzen!

NFS erlaubt es Ihnen, bestimmte Verzeichnisse eines Rechners innerhalb eines LAN (*Local Area Network* = lokales Netzwerk) oder auch des Internets, aber davor rate ich Ihnen strikt ab, zu mounten und damit auch lokal zu verwenden. Dies wird häufig in Unternehmen eingesetzt, die das `/home`-Verzeichnis aller User auf einem Server haben möchten (dies ist einfacher für die Datensicherung).

Um diesen Zugriff zu ermöglichen, existiert die Datei `/etc/exports`. Jeder Eintrag in dieser Datei enthält als Erstes den Namen des Verzeichnisses, das exportiert werden darf, gefolgt von einem Rechner- oder Domainnamen. Außerdem werden die entsprechenden Rechte gesetzt, mit denen das Verzeichnis freigegeben wird.

Aus Gründen der Effizienz überprüft NFS nur einmal die Authentifizierung der anfragenden Maschine. Alle folgenden Zugriffe auf das exportierte Verzeichnis laufen über einen Handler (eine Art Schlüssel). Ein guter System-Programmierer kann sich nun diesen Handler schnappen und alles Mögliche damit anstellen.

NFS ist in einem lokalen Netzwerk verwendbar, aber Sie sollten nie Verzeichnisse übers Internet exportieren!

## NIS – oder auch Yellow Pages

NIS steht für *Network Information Services*. Es wurde (wie NFS) von Sun Microsystems entwickelt und war ursprünglich auch unter dem Namen Yellow Pages bekannt, bis die Britische Telekom ihre Rechte an dem Namen geltend machte. Tatsächlich beginnen alle Programme, die auch heute noch mit NIS zu tun haben, mit »yp«, wie z.B. `yppasswd`, `ypcat` etc. NIS wurde entwickelt, um eine konsistente Verwaltung der Informationen in einem Netzwerk zu ermöglichen. NIS versendet eine ungeheure Vielfalt von Informationen über die verschiedenen Systeme vom Server zum Client, wie zum Beispiel:

- ✔ Die Passwort-Datei: Diese ist für die meisten Systeme gleich.
- ✔ Die Host-Datei: Sie enthält den Namen und die IP-Adresse aller Ihrer Systeme.
- ✔ Die Alias-Datei: Sie enthält alle verwendeten Alias-Namen.
- ✔ Die Gruppen-Datei: Sie zeigt alle vorhandenen Gruppen.
- ✔ Die Services-Datei: Alle Dienste und die damit verbundenen Portnummern

Anders ausgedrückt: NIS versendet wirklich alles, was Sie wissen müssen, um in das System einbrechen zu können! Früher mussten Sie lediglich den Namen der NIS-Domain herauskriegen, um ein System attackieren zu können, das auf dem NIS lief, und das war meistens ein Kinderspiel oder durch pures Raten innerhalb kürzester Zeit zu knacken.

Mittlerweile läuft auch der `ypserv` unter dem `tcpd` und kann daher mit den gleichen Mitteln (`/etc/hosts.allow` und `/etc/hosts.deny`) kontrolliert werden.

Sorgen Sie in jedem Fall dafür, dass keinerlei NIS-Informationen Ihr lokales Netz verlassen!

### Das X-Window-Desaster

Nein, keine Angst! Man darf aber nicht übersehen, dass das X-Window-System in seiner Komplexität auch eine Sicherheitslücke darstellen kann. Vergessen Sie bitte nicht, dass X netzwerkbasiert ist, das heißt, dass hier die gleichen (plus zusätzliche) Sicherheitsvorkehrungen wie unter allen anderen Diensten anzuwenden sind. Der X-Server ist, wie der Name ja sagt, auch ein Server, zu dem man sich verbinden und den man missbrauchen kann.

Es ist unter X möglich, Applikationen auf einem entfernten Rechner auszuführen. Ein Eindringling könnte nun beispielsweise ein Programm installieren, das Ihre kompletten Tastatureingaben abfängt (z.B. `xkey`). Sollten Sie irgendwann irgendein Passwort tippen, wird sich der Angreifer freuen. Er könnte auch für Sie Befehle eintippen. Mit anderen Worten: Sie müssen Ihr Display schützen.

Das X-Window-System bietet zwei Sicherheitsmechanismen an. Das eine nennt sich *xhost* und das andere *magic cookies*. Rufen Sie beispielsweise unter X in einem Terminalfenster das Kommando

```
xhost + *
```

auf, so hat jeder weltweit Zugriff auf Ihren Bildschirm, wenn Sie sich gerade im Internet befinden. Machen Sie so etwas niemals! Diese Sicherheitsvorkehrungen des X-Window-Systems sind nicht schlecht, nur sehr schwierig zu konfigurieren und damit für Laien nicht so leicht zu durchblicken. Ihr SuSE-Linux-System verwendet zur Authentifizierung den Mechanismus »magic cookies«. Die Konfiguration, bzw. die Feinheiten von diesem Mechanismus zu erläutern würd den Rahmen dieses Buches deutlich sprengen. Ganz grob gesagt, handelt es sich um eine Methode die es verhindert, dass fremde User den Zugriff auf Ihr System erhalten.

Die einfachste Art, das X-Window-System relativ sicher zu machen, ist die Verwendung des Displaymanagers (Sie wissen doch: Das grafische Loginfenster ist der Displaymanager). SuSE Linux startet defaultmäßig mit dem grafischen Login; wenn Sie hier nichts geändert haben, brauchen Sie sich keine Gedanken zu machen.

## GnuPG – oder: Wie kommuniziere ich verschlüsselt

Oft werde ich gefragt, wozu man E-Mails verschlüsseln sollte. Die Antwort ist einfach. Würden Sie vertrauliche Post per Postkarte verschicken, so dass sie jeder lesen kann? Die Antwort ist vermutlich »Nein«. Eben!

Linux bietet eine sehr gute Möglichkeit, Text und Dokumente zu verschlüsseln, es bedient sich hierbei des *asynchronen Verschlüsselns*.

Ich kann im Rahmen dieses Buches dieses hochkomplexe Thema nur anreißen, auf jeden Fall sage ich Ihnen, wie Sie sich Ihren persönlichen Schlüssel erzeugen.

### Public keys - Was ist das?

Eigentlich, wie immer, ganz einfach. Jeder User hat zwei Schlüssel (die Sie sich weiter unten gleich erzeugen werden). Einer davon, der »public key«, wird an diejenigen weitergegeben die Ihnen Mails verschlüsselt zukommen lassen sollen; der andere, der »private key«, sollte gehütet werden wie Ihr Augapfel, denn nur mit diesem lassen sich Mails, die mit Ihrem public key verschlüsselt wurden, auch wieder entschlüsseln.

Diese public keys sind in der Regel auf so genannten *Key-Servern* zu finden (bzw. sollten dort abgelegt werden).

Wie kommen Sie nun an den public key eines Freundes? Am einfachsten natürlich per Mail. Überprüfen Sie anschließend auf jeden Fall den »fingerprint« am besten per Telefon, um sich zu vergewissern, dass er auch korrekt ist.

Verschlüsselung ist ein sehr heikles Thema, daher würde ich Ihnen dringend empfehlen, sich auf `http://www.gnupg.org` schlau zu machen. Dort ist auch eine sehr gute Dokumentation zu finden.

## Der erste Start

Klicken Sie unter KDE auf KDE|SYSTEM|KGPG. Es erscheint ein Fenster zur Konfiguration.

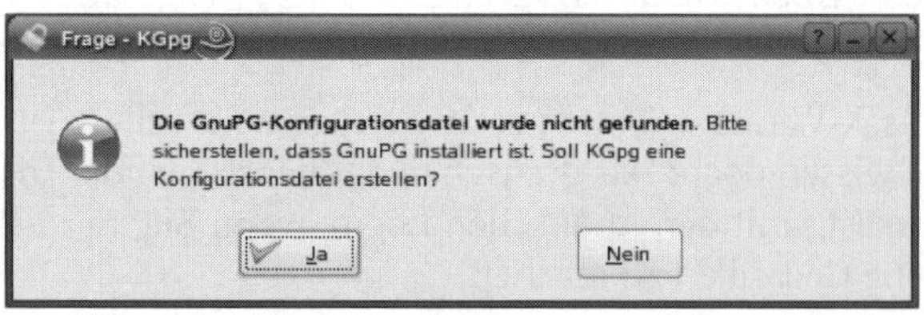


*Abbildung 17.7: Der erste Start von* `gnupg`.

Ein netter kleiner Assistent meldet sich und wird Sie durch die Installation und Konfiguration von `gnupg` begleiten.

Die vorgeschlagenen Optionen würde ich so lassen.

KGpg installiert Ihnen einen Reißwolf, der Daten sicher zerstören kann. Dies ist insbesondere dann interessant, wenn mehrere User auf dem Rechner arbeiten, oder Sie hochsensible Firmendaten gerne löschen möchten.

Wenn noch kein Schlüssel existiert, ruft KGpg den Wizard zur Erzeugung eines Schlüsselpaares auf. Vorher müssen Sie jedoch in dem Fenster noch auf ABSCHLIESSEN klicken.

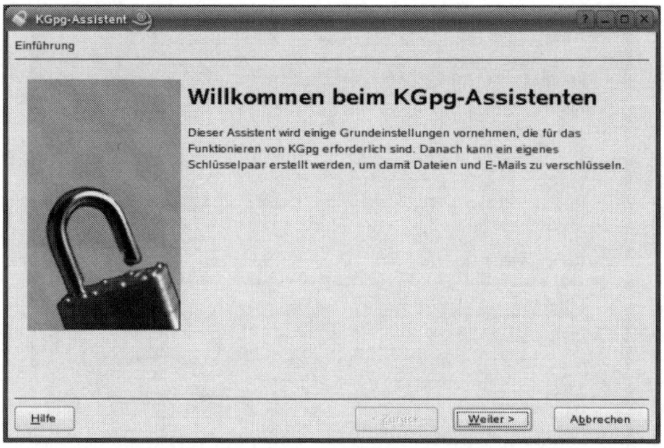


*Abbildung 17.8: So richten Sie* gnupg *ein.*

*Abbildung 17.9: Optionen von* gnupg

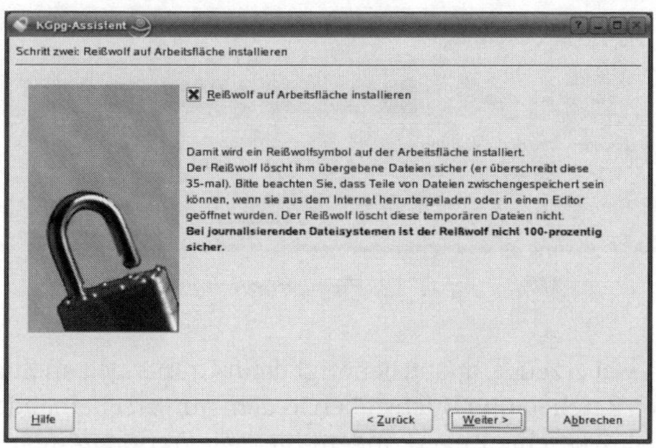


*Abbildung 17.10: Hier werden die Daten zerfetzt.*

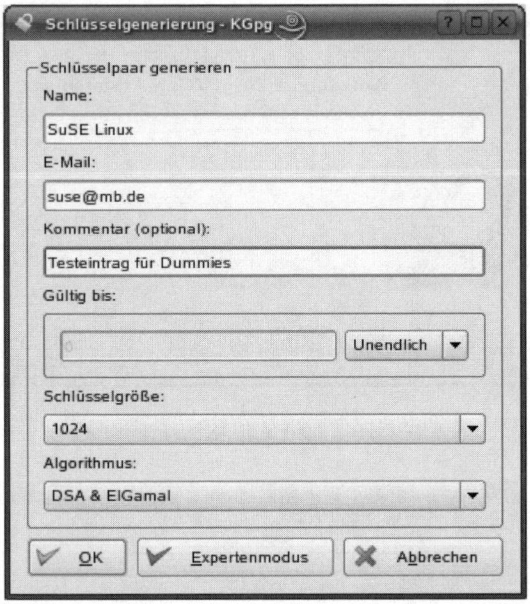


*Abbildung 17.11: Geben Sie Ihre Daten für* gnupg *ein.*

Der Wizard verlangt jetzt noch ein Passwort von Ihnen, um den Schlüssel zu schützen.

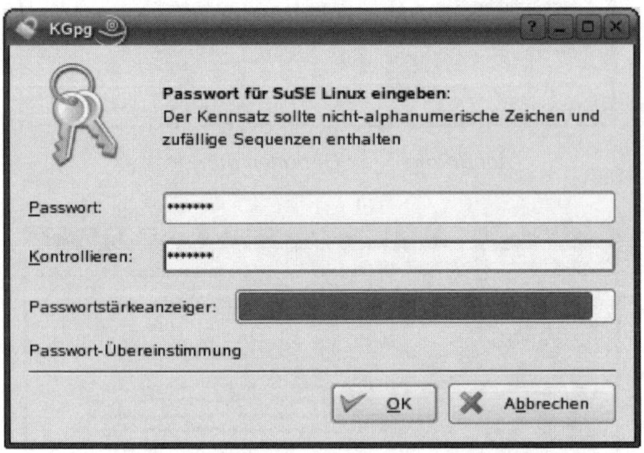


*Abbildung 17.12: Ihr persönliches Mantra*

Nun werden die Schlüssel erzeugt. gnupg benötigt dafür Unmengen an Zufallszahlen. Dies wird durch die wechselnden Zeichen und Buchstaben in dem nun erscheinenden Fenster angezeigt. Sie können die Prozedur beschleunigen, indem Sie viele Aktionen (Mausklicks, Texteingabe, etc) ausführen.

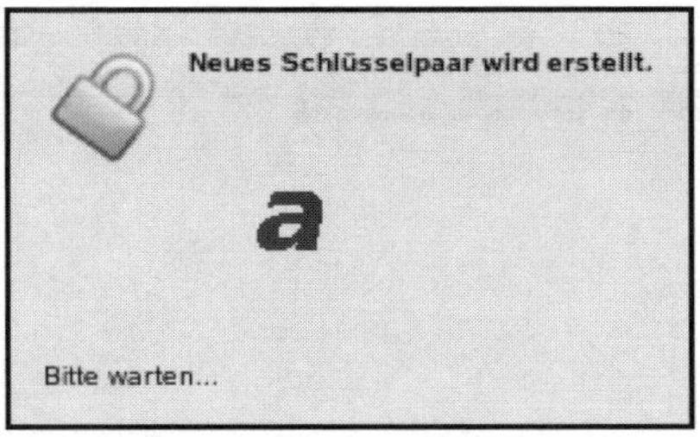


*Abbildung 17.13: Randomize date!*

So, das sollte es gewesen sein! `gnupg` hat Ihnen nun einen persönlichen Schlüssel erzeugt.

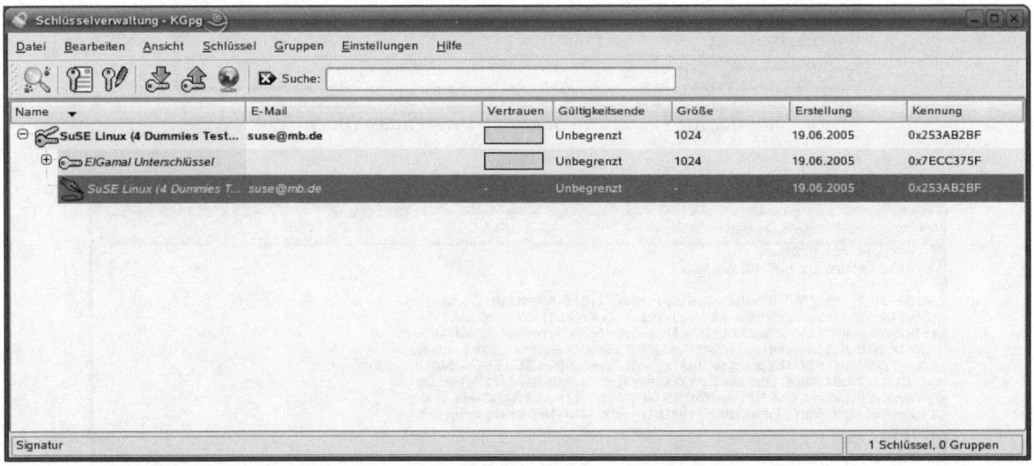


*Abbildung 17.14: Ihr persönlicher Schlüssel!*

## Die Anwendung

Was machen Sie nun mit dem Schlüssel? Eines der einfachsten Anwendungsgebiete ist das Verschlüsseln von Text. Nehmen wir mal an, Sie haben mit einem Editor einen Text ähnlich dem in Abbildung 17.15 erzeugt.

Rufen Sie nun das Kommando

```
gpg-encrypt -armor -output text.encr -recipient suse@mb.de test.txt
```

auf (vorausgesetzt natürlich, Ihre Datei heißt `test.text` und den Keynamen sollten Sie auch an Ihren anpassen).

Ein anschließendes Öffnen von `test.encr` sollte in etwa dem in Abbildung 17.16 ähneln.

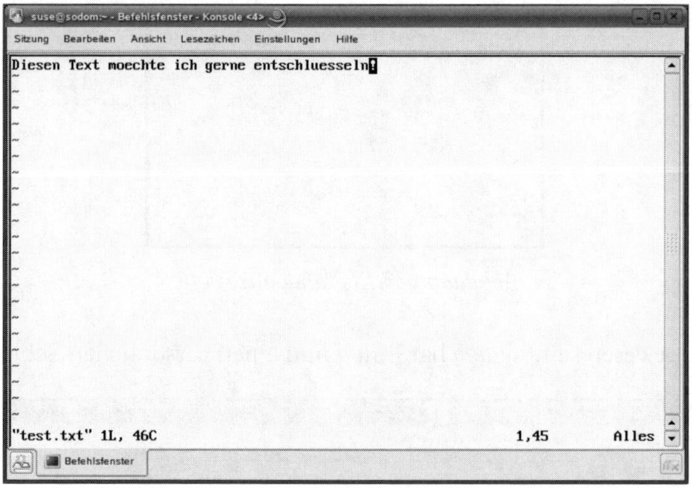


*Abbildung 17.15: Irgendein zu verschlüsselnder Text*

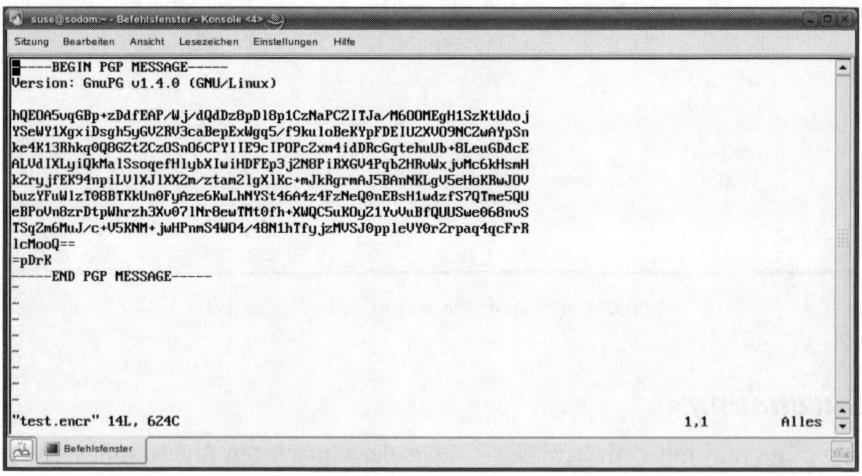


*Abbildung 17.16: Verschlüsselter Text!*

Möchten Sie ihn nun wieder entschlüsseln, geben Sie Folgendes ein und Sie sollten eine Aufforderung zur Eingabe Ihres Mantras erhalten:

```
gpg -decrypt test.encr
```

Sie sehen, es ist zwar nicht unbedingt kompliziert, aber sehr umfangreich. Daher auch der Hinweis im Kapitel übers Internet, dass Sie (wenn es irgend geht) die Kombination aus Firefox/Thunderbird und eben Enigmail wählen sollten, da Sie sich hierbei um den ganzen Ablauf kaum Gedanken machen müssen.

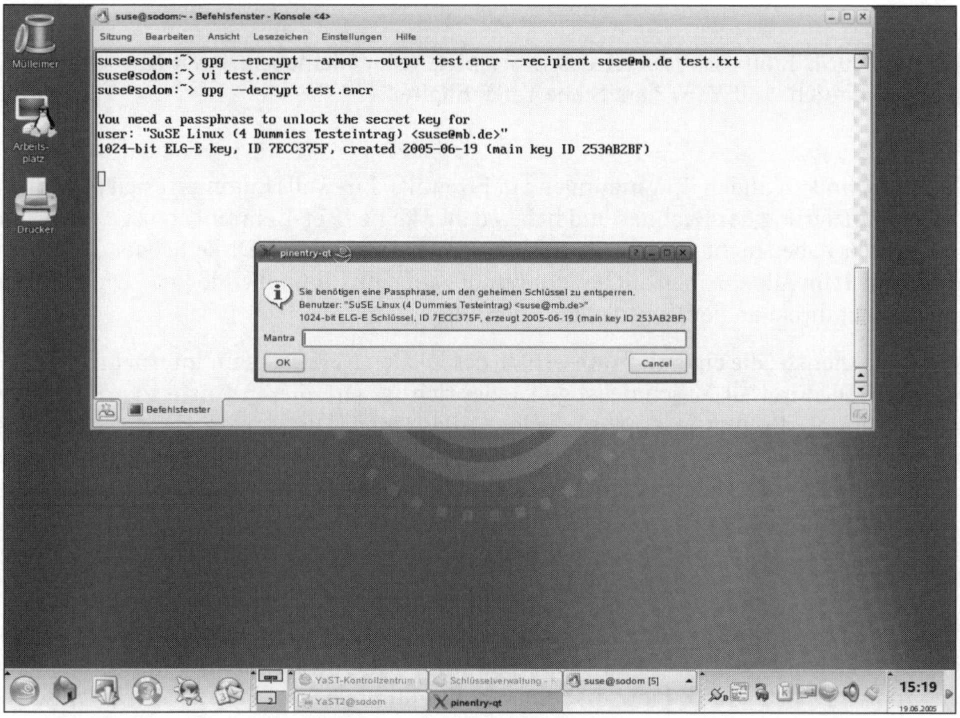


*Abbildung 17.17: Und wieder entschlüsseln!*

## Ihr persönlicher Schutzwall – Die Firewall

Um Ihr System zu schützen und Sie davor zu bewahren, Ihren ganzen Tag am Rechner mit der Überprüfung möglicher Sicherheitslücken zu verbringen, wurden Programme entwickelt, die Ihnen diese Arbeit abnehmen: *Firewalls*, also Brandmauern. Üblicherweise wird eine Firewall zwischen Ihrem lokalen Netzwerk und dem Internet postiert. Es gibt auch andere Konfigurationen mit mehreren Firewalls, wenn Sie z.B. einen Webserver anbieten wollen. Firewalls hier komplett zu erklären ist unmöglich. Das ist ein sehr umfangreiches und komplexes Thema und meistens für den privaten Gebrauch auch nicht unbedingt notwendig. Eine Firewall ist also eine Art Schutzmauer für Ihr lokales Netz gegen Eindringlinge von außen (und natürlich auch von innen). Was ist nun die Aufgabe einer solchen Firewall?

Firewalls sind folgendermaßen aufgebaut:

- ✔ Bestimmte, genehmigte Dienste dürfen Verbindungen aufbauen.
- ✔ Ganz spezielle Dienste, so genannte Proxies, erlauben nur bestimmte Handlungen.
- ✔ Alle anderen Systeme und Dienste werden verboten oder nur so selten wie möglich benutzt, um z.B. das Eindringen von Trojanern zu verhindern.

SuSE Linux 10.0 bietet das Einrichten einer kleinen Firewall für den »Hausgebrauch« mit YaST2 an. Siehe YaST-Kapitel.

Viele der Techniken finden Anwendungen auf Firewalls. Firewalls kümmern sich aber nur um die Authentifizierung der Rechner und haben daher keine User-Kennungen usw. gespeichert. Viele Firewalls haben nicht mal eine Festplatte, sondern werden von Diskette oder CD gebootet. Man kann sich im Allgemeinen auch nicht remote auf eine Firewall einloggen. Die Konfiguration geschieht direkt an der Konsole der Firewall.

Es gibt viele Dienste, die eigentlich außerhalb des lokalen Netzwerks im Internet nichts zu suchen haben. Die Firewall-Maschine ist genau der richtige Ort, diese Dienste zu prüfen. Hierzu dienen bestimmte Programme, *Proxies* oder *Proxy services* genannt. Eine typische Firewall besitzt meistens zwei Netzwerkkarten, eine für das interne LAN und eine, die ins Internet geht. Eine Firewall ist somit eine Art Router mit dazwischengeschalteter Sicherheitsüberprüfung. Die Firewall nimmt Anfragen aus dem Internet an das LAN entgegen und überprüft, ob sie zulässig sind. Auch alle Anfragen des LAN gehen über die Firewall ins Internet. Die Proxies, die auf der Firewall laufen, sind dafür zuständig, diese Anfragen zu überprüfen und weiterzuleiten (oder eben auch nicht).

Es gibt eine Vielzahl von Proxies für Linux. Der wohl bekannteste, da mit Linux mitgelieferte, ist das Tool `ipchains`. SuSE Linux hat ein sehr gut durchdachtes Firewall-Script entwickelt, das es auch dem Heimanwender gestattet, mit minimalem Aufwand sein System zu sichern. Sehen Sie hierzu bitte in der mitgelieferten SuSE-Hilfe nach. Ein paar weitere Beispiele sind:

- ✔ TIS Internet Firewall Toolkit `ftp://ftp.tis.com/pub/firewalls/toolkit`
- ✔ SOCKS Toolkit `ftp://coast.cs.purdue.edu/pub/tools/unix/socks` für Dienste auf TCP-Basis
- ✔ UDP Packet Relayer `ftp://coast.cs.purdue.edu/pub/tools/unix/udprelay` für Dienste auf UDP-Basis

## Mein System wurde attackiert. Was soll ich tun?

Als Allererstes: Keine Panik! Wenn Sie sicher sind, dass Ihr System angegriffen wurde, ist es das Beste, es erst mal bis zur Beseitigung des Problems vom Netz zu nehmen. Unter vom Netz nehmen verstehe ich physisch trennen, also das Netzwerkkabel ziehen! Wie aber erkennen Sie, ob Sie attackiert wurden? Das ist meistens gar nicht so einfach und erfordert schon einiges an Erfahrung und Übung. Es gibt leider keine Alarmsirenen, die aufheulen, wenn jemand Ihren Grund und Boden unrechtmäßig betritt.

Folgende Situationen sollten Sie hellhörig machen:

- ✔ Es tauchen neue Usernamen und Kennungen auf, die Sie niemals eingerichtet haben.
- ✔ Es werden Kennungen benutzt, und das, obwohl der betreffende User zurzeit gar nicht anwesend ist (z.B. hat er Urlaub).
- ✔ Das System läuft langsamer als sonst (weil jemand Ihre Ressourcen benutzt).
- ✔ Das System stürzt aus unerfindlichen Gründen ab und zu einfach ab, weil der Eindringling dies beabsichtigt oder beim Bereinigen von Spuren aus Versehen etwas beschädigt hat.
- ✔ Log-Dateien sind nicht mehr vorhanden, oder aber es fehlen die Einträge für längere Zeiträume (die Spuren enthalten können).
- ✔ Sie erhalten Beschwerden von anderen Systemen (weil der Eindringling sie vielleicht unter Ihrem Namen attackiert).

Natürlich sind dies nur Beispiele. Allgemein gilt, dass alles, was außergewöhnlich und seltsam ist, einen wachsam werden lassen sollte. Manchmal gibt es noch viel subtilere Anhaltspunkte. Eine einfache Regel gibt es leider nicht.

Überprüfen Sie regelmäßig Ihr System, seien Sie nicht leichtsinnig in der Vergabe von Zugängen und Passwörtern, lassen Sie es nicht zu, dass mehr Information aus Ihrem LAN nach außen gelangt als unbedingt notwendig.

## Kann ich mein System überprüfen?

Es gibt einige Programme, die sowohl dem Eindringling als auch dem Systemverwalter nützlich sein können. Klingt vielleicht paradox, ist aber so. So gibt es z.B. das Programm `crack`, das Passwörter checkt. In den Händen eines Eindringlings kann es schnell leicht zu erratende Passwörter knacken, in den Händen eines Systemadministrators, der es regelmäßig laufen lässt, kann es Aufschluss über unzureichende Passwörter seines Netzwerks geben.

- ✔ **Crack**: wird benutzt, um Passwörter zu knacken. Es ist immer wieder beeindruckend, wie schnell die User ihr Passwort ändern, wenn Sie ihnen eben mal schnell ihr ach so sicheres Passwort mitteilen.
- ✔ **COPS**: Ein Tool von Dan Farmer, das Zugriffsrechte verschiedener Verzeichnisse und Dateien überprüft und eventuelle Sicherheitsrisiken aufzeigt.
- ✔ **SATAN**: wurde programmiert von Dan und Wietse Venema (derselbe, der auch den `tcpd` geschrieben hat). Es attackiert Ihr Netz genauso, wie es ein Eindringling machen würde, verrät Ihnen aber hinterher, wo die Schwachstellen sind und wo ein Einbruch möglich gewesen wäre.
- ✔ **tcpdump**: zeigt Ihnen die Netwerkaktivität auf Ihrem Rechner. Es zeigt Ihnen, was genau auf Ihrem Netzwerk transportiert wird.

## An wen kann ich mich wenden?

Da das Internet niemandem gehört, ist es meistens auch schwierig, etwas zu unternehmen. Sie können ja nicht einfach zur Polizei laufen. Wenn Sie einen Eindringling erwischt haben, heben Sie sämtliche Beweise des Einbruchs auf und löschen sie nicht einfach! Vielleicht haben Sie später eine Chance, bestimmte Ansprüche geltend zu machen. Die Wahrscheinlichkeit ist gering, aber sie ist gleich null, wenn Sie alles löschen.

Als Allererstes sollten Sie das System vom Netz nehmen, um weiteren Schaden zu vermeiden. Weiterhin überprüfen Sie die Kennung, unter der der Eindringling in Ihrem Netz war. Hatte er einen eigenen Login, entfernen Sie diesen sofort und komplett (vergessen Sie hierbei nicht eventuelle `.rhost`-Einträge o.Ä. aus anderen Verzeichnissen!). Sehen Sie nach, ob noch Trojaner versteckt sind. Auch die oben angesprochene Suche nach Programmen mit SUID kann helfen.

Schicken Sie auf keinen Fall Daten über den Eindringling übers Netz! Vermeiden Sie E-Mails, da der Angreifer mit hoher Wahrscheinlichkeit Ihre E-Mails mitliest. Haben Sie die IP-Adresse des Angreifers, sehen Sie in der Whois-Datenbank nach, wem das System gehört:

```
root@linux:~> whois -h rs.internic.com domainame.des.einbrechers
```

Dieses Kommando zeigt Ihnen eventuell den Betreiber dieser Domain. Handelt es sich um einen seriösen Betreiber, wird er Ihre Beschwerde ernst nehmen und den betreffenden Zugang sperren.

Informieren Sie Ihren Systemadministrator, sollte Ihnen das in einem größeren Netz (wie z.B. Ihrem Firmennetz) passiert sein. Möglicherweise sind noch andere davon betroffen und haben es unter Umständen noch gar nicht bemerkt.

## Es gibt also viel zu tun!

Sie haben in diesem Kapitel gesehen, wie einfach es sein kann, ein System zu attackieren, und das waren noch längst nicht alle Methoden, die es gibt. Clevere Cracker erfinden fast jeden Tag neue Möglichkeiten. Oft dienen Programmierfehler in bestimmten Tools dazu, das System anzugreifen. Diese Programme, die beispielsweise als SUID laufen, werden dazu gebracht, abzustürzen. Wenn das Programm als `root` lief, haben Sie danach z.B. eine `root`-Shell, und schon haben Sie ein Problem. Software ist nicht fehlerfrei! Achten Sie auf Hinweise auf Sicherheitslücken in bestimmten Programmen. Gute Anlaufpunkte hierfür sind:

- ✔ `http://www.rootshell.com`
- ✔ `http://www.slashdot.org`
- ✔ `http://www.suse.de`

Sollten Sicherheitsprobleme auftauchen, werden Sie hier darüber informiert. Der SuSE-Server bietet Ihnen in diesem Fall auch die Möglichkeit (mit YaST2), einen Patch (Flicken) des jeweiligen Programms herunterzuladen.

# Teil IV

# Keine Panik! Hilfe und Informationen

*»Ja, normalerweise bin ich größer und beeindruckender, aber das hier ist nur ein 386er System.«*

## In diesem Teil ...

Hier werden Sie geholfen! Wo finde ich was? Wie kann ich mir einen Überblick über mein System verschaffen? Welche Hilfsmittel und Tools stellt mir Linux zur Verfügung? Dieser Teil beschäftigt sich mit den häufigsten Fragen und Problemen rund um die Verwaltung Ihres neuen Systems. Was in diesem Teil nicht fehlen darf, sind die zahlreichen Grüppchen und Kreise, die sich im Internet gebildet haben. Linux User Groups, so genannte LUGs, schießen wie die Pilze aus dem Boden. Hier treffen sich Freunde dieses Systems, um sich in ihrer Freizeit gegenseitig zu helfen, Programmiererfahrungen und Ideen auszutauschen und natürlich, um Neueinsteigern zu helfen!

Auch SuSE bietet Ihnen viele Informationen rund um Ihr Linux an. Scheuen Sie sich nicht, bei Fragen zu SuSE Linux den Support zu belästigen (denn dafür ist er schließlich da), oder auch einmal selber auf die Support-Seiten zu gehen. Diese sind wirklich umfangreich und werden Ihnen sicher 90% aller Probleme lösen können.

# Sie optimieren das System

18

### In diesem Kapitel

- RAM – man kann nie genug haben
- Überprüfen der Systemressourcen
- Wir kümmern uns um Module
- Linux hört die Signale

Sie haben am Anfang eine SuSE-Standardinstallation vorgenommen. Es ist klar, dass diese so ausgelegt ist, dass sie auf jedem Rechner läuft. Nun liegt es an Ihnen, das System zu optimieren und an Ihre Bedürfnisse anzupassen.

Die Grundregel beim Anpassen lautet:

*Alles, was man nicht braucht, muss raus. RAM, RAM und noch mehr RAM!*

Früher wurde am RAM hinten und vorne gespart, da einfach die Preise für RAM sehr hoch waren. Mittlerweile ist das nicht mehr der Fall und jeder, der beim RAM spart, schadet sich selbst. Für einen normalen Arbeitsplatz-Rechner empfehle ich Ihnen auf jeden Fall, ca. 128 MB RAM in Ihrem Computer zu installieren. Schaden tut es sicher nicht. Bevor Sie Ihre CPU (also den Prozessor, Pentium III o.Ä.) aufrüsten, kümmern Sie sich lieber um mehr RAM: Der Grund ist folgender: Eine schnellere CPU beschleunigt die Rechenleistung des Computers, das ist richtig. Allerdings ist das nicht das Problem, vor dem Sie stehen. Auch eine schnelle CPU nützt gar nichts, wenn sie dauernd swappen *muss*. Rechenintensive Sachen werden beschleunigt, aber wenn Sie nicht gerade vorhaben, komplizierte Primzahl-Berechnungen oder ähnliche Prozessor-intensive Leistungen durchzuführen, ist die Installation von mehr RAM auf jeden Fall vorzuziehen.

Eine schnellere CPU beschleunigt die Rechenleistung.

Mehr RAM beschleunigt die Zugriffszeiten und damit die Darstellung.

So, wie geht das also? Fangen wir an mit dem RAM.

## RAM - Der Hauptspeicher

Sicher sind Sie schon mal über dieses Wort gestolpert. Was heißt eigentlich RAM? RAM steht für *Random Access Memory*. Auf Deutsch nennt sich das schlicht *Hauptspeicher*. Alle Programme, die Sie laden, werden erst einmal in den RAM geladen und von dort aus ausgeführt. Daraus ergibt sich unweigerlich, dass Sie viel RAM brauchen, wenn Sie viele Programme gleichzeitig laufen lassen. Hat der Rechner zu wenig RAM, muss er *swappen*. Was heißt nun das schon wieder? Muss der Rechner mehr in den Speicher laden, als Speicher zur Verfügung steht, hat er zwei Möglichkeiten: Er stürzt ab oder er lagert alles auf Platte aus. Auslagern auf Festplatte nennt man *swappen*. Beim Istallieren wählen Sie eine Swap-Partition aus. Genau darauf wird alles ausgelagert, was nicht mehr in den RAM passt. Nun sind die Zugriffszeiten auf die Festplatte um Längen langsamer als der schnelle RAM. Linux ist sehr speicherintensiv, das bedeutet, es braucht viel Speicher.

Mehr RAM beschleunigt den Rechner mehr als eine schnellere CPU.

Wo ist nun dieser RAM und wie erweitere ich ihn? Das ist schon eine technische Aufgabe. In Ihrem Computer befindet sich eine Hauptplatine (das so genannte *Motherboard*, auf Deutsch »Mutterbrett«), mehrere Steckkarten (Grafikkarte, Netzwerkkarte etc.) und im Allgemeinen vier Slots (Schlitze) für den RAM. Das sind diese »schwarzen« Streifen von ca. 5 cm Länge. Bevor Sie den RAM erweitern, müssen Sie ganz genau wissen, welchen RAM Sie haben. Ich empfehle Ihnen, sollten Sie keine Ahnung von Rechner-Architektur haben, dies von einem Freund (der Ahnung haben sollte) oder einem Fachhändler machen zu lassen.

## Swap - Wir lagern Prozesse aus

Wie oben schon erwähnt, nutzt Linux Teile der Festplatte aus, um zu swappen. Hat der Rechner nicht genügend Speicher, um alle geladenen Programme und Treiber im Speicher zu halten, dann bleibt ihm nichts anderes übrig, als Prozesse zu swappen. Linux geht hier so vor, dass Prozesse, die am wenigsten benutzt werden, kurzfristig auf Platte ausgelagert werden. Prinzipiell können Sie ungenutzte Prozesse auch in ein Swapfile wie bei Windows auslagern. Dies hat jedoch den Nachteil, dass Sie für eine Datei noch ein Filesystem benötigen. Dies ist eine zusätzliche Schicht (auch Layer genannt), und daher ist der Zugriff auf Files noch langsamer als auf Partitionen.

Windows verwendet eine ähnliche Technik. Dort wird ein Swapfile angelegt. Dies hat aber Nachteile.

Da der Zugriff auf die Festplatte langsamer ist als auf Swap-Partitionen, werden Sie es deutlich merken, wenn die CPU swappt. Dies ist der richtige Zeitpunkt, daran zu denken, mehr RAM zu installieren. Sie können unter Linux übrigens bis zu 16 Swap-Partitionen anlegen.

## Wie sehe ich nun, ob ich mehr RAM brauche?

Sehen ist hier falsch gefragt, im Allgemeinen hören Sie dies. Wenn Sie zu wenig RAM haben, wird mehr geswappt, das heißt, die Festplatte ist sehr aktiv und »tut dauernd etwas«, obwohl Sie gar nichts auf Platte speichern.

Natürlich gibt es unter Linux auch Tools, die Ihnen klaren Aufschluss über Ihre Speicherressourcen geben und die Ihnen rücksichtslos alles mitteilen, was Ihren Speicher momentan aufbraucht. Diese Tools werde ich hier vorstellen. Die meisten dieser Programme sind kommandozeilenbasierte Tools. Es gibt aber auch eine KDE-Variante, die zwar nicht so aussagekräftig ist wie die echten Linux-Tools, aber schon mal einen groben Anhaltspunkt liefern. Ich werde Ihnen hier die Tools `free`, `vmstat` und `procinfo` vorstellen. Zusätzlich werde ich Ihnen noch zwei KDE-Tools (`kpm` und `systemmonitor`) sowie `xosview` vorstellen.

## free – Wie viel Speicher ist noch frei?

`free` zeigt Ihnen, wie viel RAM installiert ist (hier erkennen Sie auch, ob Linux Ihren gesamten RAM gefunden hat, siehe Abbildung 18.1), über wie viel Swap Ihr System verfügt und wie der vorhandene Speicher gerade benutzt wird. Ganz rechts sehen Sie auch, wie viel Daten zurzeit im Speicher sind und gecachet werden. Viel mehr sagt Ihnen `free` nicht.

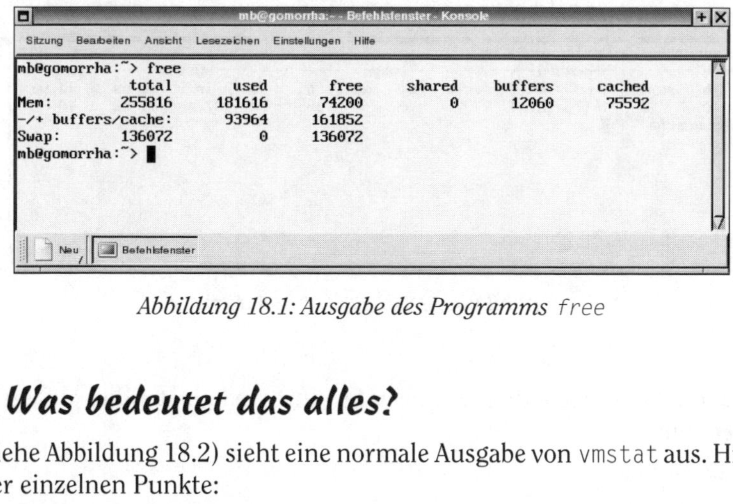


*Abbildung 18.1: Ausgabe des Programms* `free`

## vmstat – Was bedeutet das alles?

So in etwa (siehe Abbildung 18.2) sieht eine normale Ausgabe von `vmstat` aus. Hier eine kleine Erklärung der einzelnen Punkte:

| Anzeige | Bedeutung |
|---|---|
| `r` (run) | Zeigt Ihnen an, wie viele Programme laufen würden, wenn die CPU ausreichend Rechenleistung hätte. Je höher diese Zahl, desto langsamer Ihr System. |
| `b` (blocked) | Zeigt an, wie viele Programme auf besondere Ereignisse, meist Festplattenzugriffe, warten. Diese Programme könnten auch nicht weiterlaufen, wenn genügend CPU-Zeit vorhanden wäre. |

| Anzeige | Bedeutung |
|---|---|
| `w` | Zeigt alle Programme an, die ausgelagert sind, also geswappt. |
| `swpd` | Der benutzte virtuelle Speicher in Kilobyte |
| `Free` | Der ungenutzte echte RAM-Speicher |
| `Buff` | Die Größe der Speicherbereiche, in der die Ein-/Ausgabepuffer liegen |
| `Cache` | Die momentane Speichergröße für den eingebauten Festplattencache |
| `si` (swap in) und `so` (swap out) | Zeigt die Speicherbereiche an, die auf Festplatte ein- oder ausgelagert werden. |
| `bi` (block in) und `bo` (block out) | Deutet auf Festplatten-Aktivität hin. |
| `in` | Zeigt die Anzahl der Interrupts (Unterbrechungen für die Bearbeitung von Hardware-Anforderungen) pro Sekunde an. |
| `cs` | Das ist die Anzahl der Taskwechsel pro Sekunde, das heißt, wie oft von einem Programm zu einem anderen geschaltet wird. |
| `us`, `sy`, `id` | `us` ist der von Programmen genutzte, `sy` die vom System genutzte und `id` die ungenutzte Prozessorzeit. |

*Tabelle 18.1: Bedeutung der `vmstat`-Ausgabe*

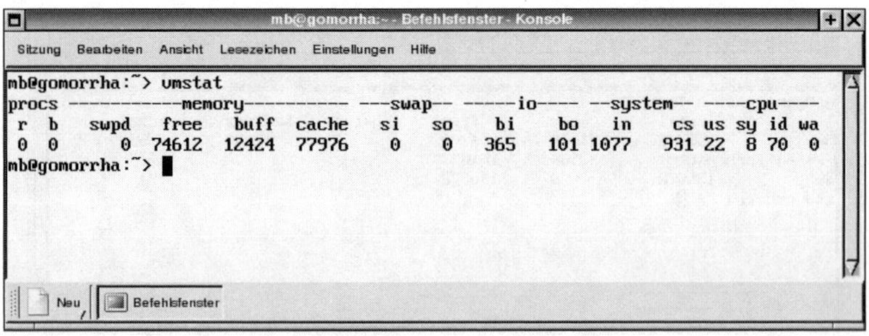


*Abbildung 18.2: `vmstat` in Aktion*

Wenn bei `b` zu viele Programme aufgeführt sind, deutet dies auf ein anderes Problem hin.

## procinfo – Wir lesen /proc

Unter Linux gibt es ein `/proc`-Verzeichnis. Dies ist ein virtuelles Verzeichnis und es kann nicht beschrieben werden. Es dient rein dazu, die Systemressourcen abfragen zu können. Eines der Tools, die dies tun, ist `procinfo`.

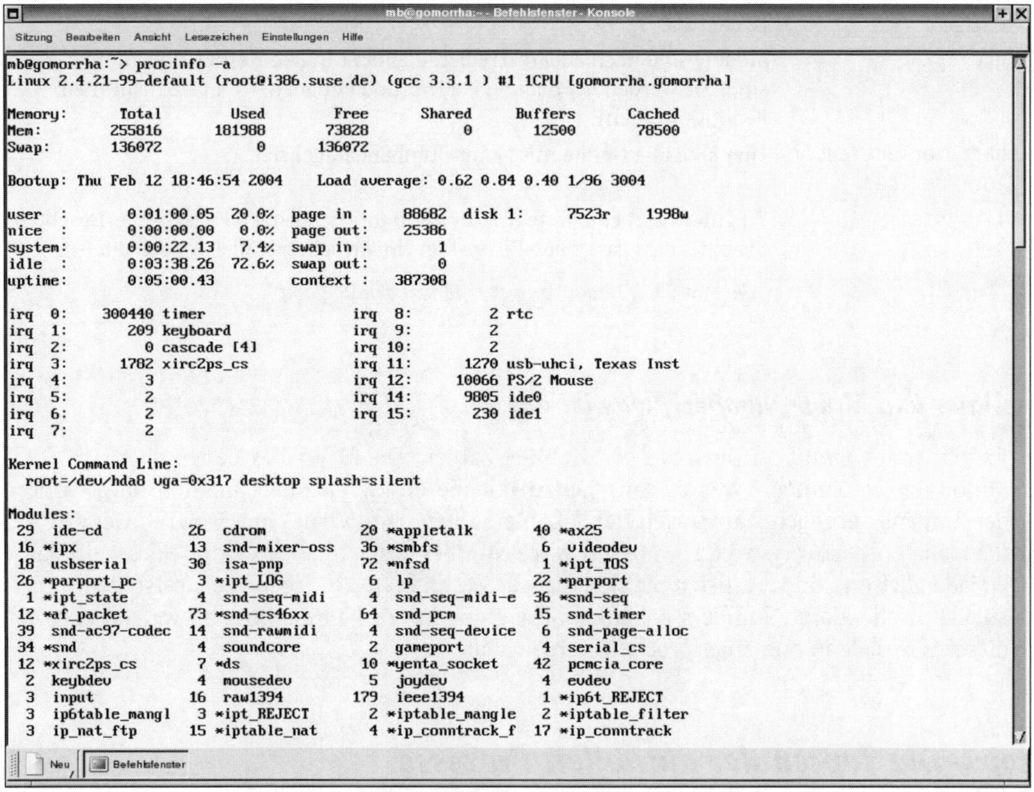


*Abbildung 18.3: Komplexere Ausgabe von* `procinfo`

Hier wurde `procinfo` mit dem Parameter `-a` aufgerufen (siehe Abbildung 18.3; `procinfo` gibt mehr aus, als auf diesen Screenshot passt, daher ist er hier etwas verkürzt dargestellt). Die ersten Zeilen sind mehr oder weniger identisch mit `vmstat`.

| Anzeige | Bedeutung |
|---|---|
| `bootup` | Zeigt an, wann das System das letzte Mal gebootet wurde. Kann als Sicherheitsindikator dienen, um festzustellen, ob jemand anderes in der Zwischenzeit Ihren Rechner gebootet hat. |
| `load average` | Zeigt die durchschnittliche Systemauslastung an. |
| `IRQs` (Interrupts) | Zeigen an, wie oft auf dem entsprechenden Gerät eine Ein-/Ausgabe bearbeitet wurde. Jede Hardware (Steckkarte) hat ihren eigenen Interrupt, um mit der CPU zu kommunizieren. |
| `Kernel Command Line` | Zeigt die Daten an, die dem Kernel während des Bootens übergeben wurden. Weiterhin zeigt es an, dass die Partition `ro`, also readonly gemountet wurde, um einen Filesystemcheck durchzuführen (das geht nur, wenn sie readonly gemountet ist). |

| Anzeige | Bedeutung |
|---|---|
| `Modules` | Module sind nachladbare Treiber, die nicht in den Kernel eingebunden sind. Sie werden bei Bedarf geladen (und entladen, wenn sie nicht mehr benötigt werden). |
| `Character Devices / Block devices` | Hier sind alle Geräte mit Major numbers aufgelistet. |
| `Filesystems` | Zu guter Letzt eine Liste der zur Verfügung stehenden Filesysteme. Beachten Sie bitte, dass das `/proc`-Filesystem ein virtuelles ist (daher auch die `[]`). |

*Tabelle 18.2: Bedeutung der `procinfo`-Ausgabe*

### Major und Minor Numbers, was ist das?

Es gibt unter Linux bei Devices zwei wichtige Zahlen: Die Major Device Number und die Minor Device Number. Was es ganz genau mit diesen zwei Zahlen auf sich hat, würde den Umfang sprengen. Nur soviel: Beide Zahlen teilen dem Kernel mit, welches Gerät E/A (Eingabe/Ausgabe) erwartet. Die Major Device Number bezeichnet eine Geräteklasse für das zu ladende Kernelmodul (listen Sie sich mal alle Festplatten auf, Sie werden feststellen, dass sie identische Major Numbers haben), während die Minor Number angibt, welches Gerät dieser Klasse denn nun angesprochen werden soll.

## top – Die Topten der aktuellen Prozesse

Wollen Sie direkt sehen, welches Programm den meisten Speicher frisst? Starten Sie `top` in einem Konsolenfenster und Sie werden sehen, was genau abgeht. Abbildung 18.4 zeigt Ihnen ein `top`-Fenster.

## xosview – Alt, aber sehr nützlich

`xosview` ist ein kleines, aber sehr hilfreiches Tool, um immer auf dem letzten Stand der Dinge zu sein. Starten Sie es und lassen Sie es während Ihrer gesamten X-Sitzung mitlaufen und werfen Sie ab und zu mal einen Blick darauf (Abbildung 18.5). `xosview` zeigt ständig den genutzten RAM, Swap Space, Systemload und Zugriffe auf Festplatte und Netzwerk an.

## kpm – K Process Manager

`kpm` (Abbildung 18.6) ist mehr oder weniger eine grafische Variante des oben erwähnten `top`. Es zeigt alle laufenden Prozesse an, wobei die speicherintensivsten oben gelistet sind (daher `top`). `kpm` bietet ein bisschen mehr. Unter Linux haben Sie die Möglichkeit, Prozesse zu »killen«, wenn Sie sie nicht mehr brauchen oder wenn Sie feststellen, dass der Prozess »hängt«.

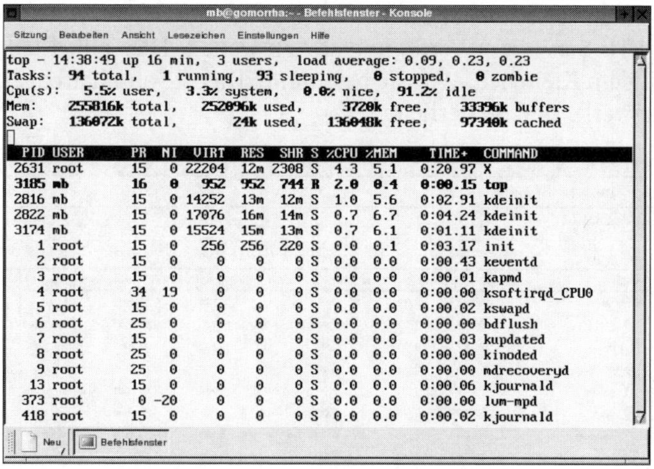


*Abbildung 18.4: Wer frisst hier meine Rechenzeit?*

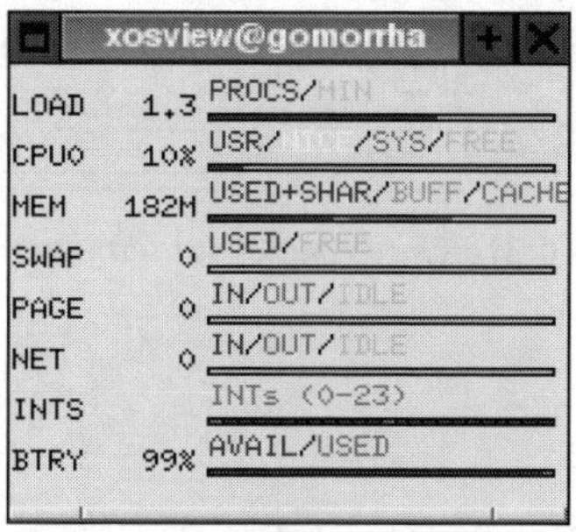


*Abbildung 18.5:* `xosview` *sollte immer mitlaufen, um auf dem aktuellen Stand zu sein.*

Sie können bestimmte Signale an Linux-Prozesse schicken. Einer davon ist das so genannte SIGKILL (signal kill). Damit können Sie jeden Prozess abschießen (vorausgesetzt, Sie sind der Eigentümer). Auf diese Signale gehe ich am Ende des Kapitels noch mal kurz ein, damit Sie die wichtigsten kennen lernen. Jedenfalls bietet Ihnen `kpm` auch die Möglichkeit, Prozesse zu beenden.

## Jetzt wissen Sie, was gerade auf Ihrem Rechner passiert

Nun können Sie anhand des Gelernten feststellen, ob Sie ausreichend Speicher haben oder noch zusätzlich am System etwas ändern müssen. Sie können nun auch erkennen, welche Prozesse viel Speicher fressen.

Es gibt noch andere Stellen, an denen Sie schrauben können. SuSE startet per Default sehr viele Systemdienste. Auch hier können Sie Zeit sparen, wenn Sie eben nur die Dienste starten, die Sie auch tatsächlich verwenden. Es macht wenig Sinn, einen FTP-Daemon laufen zu lassen, wenn Sie keinen FTP-Server zur Verfügung stellen wollen. Hier gilt: Kleinvieh macht auch Mist, also weg mit dem Kleinvieh. Wie Sie bestimmte Dienste abschalten, erfahren Sie in den Kapiteln über Netzwerke und Sicherheit.

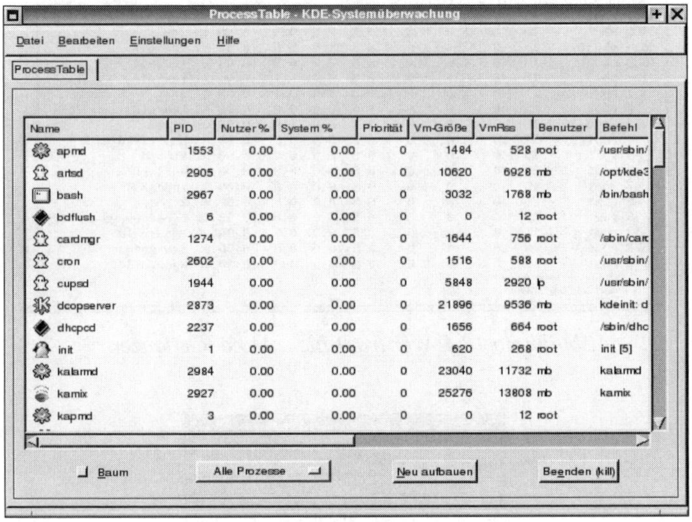


*Abbildung 18.6: Welche Prozesse laufen eigentlich gerade?*

# Was sind Module?

Treiber kennen Sie bestimmt. Natürlich benötigt auch Linux Treiber für die verschiedensten Hardware-Bausteine etc. Während bei Windows diese Treiber von den Hardware-Herstellern geliefert werden, sind sie bei Linux standardmäßig schon alle dabei. Früher mussten alle Treiber direkt in den Kernel hineinkompiliert werden, was natürlich zu einem aufgeblähten System führte und auch wenig Sinn machte, da man ja nicht alle Treiber permanent braucht. Mit *Modulen* wurde dann ein Treiberladen »on demand« (wenn man's braucht) möglich. Diese Module können zur Laufzeit des Rechners ge- bzw. entladen werden.

Um zu sehen, welche Module zurzeit geladen sind, gibt es den Befehl `lsmod`. Sie können, wie Sie oben gesehen haben, auch `procinfo` verwenden. Normalerweise müssen Sie sich nicht um die Treiber kümmern; sie werden automatisch von Linux geladen, wenn sie benötigt werden.

Die Konfigurationsdatei der Module nennt sich `modules.conf` und befindet sich unter `/etc` (wo sonst?).

Schnappen Sie sich einen Editor und öffnen Sie diese Datei. Sie sollten darin eine Zeile sehen, die in etwa so aussieht:

```
alias eth0 ne
```

und ein bisschen weiter unten (suchen Sie danach):

```
options ne io=0x300 irq=5
```

Es handelt sich um den Moduleintrag für ein Netzwerkinterface. In diesem Fall für das erste (`eth0`). `ne` steht für das Modul einer NE2000-Netzwerkkarte. Mit den Optionen teilen Sie Linux mit, welche Werte es für diese Karte nehmen soll. In diesem Fall wäre das 0x300 für die Basisadresse (I/O) und 5 für den Interrupt (IRQ). Bei den meisten PCI-Karten ist die Angabe der Optionen nicht mehr nötig. Sie brauchen sich keine Sorgen zu machen. Diese Datei werden Sie im Normalfall nicht editieren müssen, YaST2 kümmert sich darum. Sollten Sie aber später mehr mit Linux machen, dann werden Sie sicher nicht darum herumkommen, sich mit dieser Datei vertraut zu machen.

Sie können jederzeit ein Modul probeweise laden:

```
mb@linux:~> modprobe -v Modul_Name
```

Die Fehlermeldungen (und auch alle anderen Modulmeldungen) können Sie auf Konsole 10 (Alt+F10) verfolgen. Müssen Sie an ein Modul Optionen übergeben, so fügen Sie diese einfach hinten an, und zwar so:

```
mb@linux~:> modprobe -v ne io=0x300 irq=5
```

# Signale unter Linux - Wozu?

Ich erwähnte vorhin, dass Sie unter Linux die volle Kontrolle über alle laufenden Prozesse auf Ihrem Rechner haben.

Jeder Prozess bekommt beim Starten eine PID (Process-ID) zugewiesen. Mittels dieser ID können Sie nun bestimmen, was mit dem Prozess geschehen soll. Ich werde hier nicht alle Signale erwähnen, nur die wichtigsten.

## kill - Weg mit dem Prozess!

Ein Beispiel aus der Praxis. Der beliebte Mozilla-Webbrowser (auf ihn komme ich auch noch) tendiert ab und zu dazu, hängen zu bleiben, und zwingt damit die Auslastung des Rechners gewaltig in die Knie. Sehen Sie sich in solch einem Fall mal `top` oder `kpm` an, und Sie werden feststellen, dass das Programm geradezu alle CPU-Zeit frisst. Was nun? Unter Windows ganz klar: Reboot! Unter Linux haben Sie jedoch die Möglichkeit, den Prozess zu beenden.

Alle Linux-Programme reagieren auf Signale. Das Signal *9* sorgt dafür, dass der Prozess ohne Nachfrage gekillt wird. Dazu müssen Sie aber erst die PID des Prozesses herausfinden. Wie geht das? Nun, `top` und `kpm` zeigen Ihnen ganz links die PID der Prozesse. Merken Sie sich diejenige, die Sie vorhaben zu killen, und dann tippen Sie:

```
mb@linux~:> kill -9 PID
```

Das war's! Danach ist der Prozess (z.B. Netscape) weg, und der Rechner läuft wieder normal. Es gibt auch zum Killen mehrere Signale. SIGKILL (also die 9) beendet den Prozess, ohne nachzufragen, ob er noch etwas speichern möchte. Es gibt auch Signale, die den Prozess ohne Nachfragen beenden oder vorher andere Optionen ausführen.

## Starte neu – Lese dein Konfig-File neu ein

Signale sind nicht nur destruktiv, nein, Signale können mehr. Haben Sie beispielsweise die Konfiguration des `inetd` geändert (das wird im Kapitel über Sicherheit behandelt), dann müssen Sie nicht den Rechner neu starten, um dem Daemon die Änderungen mitzuteilen. Sie schicken ihm einfach ein Signal, in diesem Fall das *Signal 1* (oder *SIGHUP* genannt). Nun liest das Programm seine Konfigurationsdatei neu ein und startet neu. Ist doch praktisch, oder?

## Weitere Signale

Wie Sie in  sehen, gibt es sehr viele Signale. Wenn Sie genau wissen möchten, was diese tun, so lesen Sie bitte in der Hilfe zu `kill` nach. Beachten Sie bitte auch, dass viele dieser Signale mit Vorsicht zu genießen sind, wenn man nicht genau weiß, was sie tun.

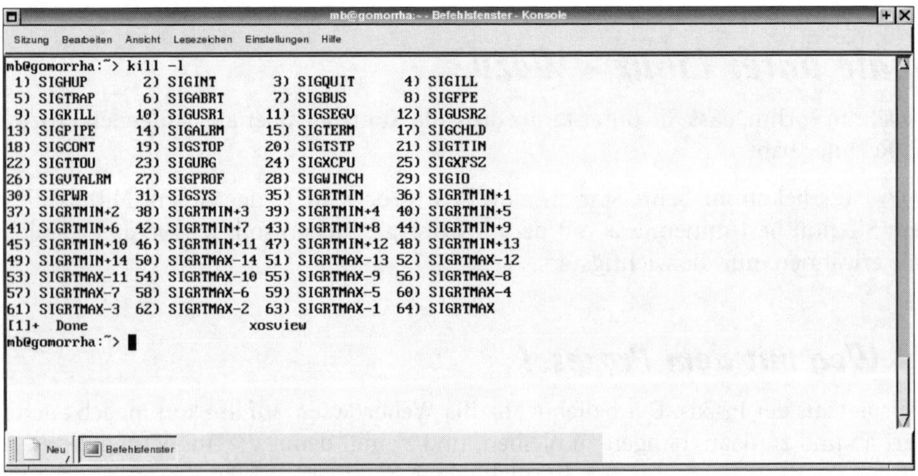


*Abbildung 18.7: Eine Ausgabe von* `kill -l`

Die beiden Signale 1 und 9 werden Sie hingegen sehr häufig brauchen.

# Wo und wie bekomme ich Hilfe zu Linux?

19

### In diesem Kapitel

- Welche Hilfemöglichkeiten gibt es unter Linux?
- Nutzen Sie das Web und die verschiedenen Foren
- Schließen Sie sich einer LUG an

Es gibt wirklich unglaublich viel Hilfe unter Linux. Vieles davon wurde damals hauptsächlich für den Systemadministrator geschrieben und enthält daher nur trockene Kommandos – effizient, aber schwierig zu lesen. Nichtsdestotrotz sind eben diese *manpages* die erste Anlaufstelle im Zweifelsfall. Es gibt auch im Netz genügend Gruppen und Websites, die Ihnen Hilfe zu Linux anbieten.

Auch eine lokale LUG (*Linux User Group*) hat schon vielen geholfen. Doch der Reihe nach.

Linux User Groups sind galaktische Vereinigungen von Linux-Usern in einem bestimmten Bereich (z.B. einer Stadt). Hier können Sie sich mit Gleichgesinnten austauschen.

## Die SuSE-Hilfe - SuSE Help Center

Das *SuSE Help Center* sollte die erste Anlaufstelle sein, wenn Sie nicht mehr weiterwissen. Nicht nur, dass es ausführlich das Produkt SuSE Linux erklärt, es bietet darüber hinaus noch eine angenehm zu bedienende Schnittstelle zu den Linux-Hilfesystemen. Sie erreichen das SuSE Help Center durch einen Mausklick auf den kleinen Rettungsring in Ihrer Menüleiste. Beim ersten Start sehen Sie ein Menü wie in Abbildung 19.1.

Wählen Sie aus, was Sie neu erstellen bzw. einrichten wollen.

Das Menü dient Ihnen als Schnittstelle zu den gängigsten Informationsquellen Ihres SuSE Linux. Hier finden Sie viele Informationen. SuSE hat ganze Arbeit geleistet und ein Tool entwickelt, das für den Einsteiger wirklich hilfreich ist.

Trotzdem werde ich Ihnen noch die anderen Möglichkeiten vorstellen, falls Sie sich mal nicht auf SuSE Linux befinden sollten.

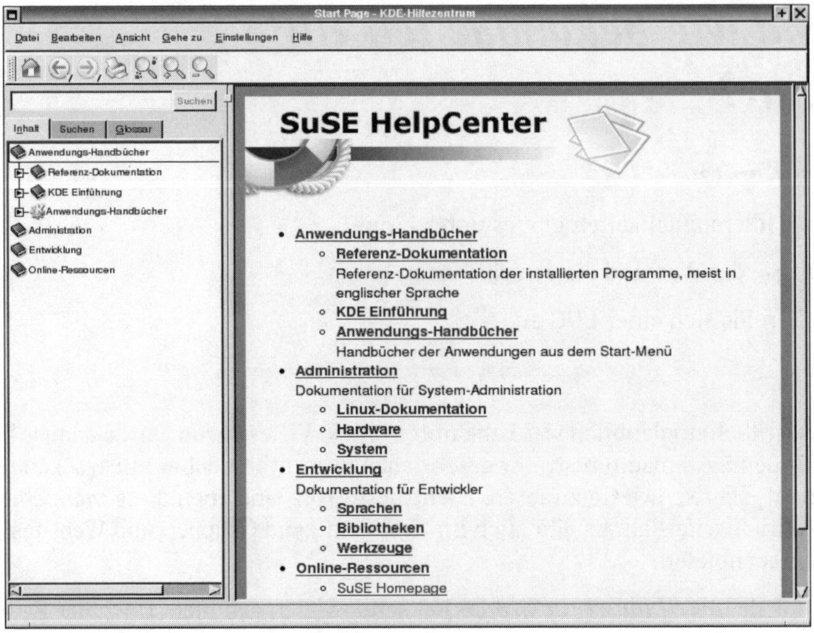


*Abbildung 19.1: Das SuSE Help Center – Erster Start*

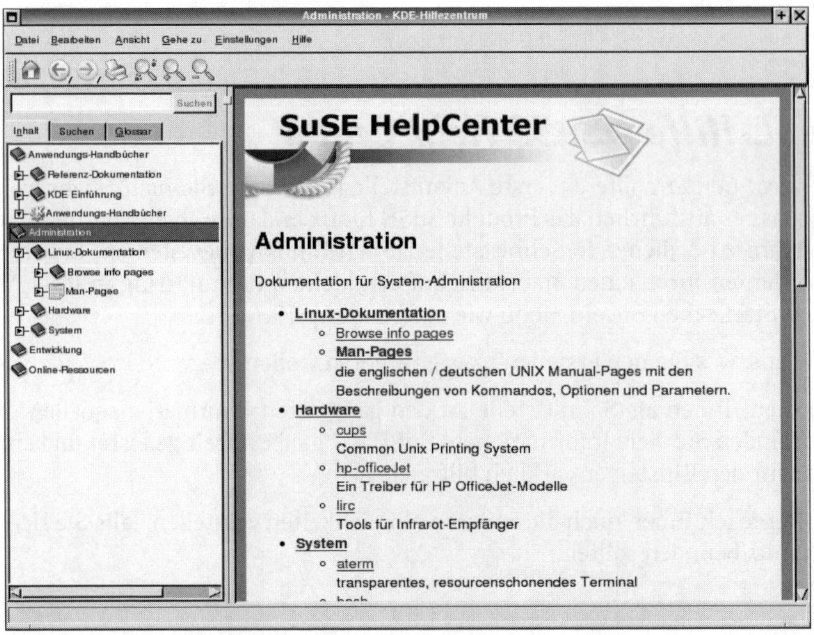


*Abbildung 19.2: Das SuSE Help Center – In Aktion*

## Die Manpages – Hoffnung und Alptraum vieler Newbies

Die wohl ausführlichste Hilfe erhalten Sie in den *Manpages* des jeweiligen Programms. Haben Sie das Programm `tkman` installiert? (Wie das geht neue Software zu installieren, können Sie im Kapitel über YaST nachlesen.) Rufen Sie es durch Drücken von [Strg]+[F2] und Eingabe von `tkman` auf. Geben Sie in die *Eingabezeile* den Befehl ein, nach dem Sie suchen (in diesem Fall habe ich `ls` eingegeben), und `tkman` zeigt Ihnen die *Manpage* dazu an (Abbildung 19.3).

Wenn Sie sich nicht hundertprozentig sicher sind, wie das Kommando hieß, nach dem Sie suchen, können Sie in der Kommandozeile auch einmal den Befehl `apropos` probieren. Geben Sie `apropos` als Argument einen Begriff mit, den Sie suchen.

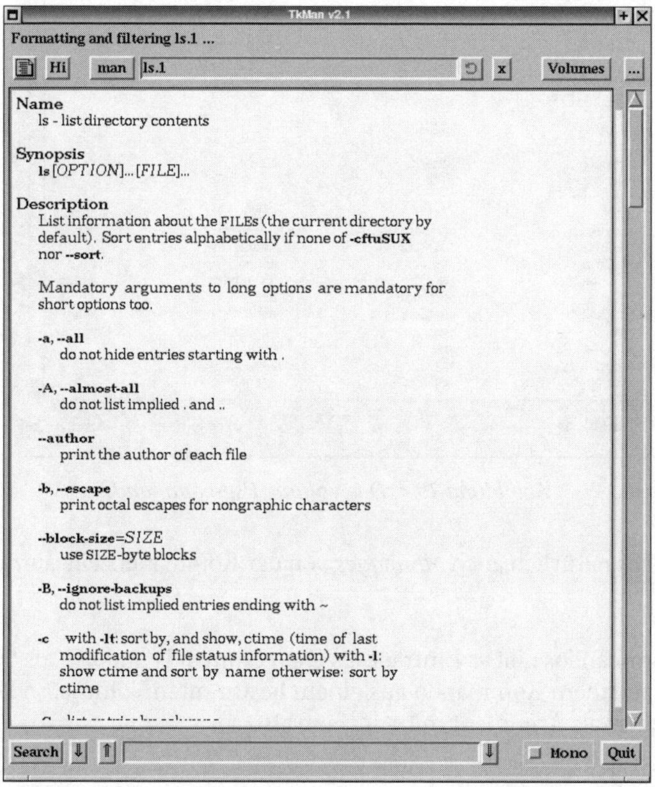


*Abbildung 19.3:* `tkman` *– der grafische Manpage-Browser unter Linux*

Oben rechts sehen Sie den Knopf VOLUMES. *Manpages* unter Linux sind in Gruppen unterteilt. Manche Gruppen enthalten *Systemcommands*, manche *Usercommands* und wieder andere z.B. *Spiele*. Geben Sie hier beispielsweise das Volume 1 (Usercommands) an, so sollten Sie etwas wie Abbildung 19.4 sehen.

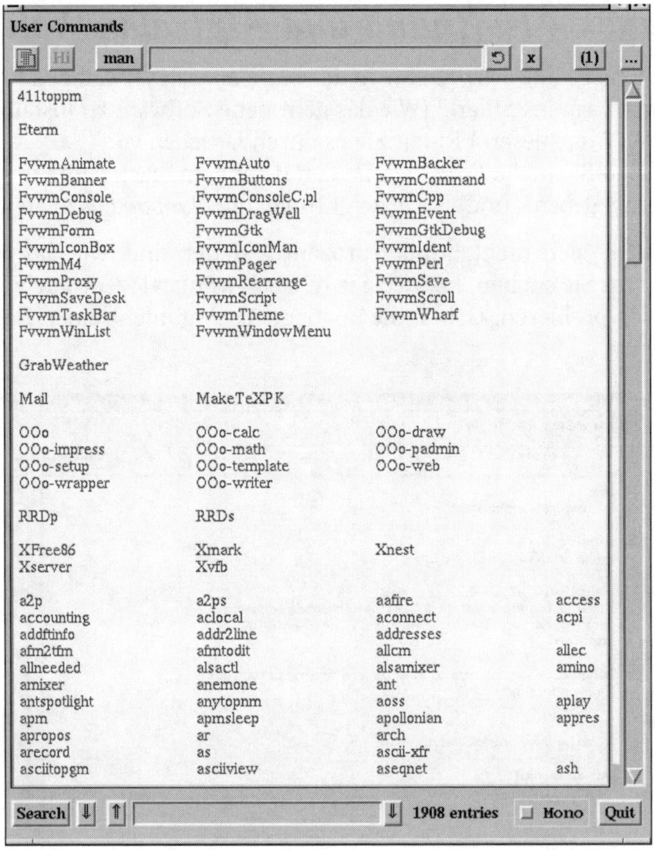


*Abbildung 19.4: Das Volume Usercommands*

Sie können übrigens natürlich auch *Manpages* von der Kommandozeile aufrufen. Das geht so:

```
mb@linux:~> man ls
```

Von manchen Kommandos gibt es Einträge als Usercommands und z.B. als Systemcommands. Wollen Sie Hilfe zu einem Kommando aus einem bestimmten Volume, so können Sie vorher die Volume-Nummer als Argument mit angeben, also so:

```
mb@linux:~> man 1 ls
```

Sie befinden sich dann im Viewer `less` und können das Betrachten der *Manpage* jederzeit durch Eingabe von `q` beenden.

# Info-Dateien - Eine neuere Variante der Dokumentation

Viele Linux-Programme unterstützen auch das `-h` bzw. `-help`-Argument. Starten Sie mal eine Applikation manuell und fügen Sie dieses Argument mit an.

Es gibt noch eine weitere Spezies von Hilfe-Dateien. Dies sind die so genannten *Infofiles*. Info ist einfach ein anderes Format, Hilfedateien darzustellen. Sollten Sie in der *Manpage* zu einem Programm nicht fündig werden, dann probieren Sie es einmal mit den Info-Dateien. Viele Applikationen weisen Sie auch darauf hin, dass die Dokumentation nun als Infofile vorliegt (z.B. wenn Sie `man tar` eingeben).

Installieren Sie das Programm `tkinfo`, falls Sie das nicht schon getan haben, und starten Sie es.

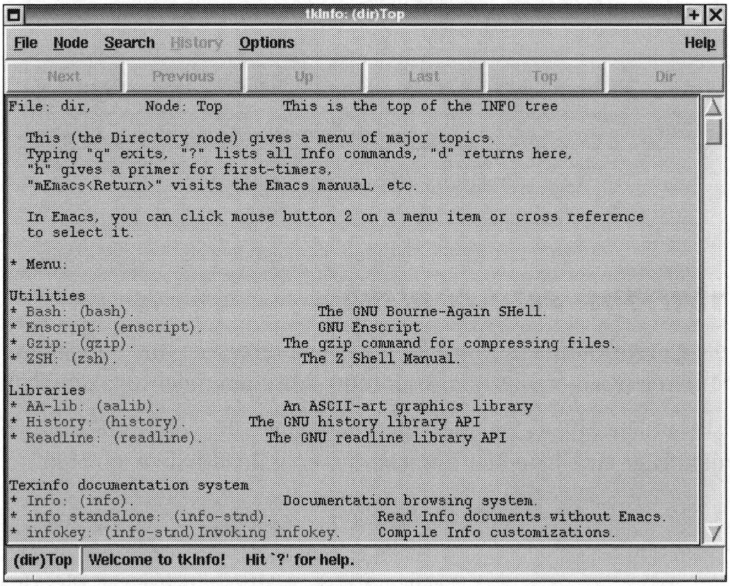


*Abbildung 19.5: `tkinfo` – der Zugang zur Info-Welt unter Linux*

In Abbildung 19.5 sehen Sie den Startbildschirm von `tkinfo`. Klicken Sie nun auf den Eintrag für die `bash`-Shell und Sie erhalten so etwas Ähnliches wie Abbildung 19.6.

Blättern Sie nach Herzenslust und suchen Sie die benötigte Information. Der Editor `emacs` hat übrigens einen eingebauten Info-Viewer. (Wer hätte das gedacht?) Tippen Sie unter `emacs` einfach mal `C-h i`. (Also [Strg]+`hi`.)

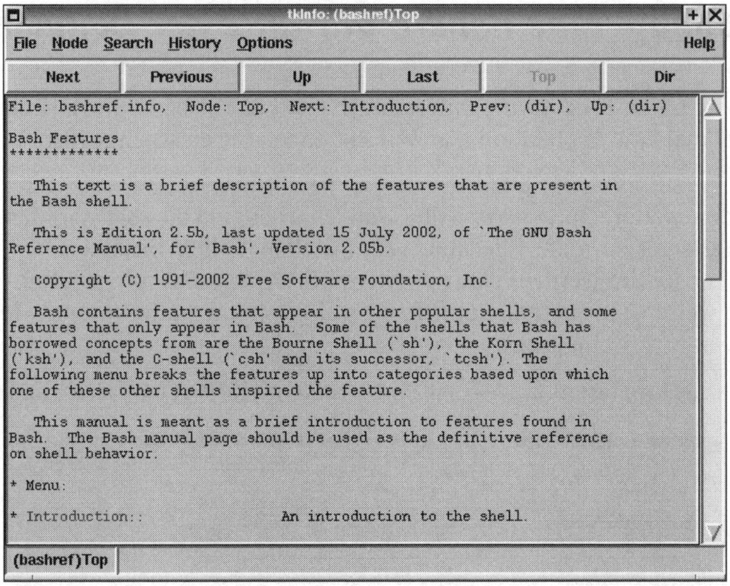


*Abbildung 19.6: Infofile zu* `bash`

# Dokumentationsverzeichnisse

Wo steht nun die ganze Dokumentation? Falls es Sie interessiert und Sie sich eventuell mal die letzten Nachrichten eines installierten Programms ansehen möchten, kein Problem.

Die meisten Pakete haben ihre eigenen Hilfeseiten dabei, die von SuSE Linux natürlich auch installiert werden. Hier eine Liste der Verzeichnisse, in denen Sie nach Hilfe suchen können:

| Verzeichnis | Beschreibung |
|---|---|
| `/usr/share/doc/packages/`*PAKETNAME* | Hier finden Sie die gesamte Dokumentation, die original bei dem Paket *PAKETNAME* dabei war. Dies ist also der erste Anlaufpunkt, wenn Sie genauere Infos über bestimmte Programme haben oder mit dem Autor in Kontakt treten wollen. |
| `/usr/share/doc/howto/de` bzw. `/usr/share/doc/howto/en` | Hier finden Sie die so genannten `howto`-Dateien. `howto` ist Englisch und bedeutet »wie mache ich?« Es gibt hier deutsche und englische `howto`-Seiten. Das SuSE Help Center bietet Ihnen einen angenehmen Zugang zu diesen Dateien. |

*Tabelle 19.1: Dokumentationsverzeichnisse unter SuSE Linux*

## FTP-Server

Es gibt unzählige Software-Archiv-Seiten zu Linux. Die bekanntesten habe ich Ihnen hier aufgelistet. Suchen Sie eine bestimmte Software zu Linux, so ist es zu empfehlen, hier einmal nachzusehen. Aber Achtung, dies sind meistens die Source-Pakete, also keine an SuSE Linux angepassten Pakete. Sie müssten dann wahrscheinlich schon ein bisschen Hand anlegen.

| Website | FTP-Adresse |
|---|---|
| University of North Carolina at Chapel Hill | `sunsite.unc.edu` |
| Massachusetts Institute of Technology | `ftp://tsx-11.mit.edu/pub/Linux` |
| Finnish University and Research Network | `ftp://ftp.funet.fi/pub/Linux` |
| Georgia Tech College of Computing | `ftp://ftp.cc.gatech.edu/pub/Linux` |

*Tabelle 19.2: Verschiedene Linux-FTP-Server*

## Linux-Websites

Auch hier ist die Auswahl groß. Besuchen Sie diese Seiten und Sie werden mit Sicherheit noch weitere finden.

| Beschreibung | Website |
|---|---|
| Das Linux-Magazin im deutschsprachigen Raum. Hier finden Sie weitere Links auf interessante Seiten. | `http://www.linux-magazin.de` |
| Applikationen rund um Linux | `http://www.slashdot.org` |
| Die neuesten Applikationen incl. einer Suchmöglichkeit | `http://www.freshmeat.net` |
| Die internationale Linux-Website | `http://www.linux.org` |

*Tabelle 19.3: Interessante Linux-Websites*

## Linux-Newsgroups

Im Kapitel über das Internet werden kurz Newsgroups erwähnt. Klar, dass es auch eine Reihe von Newsgroups gibt, die sich ausschließlich mit Linux beschäftigen. Es sind wirklich viele, so dass ich hier nur ein paar aufliste.

| Newsgroup | Beschreibung |
|---|---|
| `de.comp.os.linux.hardware` | Eine unmoderierte Newsgroup, die sich mit Fragen und Diskussionen zu Hardware unter Linux beschäftigt; nicht nur PC-bezogen, sondern auch Sparcs, MIPS, PowerPC und mehr. |
| `de.comp.os.linux.networking` | Eine unmoderierte Newsgroup zum Thema Netzwerke unter Linux, incl. aller Arten von Netzen (TCP/IP, PPP, Slip etc.). |

| Newsgroup | Beschreibung |
|---|---|
| `de.comp.os.linux.x` | Eine nicht moderierte Newsgroup rund um das Thema X-Window. |
| `de.comp.os.unix.linux.misc` | Eine unmoderierte Newsgroup, die sich mit Fragen zum Thema Linux beschäftigt, die nicht in einer anderen Newsgroup zu finden sind. |

*Tabelle 19.4: Linux-Newsgroups*

## Linux User Groups (LUGs)

Linux User Groups schießen aus dem Boden wie Pilze. Um eine Übersicht zu bewahren, können Sie alle LUGs auf `http://www.linux.de` suchen.

Starten Sie diese Seite und klicken Sie links auf USER GROUPS, und Sie erhalten eine Liste wie in Abbildung 19.7.

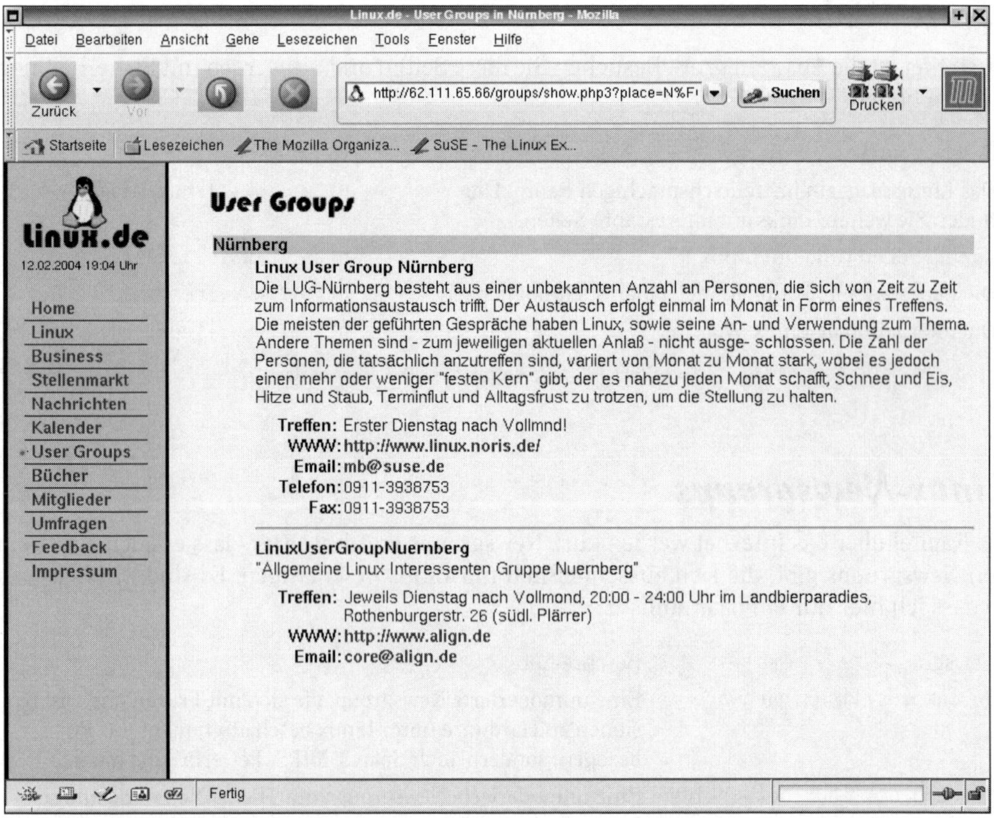


*Abbildung 19.7: Die LUGs auf einen Blick*

Ich glaube, Sie werden Ihre Stadt schon darunter finden.

Linux-User sind sehr kommunikativ und sehr hilfsbereit. Das liegt wohl daran, dass es zu den Linux-Anfangszeiten wenig Informationsquellen gab und man sich gegenseitig helfen musste. Glücklicherweise hat sich diese »Tradition« erhalten. Auch im IRC gibt es spezielle Channels, die nur auf Linux spezialisiert sind. Sind Sie öfters im IRC, dann schauen Sie doch mal auf den Channel `#linuxger`. Und nun viel Spaß mit Linux.

# Teil V

# Der Top-Ten-Teil

The 5th Wave

By Rich Tennant

*»Korrekt, Herr Finanzminister. Er verlangt von der ganzen Welt Lizenzgebühr und wir können nichts dagegen tun.«*

## *In diesem Teil ...*

Und hier kommen wir jetzt zu der berühmt-berüchtigten alte Dummies-Tradition. Die zehn Tops und Flops werden hier nochmals kurz beleuchtet. Dieser Teil ist fürs schnelle Nachschauen gedacht.

# Zehn Tipps und Tricks zu Linux

# 20

### In diesem Kapitel

- Pakete aus dem Internet einspielen
- Dateien betrachten
- Suchen und Finden

Hier finden Sie in guter alter Dummie-Manier die besten zehn Tipps und Kniffe rund um Linux.

## Tarballs installieren

Für `.tgz`-Dateien (auch *Tarballs* genannt), empfiehlt es sich, ein Unterverzeichnis zu erstellen und diese dann dort auszupacken:

```
mb@linux:~> tar xzvf paketname
```

Die meisten `.tgz`-Dateien entpacken sich in ein eigenes Unterverzeichnis. Wenn Sie sichergehen wollen, rufen Sie vorher `tar` mit der Option `-t` (für *test*) auf:

```
mb@linux:~> tar tzvf paketname
```

Wenn das passt, entpacken Sie das Paket und wechseln in das Verzeichnis.

Nun führen Sie folgende Schritte nacheinander aus:

```
mb@linux:~> ./configure
mb@linux:~> make
root@linux:~> make install
```

Für den letzten Befehl müssen Sie `root` sein. Sollte das Paket kein *configure*-Script haben, dann müssten Sie sich durch die sicher enthaltene `INSTALL`-Datei quälen, um zu sehen, wie Sie es installieren müssen.

## RPM-Dateien installieren

`.rpm`-Dateien werden mit dem Kommando `rpm` installiert. Auch hierzu müssen Sie `root` sein.

```
root@linux:~> rpm -i dateiname.rpm
```

## Dateien betrachten/hören/sehen

Es gibt eine Unmenge an Viewern für die verschiedensten Dateitypen. Hier eine Liste der gängigsten Tools:

| Dateityp | Viewer |
| --- | --- |
| `.ps`-Dateien (PostScript) | `kghostview` oder `gv` |
| `.doc` / `.xls` / `.ppt`-Dateien (Microsoft) | StarOffice starten und Datei öffnen |
| `.jpg` / `.tif` / `.gif`-Dateien (Grafiken) | `xv`, `kpaint`, `gimp` |
| `.wav` / `.au` / `.mp3`-Dateien (Sound) | K-Medien-Abspieler |

*Tabelle 20.1: Dateien betrachten/lesen/hören*

## Gezippte Dateien entpacken

Gezippte Dateien (Endung `.gz`) entpacken Sie mit

```
mb@linux:~> gzip -d dateiname.gz
```

## Dateien suchen und finden

Zum Suchen dienen die Programme `find` und `locate`.

```
mb@linux:~> find / -iname dateiname
```

```
mb@linux:~> locate dateiname
```

Der `/` bei dem `find`-Kommando besagt, dass `find` im `root`-Verzeichnis zu suchen beginnen soll (Sie können hier jedes andere Verzeichnis angeben, `/etc` zum Beispiel, wenn Sie nur im `/etc`-Directory suchen möchten).

Der Befehl `locate` ist abhängig von der Installation einer Datenbank, die aber bei SuSE standardmäßig installiert wurde.

## Systeminformationen

Möchten Sie wissen, wie viel Speicher Sie haben oder wie viel Platz die einzelnen Mountpoints benötigen, verwenden Sie `df` (*disk free*).

```
mb@linux:~> df -h
```

Das gibt Ihnen einen Überblick.

## Wie voll ist ein Verzeichnis?

Ab und zu möchten Sie wissen, wie voll ein Unterverzeichnis nun wirklich ist. Geben Sie hierzu `du` (*disk usage*) und den Pfadnamen an.

```
mb@linux:~> du -sh /usr
```

Dies gibt Ihnen die Größe des `/usr`-Verzeichnisses an.

## Wie boote ich mein System?

Hier gibt es zwei Möglichkeiten. Befinden Sie sich unter KDE, beenden Sie diesen und Sie landen im KDM, dem Displaymanager. Dort können Sie unter BEENDEN angeben, dass das System heruntergefahren werden soll.

Befinden Sie sich auf der Konsole, dienen folgende zwei Befehle zum Rebooten und Halten des Systems:

`root@linux:~> shutdown -r` (rebootet das System)

`root@linux:~> shutdown -h now` (fährt das System sauber herunter)

## Wie drucke ich die Datei aus?

Die meisten Linux-Applikationen bieten Ihnen eine grafische Schnittstelle zum Drucken (insbesondere natürlich unter KDE). Wenn Sie sich auf der Kommandozeile befinden, können Sie auch ganz einfach drucken. Tippen Sie dazu:

```
mb@linux:~> lpr dateiname
```

Der Drucker-Daemon `lpd` und das Programm `apsfilter` kümmern sich darum, dass die Datei korrekt gedruckt wird.

## Wie finde ich heraus, ob ein Prozess noch läuft?

Unter Linux gibt es das Programm `ps`. Dieses gibt Ihnen eine Liste aller zurzeit laufenden Programme. Tippen Sie `ps -aux` ein, erhalten Sie eine Liste aller Programme mit zugehöriger PID. Wenn Sie nun diese Ausgabe mittels der Pipe dem Kommando `grep` zuleiten und diesem als Argument das Programm angeben, nach dem Sie suchen möchten (in diesem Beispiel verwende ich Netscape, weil es dazu tendiert, ab und zu abzustürzen, ohne sauber aufzuräumen), kriegen Sie eine Liste aller aktiv laufenden Netscapes.

```
mb@linux:~> ps aux | grep Netscape
```

grep steht für *get regular expression,* das heißt, Sie geben grep an, wonach es suchen soll – in diesem Fall nach Netscape. Nun könnten Sie den gefundenen Prozess mit kill -9 PID abschießen, wenn Sie das möchten.

grep kann auch in Dateien nach Strings suchen. Wollen Sie z.B. alle Einträge aus /etc/passwd finden, die mit root anfangen, tippen Sie: grep root /etc/passwd.

# Die zehn häufigsten Fragen und Fehler

21

### In diesem Kapitel

- Hilfe, mein RAM ist weg!
- Wie werde ich `lilo` wieder los?
- Runlevel
- Und noch mehr ...

Es gibt einige Ereignisse, die lassen einem das Herz gefrieren, und man denkt, nun ist alles aus. Dieses Kapitel beantwortet die zehn häufigsten Fragen und lässt Sie bei plötzlichen Fehlern nicht im Regen stehen.

## RAM ist weg!

*Wieso findet Linux meinen RAM nicht? Ich habe mehr installiert und unter DOS/Windows wird er auch gefunden!*

Es kann passieren, dass Linux nicht den vollen RAM anzeigt. Keine Sorge, Abhilfe naht! Editieren Sie (als `root`) die Datei `/etc/lilo.conf` und fügen Sie folgende Zeile hinzu:

```
append = "mem=128M"
```

Denken Sie an die Boot-Konfiguration unter YaST2 und die Append-Zeile? Sie können diese Zeile ebenso dort eingeben. YaST2 schreibt dies dann in `/etc/lilo.conf`.

Vorausgesetzt natürlich, Sie haben auch 128 MB RAM.

Anschließend müssen Sie `lilo` noch einmal neu starten mit:

```
root@linux:~> lilo
```

Nach dem nächsten Booten wird der volle Speicher angezeigt werden. Das war's.

## lilo wieder loswerden

*Ich habe vergeblich versucht,* `lilo` *wieder loszuwerden, aber es hat nicht funktioniert. Wie geht das?*

Es gibt hier zwei Wege. Der eine ist, `lilo` mit der Uninstall-Option aufzurufen:

```
root@linux:~> lilo -u
```

Der andere ist, den undokumentierten DOS-Befehl (natürlich geht dies nur unter DOS/Windows)

```
fdisk /MBR
```

auszuführen. Dies ersetzt den `lilo`-MBR durch den Standard-DOS-MBR: Haben Sie `lilo` nicht im MBR, sondern im Boot-Sektor der primären Partition erstellt, so müssen Sie mit `fdisk` das *Active Flag* der Partition löschen.

## Ich will nicht gleich in X, sondern auf die Konsole

*Ich möchte nach dem Booten nicht direkt in X landen, sondern X lieber von der Konsole aus starten.*

Linux hat verschiedene *Runlevel*. Runlevel 5 steht für das grafische Login und Runlevel 3 für das textbasierte. Editieren Sie hierzu die Datei `/etc/inittab`.

Sie finden hier zwei Zeilen:

```
# default runlevel
id:5:initdefault
```

Ändern Sie die untere in

```
id:3:initdefault
```

Nun booten Sie im Textmodus.

Sie können dies auch unter YaST einstellen.

Seien Sie hier extrem vorsichtig! Ohne `/etc/inittab` können Sie Ihr System nicht mehr booten. Sie dürfen hier also keinen Fehler machen!

## Ich kann Linux nicht mehr booten

*Ich habe Windows neu installiert und kann seitdem Linux nicht mehr booten. Was muss ich tun?*

Bei jeder Neuinstallation von Windows überschreibt dieses den MBR. Legen Sie die CD ein und booten Sie von CD wie bei der Installation. Anschließend sagen Sie INSTALLIERTES SYSTEM BOOTEN, sobald Sie YaST2 danach fragt. Sobald Sie Linux gebootet haben, loggen Sie sich als `root` ein und starten `lilo`, den Bootmanager, neu:

```
root@linux:~> lilo
```

That's it!

## Dateien sind verschwunden

*Ich habe versehentlich ein paar Dateien gelöscht und seitdem funktioniert Linux nicht mehr richtig. Wie kann ich das rückgängig machen?*

Leider gar nicht. Es gibt unter Linux keine *undo*-Funktion wie in DOS. Es bleibt Ihnen nichts anderes übrig, als zu schauen, ob Sie noch ein Backup besitzen (falls es persönliche Dateien waren). Haben Sie Linux-Systemdateien gelöscht, werden Sie um eine Neuinstallation nicht herumkommen. Alternativ können Sie versuchen herauszufinden, welches Paket fehlt. Wenn Linux einen Fehler meldet und eine Datei fehlt, führen Sie als `root` folgenden Befehl aus:

```
root@linux:~> rpm -qf dateiname
```

Sie erhalten den Namen des Paketes, das diese Datei enthält. Starten Sie YaST2 und installieren Sie das Paket. Wenn auch YaST2 nicht will, müssen Sie das Paket von Hand installieren (einfacher dürfte für Sie eine Neuinstallation sein).

## Windows-Partitionen

*Ich habe eine Windows-Partition und würde diese gerne unter Linux anschauen. Was kann ich tun, um darauf zuzugreifen?*

Normalerweise sollte KDE dies automatisch erkennen. Wenn Sie nicht unter KDE arbeiten oder Ihr Windows-Verzeichnis auf der Kommandozeile sehen wollen, müssen Sie Linux erklären, dass es das Verzeichnis *mounten* soll. Das geht so:

```
root@linux:~> mount -t msdos /dev/hdax /windows
```

Dazu müssten Sie vorher natürlich das Verzeichnis `/windows` anlegen. Für das `x` in `hdax` setzen Sie bitte die Partitionsnummer ein. Wenn Sie sich nicht sicher sind, starten Sie:

```
root@linux:~> fdisk /dev/hda
```

Nun sollten Sie eine Liste der Partitionen sehen. Nehmen Sie die richtige. Danach wechseln Sie zu `/windows`; Sie sollten hier nun Ihre Windows-Dateien sehen.

## Netscape findet die eingegebene URL nicht

*Ich habe Netzverbindung, aber Netscape findet die URLs nicht, die ich eingebe. Was kann ich tun?*

Das kann mehrere Gründe haben. Um Domainnamen verwenden zu können, müssen Sie auf einen Nameserver zugreifen können. Diesen sollte Ihnen Ihr Provider mitteilen können. Manche Provider bieten Ihnen auch einen Proxy Server an. Dies sind Server, die oft besuchte Seiten im Speicher halten, so dass erneute Anfragen an diese Seite aus dem Cache geholt werden und dadurch die Antwortzeit verkürzt wird. Es kann sein, dass Sie in Netscape diesen Proxy eintragen müssen. Tun Sie dies unter BEARBEITEN|EINSTELLUNGEN|ADVANCED|PROXIES.

Nameserver werden oft auch als DNS bezeichnet.

## Ich habe ein Programm installiert, wo ist es?

*Ich habe mit YaST2 ein Software-Paket installiert und kann es nicht starten. Wo finde ich das Programm?*

KDE sieht es prinzipiell nicht, wenn Sie ein neues Programm installieren. Sie müssten KDE dies mitteilen. Wählen Sie dazu KDE|SYSTEM|ANWENDUNGEN SUCHEN, und KDE sucht Ihre Platte nach neuen Programmen ab. Es kann sein, dass nicht alle Programme gefunden werden. Merken Sie sich den Namen des Programms, dann können Sie es jederzeit z.B. mit [Strg]+[F2] in die Befehlseingabe tippen und starten. Unter Linux gibt es mehrere Pfade, wo Sie nach Programmen stöbern können:

| Pfad | Programme |
|---|---|
| `/usr/X11R6/bin` | Ausführbare Programme für das X-Window-System |
| `/usr/bin` | Ausführbare Programme für die Konsole |
| `/usr/sbin` | System-Programme für die Konsole |
| `/opt` | Hier landen viele kommerzielle Produkte (Netscape, StarOffice). Hier lohnt es sich ebenfalls zu suchen. |

*Tabelle 21.1: Pfade zu den ausführbaren Programmen*

# e2fsck meldet beim Booten einen Fehler

*Ich kann Linux nicht mehr booten. Beim Booten meldet mir das Programm* `e2fsck` *einen Fehler und ich soll alles manuell reparieren. Was tun?*

Es kann vorkommen, besonders, wenn Sie Ihren Rechner einfach ausschalten und nicht sauber herunterfahren, dass Fehler im `e2fs` auftauchen. Die meisten Fehler werden beim Booten repariert (`e2fsck` am Anfang). Sollte dies einmal nicht der Fall sein, dann müssen Sie von Hand eingreifen.

Bitte beachten Sie, dass dieses nur für das Second Extended Filesystem gilt und nicht für das von SuSE mittlerweile standardmäßig verwendete `ext3` bzw. `reiserfs`.

Dateisysteme lassen sich grundsätzlich nicht im laufenden Betrieb reparieren.

Meistens lässt sich das Dateisystem wegen eines ungültigen *Superblocks* nicht mehr lesen. Das Dateisystem legt Backups des Superblocks an, die Sie in solch einem Fall verwenden sollten.

Alle 8192 Blöcke befindet sich eine Kopie des Superblocks auf Ihrem Filesystem. Sollte die erste Kopie bei 8193 nicht lesbar sein, so nehmen Sie die nächste Kopie (8193+8192=16385).

Probieren Sie Folgendes:

```
root@linux:~> e2fsck -f -b 8193 /dev/DEFEKTEPARTITION
```

Dies sind Eingriffe in die tiefsten Ebenen des Filesystems. Wenn das Filesystem derart beschädigt ist, müssen Sie damit rechnen, Daten zu verlieren.

Die Aussichten bei defekten Superblöcken Erfolg zu haben, sind jedoch gering. Ich würde Ihnen zur Verwendung eines Journaling Filesystems raten (was die SuSE Standard sowieso macht). Die Option `-f` erzwingt den Dateisystem-Check. Die Option `-y` erzwingt ein »yes«, also ein Ja auf alle Antworten. Seien Sie vorsichtig mit dieser Option!

# Wie kriege ich hängende Programme wieder los?

*Ich habe ein Programm gestartet und nun hängt es. Die Systemlast geht in den Keller. Wie kriege ich die hängende Applikation wieder los? Muss ich dazu den Rechner booten?*

Auch unter Linux passiert es selbstverständlich, dass ein Programm hängen bleibt. Dies sind aber meistens User-Applikationen, betreffen also nicht das System. Sollte eine Applikation stehen bleiben, so müssen Sie natürlich nicht den ganzen Rechner herunterfahren. Sie haben die Möglichkeit, diese Applikation zu beenden. Dazu gibt es ein paar Tools.

Unter Linux laufen User-Applikationen im so genannten Userspace und System-Programme im Kernelspace.

Befinden Sie sich im X-Window-System, so gibt es den Befehl `xkill`. Öffnen Sie ein Befehlseingabefenster mit [Strg]+[F2] und tippen Sie `xkill`. Nun verwandelt sich Ihr Mauszeiger in einen Totenkopf. Alles, was Sie jetzt mit der rechten Maustaste anklicken, wird gekillt. So sind Sie die Applikation los.

Auf der Kommandoebene geht das ein bisschen anders. Zuerst müssen Sie die *PID* des hängenden Prozesses herausfinden.

```
mb@linux:~> ps aux |  grep NAME_DES_PROGRAMMS
```

`ps  -aux` gibt alle laufenden Prozesse aus. `grep` sucht nach der angegebenen Zeichenkette. Sie sollten eine Zeile mit Ihrem Programm sehen. Die links stehende Zahl ist die PID. Diese müssen Sie sich nun merken. Geben Sie diese nun dem `kill`-Kommando mit

```
mb@linux:~> kill -9 PID
```

Das war's. Damit ist das Programm abgeschossen.

# Glossar

A

**Absoluter Pfadname:** Pfadname, der den vollständigen Verzeichnispfad, ausgehend vom root-Verzeichnis (/), enthält.

**Aktuelles Arbeitsverzeichnis:** Dies ist das Verzeichnis, in dem Sie sich gerade befinden. Nach dem Login befinden Sie sich automatisch in Ihrem /home-Verzeichnis.

**Anonymous FTP:** Freier Zugang zu Software Servern, die das Downloaden von bestimmten Dateien (Paketen) anbieten.

**Archivierung:** Eine Sammlung von Dateien wird auf einem Datenträger, meistens einem Tape oder einer CD, abgelegt. Dient u.a. der Datensicherung.

**ASCII:** Steht für »American Standard Code for Information Interchange«. Computer verstehen nur Zahlen, daher repräsentiert jeder ASCII-Code ein ganz bestimmtes Zeichen. So steht z.B. der ASCII-Code »65« für ein »A«.

**Backup:** Neudeutsch für Datensicherung. Sie benötigen dazu die entsprechende Hardware wie z.B. ein Tape und Software zur Archivierung (tar = tape archive). Normalerweise wird ein Backup-Prozess automatisiert (unter Linux gibt es hier das Programm arkeia. Dies ist aber ein kommerzielles Produkt und nicht enthalten).

**BASH:** Bourne Again Shell. Der GNU Kommandozeileninterpreter für UNIX-Systeme. POSIX-kompatible Shell, die die gesamte Syntax der Bourne Shell und einiges der C Shell enthält.

**Betriebssystem:** Programm, das die Ressourcen des Systems wie die Prozessorleistung, Speicher, Plattenplatz und Netzwerkleistung auf die Benutzer und die Anwendungen verteilt. Sozusagen die Basis Ihres Computers.

**/bin-Verzeichnisse:** Verzeichnisse, die ausführbare Programme enthalten. Beispiele sind: `/usr/bin`, `/usr/sbin`, `/usr/X11R6/`bin, etc. Verzeichnis mit `/sbin` enthalten Programme für das System, bzw. den SysAdmin.

**Bootdiskette:** Eine Diskette, mit der Sie ein komplettes Linux-System (oder ein anderes) hochfahren können, ohne dass Sie auf die Festplatte zugreifen müssen. Auf einer Bootdiskette ist ein Dateisystem, lilo und ein Kernel enthalten.

**Broadcast-Adresse:** Über diese Adresse können Pakete an alle Rechner in Ihrem Subnetz geschickt werden. Falls die Host-Nummer der Rechner in Ihrem Subnetz dem letzten Byte der IP-Adresse entspricht, ist die Broadcast-Adresse identisch mit der Netzwerkadresse.

**Dateiberechtigungen/Permissions:** Geben an, wer Zugriff auf bestimmte Dateien hat und wer nicht. Unterteilt werden diese in den »owner«, die »group« und »others«.

**Dateisystem:** Datenstruktur, mit der das Betriebssystem Dateien auf Ihrem Rechner verwaltet und anlegt.

**Datenbank:** Ein Programm, das Daten in Tabellenstruktur speichert. Diese Tabellen können über eine Sprache (SQL) abgefragt werden.

**Dämon:** Ein Prozess, der normalerweise im Hintergrund wartet, um bestimmte Aufgaben zu erfüllen, bzw. der bestimmte Vorgänge überwacht.

**Dynamische IP-Adresse:** Sie bekommen keine feste IP-Adresse von Ihrem Provider zugewiesen, sondern erhalten bei jeder Einwahl aus einem Pool von IP-Adressen eine andere.

**Fenster / Window:** Ein rechteckiges Fenster auf Ihrem Bildschirm. Jede Applikation unter X Window startet in einem eigenen Fenster.

**File-Server:** Ein Rechner im Netz, dessen Aufgabe es ist, Dateien zentral zu verwalten und den Mitgliedern des Netzes z.B. per NFS zur Verfügung zu stellen. Häufig in Kombination mit NFS und den /home Directories zu finden.

**Free Software Foundation:** Eine gesponsorte Gruppe am MIT (Massachussets Institute of Technology), die kostenlose Software für UNIX-Betriebssysteme entwickelt und vertreibt. Der C-Compiler, der C++-Compiler und die glib++ wurden beispielsweise von der FSF entwikkelt.

**FTP:** File Transfer Protocol. Standardisierte Datenstruktur zum Versenden und Empfangen von Daten über eine Netzwerkverbindung.

**Gateway:** Ein Rechner, der mit verschiedenen Netzwerken verbunden ist, und dafür sorgt, dass Pakete zwischen den einzelnen Netzen korrekt gerouted, also weitergeleitet werden.

**Gateway-Adresse:** IP-Adresse der Gateway-Maschine. Ihr Tor zur Außenwelt.

**Gerätetreiber:** Ermöglichen Zugriff auf Hardware-Ressourcen Ihres Systems (z.B. Netzwerkkarten, Grafikkarten, etc). Unter Linux bezeichnet man Gerätetreiber als »Module«.

**GhostScript:** Der GNU-GhostScript-Emulator

**GhostView:** GNU-Programm zur Ansicht von PostScript-Dateien

**GNU (GNU = Gnu is not Unix):** Projekt der Free Software Foundation, das eine frei erhältliche Alternative zu UNIX-Systemen zur Verfügung stellt. Mit die Bekanntesten sind der GNU-C-Compiler, der GNU-C++-Compiler, sowie der Editor GNU emacs.

**Hintergrundprozess:** Ein Job, der im Hintergrund läuft und auf keine Kommunikation mit dem Benutzer wartet. Unter Linux können Sie beliebig viele Prozesse in den Hintergrund schieben.

**/home Verzeichnis:** Heimatverzeichnis der User

**Kernel:** Das Betriebssystem. Dieses Programm ist zuständig für die Verwaltung Ihres Linux-Systems. Es ist das Programm, das gebootet wird. Es übernimmt sämtliche Kommunikation zwischen den Usern und dem Betriebssystem. Wenn Sie neue Hardware hinzufügen, kann es nötig sein, die entsprechenden Module dem Kernel bekannt zu machen.

**kill:** Mit diesem Programm senden Sie Signale an eine laufende Applikation. Häufig genutzt, um ein Programm »abzuschießen« oder seine Konfigurationsdatei neu einzulesen.

**lilo:** Der Bootmanager unter Linux. lilo befindet sich im Bootsektor einer Festplatte. Sobald Sie den Rechner booten, wird lilo ausgeführt und Sie können wählen, welches System Sie starten wollen und mit welchen Parametern.

**Login:** Mit diesem Namen melden Sie sich beim System an.

**Manual Pages:** Auch manpages genannt. Dies ist die Online-Dokumentation zu den Linux-Befehlen. Greifen Sie mit `man ls` z.B. auf die manpage des Befehls `ls` zurück, um sich die Syntax erklären zu lassen.

**Master Boot Record (MBR):** Bootsektor der ersten Platte im System. Dieser wird beim booten automatisch geladen. Daher ist es sinnvoll, lilo in den MBR zu installieren.

**mounten:** Einhängen einer Partition oder eines NFS Verzeichnisses in den aktuellen Verzeichnisbaum.

**mount-point:** Das Verzeichnis, in das eine bestimmte Partition gemounted werden soll.

**Multiprozessor System:** Ein Rechner mit zwei oder mehreren CPUs (Prozessoren), die sich gemeinsam den Speicher teilen.

**Multitasking:** Die Fähigkeit von Linux, mehrere Applikationen gleichzeitig ausführen zu können. Dies unterscheidet Linux z.B. von Windows.

**Network File System (NFS):** Eine Methode, mit der vernetzte Rechner gegenseitig auf bestimmte freigegebene Verzeichnisse zugreifen können.

**Netzmaske:** Eine Bit-Schablone, die mit Adressen aus Ihrem Netzwerk logisch verknüpft wird, um herauszufinden, zu welchem Subnetz diese Adresse gehört. Dies ist für das Routing Ihres Rechners wichtig. Falls Sie mit Leuten außerhalb, aber nicht innerhalb Ihres Netzwerks kommunizieren können, ist höchstwahrscheinlich die Netzmaske falsch angegeben.

**Partition:** Physischer Abschnitt auf einer Festplatte. Festplatten können maximal in vier primäre Partitionen unterteilt werden. Erstellen Sie eine davon als »extended partition«, können Sie darin beliebig viele »Logische Laufwerke« anlegen.

**Partitionstabelle:** Enthält die Informationen über die Anzahl und Lage Ihrer Partitionen (FAT unter DOS).

**Parser:** Programme, die ASCII-Dateien lesen und anhand von z.B. regulären Ausdrücken diese zerlegen. Ein Parser liest eine Datei und gibt einen bestimmten Output zurück.

**Passwort:** Ihr geheimer Schlüssel, um Ihren Login zu schützen.

**Pfadname:** Angabe eines Dateinamens, beginnend mit einer Aneinanderreihung von Verzeichnisnamen die zu der Stelle im Dateibaum führen, an der die Datei gespeichert ist. Es gibt absolute (bzw. vollständige) und relative Pfadangaben.

**Pipe:** Methode, zwei Kommandos zu verknüpfen. Die Standardausgabe des ersten Kommandos wird zur Standardeingabe des zweiten Kommandos. Dadurch kann das zweite Kommando die Ausgabe des ersten weiterbearbeiten. Eine der Stärken von UNIX-Systemen. Die Pipe wird so dargestellt: »|«.

**Reguläre Ausdrücke:** Erweiterung der Wildcards (siehe unten). Methode zum Erstellen von Mustern, die auf bestimmte Zeichenketten passen. Verwendet hauptsächlich beim Parsen von Konfigurationsdateien.

**Relativer Pfadname:** Pfadname, der die Lage einer Datei relativ zum aktuellen Pfad beschreibt.

**root-Verzeichnis:** Das Toplevel-Verzeichnis auf Ihrem Linux-Rechner. Nicht zu verwechseln mit /root, dem Heimatverzeichnis des Users root.

**Shell:** Ein Programm, das Anweisungen des Users entgegennimmt und sie an das Betriebssystem zur Ausführung durchreicht.

**Shell Script:** Eine Folge von Shell-Kommandos, die zu einer Datei, dem Shell Script zusammengefasst werden. Spart bei größeren Kommandos Zeit.

**Statische IP-Adresse:** Feste IP-Adresse, die von Servern bei größeren Unternehmen benutzt werden.

**Superuser:** Eine andere Bezeichnung für den root-User. Der Superuser hat Zugriff auf das gesamte System. Verwenden Sie den Superuser-Account nur zur Systemverwaltung oder beispielsweise zum Einspielen von Software.

**Swap:** Verfahren, bei dem ein Prozess aus dem Speicher entfernt wird und kurzfristig auf Festplatte ausgelagert wird. Übersteigt die Speicheranforderung den zur Verfügung stehenden RAM, werden Prozesse auf Platte ausgelagert.

**SysAdmin:** Abkürzung für System-Administrator. Er oder sie ist verantwortlich für die Sicherheit und Stabilität des Systems und kümmert sich darum, dass alles funktioniert.

**Systemaufruf:** Systemcalls sind Funktionen, die vom Kernel für Anwendungen bereitgestellt werden, um mit dem System zu kommunizieren.

**TCP/IP:** Steht für »Transmission Control Protocol / Internet Protocol«. Dies ist das Netzwerkprotokoll, das im Internet verwendet wird.

**Texteditor:** Ein Programm, das zum Bearbeiten von Texten wie Konfigurationsdateien oder Briefen dient.

**Trojaner:** Oder auch Trojanische Pferde genannt, sind Programme, die andere Programme imitieren oder deren Funktion vortäuschen, um im Hintergrund meist Schaden anzurichten.

**TWAIN:** Eine vor allem unter MS-Windows übliche Scanner-Schnittstelle. TWAIN ist ein Akronym und bedeutet: »Technology Without An Interesting Name«.

**Verschlüsselung:** Kryptografische Methode, bei der normaler Text mittels verschiedener Routinen chiffriert und damit unkenntlich gemacht wird.

**Viren:** Heimtückische Programme, die meistens Schaden auf den Maschinen verursachen wollen. Unter Linux nicht so verbreitet.

**Virtuelle Konsole.** Erlaubt unter Linux das Umschalten zwischen den verschiedenen Konsolen [Alt][F1] – [Alt][F6]. [Alt][F7] ist für das X Window-System reserviert.

**Virtueller Speicher:** Andere Bezeichnung für Swap.

**Vordergrund-Prozess:** Dies ist ein Job, der momentan im Vordergrund läuft und mit dem Anwender interagiert. Er nimmt Eingaben von der Tastatur entgegen usw.

**Vollständiger Pfadname:** Das ist das Gleiche wie der absolute Pfadname.

**Wildcards:** Der englische Name für Joker. Das Asterisk * und das ? sind typische Wildcards. Ein * steht für jedes beliebige Zeichen und das ? für ein beliebiges Zeichen.

**Window Manager:** Ein Programm unter X Window, das das Aussehen und Steuern der Fenster verwaltet.

**X-Client:** Anwendungen, die zum Zwecke der Ausgabe mit dem X-Server kommunizieren.

**X-Protokoll:** Definierte Kommunikationsmethode unter X zwischen dem Client und dem Server.

**X-Server:** Programm, das Ihnen ermöglicht, X Window laufen zu lassen (der X Server ist abhängig von der Grafkkarte und wird von sax eingerichtet).

**X Window System:** Netzwerkfähige, grafische Oberfläche mit Fenstern. Entwickelt wurde X am MIT (Massachussets Institure of Technology).

**X-Terminal:** Intelligentes Terminal, das als X-Server direkte Ethernet-Verbindung hat. Nicht zu verwechseln mit dem Programm xterm.

**Zugriffsberechtigung:** Dies ist das Gleiche wie Permissions.

# Hardware-Kompatibilitätsliste

B

## Von SuSE Linux unterstützte Hardware

Die genannten Hardwarevoraussetzungen basieren zumeist auf den Angaben von Linux-Entwicklern (z.B. README-Dateien und Linux Hardware Compatibility List). SuSE kann daher keine Gewähr für Vollständigkeit oder Richtigkeit der gemachten Angaben übernehmen. Beachten Sie bitte weiterhin, dass Aussagen nur zu Hardware gemacht werden können, die zum Zeitpunkt der Drucklegung bereits verfügbar war. Auch hat sich in der Vergangenheit herausgestellt, dass Hersteller nicht selten die Hardware eines Produktes modifizieren, die Typbezeichnung jedoch beibehalten.

Insbesondere weist SuSE an dieser Stelle ausdrücklich darauf hin, dass zu den aufgeführten Komponenten so genannte »kompatible« wahrscheinlich, aber nicht zwangsläufig unterstützt werden.

Durch die ständige Weiterentwicklung werden laufend zusätzliche Hardwarekomponenten unterstützt, sodass mittlerweile auch viele Komponenten verwendet werden können, die in der Liste (noch) nicht aufgeführt sind.

Linux unterstützt mittlerweile nahezu die gesamte Palette der gängigen PC-Hardware. So werden z.B. alle Mainboards, alle i386 kompatiblen Prozessoren und alle mit der jeweiligen Hauptplatine einsetzbaren Speichermodule unterstützt. Ferner werden sämtliche IDE und SCSI-Festplatten bzw. CD-ROM-Laufwerke unterstützt.

Besonderes Augenmerk sollte man auf die Linux-Kompatibilität von Hardware legen, die einer sehr schnellen Entwicklung unterliegt, wie z.B. Grafikkarten oder SCSI-Controller. In der Regel erscheinen Linux-Treiber etwas später als die Hardware, sodass »brandneue« Geräte möglicherweise noch nicht unterstützt werden.

Nachfolgend sind die wichtigsten Linux-Hardware-Ressourcen im WWW aufgeführt:

- ✔ SuSE Components Database – hier finden Sie ein komplette Liste der von SuSE Linux unterstützten Hardware: `http://www.suse.de/cdb/D/`
- ✔ Linux Hardware-HowTo: `http://www.suse.de/doku/LDP/HOWTO/Hardware-HOWTO.html`
- ✔ Laptops – Linux Laptop Home-Page: `http://www.cs.utexas.edu/users/kharker/linux-laptop/`

- PCMCIA-Karten: `http://hyper.stanford.edu/~dhinds/pcmcia/ftp SUPPORTED.CARDS`
- CD-Writer – cdrecord: `ftp://ftp.fokus.gmd.de/pub/unix/cdrecord/README`
- Drucker: `http://www.suse.de/sdb/de/html/new_gs.html`
- Grafikkarten: `http://www.xfree86.org/cardlist.html`
- Netzwerkkarten: `http://cesdis.gsfc.nasa.gov/linux/drivers/`
- Scanner: `http://www.mostang.com/sane/sane-backends.html`

# GNU General Public License

C

Die folgende deutsche Übersetzung wurde im Auftrag der SuSE GmbH [suse@suse.de] von Katja Lachmann Übersetzungen [na194@fim.uni-erlangen.de] erstellt und von Peter Gerwinski [peter.gerwinski@uni-essen.de] (31. Oktober 1996) modifiziert. Diese Übersetzung wird mit der Absicht angeboten, das Verständnis der GNU General Public License (GNU-GPL) zu erleichtern. Es handelt sich jedoch nicht um eine offizielle oder im rechtlichen Sinne anerkannte Übersetzung.

Die Free Software Foundation (FSF) ist nicht der Herausgeber dieser Übersetzung, und sie hat diese Übersetzung auch nicht als rechtskräftigen Ersatz für die Original-GNU-GPL anerkannt. Da die Übersetzung nicht sorgfältig von Anwälten überprüft wurde, können die Übersetzer nicht garantieren, dass die Übersetzung die rechtlichen Aussagen der GNU-GPL exakt wiedergibt. Wenn Sie sichergehen wollen, dass von Ihnen geplante Aktivitäten im Sinne der GNU-GPL gestattet sind, halten Sie sich bitte an die englischsprachige Originalversion. Die Free Software Foundation möchte Sie darum bitten, diese Übersetzung nicht als offizielle Lizenzbedingungen für von Ihnen geschriebene Programme zu verwenden. Bitte benutzen Sie hierfür stattdessen die von der Free Software Foundation herausgegebene englischsprachige Originalversion.

## GNU General Public License

Deutsche Übersetzung der Version 2, Juni 1991

Copyright (C) 1989, 1991 Free Software Foundation, Inc. 675 Mass Ave, Cambridge, MA 02139, USA

Jeder hat das Recht, diese Lizenzurkunde zu vervielfältigen und unveränderte Kopien zu verbreiten; Änderungen sind jedoch nicht gestattet. Diese Übersetzung ist kein rechtskräftiger Ersatz für die englischsprachige Originalversion!

## Vorwort

Die meisten Softwarelizenzen sind daraufhin entworfen worden, Ihnen die Freiheit zu nehmen, Software weiterzugeben und zu verändern. Im Gegensatz dazu soll Ihnen die GNU General Public License, die allgemeine öffentliche GNU-Lizenz, eben diese Freiheit garantieren. Sie soll sicherstellen, dass die Software für alle Benutzer frei ist. Diese Lizenz gilt für den Großteil der von der Free Software Foundation herausgegebenen Software und für alle anderen Programme, deren Autoren ihr Werk dieser Lizenz unterstellt haben. Auch Sie können diese Möglichkeit der Lizenzierung für Ihre Programme anwenden. (Ein anderer Teil der Software der Free Software Foundation unterliegt statt dessen der GNU Library General Public License, der allgemeinen öffentlichen GNU-Lizenz für Bibliotheken.)

Die Bezeichnung »freie« Software bezieht sich auf Freiheit, nicht auf den Preis. Unsere Lizenzen sollen Ihnen die Freiheit garantieren, Kopien freier Software zu verbreiten (und etwas für diesen Service zu berechnen, wenn Sie möchten), die Möglichkeit, die Software im Quelltext zu erhalten oder den Quelltext auf Wunsch zu bekommen. Die Lizenzen sollen garantieren, dass Sie die Software ändern oder Teile davon in neuen freien Programmen verwenden dürfen – und dass Sie wissen, dass Sie dies alles tun dürfen.

Um Ihre Rechte zu schützen, müssen wir Einschränkungen machen, die es jedem verbietet, Ihnen diese Rechte zu verweigern oder Sie aufzufordern, auf diese Rechte zu verzichten. Aus diesen Einschränkungen folgen bestimmte Verantwortlichkeiten für Sie, wenn Sie Kopien der Software verbreiten oder sie verändern.

Beispielsweise müssen Sie den Empfängern alle Rechte gewähren, die Sie selbst haben, wenn Sie – kostenlos oder gegen Bezahlung – Kopien eines solchen Programms verbreiten. Sie müssen sicherstellen, dass auch sie den Quelltext erhalten bzw. erhalten können. Und Sie müssen ihnen diese Bedingungen zeigen, damit sie ihre Rechte kennen.

Wir schützen Ihre Rechte in zwei Schritten: (1) Wir stellen die Software unter ein Urheberrecht (Copyright), und (2) wir bieten Ihnen diese Lizenz an, die Ihnen das Recht gibt, die Software zu vervielfältigen, zu verbreiten und/oder zu verändern.

Um die Autoren und uns zu schützen, wollen wir darüber hinaus sicherstellen, dass jeder erfährt, dass für diese freie Software keinerlei Garantie besteht. Wenn die Software von jemand anderem modifiziert und weitergegeben wird, möchten wir, dass die Empfänger wissen, dass sie nicht das Original erhalten haben, damit von anderen verursachte Probleme nicht den Ruf des ursprünglichen Autors schädigen.

Schließlich und endlich ist jedes freie Programm permanent durch Software-Patente bedroht. Wir möchten die Gefahr ausschließen, dass Distributoren eines freien Programms individuell Patente lizenzieren – mit dem Ergebnis, dass das Programm proprietär würde. Um dies zu verhindern, haben wir klargestellt, dass jedes Patent entweder für freie Benutzung durch jedermann lizenziert werden muss oder überhaupt nicht lizenziert werden darf.

Es folgen die genauen Bedingungen für die Vervielfältigung, Verbreitung und Bearbeitung:

# Bedingungen für die Vervielfältigung, Verbreitung und Bearbeitung

## Paragraph 0

Diese Lizenz gilt für jedes Programm und jedes andere Werk, in dem ein entsprechender Vermerk des Copyright-Inhabers darauf hinweist, dass das Werk unter den Bestimmungen dieser General Public License verbreitet werden darf. Im Folgenden wird jedes derartige Programm oder Werk als »das Programm« bezeichnet; die Formulierung »auf dem Programm basierendes Werk« bezeichnet das Programm sowie jegliche Bearbeitung des Programms im urheberrechtlichen Sinne, also ein Werk, welches das Programm, auch auszugsweise, sei es unverändert oder verändert und/oder in eine andere Sprache übersetzt, enthält. (Im Folgenden wird die Übersetzung ohne Einschränkung als »Bearbeitung« eingestuft.) Jeder Lizenznehmer wird im Folgenden als »Sie« angesprochen.

Andere Handlungen als Vervielfältigung, Verbreitung und Bearbeitung werden von dieser Lizenz nicht berührt; sie fallen nicht in ihren Anwendungsbereich. Der Vorgang der Ausführung des Programms wird nicht eingeschränkt, und die Ausgaben des Programms unterliegen dieser Lizenz nur, wenn der Inhalt ein auf dem Programm basierendes Werk darstellt (unabhängig davon, dass die Ausgabe durch die Ausführung des Programmes erfolgte). Ob dies zutrifft, hängt von den Funktionen des Programms ab.

## Paragraph 1

Sie dürfen auf beliebigen Medien unveränderte Kopien des Quelltextes des Programms, wie Sie ihn erhalten haben, anfertigen und verbreiten. Voraussetzung hierfür ist, dass Sie mit jeder Kopie einen entsprechenden Copyright-Vermerk sowie einen Haftungsausschluss veröffentlichen, alle Vermerke, die sich auf diese Lizenz und das Fehlen einer Garantie beziehen, unverändert lassen und des Weiteren allen anderen Empfängern des Programms zusammen mit dem Programm eine Kopie dieser Lizenz zukommen lassen.

Sie dürfen für den eigentlichen Kopiervorgang eine Gebühr verlangen. Wenn Sie es wünschen, dürfen Sie auch gegen Entgeld eine Garantie für das Programm anbieten.

## Paragraph 2

Sie dürfen Ihre Kopie(n) des Programms oder eines Teils davon verändern, wodurch ein auf dem Programm basierendes Werk entsteht; Sie dürfen derartige Bearbeitungen unter den Bestimmungen von Paragraph 1 vervielfältigen und verbreiten, vorausgesetzt, dass zusätzlich alle folgenden Bedingungen erfüllt werden:

(a) Sie müssen die veränderten Dateien mit einem auffälligen Vermerk versehen, der auf die von Ihnen vorgenommene Modifizierung und das Datum jeder Änderung hinweist.

(b) Sie müssen dafür sorgen, dass jede von Ihnen verbreitete oder veröffentlichte Arbeit, die ganz oder teilweise von dem Programm oder Teilen davon abgeleitet ist, Dritten gegenüber als Ganzes unter den Bedingungen dieser Lizenz ohne Lizenzgebühren zur Verfügung gestellt wird.

(c) Wenn das veränderte Programm normalerweise bei der Ausführung interaktiv Kommandos einliest, müssen Sie dafür sorgen, dass es, wenn es auf dem üblichsten Wege für solche interaktive Nutzung gestartet wird, eine Meldung ausgibt oder ausdruckt, die einen geeigneten Copyright-Vermerk enthält sowie einen Hinweis, dass es keine Gewährleistung gibt (oder anderenfalls, dass Sie Garantie leisten), und dass die Benutzer das Programm unter diesen Bedingungen weiter verbreiten dürfen. Auch muss der Benutzer darauf hingewiesen werden, wie eine Kopie dieser Lizenz ansehen kann. (Ausnahme: Wenn das Programm selbst interaktiv arbeitet, aber normalerweise keine derartige Meldung ausgibt, muss Ihr auf dem Programm basierendes Werk auch keine solche Meldung ausgeben).

Diese Anforderungen betreffen das veränderte Werk als Ganzes. Wenn identifizierbare Abschnitte des Werkes nicht von dem Programm abgeleitet sind und vernünftigerweise selbst als unabhängige und eigenständige Werke betrachtet werden können, dann erstrecken sich diese Lizenz und ihre Bedingungen nicht auf diese Abschnitte, wenn sie als eigenständige Werke verbreitet werden. Wenn Sie jedoch dieselben Abschnitte als Teil eines Ganzen verbreiten, das ein auf dem Programm basierendes Werk darstellt, dann muss die Verbreitung des Ganzen nach den Bedingungen dieser Lizenz erfolgen, deren Bedingungen für weitere Lizenznehmer somit auf die Gesamtheit ausgedehnt werden – und damit auf jeden einzelnen Teil, unabhängig vom jeweiligen Autor.

Somit ist es nicht die Absicht dieses Abschnittes, Rechte für Werke in Anspruch zu nehmen oder zu beschneiden, die komplett von Ihnen geschrieben wurden; vielmehr ist es die Absicht, die Rechte zur Kontrolle der Verbreitung von Werken, die auf dem Programm basieren oder unter seiner auszugsweisen Verwendung zusammengestellt worden sind, auszuüben.

Ferner bringt ein einfaches Zusammenstellen eines anderen Werkes, das nicht auf dem Programm basiert, zusammen mit dem Programm oder einem auf dem Programm basierenden Werk auf ein- und demselben Speicher- oder Vertriebsmedium nicht in den Anwendungsbereich dieser Lizenz.

## Paragraph 3

Sie dürfen das Programm (oder ein darauf basierendes Werk gemäß Paragraph 2) als Objektcode oder in ausführbarer Form unter den Bedingungen von Paragraph 1 und 2 vervielfältigen und verbreiten – vorausgesetzt, dass Sie außerdem eine der folgenden Leistungen erbringen:

(a) Liefern Sie das Programm zusammen mit dem vollständigen zugehörigen maschinenlesbaren Quelltext auf einem für den Datenaustausch üblichen Medium aus, wobei die Verteilung unter den Bedingungen der Paragraphen 1 und 2 erfolgen muss. Oder:

(b) Liefern Sie das Programm zusammen mit einem mindestens drei Jahre lang gültigen schriftlichen Angebot aus, jedem Dritten eine vollständige maschinenlesbare Kopie des Quelltextes zur Verfügung zu stellen – zu nicht höheren Kosten als denen, die durch den physischen Kopiervorgang anfallen –, wobei der Quelltext unter den Bedingungen der Paragraphen 1 und 2 auf einem für den Datenaustausch üblichen Medium weitergegeben wird. Oder:

(c) Liefern Sie das Programm zusammen mit dem schriftlichen Angebot der Zurverfügungstellung des Quelltextes aus, das Sie selbst erhalten haben. (Diese Alternative ist nur für nicht-kommerzielle Verbreitung zulässig und nur, wenn Sie das Programm als Objektcode oder in ausführbarer Form mit einem entsprechenden Angebot gemäß Absatz b erhalten haben.)

Unter dem Quelltext eines Werkes wird diejenige Form des Werkes verstanden, die für Bearbeitungen vorzugsweise verwendet wird. Für ein ausführbares Programm bedeutet »der komplette Quelltext«: Der Quelltext aller im Programm enthaltenen Module einschließlich aller zugehörigen Modulschnittstellen-Definitionsdateien sowie der zur Kompilation und Installation verwendeten Skripte. Als besondere Ausnahme jedoch braucht der verteilte Quelltext nichts von dem zu enthalten, was üblicherweise (entweder als Quelltext oder in binärer Form) zusammen mit den Hauptkomponenten des Betriebssystems (Kernel, Compiler usw.) geliefert wird, unter dem das Programm läuft – es sei denn, diese Komponente selbst gehört zum ausführbaren Programm.

Wenn die Verbreitung eines ausführbaren Programms oder von Objektcode dadurch erfolgt, dass der Kopierzugriff auf eine dafür vorgesehene Stelle gewährt wird, so gilt die Gewährung eines gleichwertigen Zugriffs auf den Quelltext als Verbreitung des Quelltextes, auch wenn Dritte nicht dazu gezwungen sind, den Quelltext zusammen mit dem Objektcode zu kopieren.

## Paragraph 4

Sie dürfen das Programm nicht vervielfältigen, verändern, weiter lizenzieren oder verbreiten, sofern es nicht durch diese Lizenz ausdrücklich gestattet ist. Jeder anderweitige Versuch der Vervielfältigung, Modifizierung, Weiterlizenzierung und Verbreitung ist nichtig und beendet automatisch Ihre Rechte unter dieser Lizenz. Jedoch werden die Lizenzen Dritter, die von Ihnen Kopien oder Rechte unter dieser Lizenz erhalten haben, nicht beendet, solange diese die Lizenz voll anerkennen und befolgen.

## Paragraph 5

Sie sind nicht verpflichtet, diese Lizenz anzunehmen, da Sie sie nicht unterzeichnet haben. Jedoch gibt Ihnen nichts anderes die Erlaubnis, das Programm oder von ihm abgeleitete Werke zu verändern oder zu verbreiten. Diese Handlungen sind gesetzlich verboten, wenn Sie diese Lizenz nicht anerkennen. Indem Sie das Programm (oder ein darauf basierendes Werk) verändern oder verbreiten, erklären Sie Ihr Einverständnis mit dieser Lizenz und mit allen ihren Bedingungen bezüglich der Vervielfältigung, Verbreitung und Veränderung des Programms oder eines darauf basierenden Werks.

## Paragraph 6

Jedes Mal, wenn Sie das Programm (oder ein auf dem Programm basierendes Werk) weitergeben, erhält der Empfänger automatisch vom ursprünglichen Lizenzgeber die Lizenz, das Programm entsprechend den hier festgelegten Bestimmungen zu vervielfältigen, zu verbreiten und zu verändern. Sie dürfen keine weiteren Einschränkungen der Durchsetzung der hierin zugestandenen Rechte des Empfängers vornehmen. Sie sind nicht dafür verantwortlich, die Einhaltung dieser Lizenz durch Dritte durchzusetzen.

## Paragraph 7

Sollten Ihnen infolge eines Gerichtsurteils, des Vorwurfs einer Patentverletzung oder aus einem anderen Grunde (nicht auf Patentfragen begrenzt) Bedingungen (durch Gerichtsbeschluss, Vergleich oder anderweitig) auferlegt werden, die den Bedingungen dieser Lizenz widersprechen, so befreien Sie diese Umstände nicht von den Bestimmungen dieser Lizenz. Wenn es Ihnen nicht möglich ist, das Programm unter gleichzeitiger Beachtung der Bedingungen in dieser Lizenz und Ihrer anderweitigen Verpflichtungen zu verbreiten, dann dürfen Sie als Folge das Programm überhaupt nicht verbreiten. Wenn zum Beispiel ein Patent nicht die gebührenfreie Weiterverbreitung des Programms durch diejenigen erlaubt, die das Programm direkt oder indirekt von Ihnen erhalten haben, dann besteht der einzige Weg, sowohl das Patentrecht als auch diese Lizenz zu befolgen, darin, ganz auf die Verbreitung des Programms zu verzichten.

Sollte sich ein Teil dieses Paragraphen als ungültig oder unter bestimmten Umständen nicht durchsetzbar erweisen, so soll dieser Paragraph seinem Sinne nach angewandt werden; im übrigen soll dieser Paragraph als Ganzes gelten.

Zweck dieses Paragraphen ist nicht, Sie dazu zu bringen, irgendwelche Patente oder andere Eigentumsansprüche zu verletzen oder die Gültigkeit solcher Ansprüche zu bestreiten; dieser Paragraph hat einzig den Zweck, die Integrität des Verbreitungssystems der freien Software zu schützen, das durch die Praxis öffentlicher Lizenzen verwirklicht wird. Viele Leute haben großzügige Beiträge zu dem großen Angebot der mit diesem System verbreiteten Software im Vertrauen auf die konsistente Anwendung dieses Systems geleistet; es liegt am Autor/Geber zu entscheiden, ob er die Software mittels irgendeines anderen Systems verbreiten will; ein Lizenznehmer hat auf diese Entscheidung keinen Einfluss.

Dieser Paragraph ist dazu gedacht, deutlich klarzustellen, was als Konsequenz aus dem Rest dieser Lizenz betrachtet wird.

## Paragraph 8

Wenn die Verbreitung und/oder die Benutzung des Programms in bestimmten Staaten entweder durch Patente oder durch urheberrechtlich geschützte Schnittstellen eingeschränkt ist, kann der Urheberrechtsinhaber, der das Programm unter diese Lizenz gestellt hat, eine explizite geografische Begrenzung der Verbreitung angeben, in der diese Staaten ausgeschlossen werden, sodass die Verbreitung nur innerhalb und zwischen den Staaten erlaubt ist, die nicht ausgeschlossen sind. In einem solchen Fall beinhaltet diese Lizenz die Beschränkung, als wäre sie in diesem Text niedergeschrieben.

## Paragraph 9

Die Free Software Foundation kann von Zeit zu Zeit überarbeitete und/oder neue Versionen der General Public License veröffentlichen. Solche neuen Versionen werden vom Grundprinzip her der gegenwärtigen entsprechen, können aber im Detail abweichen, um neuen Problemen und Anforderungen gerecht zu werden.

Jede Version dieser Lizenz hat eine eindeutige Versionsnummer. Wenn in einem Programm angegeben wird, dass es dieser Lizenz in einer bestimmten Versionsnummer oder »jeder späteren Version« (»any later version«) unterliegt, so haben Sie die Wahl, entweder den Bestimmungen der genannten Version zu folgen oder denen jeder beliebigen späteren Version, die von der Free Software Foundation veröffentlicht wurde. Wenn das Programm keine Versionsnummer angibt, können Sie eine beliebige Version wählen, die je von der Free Software Foundation veröffentlicht wurde.

## Paragraph 10

Wenn Sie den Wunsch haben, Teile des Programms in anderen freien Programmen zu verwenden, deren Bedingungen für die Verbreitung andere sind, schreiben Sie an den Autor, um ihn um die Erlaubnis zu bitten. Für Software, die unter dem Copyright der Free Software Foundation steht, schreiben Sie an die Free Software Foundation; wir machen zu diesem Zweck gelegentlich Ausnahmen. Unsere Entscheidung wird von den beiden Zielen geleitet werden, zum einen den freien Status aller von unserer freien Software abgeleiteten Werke zu erhalten und zum anderen das gemeinschaftliche Nutzen und Wiederverwenden von Software im Allgemeinen zu fördern.

# Keine Gewährleistung

## Paragraph 11

Da das Programm ohne jegliche Kosten lizenziert wird, besteht keinerlei Gewährleistung für das Programm, soweit dies gesetzlich zulässig ist. Sofern nicht anderweitig schriftlich bestätigt, stellen die Copyright-Inhaber und/oder Dritte das Programm so zur Verfügung, »wie es ist«, ohne irgendeine Gewährleistung, weder ausdrücklich noch implizit, einschließlich – aber nicht begrenzt auf – Marktreife oder Verwendbarkeit für einen bestimmten Zweck. Das volle Risiko bezüglich Qualität und Leistungsfähigkeit des Programms liegt bei Ihnen. Sollte sich das Programm als fehlerhaft herausstellen, liegen die Kosten für notwendigen Service, Reparatur oder Korrektur bei Ihnen.

## Paragraph 12

In keinem Fall, außer wenn durch geltendes Recht gefordert oder schriftlich zugesichert, ist irgendein Copyright-Inhaber oder irgendein Dritter, der das Programm wie oben erlaubt modifiziert oder verbreitet hat, Ihnen gegenüber für irgendwelche Schäden haftbar, einschließlich jeglicher allgemeiner oder spezieller Schäden, Schäden durch Seiteneffekte (Nebenwirkungen) oder Folgeschäden, die aus der Benutzung des Programms oder der Unbenutzbarkeit des Programms folgen (einschließlich – aber nicht beschränkt auf – Datenverluste, fehlerhafte Verarbeitung von Daten, Verluste, die von Ihnen oder anderen getragen werden müssen, oder dem Unvermögen des Programms, mit irgendeinem anderen Programm zusammenzuarbeiten), selbst wenn ein Copyright-Inhaber oder Dritter über die Möglichkeit solcher Schäden unterrichtet worden war.

# Stichwortverzeichnis

## Symbole



## A



## B

## C



## D



## E

## F



## G



## H



## I

## Q



## R



## S

## T



## U